L'histoire

II. La question du sens

Textes présentés par

M. Revault d'Allonnes
Professeur de philosophie à l'université de Rouen

F. Ribes
Professeur agrégé en classes préparatoires HEC
Lycée Carnot, Paris

A. Baudart
Agrégée de philosophie
Professeur de 1re supérieure au lycée Jules-Ferry, Paris

avec la collaboration de D. Andler et C. Roëls

BELIN SUP
Lettres

BELIN 8, RUE FÉROU 75006 PARIS

L'index général (pp. 254-256) donne, dans l'ordre alphabétique des quelque 170 auteurs présentés dans les deux volumes, les titres des quelque 250 œuvres citées.

Nous remercions de leur obligeant concours les éditeurs, périodiques et organismes suivants : L'Arc, Albin Michel, Armand Colin, Aubier-Montaigne, Les Belles Lettres, Casterman, Centurion, Cerf (Éd. du), Club français du livre, Delachaux et Niestlé (Neuchâtel), Delarge, Denoël, Desclée de Brouwer, Droz (Genève), Éd. sociales, Elsevier, Séquoia (Bruxelles), Esprit, Flammarion, Fayard, Galilée, Gallimard, Garnier, Hachette, Hermann, Julliard, Robert Laffont, Librairie générale française, Le Livre de poche, Magazine littéraire, Maison des sciences de l'homme, Maspero, Minuit (Éd. de), Moscou (Éd. de), Mouton, Palais de la découverte, Payot, Pékin (Éd. de), Plon, Publications de la Sorbonne, Presses Universitaires de France, Rocher (Éd. du), SEDES, Seuil, Sirey, Spartacus, Union générale d'éditions, UNESCO, Vrin.

ISBN 2-7011-**0829**-2

Table

1. Hegel : la Raison dans l'histoire

Cette brève introduction ne prétend nullement rendre compte de la philosophie hégélienne de l'histoire dans son ensemble. Elle ne vise qu'à poser quelques jalons afin de faciliter, autant que possible, l'approche des textes présentés. Certains d'entre eux, en effet, comportent de réelles difficultés de compréhension et d'interprétation et doivent faire l'objet d'une étude très attentive, à l'aide même d'un commentaire ou d'un cours professoral. Par ailleurs, la complexité du système hégélien est telle que nous n'avons pas voulu nous limiter aux seuls textes tirés des Leçons sur la philosophie de l'histoire *ou de* La Raison dans l'Histoire, *mais que nous avons fait appel à d'autres sources :* La Phénoménologie de l'Esprit, *l'*Esthétique, *les* Leçons sur l'histoire de la philosophie.

En quel sens peut-on dire que la philosophie de Hegel s'assigne pour tâche de penser l'Histoire *? Si on ne peut parler d'inauguration de la philosophie de l'histoire (puisqu'aussi bien le terme que l'idée se rencontrent déjà chez Vico, Herder et surtout Kant), il s'agit incontestablement d'une forme de « systématisation » ou de « totalisation » qui est à la fois rupture avec les problématiques antécédentes et source de modernité, à l'origine de la philosophie contemporaine.*

« Réconcilier l'Esprit et le Temps » est, aux yeux de Hegel, le problème fondamental de la philosophie. Penser le Temps, c'est-à-dire restaurer l'unité de ce que la plupart des grandes doctrines philosophiques avaient dissocié : l'historique et le rationnel. En effet, l'événement, l'historicité sont traditionnellement du côté de l'accidentel, du singulier, d'un concret qui – en tant que tel – relève d'une description nécessairement imparfaite et inachevable. A l'inverse, la rationalité, l'idée, le concept se situent en dehors du temps : ainsi les mathématiques sont, pour Platon, les plus aptes à préparer l'esprit à la contemplation des Idées. La vérité ne peut résider dans les apparences sensibles, confuses et contradictoires, mais dans la construction d'une activité intellectuelle non soumise à la mobilité : elle ne peut révéler qu'un Etre situé en dehors du Temps, en dehors du monde et de l'homme (1). L'Etre est donc immuable et éternel et la connaissance véritable a pour objet une réalité d'ordre intemporel : « Nous dirons donc de ceux qui regardent la multitude des belles choses, mais ne voient pas la beauté en soi et sont incapables de suivre celui qui voudrait les amener jusqu'à elle, qui regardent la multitude des choses justes, mais ne voient pas la justice en soi, et ainsi du reste, nous dirons d'eux qu'ils n'ont sur toutes choses que des opinions, mais que des objets de leurs opinions ils n'ont aucune connaissance. » (2). Sortir du temps, échapper

1. Rappelons, pour mémoire, la critique adressée par Socrate à la thèse du mobilisme universel dans *Le Théétète* (152 d et *sq*.).
2. Platon, *République*, V, 479 e.

au temps : l'antinomie de la pensée et du temps révèle que ce dernier est symbole de la confusion, du désordre, du chaos.

Or, selon Hegel, l'Esprit est Histoire *et il faut penser la liberté de l'homme* dans *l'histoire, donc refuser le dualisme précédemment énoncé. Comment faut-il alors entendre cette présupposition fondamentale ? Elle implique non seulement un certain déroulement de l'historicité, de l'histoire universelle, en bref de l'histoire de l'humanité, mais plus généralement une représentation de la temporalité, telle qu'elle s'exprime (par exemple) dans* la Phénoménologie de l'Esprit. *L'Esprit* [Geist] *est la vérité de la raison : « La raison est esprit quand sa certitude d'être toute réalité est élevée à la vérité, et qu'elle se sait consciente de soi-même comme de son monde, et du monde comme de soi-même. » (1) L'esprit est donc en devenir et l'on peut aussi bien parler de l'esprit d'un peuple, d'une culture, d'une époque : chaque moment particulier du développement de l'esprit s'incarne concrètement dans la dimension de l'histoire, se manifeste à telle époque sous une forme déterminée. Mais la situation de l'homme dans* La Phénoménologie de l'Esprit *demeure problématique : s'il est esprit, si la vérité à laquelle il peut prétendre n'apparaît que dans et par l'histoire, la perspective n'est cependant pas strictement anthropologique. Il ne s'agit pas d'une histoire de l'homme considéré comme être biologique mais bien plutôt d'une histoire de la vie de l'esprit, de l'émergence d'un être qui prend conscience de la vie. De plus, le développement phénoménologique (« science de l'expérience de la conscience ») est foncièrement an-historique (c'est-à-dire a-chronologique), même si de multiples illustrations historiques en sont possibles. Aussi bien la célèbre dialectique domination/servitude que les moments du stoïcisme, du scepticisme ou de la conscience malheureuse (2) rencontrent l'histoire du monde mais ne suivent pas la ligne d'une succession temporelle. Le nécessaire développement de la conscience de soi est explicité à l'aide de figures historiques, telle celle du stoïcisme qui « comme forme universelle de l'esprit-du-monde (...) pouvait seulement surgir dans un temps de peur et d'esclavage universels, mais aussi dans le temps d'une culture universelle, qui avait élevé la formation et la culture jusqu'à la hauteur de la pensée » (3). La Phénoménologie, si elle rencontre l'histoire du monde, ne se confond donc pas avec cette dernière.*

L'Esprit est histoire, l'Esprit se réalise *dans l'histoire. « L'histoire universelle est la présentation de l'Esprit dans son effort pour acquérir le* savoir de *ce qu'il est* en soi. *» Si l'Esprit doit connaître ce qu'il est (en soi), « devenir ce qu'il est, expliciter et objectiver son concept », c'est parce que – loin d'être donné une fois pour toutes, dans l'immédiateté – il est le résultat d'un développement. Le résultat n'est rien sans son devenir et bien que le Tout soit immanent à chacun des moments du développement, ce n'est qu'une fois ce dernier achevé qu'il est ce qu'il est : en cela consiste son « effectivité »* [Wirklichkeit]. *Le résultat est alors comme un immédiat médiatisé : une fois le devenir parcouru et aboli, il se conserve dans le résultat comme les mo-*

1. *Phénoménologie de l'Esprit,* Aubier-Montaigne, 1947, t. II, p. 9. La vérité objective s'oppose à la certitude subjective. Cette dernière n'est pas ce qu'elle prétend être d'abord, immédiatement, car la vérité ne se révèle que dans l'actualisation du devenir.
2. *Ibid.*, t. I, Conscience de soi, pp. 145 sq.
3. *Ibid.*, pp. 169-170.

ments de sa genèse qui en permettent l'intelligibilité. Que l'Etre se développe dans le temps répond à la fois à une genèse historique et à un enchaînement logique : le Devenir est l'Etre retourné dans le résultat. Ainsi l'embryon est l'homme « en-soi » (c'est-à-dire non développé) mais n'est pas « pour soi », en tant qu'il n'a pas encore conscience de soi-même. De même l'Absolu, dont le devenir se réalise dans le Temps, se trouve tout entier dans le germe (en-soi) puis se récapitule lui-même comme pensée, devenant liberté consciente d'elle-même. La Raison est activité téléologique et dans l'histoire, l'esprit parvient à se réaliser adéquatement, à s'exprimer extérieurement comme il est intérieurement. Mais Hegel rompt avec la représentation d'un progrès linéaire de l'humanité (qui deviendrait de plus en plus heureuse et de plus en plus satisfaite). La vision hégélienne dégage une rationalité profonde d'un chaos et d'un désordre apparents : le donné empirique (« l'apparence bariolée des événements ») doit être dépassé grâce à « l'œil de la raison qui pénètre la superficie des choses ». Le « spectacle de l'histoire » est certes, en un sens, une vision affligeante : déchaînement des passions, déraison, iniquité, « malheurs infligés à la vertu, l'innocence, aux peuples et aux Etats et à leurs plus beaux échantillons ». Mais la douleur de l'histoire dévoile une finalité qui est, en son fond, rationnelle : l'histoire est le devenir de la raison absolue, de la liberté de l'esprit. Il faut alors concevoir que cette raison n'est ni la raison abstraite ni les opinions singulières, les consciences de soi individuelles : ce ne sont que les moments de l'histoire, au service (sans le vouloir, sans le savoir) de ce qui les dépasse. Mais le problème reste entier quant à déterminer le contenu de l'Idée immanente à l'histoire : s'agit-il de la fin en laquelle l'homme se réalise (auquel cas on donne de la philosophie hégélienne une interprétation anthropologique) ? Telle sera l'interprétation de Marx, après renversement de l'idéalisme hégélien. Ou alors, l'idée est-elle le Logos dont l'homme ne serait que le support : l'idée absolue qui se manifeste dans l'histoire n'est pas l'humanité mais le Logos, le discours de l'Etre. Telle est tout au moins l'interprétation que l'on peut dégager du chapitre sur le Savoir Absolu qui clôture La Phénoménologie de l'Esprit. Si l'ambiguïté est présente dans le système hégélien (et quelle que soit l'hypothèse privilégiée), on retiendra néanmoins, en ce qui concerne le problème de l'histoire, le double héritage issu de l'hégélianisme. D'une part, avec Marx, le mouvement de l'histoire devient création et œuvre de l'homme : la rationalité de l'histoire n'est plus la mise à jour de la réalité de l'Esprit mais le développement des moments de la praxis humaine. D'autre part, l'analyse hégélienne du désir lié au primat de l'avenir (c'est le désir qui engendre l'historicité, car c'est comme désir que l'homme dépasse l'existence animale et se constitue comme être conscient de soi) met en avant l'idée de Projet. Comme l'écrit Kojève (1), le temps hégélien est celui de « l'Action consciente et volontaire qui réalise dans le présent un Projet pour l'avenir, lequel Projet est formé à partir de la connaissance du passé ». Le primat de l'avenir et le dépassement du réel (donné) permettent le dépassement d'un déterminisme mécaniste qui n'accorde à l'homme que la passivité et la soumission. On verra combien la représentation d'un avenir irréductible au présent (parce que non absolument conditionné par lui) est au centre de la pen-

1. *Introduction à la lecture de Hegel*, Gallimard, 1947, p. 369.

sée de Sartre : « Pour nous, l'homme se caractérise avant tout par le dépassement d'une situation, par ce qu'il parvient à faire de ce qu'on a fait de lui, même s'il ne se reconnaît jamais dans son objectivation. » (1) C'est donc sur le problème de la liberté effective *de l'homme dans le temps et dans l'histoire qu'ouvre la pensée hégélienne, jusques et y compris dans ce que certains considèrent comme son nécessaire dépassement, voire son refus.*

M.R.A.

Le Concept et le Temps

Kojève voit dans la pensée hégélienne une rupture décisive au sein de l'histoire de la philosophie. Car en identifiant le Concept [Begriff] *et le Temps* [Zeit], *Hegel veut réconcilier ce que les philosophies antique ou classique tendaient à séparer, voire à opposer : Etre/Devenir, Eternité/Temps, Raison/Histoire. Voilà pourquoi, dit Hegel, l'Esprit se manifeste nécessairement dans le Temps. De plus, l'historicité de l'homme est liée au Projet, c'est-à-dire au primat de l'avenir. Si « l'homme est le Temps » et si « le Temps est l'Homme », c'est parce que l'être humain présuppose le Désir qui le constitue en tant que tel. Le Désir humain – à la différence du désir animal – ne porte pas sur des objets, des donnés, mais sur un autre Désir. Il fait advenir « un individu libre et historique conscient de son individualité, de sa liberté, de son histoire et finalement de son historicité ». Même si la perspective anthropologique adoptée par Kojève ne rend pas compte de la complexité du système hégélien (est-il certain que l'idée absolue se manifestant dans l'Histoire est l'humanité, que l'œuvre absolue est l'Histoire elle-même ?), elle permet d'éclairer ce qui – chez Hegel – est la source d'une incontestable modernité. Dans la* Phénoménologie de la perception, *Merleau-Ponty parlera d'un temps « qui se devance lui-même » ; aussi faut-il « comprendre le temps comme sujet et le sujet comme temps ».*

KOJEVE

Hegel est le premier à identifier le Concept et le Temps. Et, chose curieuse, il le dit lui-même en toutes lettres (...) : « Was die *Zeit* betrifft ..., so ist sie der daseiende Begriff selbst » ; « En ce qui concerne le *Temps,* il est le Concept lui-même existant empiriquement. » (...)

Cette phrase marque une date extrêmement importante dans l'histoire de la philosophie. En faisant abstraction de Parménide-Spinoza, on peut dire qu'il y a deux grandes périodes dans cette histoire : celle qui va de Platon à Kant, et celle qui commence avec Hegel. Et j'ai déjà dit (sans pouvoir le démontrer, bien entendu) que les philosophes qui n'identifient pas le Concept et le Temps ne peuvent pas rendre compte de l'Histoire, c'est-à-dire de

1. « Questions de méthode », in *Critique de la raison dialectique,* Gallimard, 1960, p. 63.

l'existence de l'homme que chacun de nous croit être, c'est-à-dire de l'*individu libre* et *historique.*

La réforme introduite par Hegel avait donc pour but principal le désir de rendre compte du fait de l'Histoire. Sur son plan *phénoménologique,* la philosophie (ou plus exactement, la « Science ») de Hegel décrit l'existence de l'Homme qui se voit vivre dans un Monde où il se *sait* être un *individu libre* et *historique.* Et dans son plan *métaphysique,* cette philosophie nous dit quel doit *être* le Monde où l'Homme peut *s'apparaître* ainsi. Enfin, dans le plan *ontologique,* il s'agit de voir quel doit être l'Etre lui-même pour pouvoir *exister* en tant qu'un tel Monde. Et Hegel répond en disant que ceci n'est possible que si le Concept réel (c'est-à-dire l'Etre révélé lui-même à lui-même par un Discours existant empiriquement) *est* Temps.

Toute la philosophie ou « Science » de Hegel peut donc être résumée dans la phrase citée : « Le *temps* est le concept lui-même qui est *là* dans l'existence empirique », c'est-à-dire dans l'Espace réel ou le Monde. (...)

La philosophie de Hegel a pour but de rendre compte du fait de l'Histoire. On peut en conclure que le Temps qu'il identifie au Concept est le Temps *historique,* le Temps dans lequel se déroule l'histoire humaine, ou mieux encore, le Temps qui se réalise (non pas en tant que mouvement des astres par exemple, mais) en tant qu'Histoire universelle. (...)

... Le Temps que Hegel a en vue est le Temps qui, pour nous, est le Temps *historique* (et non biologique ou cosmique). En effet, ce Temps est caractérisé par le primat de l'Avenir. Dans le Temps que considérait la Philosophie préhégélienne, le mouvement allait du Passé vers l'Avenir, en passant par le Présent. Dans le temps dont parle Hegel, par contre le mouvement s'engendre dans l'Avenir et va vers le Présent en passant par le Passé : Avenir → Passé → Présent (→ Avenir). Et c'est bien là la structure spécifique du Temps proprement *humain,* c'est-à-dire *historique.*

En effet, considérons la projection *phénoménologique* (voire anthropologique) de cette analyse *métaphysique* du Temps.

Le mouvement engendré par l'Avenir, – c'est le mouvement qui naît du Désir. S'entend : du Désir spécifiquement humain, c'est-à-dire du Désir créateur, c'est-à-dire du Désir qui porte sur une entité qui n'existe pas dans le Monde naturel réel et qui n'y a pas existé. C'est alors seulement qu'on peut dire que le mouvement est engendré par l'Avenir : car l'Avenir, – c'est précisément ce qui n'est pas (encore) et ce qui n'a pas (déjà) été. Or, nous savons que le Désir ne peut porter sur une entité absolument *non*-existante qu'à condition de porter sur un autre Désir pris en tant que Désir. En effet, le Désir est la présence d'une *absence* : j'ai soif parce qu'il y a *absence* d'eau en moi. C'est donc bien la présence d'un avenir dans le présent : de l'acte futur de boire. Désirer boire, c'est désirer quelque chose qui *est* (l'eau) : c'est donc agir en fonction du présent. Mais agir en fonction du désir d'un *désir,* c'est agir en fonction de ce qui n'est pas (encore), c'est-à-dire en fonction de l'Avenir. L'être qui agit ainsi est donc dans un Temps où prime l'Avenir (...)

Certes l'animal a aussi des désirs et il agit en niant le réel : il mange et boit, tout comme le fait l'homme. Mais les désirs de l'animal sont *naturels* ; ils portent sur ce qui *est,* et ils sont donc *déterminés* par ce qui est ; l'action négatrice qui s'effectue en fonction de *ces* désirs ne peut donc pas nier *essentiellement,* elle ne peut pas changer l'*essence* de ce qui est. Dans son *ensemble,* c'est-à-dire dans sa *réalité*, l'Etre n'est donc pas modifié par ces désirs « naturels », il ne change pas essentiellement en fonction d'eux ; il reste *identique* à lui-même, et il est ainsi *Espace*, et non Temps. Un animal transforme, certes, l'aspect du Monde naturel où il vit. Mais il meurt et rend à la terre ce qu'il lui a pris. Et puisque sa progéniture le répète *identiquement*, les changements qu'il opère dans le Monde se répètent eux-aussi. Et dans l'ensemble, la Nature reste donc ce qu'elle est. L'Homme, par contre, transforme le Monde *essentiellement* par l'Action négatrice de ses Luttes et de son Travail, Action qui naît du Désir humain *non*-naturel portant sur un autre Désir, c'est-à-dire sur quelque chose qui n'existe pas réellement dans le Monde naturel.

L'Homme seul crée et détruit *essentiellement*. La réalité naturelle n'implique donc le Temps que si elle implique une réalité humaine. Or, l'homme crée et détruit essentiellement en fonction de l'idée qu'il se fait de l'Avenir. Et l'idée de l'Avenir apparaît dans le présent réel sous la forme d'un Désir portant sur un autre Désir, c'est-à-dire d'un Désir de *Reconnaissance* sociale. Or, l'Action qui naît de *ce* Désir engendre l'Histoire. Il n'y a donc *Temps* que là où il y a *Histoire*.

Alexandre Kojève, *Introduction à la lecture de Hegel*, Gallimard, 1947, pp. 365-371.

Qu'est-ce que l'histoire de la conscience individuelle ?

La Phénoménologie de l'Esprit *met en évidence le cheminement de la culture* [Bildung] *d'un esprit singulier à une époque déterminée, cheminement qui reprend en lui et répète les étapes de l'histoire de l'esprit du monde. La tâche « pédagogique » qui apparaît dans ce développement (Hegel a subi notamment l'influence de Rousseau) consiste dans la nécessaire éducation d'une conscience singulière qui est aussi immanente à l'histoire de l'humanité : « L'être singulier doit aussi parcourir les degrés de culture de l'esprit universel selon le contenu, mais comme des figures déjà déposées par l'esprit, comme les degrés d'une voie déjà tracée et aplanie. Ainsi (...) dans la progression pédagogique nous reconnaissons comme esquissée en projection l'histoire de la culture universelle. » La culture n'est donc pas seulement celle de l'individu mais elle représente l'élévation du moi singulier au moi de l'humanité, car l'esprit individuel, fils de son temps, se forme au savoir en se réappropriant et en se rendant présent la substance de l'esprit de son temps (qu'il possède en lui comme implicitement). L'ontogénèse reproduit donc la phylogénèse.*

HEGEL

La tâche de conduire l'individu de son état inculte jusqu'au savoir devait être entendue dans son sens général, et consistait à considérer l'individu universel, l'esprit conscient de soi dans son processus de culture. En ce qui concerne la relation de ces deux formes d'individualité, dans l'individu universel chaque moment se montre dans le mode selon lequel il acquiert sa forme concrète et sa configuration originale. L'individu particulier est l'esprit incomplet, une figure concrète dans l'être-là total de laquelle une seule déterminabilité est dominante, tandis que les autres y sont seulement présentes en traits effacés. Dans l'esprit qui est à un stade plus élevé qu'un autre, l'être-là concret inférieur est rabaissé à un moment insignifiant ; ce qui précédemment était la chose même, n'est plus qu'une trace, sa figure est voilée, et est devenue une simple nuance d'ombre. L'individu, dont la substance est l'esprit à un stade plus élevé, parcourt ce passé de la même façon que celui qui aborde une plus haute science parcourt les connaissances préparatoires, implicites en lui depuis longtemps, pour s'en rendre à nouveau le contenu présent ; il les évoque sans y fixer son intérêt. L'être singulier doit aussi parcourir les degrés de culture de l'esprit universel selon le contenu, mais comme des figures déjà déposées par l'esprit, comme les degrés d'une voie déjà tracée et aplanie ; ainsi voyons-nous dans le champ des connaissances, que ce qui, à des époques antérieures, absorbait l'esprit des adultes, est rabaissé maintenant à des connaissances, à des exercices et même à des jeux de l'enfance, et dans la progression pédagogique nous reconnaissons comme esquissée en projection l'histoire de la culture universelle. Cet être-là passé est déjà propriété acquise à l'esprit universel, propriété qui constitue la substance de l'individu et qui, en se manifestant à l'extérieur de lui, constitue sa nature inorganique. La culture de ce point de vue, considérée sous l'angle de l'individu, consiste en ce qu'il acquiert ce qui est présenté devant lui, consomme en soi-même sa nature inorganique et se l'approprie ; mais, considérée sous l'angle de l'esprit universel, en tant que cet esprit est la substance, cette culture consiste uniquement en ce que la substance se donne la conscience de soi, et produit en soi-même son propre devenir et sa propre réflexion.

Hegel, *La Phénoménologie de l'Esprit*, 1807, Préface.
Trad. J. Hyppolite, Aubier-Montaigne, 1939-1941, t. I, pp. 25-26

Le surgissement d'un nouveau monde

Sans doute inspiré par les événements contemporains (les Lumières, la Révolution française, la Terreur, les guerres napoléoniennes), Hegel évoque ici une transformation de l'esprit du monde, un moment décisif pour l'esprit universel qui va s'engager vers la libération humaine. La Révolution française a fait apparaître l'esquisse, le germe de la liberté mais ce premier surgissement n'est pas encore sa réalisation effective. La désintégration du monde précédent – corrélative du bouleversement – a été annoncée par des signes précurseurs, de vagues « pressentiments » qui annonçaient l'explosion. L'humanité, qui vient de subir de tels bouleversements, est entrée dans une nouvelle phase de l'histoire du monde.

HEGEL

Du reste, il n'est pas difficile de voir que notre temps est un temps de gestation et de transition à une nouvelle période ; l'esprit a rompu avec le monde de son être-là et de la représentation qui a duré jusqu'à maintenant ; il est sur le point d'enfouir ce monde dans le passé, et il est dans le travail de sa propre transformation. En vérité, l'esprit ne se trouve jamais dans un état de repos, mais il est toujours emporté dans un mouvement indéfiniment progressif ; seulement il en est ici comme dans le cas de l'enfant ; après une longue et silencieuse nutrition, la première respiration, dans un saut qualitatif, interrompt brusquement la continuité de la croissance seulement quantitative, et c'est alors que l'enfant est né ; ainsi l'esprit qui se forme mûrit lentement et silencieusement jusqu'à sa nouvelle figure, désintègre fragment par fragment l'édifice de son monde précédent ; l'ébranlement de ce monde est seulement indiqué par des symptômes sporadiques ; la frivolité et l'ennui qui envahissent ce qui subsiste encore, le pressentiment vague d'un inconnu sont les signes annonciateurs de quelque chose d'autre qui est en marche. Cet émiettement continu qui n'altérait pas la physionomie du tout est brusquement interrompu par le lever du soleil, qui, dans un éclair, dessine en une fois la forme du nouveau monde.

Hegel, *ibid.*, p. 12.

Le Savoir absolu

Le chapitre sur le Savoir absolu qui clôt La Phénoménologie de l'Esprit *est l'un des plus obscurs et des plus difficiles parmi les textes de Hegel, l'un de ceux aussi dont l'interprétation pose problème. Il semble – à suivre ce texte – que ce qui apparaît à travers l'homme n'est pas l'humanité elle-même ni l'histoire de l'humanité, mais le Logos, le discours de l'Etre. La conscience de soi universelle que fait advenir le Savoir absolu n'est pas nécessairement la conscience de l'humanité historique. Nature et histoire sont aussi des moments subordonnés au Logos. Le Logos s'aliène dans la Nature et dans l'Histoire. « Dans la nature l'esprit s'est aliéné de soi en devenant un être dispersé dans l'espace ; il est l'esprit qui s'est perdu lui-même ... » (1) Mais la nature n'a pas d'histoire, seul l'esprit est histoire : c'est donc dans l'histoire effective que « l'esprit s'élève à la conscience de soi comme esprit » (2). Telle est la médiation par laquelle l'esprit se conquiert lui-même et où chaque moment du devenir, né du moment précédent, en est la négation mais le porte en lui également. L'aliénation de l'esprit dans le temps est l'histoire alors que l'aliénation de l'esprit dans l'espace était la nature.*

HEGEL

Mais l'autre côté du devenir de l'esprit, l'*histoire,* est le devenir qui s'actualise *dans le savoir,* le *devenir se médiatisant soi-même,* – l'esprit aliéné dans le temps ; mais cette aliénation est aussi bien l'aliénation d'elle-même ; le négatif est le négatif de soi-même. Ce devenir présente un mouvement lent et une succession d'esprits, une galerie d'images dont chacune est ornée de toute la richesse de l'esprit, et elle se meut justement avec tant de lenteur parce que le Soi doit pénétrer et assimiler toute cette richesse de sa substance. Puisque la perfection de l'esprit consiste *à savoir* intégralement ce qu'il *est,* sa substance, ce savoir est alors sa *concentration en soi-même* dans laquelle l'esprit abandonne son être-là et en confie la figure au souvenir. Dans sa concentration l'esprit est enfoncé dans la

1. Jean Hyppolite, *Genèse et structure de la Phénoménologie de l'Esprit,* Aubier-Montaigne, 1946, t. II, p. 582.
2. *Ibid.*, p. 583.

nuit de sa conscience de soi, mais son être-là disparu est conservé en elle, et cet être-là supprimé, – le précédent, mais qui vient de renaître du savoir, – est le nouvel être-là, un nouveau monde et une nouvelle figure de l'esprit. En elle et au sein de son immédiateté l'esprit doit recommencer depuis le début aussi naïvement, extraire de cette figure sa propre grandeur comme si tout ce qui précède était perdu pour lui, et comme s'il n'avait rien appris de l'expérience des esprits précédents ; mais la *récollection du souvenir* les a conservés ; elle est l'intérieur et la forme, en fait plus élevée, de la substance. Si donc cet esprit recommence depuis le début sa culture en paraissant partir seulement de soi, c'est cependant à un degré plus élevé qu'il commence. Le royaume des esprits qui ainsi s'est façonné dans l'être-là constitue une succession dans laquelle un esprit a remplacé l'autre, et chacun a pris, de son prédécesseur le royaume du monde spirituel. Le but de cette succession est la révélation de la profondeur et celle-ci est le *concept absolu* ; cette révélation est par conséquent la suppression de la profondeur du concept ou son *extension*, la négativité de ce Moi concentré en soi-même, négativité qui est son aliénation ou sa substance – et cette révélation est son incarnation temporelle, le *temps* au cours duquel cette aliénation s'aliène en elle-même, et donc dans son extension est aussi bien dans sa profondeur, dans le Soi. Le *but*, le savoir absolu, ou l'esprit se sachant lui-même comme esprit, a pour voie d'accès la récollection des esprits, comme ils sont en eux-mêmes et comme ils accomplissent l'organisation de leur royaume spirituel. Leur conservation, sous l'aspect de leur être-là libre se manifestant dans la forme de la contingence, est l'histoire ; mais sous l'aspect de leur organisation conceptuelle, elle est *la science du savoir phénoménal*. Les deux aspects réunis, en d'autres termes l'histoire conçue, forment la récollection et le calvaire de l'esprit absolu, l'effectivité, la vérité et la certitude de son trône, sans lequel il serait la solitude sans vie ; seulement –

aus dem Kelche dieses Geisterreiches
schaümt ihm seine Unendlichkeit. (1)

Hegel, *op. cit.*, t. II, pp. 311-313.

Nécessité de l'histoire philosophique : saisir la raison dans sa détermination

Considérer l'histoire comme la réalisation d'une fin n'est pas une présupposition a priori *de philosophe mais un principe essentiel qui fonde toute historiographie. Mais il faut auparavant résoudre une contradiction apparente : alors que la philosophie comporte des idées (produites par la spéculation, sans référence au réel) l'histoire privilégie le réel en se référant à ce qui s'est passé. Hegel repond à cette objection que « la seule idée qu'apporte la philosophie est la simple idée que la Raison gouverne le monde » et ce, afin d'éliminer le*

1. Adaptation des deux derniers vers de la poésie de Schiller, « Die Freundschaft »: « Du calice de ce royaume des esprits écume jusqu'à lui sa propre infinité. »

hasard, la contingence, « la nécessité abstraite et irrationnelle d'un destin aveugle ». Cette Raison gouvernant le monde se distingue de la Providence dont les voies sont toujours impénétrables et dont l'homme n'est que le spectateur ou le jouet. Hegel récuse une telle représentation religieuse de l'histoire car le plan de la Providence demeure toujours inconnaissable et incompréhensible. Au contraire, « saisir la raison dans sa détermination : voici ce dont il s'agit d'abord ».

HEGEL

... la philosophie de l'histoire ne signifie pas autre chose que sa considération réfléchie. Nous ne pouvons du tout renoncer à la pensée ; c'est ce qui nous distingue de l'animal et il y a de la pensée dans la sensibilité, dans la science et la connaissance, dans les instincts et dans la volonté en tant qu'humains. Mais cet appel à la pensée peut sembler ici insuffisant, pour la raison que dans l'histoire, la pensée est subordonnée au réel existant, et l'a pour fondement et pour guide, au lieu qu'on attribue à la philosophie des idées propres que la spéculation produit, d'elle-même sans considérer ce qui est. Si elle les applique à l'histoire, elle la traiterait donc comme matière, sans la laisser en son intégrité et en l'arrangeant suivant son idée ; elle la construirait donc, comme on dit, *a priori*. Or, comme l'histoire n'a qu'à comprendre ce qui est et a été, événements et actions, demeurant d'autant plus vraie qu'elle s'en tient davantage au donné, il semble que cette façon de procéder contredise l'objet de la philosophie ; il s'agit donc ici d'expliquer et de réfuter cette contradiction ainsi que la critique de la spéculation qui en découle sans que pour cela nous consentions à rectifier les idées fausses infiniment nombreuses et particulières sur la fin, les intérêts et les méthodes de l'histoire ainsi que son rapport à la philosophie, qui sont en cours ou que l'on ne cesse d'inventer.

La seule idée qu'apporte la philosophie est cette simple idée de la raison que la raison gouverne le monde et que par suite l'histoire universelle est rationnelle. Cette conviction et cette vue, constituent une *présomption* par rapport à l'histoire comme telle ; ce n'en est pas une en philosophie. Il y est démontré par la connaissance spéculative que la raison – nous pouvons ici nous en tenir à ce terme sans insister davantage sur la relation et le rapport à Dieu – *substance* et *puissance infinie*, elle-même *matière infinie* de toute vie naturelle et spirituelle, est, comme *forme infinie*, la mise en action de ce contenu. Elle est la *substance*, c'est-à-dire ce par quoi et en quoi toute réalité a l'être et la subsistance *l'infinie puissance*, attendu que la raison n'est pas impuissante au point de n'en arriver qu'à l'idéal, au devoir et de ne se trouver qu'en dehors de la réalité, qui sait où, comme une chose particulière dans la tête de quelques hommes ; le *contenu infini*, toute essence et vérité, sa propre matière qu'elle donne à élaborer à son *activité*, car elle n'a pas besoin, comme l'acte fini, des conditions d'un matériel extérieur de moyens donnés, pour fournir à son activité aliments et objets ; elle vit d'elle-même ; elle est pour elle-même la matière qu'elle élabore ; de même qu'elle est à elle-même sa propre condition et sa fin absolue, elle en est la réalisation et l'extériorisation phénoménale, non seulement celle de l'univers naturel, mais encore celle de l'univers spirituel – dans l'histoire universelle. Que cette Idée est le vrai, l'éternel, la puissance tout court, qu'elle se révèle dans le monde et que rien ne s'y révèle qu'elle, son honneur et sa magnificence, voilà ce que la philosophie démontre, comme il a été dit et ce qui est ici supposé démontré.

A ceux d'entre vous, Messieurs, qui ne connaissent pas encore la philosophie, je pourrais demander sans doute de venir à cet exposé sur l'histoire universelle avec la foi en la raison, avec le désir, la soif de la connaître ; et assurément, c'est le désir de compréhension rationnelle, le désir de connaître qu'il faudrait présumer dans l'étude des sciences en tant que besoin subjectif et non celui d'amasser des connaissances. En effet si l'on n'apporte pas tout d'abord à l'histoire universelle la pensée, la connaissance de la raison, il faudrait du moins posséder la foi solide, invincible qu'il y a de la raison dans cette histoire et aussi, que le monde de l'intelligence et du vouloir conscient n'est point livré au hasard, mais doit se montrer à la lumière de l'Idée qui se connaît. Cependant, en fait, je n'ai pas à prétendre par avance à une telle foi. Ce que j'ai dit et dirai au préalable, ne doit pas seulement être considéré, même par rapport à notre science, comme une présomption, mais comme une vue générale de l'ensemble, comme le résultat de l'examen que nous avons à faire, résultat qui m'est connu parce que je connais déjà l'ensemble. De l'étude donc de l'histoire universelle même doit résulter que tout s'y est passé rationnellement, qu'elle a été la marche rationnelle, nécessaire de l'esprit universel, esprit dont certes la nature est toujours identique, mais qui développe cette nature qui est la sienne dans la vie de l'univers.

Hegel, *Leçons sur la philosophie de l'histoire* (données à partir de 1822).
Trad. J. Gibelin, Vrin, 3e éd., 1979, pp. 22-23.

La réalisation de la liberté

Le véritable sens de l'histoire est, qu'en elle, se réalise la liberté. L'histoire universelle est aussi le milieu dans lequel se réalise la pensée telle que la philosophie peut la concevoir. Seule la philosophie peut saisir et expliciter le contenu de l'esprit universel : « Concevoir ce qui est, est la tâche de la philosophie, car ce qui est, c'est la raison. »

Les moments constitutifs de la liberté s'expriment à travers quatre types d'états qui traduisent chacun un degré de réalisation différent de la liberté dans la conscience humaine : dans les empires orientaux, la soumission absolue au pouvoir central fait du despote, de l'empereur le seul *être libre. Chez les Grecs naît l'individualité libre (mais elle est refusée aux esclaves, voilà pourquoi* quelques-uns seulement *sont libres). Avec l'Empire romain apparaît la séparation des individus privés (les « personnes ») et de l'Etat : la décadence et la chute de l'Empire romain sont rendues inévitables par la séparation entre l'arbitraire du pouvoir et la volonté des citoyens. Enfin, l'Empire (chrétien) germanique réconcilie la liberté individuelle, l'intériorité subjective et l'Etat, la vérité objective.*

HEGEL

L'histoire universelle n'est d'ailleurs pas le simple jugement de la force, c'est-à-dire la nécessité abstraite et irrationnelle d'un destin aveugle, mais comme il est, en soi et pour soi, raison, et, comme l'être pour soi de cette histoire dans l'esprit est un savoir, elle est, d'après le seul concept de sa liberté, le développement nécessaire des moments de la raison, de la conscience de soi et de la liberté de l'esprit, l'in-

Hegel, *Principes de la philosophie du Droit* (1821), § 342.
Trad. A. Kaan, Gallimard, 1940. Rééd. coll Idées, p. 365.

HEGEL

... on peut dire que l'histoire universelle est la présentation de l'Esprit dans son effort pour acquérir le *savoir* de ce qu'il est *en soi.* Les *Orientaux* ne savent pas que l'Esprit ou l'homme en tant que tel est en soi-même libre. Parce qu'ils ne le savent pas, ils ne le sont pas. Ils savent uniquement qu'*un seul* homme est libre. Mais une telle liberté n'est qu'arbitraire, barbarie, abrutissement de la passion : même la douceur, la docilité des passions apparaît ici comme un accident naturel, comme quelque chose d'arbitraire. – Cet Unique n'est donc qu'un despote et non un homme libre, un homme tout court. La conscience de la liberté s'est levée d'abord chez les *Grecs,* c'est pourquoi ils furent libres. Mais les Grecs, tout comme les Romains, savaient tellement que *quelques-uns* sont libres, non l'homme en tant que tel. Cela, Platon et Aristote l'ignoraient ; c'est pourquoi non seulement les Grecs ont eu des esclaves dont dépendait leur vie et aussi l'existence de leur belle liberté ; mais encore leur liberté elle-même fut une fleur périssable, bornée, contingente et a signifié aussi une dure servitude pour tout ce qui est proprement humain. Ce sont les nations *germaniques* qui, les premières, sont arrivées, par le Christianisme, à la conscience que l'homme en tant qu'homme est libre, que la liberté spirituelle constitue vraiment sa nature propre. Cette conscience est apparue d'abord dans la religion, dans la plus intime région de l'esprit ; mais réaliser ce principe dans le monde profane, fut une autre tâche, dont l'accomplissement a exigé un long, un pénible effort d'éducation. Ainsi, par exemple, l'adoption du christianisme n'a pas entraîné immédiatement l'abolition de l'esclavage ; la liberté n'a pas aussitôt régné dans les Etats ; les gouvernements et les constitutions n'ont pas été d'emblée rationnellement organisés ou même fondés sur le principe de liberté. C'est cette *application* du principe aux affaires du monde, sa pénétration et les transformations qu'il y apporte, qui constituent le long processus de l'histoire. J'ai déjà parlé de la *différence* qui existe entre le principe comme tel et son application, c'est-à-dire son *introduction* et son *accomplissement* dans la réalité de l'esprit et de la vie : c'est là un concept fondamental de notre science et il faut s'en bien souvenir. La différence dont nous avons fait état en anticipant quelque peu sur le principe *chrétien* où la liberté prend conscience d'elle-même, vaut aussi essentiellement pour le principe de la *liberté* en général. L'histoire universelle est le progrès de la conscience de la liberté : c'est ce progrès et sa nécessité interne que nous avons à reconnaître ici.

En évoquant d'une manière générale les différents degrés de la connaissance de la liberté, j'ai dit que les Orientaux ont su qu'*un seul* homme est libre, le monde grec et romain, que *quelques-uns* sont libres tandis que nous savons nous, que *tous* les hommes sont libres, que l'*homme* en tant qu'*homme* est libre. Ces différents stades constituent les époques que nous distinguons dans l'histoire universelle et la division suivant laquelle nous la traiterons. (...)

La substance de l'Esprit est la liberté. Par là est indiqué aussi le but qu'il poursuit dans le processus de l'histoire : c'est la liberté du sujet, afin que celui-ci acquière une conscience morale, afin qu'il se donne des fins universelles, qu'il les mette en valeur ; c'est la liberté du sujet, afin que celui-ci acquière une valeur infinie et parvienne au point extrême de lui-même. C'est là la substance du but que poursuit l'Esprit du monde et elle est atteinte par la liberté de chacun (1).

Hegel, *La Raison dans l'Histoire. Introduction à la philosophie de l'histoire.* Trad. K. Papaioannou, U.G.E., 10-18, 1965, pp. 83.85.

En Grèce commence le monde de la liberté

Ce texte reflète l'admiration que Hegel et ses contemporains portaient à la cité antique, la polis *des Grecs. Après le despotisme oriental (voir texte précédent), apparaît un Etat qui est l'œuvre des citoyens. Du point de vue philosophique, la liberté est définie comme l'état où l'homme peut réaliser son être propre, peut être lui-même, par opposition à l'état de dépendance où son être ne lui appartient pas (l'esclavage). En un sens, Hegel rejoint la définition qu'Aristote donne de la liberté dans la* Métaphysique *(A, 2, 982 b et sq.) : « Nous appelons libre celui qui est à lui-même sa fin et n'existe pas pour un autre ... »*

HEGEL

En Grèce, disions-nous, commence le monde de la liberté. Le fondement de la liberté c'est que l'esprit se pense, que l'individu ait dans sa particularité l'intuition de lui-même comme universel, que chacun, en son individualité, se sache universel, que son être consiste à être universel dans l'universel. Son être est son universalité, et son universalité son être. L'universalité est ce rapport à soi qui consiste à n'être pas auprès d'une chose autre, étrangère, de n'avoir pas son essence en autre chose, mais à être auprès de soi – à l'avoir comme universelle auprès de soi, l'universel. Cette condition d'être auprès de soi, c'est l'infinité du Moi – la personnalité ; cette détermination de la liberté constitue l'être pour l'esprit qui s'appréhende ; il est ainsi et ne peut être autrement. Se savoir libre, c'est aussi l'être d'un peuple ; d'après ce savoir, il établit pour soi son monde, ses lois du droit, de la moralité sociale, de tout le reste de la vie. Il se sait ainsi universel essentiellement.

Un simple exemple suffit pour nous montrer ce que cela signifie que se savoir soi-même libre est l'être [*Sein*] d'un peuple. Nous savons que l'individu est libre, personnellement libre ; nous connaissons notre être sous ce seul rapport que la condition fondamentale est la liberté personnelle, qu'il n'est rien qui pourrait lui porter tort et ne pas la reconnaître ; ce savoir c'est notre être, notre existence. Supposons en Europe un souverain agissant arbitrairement et à qui l'idée viendrait de réduire en esclavage la moitié de ses sujets,

1. Le dernier alinéa est tiré des cahiers de cours tenus par les étudiants de Hegel.

notre conscience nous dirait que cela ne pourrait être quand bien même il userait de la force la plus grande. Chacun sait qu'il ne peut être esclave et il sait que c'est là l'essentiel de son être. Nous avons, il est vrai, tel ou tel âge, sommes Silésiens, nous vivons, nous sommes fonctionnaires ; nous savons que cela est passager, ce n'est pas là notre être essentiel, ce qui l'est, c'est de n'être pas esclave. Nous ne connaissons comme fondement de notre être que la liberté. Cette détermination n'est pas passagère ; toutes les autres déterminations de notre être, l'âge, la profession, etc., sont fugitives et sujettes au changement ; seule la liberté demeure ; que je ne puis être esclave, c'est là mon être le plus intime, mon essence, ma catégorie ; à l'esclavage s'oppose ma conscience. C'est en ce sens que ce savoir que l'esprit a de lui-même constitue son être en sorte qu'il emprunte à ce savoir la totalité de sa condition et qu'il l'élabore.

Plus précisément cet enchaînement consiste en ce que l'*universalité* de la conscience constitue la liberté. Si je me sais universel, je me sais libre ; si je dépends d'un instinct ou d'une inclination, je suis auprès d'autre chose, et du moment que c'est mon instinct, mon inclination, je suis quelque chose de particulier, rien de général. Je me trouve alors dans une particularité, je place mon être dans une particularité et je me trouve lié par elle. Je me trouve inégal à moi-même, car je suis *a)* Moi, c'est-à-dire ce qui est tout à fait universel, mais *b)* j'existe dans une particularité, je suis déterminé par un contenu particulier et celui-ci est autre chose que moi. Existant comme particulier, je ne suis plus pour moi quelque chose d'universel, et c'est là ce que nous nommons l'arbitraire. Cet arbitraire est la liberté formelle ; elle prend pour contenu ou objet des instincts, des buts, etc., particuliers. Or, la volonté en tant que libre consiste en ce que son contenu est universel ; c'est dans cet universel que je possède mon essence, mon être essentiel, j'y suis en identité avec moi-même. A cela se rattache que les autres aussi me sont égaux, étant universels comme moi. Je ne suis libre que si je pose en principe la liberté des autres et si je suis reconnu libre par les autres. La liberté réelle suppose beaucoup de gens libres ; ce n'est que parmi un certain nombre d'hommes qu'on trouve une liberté réelle, existante. Ainsi s'établit le rapport des hommes libres aux hommes et s'établissent les lois de la moralité sociale et du droit. La volonté libre ne veut que les déterminations qui se trouvent dans la volonté générale. Du fait de ces déterminations de la volonté générale sont par suite posés la liberté des citoyens, le droit rationnel, la constitution selon le droit.

C'est là le lien unissant la liberté et la pensée de l'universel ; cette pensée est précisément la liberté de la conscience de soi-même. C'est chez le peuple grec que nous trouvons pour la première fois cette notion de la liberté et c'est là que pour cette raison commence la philosophie.

Hegel, *Leçons sur l'histoire de la philosophie* (1833-1836).
Trad. J. Gibelin, Gallimard, 1945. Rééd. Idées, t. II, pp. 21-24.

Les peuples sont les acteurs de l'histoire

L'Esprit, objet de l'Histoire universelle, n'est pas donné dans l'immédiateté : il « se produit lui-même, il se fait lui-même ce qu'il est ». Sa réalisation dans l'histoire, afin d'acquérir le savoir de ce qu'il est en soi, passe par des moments et des formes déterminés et nécessaires. Les acteurs de l'histoire ne sont pas des « personnes singulières, réduites à leurs individualités particulières », mais les différents peuples, avec leur esprit, leur art, leur religion, leurs aspirations caractéristiques. Ce que Hegel dénomme « Esprit d'un peuple » [Volksgeist] *est à la fois un esprit particulier, spécifique (il existe dans le temps) mais il n'est pas totalement indépendant : il dépend de l'histoire universelle et actualise un moment de l'Esprit du monde* [Weltgeist]. *L'esprit d'un peuple passe alors « dans* l'histoire universelle du monde *dont les événements représentent le mouvement dialectique des esprits nationaux particuliers, la* justice universelle [Weltgericht] *» (*Encyclopédie, § *548).*

HEGEL

L'Esprit n'est pas un être naturel, comme l'animal qui est ce qu'il est immédiatement. L'Esprit se produit lui-même, il se fait lui-même ce qu'il est. Son être n'est pas existence en repos, mais activité pure : son être est d'avoir été produit par lui-même, d'être devenu pour lui-même, de s'être fait par soi-même. Pour exister vraiment, il faut qu'il ait été produit par lui-même : son être est le processus absolu. Ce processus, médiation de lui-même avec lui-même et par lui-même (et non par un autre), implique que l'Esprit se différencie en Moments [*Momente*] distincts, se livre au mouvement et au changement et se laisse déterminer de diverses façons. Ce processus est aussi, essentiellement, un processus graduel, et l'histoire universelle est la manifestation du processus divin, de la marche graduelle par laquelle l'Esprit connaît et réalise sa vérité. Tout ce qui est historique est une étape de cette connaissance de soi. Le devoir suprême, l'essence de l'Esprit, est de se connaître soi-même et de se réaliser. C'est ce qu'il accomplit dans l'histoire : il se produit sous certaines formes déterminées, et ces formes sont les peuples historiques. Chacun de ces peuples exprime une étape, désigne une époque de l'histoire universelle. Plus profondément : ces peuples incarnent les principes que l'Esprit a trouvés en lui et qu'il a dû réaliser dans le monde. Il existe donc entre eux une connexion nécessaire qui n'exprime rien d'autre que la nature même de l'Esprit.

L'histoire universelle est la manifestation du processus divin absolu de l'Esprit dans ses plus hautes figures : la marche graduelle par laquelle il parvient à sa vérité et prend conscience de soi. Les peuples historiques, les caractères déterminés de leur éthique collective, de leur constitution, de leur art, de leur religion, de leur science, constituent les configurations de cette marche graduelle. Franchir ces degrés, c'est le désir infini et la poussée irrésistible de l'Esprit du Monde, car leur articulation aussi bien que leur réalisation est son concept même. Les principes des Esprits populaires, dans la série nécessaire de leur succession, ne sont eux-mêmes que les moments de l'unique Esprit universel : grâce à eux, il s'élève dans l'histoire à une *totalité* transparente à elle-même et apporte la conclusion.

Hegel, *La Raison dans l'Histoire. Op. cit.*, pp. 97-98.

L'esprit d'un peuple [*Volksgeist*] et l'esprit du monde [*Weltgeist*]

HEGEL

La forme concrète [*Gestaltung*] que revêt l'Esprit (que nous concevons essentiellement comme Conscience de soi) n'est pas celle d'un individu humain singulier. L'Esprit est essentiellement individu ; mais dans l'élément de l'histoire universelle nous n'avons pas affaire à des personnes singulières réduites à leur individualité particulière. Dans l'histoire, l'Esprit est un individu d'une nature à la fois universelle et déterminée : un peuple ; et l'Esprit auquel nous avons affaire est l'*Esprit du Peuple* [*Volksgeist*] . Les Esprits populaires à leur tour se distinguent selon la représentation qu'ils se font d'eux-mêmes, selon la superficialité ou la profondeur avec laquelle ils ont saisi l'Esprit. L'ordre éthique des peuples et son droit [*das Recht des Sittlichen*] constituent la conscience que l'Esprit a de lui-même. Ils sont le concept que l'Esprit a de lui-même. Ce qui se réalise dans l'histoire est donc la représentation de l'Esprit. La conscience des peuples dépend du savoir que l'Esprit a de lui-même ; et la conscience ultime à laquelle tout se ramène est celle de la liberté humaine. La conscience de l'Esprit doit se donner une forme concrète dans le monde ; la matière de cette incarnation, le sol sur lequel elle prend racine n'est autre que la conscience générale, la conscience d'un peuple. Cette conscience contient, oriente tous les buts et les intérêts du peuple : c'est elle qui constitue ses mœurs, son droit, sa religion, etc. Elle forme la substance de l'esprit d'un peuple ; et même si les individus n'en sont pas conscients, elle demeure comme leur présupposition. Elle opère comme une nécessité : l'individu est formé dans cette ambiance et ignore tout le reste. Cependant il ne s'agit pas d'un simple effet de l'éducation. La conscience d'un peuple n'est pas transmise à l'individu comme une leçon toute faite, mais se forme par lui : l'individu existe dans cette substance. Cette substance générale n'est pas le cours du monde [*das Weltliche*] ; au contraire, celui-ci se dresse impuissant contre elle. Aucun individu ne peut dépasser les limites que lui assigne cette substance. Il peut bien se distinguer des autres individus, mais non de l'Esprit de son peuple. Il peut être plus intelligent que les autres, mais il ne peut pas surpasser l'Esprit de son peuple. Ne sont intelligents que ceux qui ont pris conscience de l'Esprit de leur peuple et se conforment à lui. Ce sont les grands hommes de ce peuple et ils le conduisent selon l'Esprit général. Les individus disparaissent pour nous et n'ont de valeur que dans la mesure où ils ont réalisé ce que réclamait l'Esprit du peuple. Dans la considération philosophique de l'histoire, on doit éviter des expressions du genre : cet Etat ne se serait pas effondré s'il y avait eu un homme qui etc ... Les individus disparaissent devant la substantialité de l'ensemble et celui-ci forme les individus dont il a besoin. Les individus n'empêchent pas qu'arrive ce qui doit arriver.

L'Esprit populaire est essentiellement un Esprit particulier, mais en même temps il n'est autre que l'Esprit universel absolu – car celui-ci est Unique. *L'Esprit du Monde* [*Weltgeist*] est l'Esprit de l'Univers tel qu'il s'explicite dans la conscience humaine. Entre lui et les hommes, il y a le même rapport qu'entre les individus et le Tout qui est leur substance. Cet esprit du Monde est conforme à l'Esprit divin, lequel est l'Esprit absolu. Dans la mesure où Dieu est omniprésent, il existe dans chaque homme et apparaît dans chaque conscience : c'est cela l'Esprit du Monde. L'Esprit particulier d'un peuple peut décliner, disparaître, mais il forme une étape dans la marche générale de l'Esprit du Monde et celui-ci ne peut pas disparaître. L'Esprit d'un Peuple est donc l'Esprit universel dans une figure particulière qui lui est subordonnée, mais qu'il doit revêtir dans la mesure où il existe, car avec l'existence apparaît également la particularité. La particularité de l'Esprit populaire se manifeste dans la conscience spécifique qu'il a de l'Esprit. Dans la vie ordinaire nous disons : ce peuple a eu telle idée de Dieu, telle religion, telle organisation juridique ; de l'éthique collective il s'est fait telle idée. Nous considérons tout cela comme des objets extérieurs qu'un peuple a eus dans le temps. Mais déjà un examen superficiel montre que toutes ces choses sont de nature spirituelle et que leur seule réalité est l'Esprit, la conscience que l'Esprit a de l'Esprit.

Cette conscience est, nous l'avons déjà dit, une conscience de soi. Un malentendu peut naître ici et nous inciter à croire que cette conscience de soi est celle de l'individu temporel. Une des difficultés de la philosophie c'est que la grande majorité des hommes croient qu'elle se réfère à l'existence empirique particulière des individus. Mais l'Esprit tel qu'il apparaît dans la conscience de l'Esprit, est libre : il a supprimé l'existence temporelle et limitée ; il se rapporte à l'être pur qui est en même temps son être propre. Si l'être divin n'était pas l'être de l'homme et de la nature, ce serait un être inexistant. La conscience de soi est un concept philosophique qui ne peut recevoir la plénitude de ses déterminations que par le développement philosophique. Disons que la conscience du peuple est la conscience qu'il a de son être. L'Esprit devient pour lui-même un objet ; aussi longtemps qu'il l'est pour nous seulement, qu'il ne s'est pas encore connu lui-même, il n'est pas encore son propre objet. Pourtant son but est de se connaître et il n'aspire qu'à connaître lui-même ce qu'il est en soi et pour soi : à se manifester dans le monde sensible tel qu'il est vraiment pour soi, – à produire un monde spirituel qui soit adéquat à son concept, à accomplir et réaliser sa vérité, à produire une religion, un Etat qui correspondent à son concept, en sorte qu'il soit en vérité soi-même ou l'Idée de soi-même, car l'Idée est la réalité qui n'est qu'un miroir, une expression du Concept. C'est de cette manière que nous concevons le but général de l'Esprit et de l'histoire ; de même le germe porte en lui la nature entière de l'arbre ainsi que le goût et la forme des fruits, de même les premières traces de l'Esprit contiennent virtuellement toute l'histoire.

Hegel, *La Raison dans l'Histoire. Op. cit.*, pp. 80-84.

La ruse de la raison

Ni les peuples ni les individus ne dominent le sens de ce qu'ils font. Ils ne sont que des instruments de l'histoire, au service (sans le vouloir) d'une fin qui les dépasse. La « ruse de la raison » révèle une vision tragique de l'histoire, *car elle n'est pas seulement la convergence de l'inconscient et du conscient mais le « conflit tragique perpétuellement surmonté et perpétuellement renouvelé de l'homme et de son destin » (1). Elle manifeste ainsi « le sérieux, la douleur, la patience et le travail du négatif » (2).*

HEGEL

C'est leur *bien propre* [*das Ihrige*] que peuples et individus cherchent et obtiennent dans leur agissante vitalité, mais en même temps ils sont les *moyens* et les *instruments* d'une chose *plus élevée,* plus vaste qu'ils ignorent et accomplissent inconsciemment. Voilà une question qu'on pourrait poser, qui a été posée, mais qui a été aussi décriée et dénoncée comme rêverie et philosophie. Dès le début, je me suis expliqué sur ce point et j'ai indiqué quel est notre présupposé, ou notre foi : c'est l'idée (qui ne peut être énoncée qu'en tant que résultat et donc énoncée ici sans aucune autre prétention) que la Raison gouverne le monde et par conséquent gouverne et a gouverné l'histoire universelle. Par rapport à cette Raison universelle et substantielle, tout le reste est subordonné et lui sert d'instrument et de moyen. De plus, cette Raison est immanente dans la réalité historique, elle s'accomplit en et par celle-ci.

Hegel, *La Raison dans l'Histoire. Op. cit.,* p. 110.

... dans l'histoire universelle, il résulte des actions des hommes quelque chose d'autre que ce qu'ils ont projeté et atteint, que ce qu'ils savent et veulent immédiatement. Ils réalisent leurs intérêts, mais il se produit en même temps quelque autre chose qui y est cachée, dont leur conscience ne se rendait pas compte et qui n'entrait pas dans leurs vues.

Ibid, p. 111.

Rien de grand dans le monde ne s'est accompli sans passion

Si l'histoire est rationnelle de par sa fin, il n'en reste pas moins que les passions, les désirs, les intérêts des hommes sont comme le bras avec lequel la raison gouverne le monde. Si l'on compare l'édification de la société humaine à la construction d'une maison, l'on voit que les passions sont l'analogue des éléments particuliers, des matériaux (fer, bois, pierres), elles « produisent l'édifice de la société humaine » comme les moyens en vue d'une fin et d'une intention rationnelle prédéterminée. L'Universel passe toujours par la finitude, la contingence, la particularité des individus.

HEGEL

Nous disons donc que rien ne s'est fait sans être soutenu par l'intérêt de ceux qui y ont collaboré ; et appelant l'intérêt une passion, en tant que l'individualité toute entière, en mettant à l'arrière plan tous les autres intérêts et fins que l'on a et peut avoir, se projette en un objet avec toutes les fibres intérieures de son vouloir, concentre dans cette fin tous ses besoins et toutes ses forces, nous devons dire d'une façon générale que *rien de grand* ne s'est accompli *dans le monde* sans passion. Ainsi deux éléments interviennent dans notre sujet : l'un est

1. Hyppolite. *Genèse et structure* (...) *Op. cit.,* t. I, p. 34.
2. Hegel, *Phénoménologie. Op. cit.,* I, p. 18.

l'idée, l'autre les passions humaines ; l'un est la chaîne, l'autre la trame du grand tapis qui constitue l'histoire universelle étendue devant nous. La liberté morale dans l'Etat forme le centre concret et la jonction des deux éléments. Il a été question de l'idée de liberté en tant que nature de l'esprit et fin absolue de l'histoire. La passion est regardée comme une chose qui n'est pas bonne, qui est plus ou moins mauvaise ; l'homme ne doit pas avoir de passion. Passion n'est pas d'ailleurs le mot tout à fait exact pour ce que je veux désigner ici, j'entends en effet, ici, d'une manière générale l'activité de l'homme dérivant d'intérêts particuliers, de fins spéciales ou si l'on veut, d'intentions égoïstes, en tant que dans ces fins il met toute l'énergie de son vouloir et de son caractère en leur sacrifiant autre chose qui pourrait aussi être une fin, ou plutôt leur sacrifiant tout le reste. Ce contenu particulier est tellement un avec la volonté de l'homme qu'il en constitue toute la détermination et en est inséparable ; c'est par là qu'il est ce qu'il est. Car l'individu est celui qui est là présent, non point homme en général, celui-ci n'existant pas, mais l'homme déterminé. Le caractère aussi exprime cette détermination de la volonté et de l'intelligence. Mais le caractère comprend en général toutes les particularités, la manière de s'y prendre dans les conditions privées, etc ... et n'est que la détermination mise en action et en mouvement. Je dirai donc passion, entendant par là la détermination particulière du caractère que ces déterminations du vouloir n'ont pas un contenu uniquement privé, mais constituent l'élément moteur et énergique d'actions générales. La passion, c'est tout d'abord le côté subjectif, en tant que formel de l'énergie, de la volonté et de l'activité, le contenu ou le but en restant encore indéterminé ; il en va ainsi de la conviction personnelle, de la pensée personnelle, et de la conscience personnelle. Il s'agit toujours du contenu de ma conviction, du but de ma passion, de savoir si l'un ou l'autre est vrai en sa nature. Mais inversement, s'il l'est, il lui appartient d'entrer dans l'existence, de se réaliser.

De cette explication concernant le deuxième moment essentiel de la réalité historique d'une fin en général, il résulte, si nous prenons incidemment l'Etat en considération, qu'à cet égard un Etat est bien ordonné et puissant en soi quand, l'intérêt privé des citoyens s'unissant à la fin générale, ils trouvent l'un dans l'autre leur satisfaction et leur réalisation — proposition en elle-même fort importante. Mais dans l'Etat on a besoin de beaucoup d'organisations, d'inventions, avec des dispositions conformes aux fins et de longues luttes de la raison afin de rendre conscient ce qui convient au but, il faut aussi des luttes contre l'intérêt particulier et les passions ainsi qu'une difficile et longue éducation de celles-ci pour réaliser cette union. Le moment d'une telle union est l'époque de sa floraison, de sa vertu, de sa force et de son bonheur. Mais l'histoire universelle ne débute pas par une fin consciente comme cela arrive pour les diverses sociétés humaines. Le simple instinct de la vie commune a déjà pour fin consciente la conservation de la vie et de la propriété et avec la réalisation de cette vie commune, cette fin s'élargit. L'histoire universelle ne commence avec sa fin générale, à savoir que le concept de l'esprit obtienne satisfaction, qu'*en soi,* c'est-à-dire comme nature ; c'est l'instinct inconscient intérieur, le plus intérieur, et tout l'objet de l'histoire universelle consiste, ainsi qu'il a déjà été dit, dans l'effort de le rendre conscient. Se présentant ainsi sous forme d'essence, de volonté de la nature, ce qui a été appelé le côté subjectif, le besoin, l'instinct, la passion, l'intérêt particulier, existe immédiatement pour soi, comme l'opinion et la représentation subjective. Cette masse immense de vouloir, d'intérêts, d'activité, constitue les instruments et les moyens du génie de l'univers pour accomplir sa fin, l'élever à la conscience et la réaliser ; et cette fin ne consiste qu'à se trouver, à venir à soi, et à se considérer comme réalité. Mais que ces activités vivantes des individus et des peuples en cherchant et satisfaisant leur être soient aussi moyens et instruments d'une chose plus élevée et plus vaste qu'ils ignorent et accomplissent inconsciemment, voilà la question qu'on pourrait soulever, qui a été soulevée et voilà qui a été aussi souvent nié que décrié et méprisé comme rêverie et philosophie. Mais dès le début, je me suis expliqué sur ce point et j'ai soutenu notre hypothèse (qui ne devait se présenter comme résultat qu'à la fin) et notre foi, à savoir que la raison gouverne le monde et a par conséquent gouverné l'histoire universelle. Par rapport à cette chose générale et substantielle en soi, tout le reste est subordonné, à son service et son moyen. De plus, cette raison est immanente dans l'existence historique, elle s'accomplit en celle-ci et par elle.

Hegel, *Leçons sur la philosophie de l'histoire. Op. cit.*, pp. 31-32

Les grands hommes

Si les héros de l'histoire sont des passionnés qui tendent à réaliser leur projet personnel, particulier, ce dernier n'est pas le sens ultime de leur action historique. Ils ne sont pas les véritables guides de l'humanité (l'esprit conduit les peuples) mais ils sont le plus souvent ceux qui ont porté très loin leur passion : par exemple, l'ambition. Aussi, l'évaluation morale, la « vision morale du monde » ne peut-elle rendre compte de leur grandeur. Elle le peut d'autant moins que l'histoire offre le spectacle de la violence, de la déraison et du malheur. En définitive, les grands hommes ne sont jamais que les moments d'une histoire qui se réalise à travers eux, les individualités remarquables dans lesquelles s'imprime l'esprit général d'une époque.

HEGEL

C'est là [dans les grandes situations historiques] justement où se produisent les grandes collisions entre les devoirs, lois et droits existants, reconnus et les possibilités qui s'opposent à ce système, le lèsent, bien plus en minent le fondement et la réalité et qui présentent aussi un contenu, pouvant paraître bon, avantageux dans l'ensemble, essentiel et nécessaire. Ces possibilités deviennent donc historiques ; elles renferment une valeur générale différente de celle qui constitue la base de l'existence d'un peuple ou d'un Etat ; c'est un moment de l'idée productrice, un moment de la vérité qui tend et se pousse vers elle-même. Les hommes historiques, les *individus de l'histoire mondiale* sont ceux dont les fins détiennent une telle valeur générale.

On peut citer ici surtout César risquant de perdre la position où il s'était élevé, position sinon encore à vrai dire prédominante, du moins égale à celle de ceux qui se trouvaient à la tête de l'Etat, et de succomber sous les coups de ceux qui étaient en train de devenir ses ennemis. Ces ennemis qui avaient également en vue leurs fins personnelles avaient pour eux la forme de la constitution et la force des apparences juridiques. César luttait pour assurer sa position, son honneur, sa sécurité ; et sa victoire sur ses ennemis dont la puissance consistait en la domination sur les provinces de l'empire romain, fut aussi la conquête de tout l'empire ; il devint ainsi sans toucher à la forme de la constitution, le maître individuel de l'Etat. Ce que lui valut l'exécution de son plan tout d'abord négatif, d'être le seul maître à Rome, était aussi en soi une détermination nécessaire dans l'histoire de Rome et du monde, en sorte qu'il n'y eut pas là seulement son gain particulier, mais un instinct qui accomplit ce qu'en soi le temps réclamait. Les grands hommes de l'histoire sont ceux dont les fins particulières renferment le facteur substantiel qui est la volonté du génie universel. On doit les nommer des *héros* en tant qu'ils ont puisé leurs fins et leur vocation non seulement dans le cours des événements, tranquille, ordonné, consacré par le système en vigueur mais à une source dont le contenu est caché, et n'est pas encore parvenu à l'existence actuelle, dans l'esprit intérieur, encore souterrain qui frappe contre le monde extérieur comme à un noyau et le brise parce qu'il n'est pas l'amande qui convient à ce noyau ; – ils semblent donc puiser en eux-mêmes et leurs actions ont produit une situation et des conditions mondiales qui paraissent être uniquement *leur* affaire et *leur* œuvre.

De tels individus n'avaient pas, en ce qui concerne leurs fin, conscience en général de l'Idée ; mais ils étaient des hommes pratiques et politiques. C'étaient aussi des gens qui pensaient et qui savaient ce qui *est* nécessaire, et ce dont *le moment est venu.* C'est à savoir la vérité de leur temps et de leur monde, pour ainsi parler, la race prochaine qui existait déjà intérieurement. C'était leur affaire de connaître cette valeur générale, l'échelon nécessaire, prochain, de leur univers, d'en faire leur fin, d'y consacrer leur énergie. C'est pourquoi les hommes de l'histoire universelle, les héros d'une époque, doivent être reconnus comme les sages ; leurs actes, leurs discours sont ce qu'il y a de mieux à leur époque. De grands hommes ont voulu, pour se satisfaire, non pour les autres. Ce qu'ils auraient appris des autres en fait de desseins et de conseils bien intentionnés, aurait été, au contraire, plus borné et plus faux ; car ils savaient le mieux ce dont il s'agissait ; et cela les autres l'ont ensuite bien plutôt appris d'eux et l'ont trouvé bon d'après eux, ou s'y sont pour le moins accommodés. Car l'esprit qui va plus avant, c'est l'âme intérieure de tous les individus, mais l'intériorité inconsciente que les grands hommes leur rendent consciente. C'est pourquoi les autres suivent ces conducteurs d'âmes, car ils éprouvent la puissance irrésistible de leur propre esprit intérieur qui vient à leur rencontre. Si, allant plus loin, nous jetons un regard sur la destinée de ces individus historiques qui avaient pour vocation d'être des hommes d'affaires du génie de l'Univers, nous constaterons qu'elle ne fut pas heureuse. Ils n'en vinrent pas à une paisible jouissance, toute leur vie ne fut que labeur et peine, toute leur nature ne fut que leur passion. La fin atteinte, ils tombent, balle vide du grain. Ils meurent tôt comme Alexandre, ils sont assassinés comme César, déportés à Sainte-Hélène, comme Napoléon. Cette affreuse consolation que les hommes historiques n'ont pas eu ce qu'on nomme bonheur, dont n'est capable que la vie privée qui peut se présenter dans des conditions extérieures fort différentes, cette consolation, dis-je, ceux qui en ont besoin, peuvent la puiser dans l'histoire. L'envie en a besoin, que le grand, l'excellent gêne et qui cherche à l'amoindrir et à lui trouver quelque défaut.

Dans les temps modernes aussi, il a été assez prouvé qu'en général, les princes ne sont pas heureux sur leur trône, aussi le leur concède-t-on et l'on trouve tolérable qu'on n'y soit pas assis, mais bien eux. – L'homme libre d'ailleurs n'est point envieux, il admet volontiers ce qui est grand et sublime et se réjouit que cela *existe*.

Ces hommes historiques doivent donc être considérés d'après ces moments généraux qui constituent l'intérêt et en même temps les passions des individus. Ce sont de grands hommes parce qu'ils ont voulu et accompli une grande chose, non imaginaire et présumée, mais bien juste et nécessaire. Cette manière de voir exclut aussi la réflexion dite psychologique qui, servant au mieux l'envie, sait expliquer par le fonds du cœur tous les actes et leur donner la forme subjective en sorte que leurs auteurs auraient tout fait, par suite d'une passion petite ou grande, d'une *affection* et n'auraient pas été à cause de ces passions et de ces affections des hommes moraux. Alexandre de Macédoine a conquis en partie la Grèce, puis l'Asie, il a *donc* été *affecté* de la manie de conquérir ; il a agi poussé par affection de gloire, de conquête ; et la preuve que c'est là ce qui l'a poussé, c'est qu'il a fait des choses qui rapportaient de la gloire. Quel maître d'école n'a pas démontré d'Alexandre le Grand, de Jules César, que ces hommes ont été animés par de telles passions et que par suite, ils ont été des hommes immoraux ; d'où il suit aussitôt que lui le maître d'école vaut mieux que ces gens, car il n'a pas de ces passions et en donne comme preuve qu'il n'a pas conquis l'Asie, ni vaincu Darius et Porus, mais qu'il vit certes bien et laisse vivre aussi. – Ces psychologues s'attardent ensuite aussi surtout à prendre en considération les particularités des grandes figures historiques, celles qui leur reviennent en tant que personnes privées. L'homme doit manger et boire, il est en relation avec des amis et des connaissances, il ressent les sentiments et les transports du moment. Il n'y a pas de héros pour son valet de chambre, selon un proverbe connu ; j'ai ajouté – et Gœthe l'a redit dix ans plus tard – non parce que l'homme n'est pas un héros, mais parce que l'autre est le valet de chambre. Celui-ci ôte les bottes du héros, l'aide à se coucher, sait qu'il boit plutôt du champagne, etc. Les personnages historiques qui sont servis dans les livres d'histoire par de tels valets psychologiques s'en tirent mal ; ils sont nivelés par ces valets et placés sur la même ligne ou plutôt quelques degrés au-dessous de la moralité de ces fins connaisseurs d'hommes (...)

Un individu historique n'a pas le calme nécessaire pour vouloir ceci ou cela, pour avoir beaucoup d'égards, mais il appartient à sa seule fin sans rien considérer de plus. Il arrive donc qu'il traite légèrement d'autres intérêts, grands, sacrés même, conduite qui, assurément, est soumise au blâme moral. Une si grande figure écrase nécessairement mainte fleur innocente, ruine mainte chose sur son chemin.

Hegel, *Leçons sur la philosophie de l'histoire. Op. cit.*, pp. 34-37.

L'histoire commence avec la formation des Etats

« Dans l'existence d'un peuple, la fin substantielle consiste à être un Etat et à se maintenir comme tel ; un peuple qui ne forme pas un Etat (une nation*) n'a pour ainsi dire point d'histoire », écrit Hegel en 1817, dans le* Pré-

cis de l'Encyclopédie des sciences philosophiques *(§ 548). L'Etat est en effet l'élément où se déploie l'histoire, la vie politique est la condition même de l'histoire à la fois comme récit et comme ensemble de faits, d'événements. Hegel penseur de l'Histoire est aussi penseur de l'Etat. Ce dernier est l'Universel qui produit l'histoire et rend possible la narration du passé.*

HEGEL

En notre langue, le mot *histoire* unit le côté subjectif et le côté objectif et signifie aussi bien *historiam rerum gestarum* que *res gestas,* aussi bien le récit historique que l'événement, les actes et les faits. Cette union des deux significations doit être considérée comme quelque chose de plus qu'une simple contingence extérieure. Il faut penser que le récit historique apparaît en même temps que les actes et les événements historiques, proprement dits : c'est un commun fondement interne qui les fait surgir ensemble. Souvenirs de famille, traditions patriarcales présentent un intérêt à l'intérieur de la famille, de la tribu. Le cours uniforme de leur mode d'existence n'est point objet de mémoire ; des actes remarquables ou des tournants de la destinée peuvent toutefois pousser Mnémosyne à retenir leur image, de même que l'amour et le sentiment religieux incitent la fantaisie à donner une forme à leur poussée primitivement informe. En revanche, seul l'Etat peut fournir un contenu qui n'est pas seulement propre à la prose de l'histoire, mais qui contribue lui-même à la produire. Une communauté qui se consolide et s'élève à l'Etat exige au lieu d'ordres subjectifs, suffisants pour les besoins du moment, des commandements, des lois, des déterminations générales et universellement valables ; elle produit ainsi, comme un besoin vital, le besoin d'exposer les actes et les faits qui sont raisonnables, déterminés en soi et durables pour eux-mêmes dans leur résultat : c'est le but perpétuel, la tâche encore actuelle de former et de constituer l'Etat qui amènent Mnémosyne à leur conférer la durée du souvenir. En général, le sentiment profond, l'amour par exemple, ensuite l'intuition religieuse et ses images, ont en eux-mêmes une présence totale et portent en eux-mêmes leur propre satisfaction. Or l'existence de l'Etat avec ses lois et coutumes rationnelles est en même temps une existence extérieure, incomplètement présente, et a besoin, pour son intelligence et son intégration, de la conscience du passé.

Le temps (que nous pouvons imaginer comme des siècles et des millénaires) qui s'est écoulé avant l'apparition de l'histoire écrite, a pu être rempli de révolutions, de migrations, de transformations les plus violentes ; il fut toutefois sans histoire objective parce qu'il n'a laissé aucune histoire subjective, aucun récit historique. Ce n'est pas que [les documents] aient pu disparaître par hasard, dans une période aussi longue. Si nous n'en avons pas, c'est qu'il n'a pas pu en exister. C'est seulement dans l'Etat que, grâce à la conscience des lois, ont lieu des actions claires qui produisent à leur tour une conscience capable de les saisir clairement, qui éprouve le besoin et se donne la capacité de les conserver de cette manière. Il est frappant pour tous ceux qui commencent à se familiariser avec les trésors de la littérature hindoue, que ce pays, si riche en œuvres spirituelles très profondes, n'ait point d'histoire, formant ainsi avec la Chine le plus vif contraste, puisque celle-ci possède une histoire remarquable, remontant aux époques les plus anciennes. L'Inde ne possède pas seulement d'anciens livres religieux et des œuvres poétiques éclatantes, mais aussi de vieux livres de lois. Une des conditions de la formation de l'histoire que nous avons postulées, y est donc présente, et cependant elle n'a pas d'histoire. Mais, dans ce pays, l'organisation de la différenciation sociale s'est, dès ses premiers pas, pétrifiée dans les déterminations naturelles (castes) en sorte que si les lois contiennent des droits civils, elles les font dépendre de cette différenciation attribuée à la nature et déterminent surtout les compétences – les injustices [*Unrechte*] plutôt que les droits [*Rechte*] – des différentes classes dans leurs rapports réciproques, c'est-à-dire elles déterminent seulement les droits des classes supérieures contre les classes inférieures. Par là même, l'élément éthique [*Sittlichkeit*] se trouve banni de la splendeur de la vie hindoue et de ses royaumes. En dehors de l'esclavage dû à cet ordre stable et rigide comme la nature, tous les autres liens qui peuvent s'établir à l'intérieur de la société ne sont qu'arbitraire sauvage, agitation passagère ou plutôt déchaînement enragé dépourvu de tout but de progrès et d'évolution : il n'existe ainsi aucune commémoration pensante, aucun objet pour Mnémosyne, et une fantaisie, profonde sans doute, mais amorphe, s'agite sur un sol qui pour être capable d'histoire aurait dû trouver en soi un but solide, propre à la réalité et sinon à la liberté subjective, du moins à la liberté substantielle, c'est-à-dire à la liberté rationnelle en soi.

A cause de l'absence d'une telle condition de l'histoire, c'est donc sans histoire que s'est accomplie l'œuvre vaste, immense même, de l'accroissement des familles en tribus, des tribus en peuples ainsi que l'expansion qui a résulté de cet élargissement, toutes choses qui laissent supposer tant de complications, de guerres, de bouleversements et de ruines.

Hegel, *La Raison dans l'Histoire. Op. cit.*, 193-195.

Esthétique et Histoire

Penseur de la totalité, Hegel pense les formes d'art en relation avec le développement de la vie de l'Esprit. L'histoire de l'art est donc l'histoire des rapports entre un contenu (l'Idée) et la forme qui l'exprime : « Les formes d'art, écrit-il, correspondent aux différents types de rapports entre l'Idée et ce qui est exprimé, rapports découlant de l'Idée même, et fournissant ainsi le véritable principe de la division de l'Esthétique. » Ainsi la poésie, comme mode d'expression artistique, a précédé la prose. Le monde de l'épopée, tel qu'il est décrit par exemple dans les poèmes homériques, est celui des dieux et des hommes ; les héros représentent le moyen terme. La poésie épique traduit philosophiquement le problème de l'unité du divin et de l'humain.

HEGEL

L'état de civilisation qui convient le mieux et sert d'arrière-fond à l'épopée, est celui qui offre déjà pour les individus une forme réelle est présente, mais de telle sorte que les personnages s'identifient avec elle d'une manière vivante et originale.

Les rapports de la vie morale, la cohésion de la famille, celle de la société et de la nation tout entière dans la guerre et dans la paix, doivent être déjà parvenus à un certain degré de développement et de perfection, mais non à la forme générale de principes, de devoirs et de lois, auxquels manque la particularité, la vie, l'individualité, et capables de s'affirmer même à l'encontre de la volonté individuelle. Il faut, au contraire, que ces principes paraissent émaner du *sens* du droit et de l'équité, des mœurs et du caractère même des personnages, qu'aucune raison abstraite, sous une forme positive et prosaïque, n'érige ses droits en face de ceux du cœur, ne domine la conscience individuelle et la passion, et ne les soumette à ses lois. Ainsi, un Etat régularisé et organisé, avec une constitution et des lois positives, une juridiction qui s'étend à tout, une administration complète, des ministres, une chancellerie d'Etat, une police, etc., ne peut fournir qu'une base tout à fait impropre au développement de l'action épique. Les conditions d'une moralité objective doivent bien déjà être réalisées, mais seulement par les individus agissant eux-mêmes et par leur caractère, au lieu de recevoir leur accomplissement d'une forme générale indépendante et réglée en soi. Ainsi, nous trouvons bien, dans l'épopée, l'ensemble substantiel des principes qui gouvernent la vie et l'activité humaine, mais, en même temps, la liberté d'action la plus parfaite ; et tout paraît émaner de la volonté des individus.

Hegel, *Esthétique* (1835-1838). In *Esthétique, Textes choisis.*
Trad. Ch. Bénard, Presses Universitaires de France, pp. 122-123.

Le roman est « la moderne épopée bourgeoise »

HEGEL

Ici d'abord [dans le roman] apparaissent toute la richesse et la multiplicité des intérêts, des situations, des caractères, des relations de la vie, le fond vaste d'un monde tout entier, ainsi que la représentation épique d'événements. Ce qui manque au roman cependant, c'est l'état général, originairement *poétique,* du monde, d'où procède la véritable épopée. Le roman, dans le sens moderne du mot, suppose une société prosaïquement organisée, au milieu de laquelle il cherche à rendre, autant qu'il est possible, à la poésie ses droits perdus, à la fois quant à la vivacité des événements, à celle des personnages et de leur destinée. Aussi, un des conflits les plus ordinaires et qui conviennent le mieux au roman est le conflit entre la poésie du cœur et la prose des relations sociales et du hasard des circonstances extérieures. Ce désaccord se résout soit tragiquement, soit comiquement, ou il trouve sa solution en ce que les caractères, qui protestent d'abord contre l'organisation de la société, apprennent à reconnaître ensuite ce qu'elle a de vrai et de solide, se réconcilient avec elle et prennent part à la vie active, mais en même temps effacent de leurs actions et de leurs entreprises la forme prosaïque, et par là substituent à cette prose une réalité qui se rapproche davantage de la beauté de l'art. – En ce qui concerne la représentation, le roman proprement dit exige aussi, comme l'épopée, la peinture d'un monde tout entier et le tableau de la vie, dont les nombreux matériaux et le fond varié apparaissent dans le cercle de l'action particulière qui en est le centre. Quant aux conditions spéciales de la conception et de l'exécution, on doit ici accorder au poète une grande liberté, car il lui est difficile de faire entrer dans ses descriptions la prose de la vie réelle, sans par là rester lui-même dans le prosaïque et le vulgaire.

Ibid., p. 131.

2. Marxisme et histoire

Il ne peut évidemment être question, (...) que d'une esquisse générale de la conception marxiste de l'histoire, et tout au plus de quelques illustrations. C'est d'après l'histoire elle-même qu'il faut en faire la preuve, et, à ce sujet, je puis bien dire que d'autres écrits l'ont déjà suffisamment établie. Mais cette conception met fin à la philosophie dans le domaine de l'histoire tout comme la conception dialectique de la nature rend aussi inutile qu'impossible toute philosophie de la nature. Partout il ne s'agit plus d'imaginer dans sa tête des enchaînements, mais de les découvrir dans les faits. Il ne reste plus dès lors à la philosophie, chassée de la nature et de l'histoire, que le domaine de la pensée pure, dans la mesure où celui-ci subsiste encore, à savoir la doctrine des lois du processus même de la pensée, c'est-à-dire la logique et la dialectique.

F. Engels, *Ludwig Feuerbach et la fin de la philosophie classique allemande* (1886).

2.0 INTRODUCTION

Existe-t-il un concept marxiste d'histoire ? Il n'est pas douteux que le marxisme, en tant que doctrine, fournit tous les éléments d'une conception *de l'histoire dont la cohérence et la rigueur sont attestées non seulement par un ensemble de textes particulièrement abondant, mais encore par une pratique politique et idéologique qui s'inscrit depuis plus d'un siècle et demi dans l'histoire des sociétés. Cette conception, malgré les déclarations péremptoires qui en proclament le caractère dépassé, ne cesse de prouver dans les faits sa tenace actualité. Au-delà de l'adhésion enthousiaste ou du déni passionné, la conception marxiste de l'histoire imprègne quantité de discours relevant de l'anthropologie ou des sciences humaines ; elle est une référence inévitable dans de nombreux débats idéologiques, philosophiques et politiques qui dépassent largement la discussion, souvent un peu académique, de l'orthodoxie doctrinale.*

Présenter la conception marxiste de l'histoire se heurte cependant à certaines difficultés dont la moindre n'est pas de rendre compte du statut théorique et de l'existence historique de cette conception. Le marxisme s'affirme comme science de l'histoire et science d'une histoire qui ne laisserait hors de son champ aucune pratique humaine, de la religion à la science, y compris l'épistémologie de sa propre constitution. « Dans toutes les formes de société, c'est une production déterminée et les rapports engendrés par elle qui assignent à toutes les autres productions et aux rapports engendrés par celles-là leur rang et leur importance » écrit Marx en 1857. En se nommant elle-même conception matérialiste *de l'histoire, la conception marxiste affirme son caractère principal et présuppose une réélaboration du concept même d'histoire, en complète rupture avec ses acceptions antérieures. Il convient donc à la fois de rendre compte de cette nouveauté historique de la doctrine, en explicitant le processus de sa formation, et d'établir les fondements théoriques sur lesquels repose sa prétention d'être un savoir absolument irréductible à toute autre conception philosophique, scientifique ou idéologique de l'historicité. Ces deux exigences ne sont pas totalement extérieures l'une à l'autre, et sont même dialectiquement liées, mais nous pouvons successivement en exposer les grandes lignes.*

La naissance de la société bourgeoise joue un rôle déterminant à l'égard de l'énoncé des conditions de possibilité de la science de l'histoire – et de la conception matérialiste elle-même. Le marxisme a fondamentalement partie liée avec l'existence historique du mode de production capitaliste. En consacrant Le Capital *uniquement à la théorie de ce mode de production, Marx pensait sans doute rendre par là possible l'exacte connaissance des autres modes de production, c'est-à-dire de l'histoire saisie comme le jeu des déterminations de la structure économique (« conditions matérielles » d'existence) sur les autres instances ou niveaux de la totalité sociale (les « super-structures »). Or la conception matérialiste de l'histoire s'est formée comme une arme critique contre la société bourgeoise ; s'il s'agit d'en connaître les lois et le fonctionnement, c'est dans l'objectif avoué d'en accroître les contradictions afin de la mettre à mort. La théorie n'a de sens que comme théorie révolutionnaire. L'histoire est à faire : la pratique du théoricien comme de l'historien trouve sa justesse et sa justification dans la pratique historique des classes qui, luttant pour leur existence, accomplissent leur mission historique. C'est le prolétariat qui aux yeux de Marx rend possible, à son époque, un véritable savoir de l'histoire.*

La théorie de la jonction entre la science marxiste (le socialisme scientifique) et la lutte du prolétariat sera largement développée par Kautsky et Lénine entre autres. Il faudrait en examiner les avatars et s'interroger sur certaines de ses implications. (comment le savoir théorique des instances dirigeantes – organisations de classe ouvrière – est-il lié aux luttes des masses ?). De nombreux textes de Marx et d'Engels sont de vigoureuses critiques ou de violentes polémiques dont les enjeux ne sont jamais simplement théoriques : critiquer Hegel, Bruno Bauer, Max Stirner, Proudhon, Dühring, c'est porter sur le plan des idées une lutte qui n'est en droit pas séparable des luttes économiques et politiques que mènent les forces révolutionnaires au sein de la classe ouvrière.

La formation de la conception matérialiste de l'histoire ne peut donc être ramenée à la série des événements que constitueraient les écrits de Marx. « Marx était un génie, nous autres tout au plus des talents. Sans lui la théorie serait aujourd'hui bien loin d'être ce qu'elle est. C'est donc à juste titre qu'elle porte son nom. » Cet hommage d'Engels à son ami ne peut nous faire oublier que le marxisme est aujourd'hui, pour nous, une théorie plurielle, collective et que la lecture de Marx est difficilement naïve : elle passe par la médiation de ceux, théoriciens ou politiques, qui constituent ses héritiers historiques.

Marx sans le marxisme – tentative rêvée d'un retour à l'origine ... Il existe bien une doctrine « marxiste », même si sa cohérence est faite des contradictions ou des différences qui se sont affirmées au cours de son histoire. Quel curieux enseignement serait celui de Marx s'il nous autorisait à tenir sa pensée pour un système de vérités anhistoriques, comparable à quelque parole révélée ? Une doctrine qui prétend à la scientificité nous prévient contre tout dogmatisme. La conception matérialiste de l'histoire a donc un fondateur, et certains textes ont une valeur historiquement et théoriquement fondamentale. C'est de ce corpus que sont extraits ceux que l'on pourra lire ici.

La conception matérialiste de l'histoire peut-elle être suffisamment caractérisée par son processus de formation et par son histoire après Marx ? Sans résoudre la question de l'orthodoxie de la doctrine (qui en est détenteur aujourd'hui ?), il nous semble nécessaire d'évoquer quelques problèmes concernant le statut de ce qu'il est convenu d'appeler depuis Engels le matérialisme historique.

Quittant avec détermination le terrain de la philosophie *de l'histoire, la pensée de Marx et d'Engels revendique à partir des années 1845-46 le statut de* science *de l'histoire. Mais cette science ne peut produire de connaissances positives qu'à la condition d'expliciter ses principes* théoriques. *C'est ce qu'affirment clairement plusieurs textes, en particulier* l'Idéologie allemande. *Or la théorie de l'histoire qui s'instaure par un rejet de la problématique anthropologique (héritée du mouvement philosophique des « jeunes hégéliens », en particulier de Feuerbach), donne lieu à des formulations plus ou moins élaborées dont les plus fondamentales constituent ce que la tradition marxiste nomme le matérialisme dialectique. Cette théorie de l'histoire retrouve donc des questions d'ordre philosophique dans la mesure où l'analyse historique coïncide avec l'analyse philosophique. « La science de la pensée est comme toute autre science une science historique, la science du développement historique de la pensée humaine », écrit Engels dans l'ancienne préface à* l'Anti-Dühring. *Pour Marx comme pour Engels la théorie de l'histoire ne remplace pas la philosophie : elle contribue à transformer la pratique de la philosophie en lui donnant un nouveau champ d'application et un nouveau contenu.*

On sait que cette transformation peut se résumer dans l'opération de « renversement » de la dialectique hégélienne. « La mystification que la dialectique subit entre les mains de Hegel n'empêche en aucune manière qu'il ait été le premier à en exposer, avec ampleur et conscience, les formes de mouvement générales », écrit Marx en 1873. Que la dialectique soit « dans son essence, critique et révolutionnaire », cela n'apparaît qu'à la condition d'en découvrir le « noyau rationnel sous la pelure mystique » hégélienne. La dialectique ainsi « remise sur ses pieds » n'est pas simplement une méthode *transposée telle quelle par un emprunt mécanique à la philosophie idéaliste, mais une loi de la pensée et un instrument rationnel dont la portée serait, en droit,* universelle. *Peut-on en déduire que la théorie matérialiste et dialectique de l'histoire retrouve la prétention à l'universalité qui caractérisait les grandes doctrines philosophiques de l'histoire, mais de façon plus opérante, parce que scientifiquement fondée ?*

*La théorie marxiste de l'histoire s'affirme comme principe d'intelligibilité du devenir historique dans sa totalité. Marx distingue bien, dans l'*Introduction à la critique de l'économie politique *(1859) les concepts* généraux *du matérialisme historique et les concepts* spécifiques *(travail abstrait et travail concret, valeur d'échange et valeur d'usage, plus-value, capital constant et capital variable, etc.) servant à étudier le niveau économique du mode de production capitaliste. « Le plan à adopter doit manifestement être le suivant : 1•) les déterminations abstraites générales, convenant donc plus ou moins à toutes les formes de sociétés ... ; 2•) les catégories constituant la structure interne de la société bourgeoise ... » Or la distinction théorique des modes de production (esclavagiste, féodal, capitaliste, socialiste) fait apparaître que chacun d'entre eux, dans sa phase de déclin, connaît des* limites *historiques qui permettent de rendre compte du passage de l'un à l'autre.*

Conjointement à l'étude d'un mode de production déterminé, il convient donc d'expliquer les transitions *d'un mode de production à un autre. On sait l'importance donnée au développement des forces productives et à la contradiction entre celles-ci et les rapports de production : les totalités historiques que constituent les formations sociales engendrent et entretiennent des contradictions internes dont l'antagonisme de classe est la forme historique la plus manifeste. Faut-il distinguer entre* contradiction *forces productives / rapport de production et* antagonisme *de classe ? La non-coïncidence entre ces deux termes s'explique partiellement par le retard de la « conscience » sur la réalité objective.*

L'antagonisme de classe peut être masqué de différentes façons, notamment par la domination idéologique qu'exercent les classes dirigeantes. La lutte de classe est bien la source de toute historicité. Mais cette lutte n'ayant pas toujours des caractères identiques, l'histoire n'est pas répétition d'un schéma unique et universel. C'est le capitalisme qui a véritablement créé les conditions d'une histoire mondiale. Il n'y a pas de loi universelle du devenir humain, de mode universel de transition d'une formation sociale à l'autre . On peut mettre en évidence dans les processus historiques une certaine rationalité grâce à des lois dont le degré de généralité est extrêmement variable, mais cela n'implique pas que l'histoire soit un système clos ni peut-être même un système. L'instauration de la société communiste reste à cet égard un projet rationnel, mais non une fatalité, un achèvement absolument nécessaire.

Nous touchons là en fait à l'une des difficultés les plus profondes de la théorie marxiste de l'histoire. Certains textes politiques de Marx, le Manifeste *en particulier, et divers textes théoriques, insistent sur l'unité du drame humain centré sur le conflit de classe, sur la formation avec le mode de production capitaliste d'une société dont les antagonismes sont simplifiés et qui devient ainsi pour la première fois intelligible à elle-même. Mais d'autres textes, et en particulier les* Grundrisse *(1857) consacrés aux sociétés précapitalistes, font apparaître une discontinuité radicale, une mutation de l'humanité. Le précapitalisme n'est pas seulement appréhendé comme « préhistorique », mais dans une certaine mesure comme l'*autre *du capitalisme. Le mode de production asiatique joue à cet égard un rôle déterminant. Dans* Le Capital, *à propos des communautés indiennes, Marx écrit : « La simplicité de l'organisme productif de ces communautés qui se suffisent à elles-mêmes, se reproduisent constamment sous la même forme et une fois détruites accidentellement se reconstituent au même lieu et avec le même nom, nous four-*

*nit la clé de l'*immutabilité des sociétés asiatiques, *immutabilité qui contraste d'une manière si étrange avec la dissolution et reconstruction incessante des Etats asiatiques, les changements violents de leurs dynasties. La structure des éléments économiques fondamentaux de la société reste hors d'atteinte de toutes les tourmentes de la région politique. »*

L'analyse du despotisme oriental occupe chez Marx la place d'un cas limite. Mais le cas limite, méthodologiquement crucial, suscite chez Marx une réflexion qui rompt avec l'idée d'un devenir historique régi par le développement des forces productives et l'antagonisme de classe.

*Cette réflexion doit-elle nous faire conclure à une double conception de l'histoire chez Marx : histoire « évolutive » et histoire « répétitive » ? C'est ce que fait Cl. Lefort (*Les Formes de l'histoire, *pp. 195-233.) : « La vision marxiste de l'histoire se dédouble à l'examen du précapitalisme, elle se dédouble encore quand elle affronte la différence du précapitalisme et du capitalisme et, fait très remarquable, ce dédoublement se produit à l'épreuve de l'analyse du capitalisme lui-même. Marx n'a cessé de s'acharner à mettre en évidence, à travers les transformations sociales, la masse confuse des événements, ce qui était proprement* historique *– producteur d'un sens dans lequel se trouve mis en jeu le destin de l'humanité. Mais il n'a cessé non plus de décrire les forces mobilisées pour désamorcer les effets du nouveau. »*

L'étude de la théorie marxiste de l'histoire ne peut se limiter à la lecture des quelques textes canoniques si souvent cités et répétés. L'actualité de cette théorie réside pour nous dans le fait que sa complexité nous incite encore à quelques interrogations : seule une attitude dogmatique et stéréotypée nous permettrait d'en faire l'économie.

F. R.

Chronologie des œuvres de Marx et d'Engels citées .

1845 : *La Sainte Famille ou Critique de la critique critique* (Marx et Engels).
1845 : Thèses sur Feuerbach (Marx).
1845-1846 : *L'Idéologie allemande* (Marx et Engels).
1846 : Lettre à Annenkov - 28 décembre (Marx).
1847 : *La Misère de la philosophie* (Marx).
1848 : *Manifeste du parti communiste* (Marx et Engels).
1852 : Lettre à Weydemeyer - 5 mars (Marx).
1857 : *Introduction à la critique de l'économie politique - Grundrisse* (Marx).
1859 : *Critique de l'économie politique* (Marx).
1867 : *Le Capital* - Livre I (Marx).
1873 : Postface à la 2e édition allemande du *Capital* (Marx).
1883 : Préface à l'édition allemande du *Manifeste* (Engels).
1886 : *Ludwig Feuerbach et la fin de la philosophie classique allemande* (Engels).
1890 : Lettre à J. Bloch - 21 septembre (Engels).
1894 : Lettre à Starkenburg - 25 janvier (Engels).

2. 1. LE MATÉRIALISME HISTORIQUE

A. *Marx critique de Hegel*

Pour Hegel, tout ce qui s'est passé et ce qui se passe encore est tout juste ce qui se passe dans son propre raisonnement. Ainsi la philosophie de l'histoire n'est plus que l'histoire de la philosophie, de sa philosophie à lui. Il n'y a plus l' « histoire selon l'ordre des temps », il n'y a que la « succession des idées dans l'entendement ». Il croit construire le monde par le mouvement de la pensée, tandis qu'il ne fait que reconstruire systématiquement et ranger sous la méthode absolue, les pensées qui sont dans la tête de tout le monde.

Marx, *Misère de la philosophie.*

La théorie de Hegel et le jugement de Marx sur Hegel

Chez Marx la référence à Hegel est le plus souvent polémique. Et par suite l' « hégélianisme » est devenu, dans le langage marxiste, un vocable critique qui désigne en général une tendance idéaliste, ou métaphysique qui méconnaît les déterminations matérielles (socio-économiques) du devenir historique. Il convient de distinguer les critiques que Marx et les marxistes adressent à Hegel, de la théorie hégélienne elle-même et de l'héritage hégélien de la pensée de Marx.

ALTHUSSER

Il ne faut pas confondre la théorie de Hegel avec le jugement de Marx sur Hegel. Aussi étonnant que cela puisse paraître à qui connaît Hegel à travers le jugement de Marx, Hegel n'est pas, dans sa théorie de la société, l'envers de Marx. Le principe « spirituel » qui constitue l'unité interne de la totalité hégélienne historique, n'est pas le moins du monde assimilable à ce qui figure chez Marx sous la forme de la « détermination en dernière instance par l'Economie ». On ne trouve pas chez Hegel le principe inverse : la détermination en dernière instance par l'Etat, ou par la Philosophie. C'est Marx qui dit : *en réalité,* la conception hégélienne de la société *revient* à faire de l'Idéologie le moteur de l'Histoire, parce que c'est une conception idéologique. Mais Hegel ne dit rien de semblable. Il n'y a pas pour lui *dans la société,* dans la totalité existante, de détermination en dernière instance. La société hégélienne n'est pas unifiée par une instance fondamentale existant à l'intérieur d'elle-même, elle n'est ni unifiée ni déterminée par une de ses « sphères », que ce soit la sphère politique, philosophique ou religieuse. Pour Hegel, le principe qui unifie et détermine la totalité sociale n'est pas telle « sphère » de la société, mais un principe qui n'a aucun lieu ni corps privilégié dans la société, pour cette raison qu'il réside en tous lieux et en tous corps. Il est en toutes les déterminations de la société, économiques, politiques, juridiques, etc ... et jusque dans les plus spirituelles. Ainsi Rome : ce n'est pas son *idéologie* qui l'unifie et la détermine, pour Hegel, mais un principe « spirituel » (lui-même moment du développement de l'Idée), qui se manifeste en toutes les déterminations romaines, économie, politique, religion, droit, etc. Ce principe, c'est la *personnalité juridique abstraite.* C'est un principe « spirituel » dont le droit romain n'est qu'une manifestation parmi toutes les autres. Dans le monde moderne, c'est la *subjectivité,* principe tout aussi universel : l'économie y est subjectivité, comme la politique, la religion, la philosophie, la musique, etc ... La totalité de la société hégélienne est ainsi faite, que son principe lui est à la fois immanent et transcendant, mais qu'il ne coïncide jamais comme tel avec aucune réalité déterminée de la société elle-même. C'est pourquoi la totalité hégélienne peut être dite affectée d'une unité de type « spirituel », où chaque élément est *pars totalis,* et où les sphères visibles ne sont que le déploiement aliéné et restauré dudit principe interne. C'est dire qu'il n'est à aucun titre possible d'identifier (même comme son envers) le type d'unité de la totalité hégélienne avec la structure d'unité de la totalité marxiste.

Louis Althusser, *Pour Marx,* Maspero, 1965, pp. 209-210.

Le « retournement » de la dialectique hégélienne

C'est avec le recul de plusieurs années que Marx s'explique sur le passage de la dialectique hégélienne à la dialectique matérialiste. Il ne s'agit pas du « retournement » d'une méthode par ailleurs inchangée, comme le souligne K. Korsch dans son essai sur La Dialectique matérialiste *(1924). Le passage n'est pas seulement un événement de la « pure » science théorique, mais intervient en même temps dans la praxis révolutionnaire. C'est du moins à cette condition que le « retournement » de la dialectique hégélienne est un moment si important dans la formation de la conception marxiste de l'histoire. (Voir les pages de L. Althusser dans* Pour Marx, *pp. 87 seq.)*

MARX

Dans son fondement, ma méthode dialectique n'est pas seulement différente de celle de Hegel, c'est son contraire direct. Pour Hegel, le procès de la pensée, dont il va jusqu'à faire sous le nom d'Idée un sujet autonome, est le démiurge du réel, qui n'en constitue que la manifestation extérieure. Chez moi, à l'inverse, l'idéal n'est rien d'autre que le matériel transposé et traduit dans la tête de l'homme.

J'ai critiqué le côté mystificateur de la dialectique hégélienne il y a près de 30 ans, à une époque où elle était encore à la mode. Mais au moment même où je rédigeais le premier volume du *Capital,* les épigones grincheux, prétentieux et médiocres qui font aujourd'hui la loi dans l'Allemagne cultivée se complaisaient à traiter Hegel comme le brave Moses Mendelssohn avait, du temps de Lessing, traité Spinoza, c'est-à-dire en « chien crevé ». Aussi me déclarais-je ouvertement disciple de ce grand penseur et même, dans le chapitre sur la théorie de la valeur, j'eus la coquetterie de reprendre ici et là sa manière spécifique de s'exprimer. La mystification que la dialectique subit entre les mains de Hegel n'empêche aucunement qu'il ait été le premier à en exposer les formes générales de mouvement de façon globale et consciente. Chez lui elle est sur la tête. Il faut la retourner pour découvrir le noyau rationnel sous la pelure mystique.

Dans sa forme mystifiée, la dialectique devint une mode allemande, parce qu'elle semblait glorifier l'état de choses existant. Dans sa configuration rationnelle, elle est un scandale et une abomination pour les bourgeois et leurs porte-parole doctrinaires, parce que dans l'intelligence positive de l'état de choses existant elle inclut du même coup l'intelligence de sa négation, de sa destruction nécessaire, parce qu'elle saisit toute forme faite dans le flux du mouvement et donc aussi sous son aspect périssable, parce que rien ne peut lui en imposer, parce qu'elle est, dans son essence, critique et révolutionnaire.

Marx, *Postface à la 2e éd. allemande du Capital* (1873).
Trad. Roy revue par J.-P. Lefebvre. Editions sociales, 1974,
pp. 213-215 de l'édition bilingue.

Le jeune Marx : une philosophie humaniste de l'histoire

La Sainte Famille *(1845) est un ouvrage polémique, né de la collaboration de Marx et d'Engels. (Le texte de Marx est beaucoup plus abondant que celui d'Engels.) La cible en est les frères Bauer et leurs partisans jeunes-hégéliens. Les textes attaqués par Marx et Engels sont aujourd'hui oubliés ; mais à l'occasion de la polémique, la conception anthropologique de Marx, déjà exposée dans les* Manuscrits de 1844,*se précise. Les jeunes-hégéliens ne voyaient dans les masses populaires qu'une matière inerte dans le processus historique. Pour eux, seuls les « porteurs de l'Esprit » étaient créateurs d'histoire. L'obstacle décisif que rencontraient ces élus, au nombre desquels ils se rangeaient, était constitué par les idées dominantes, en particulier la religion : d'où la nécessité d'en faire la critique pour accomplir l'histoire. Au-delà des jeunes-hégéliens c'est souvent Hegel lui-même qui est visé par les attaques de Marx.*

Marx fait aussi allusion aux Doctrinaires, groupe de penseurs français partisans de la monarchie constitutionnelle dont les plus connus sont Guizot et Royer-Collard.

Lénine notait à propos des pages dont ces textes sont extraits : « Ce passage est extrêmement important : critique de l'opinion selon laquelle l'histoire a été manquée parce que la Masse s'y était intéressée, parce que l'histoire comptait sur la Masse qui se contentait d'une conception superficielle de l'idée. »

MARX
ENGELS

La conception *hégélienne* de l'histoire suppose un *Esprit abstrait* ou *absolu*, qui se développe de telle façon que l'humanité n'est qu'une *Masse* lui servant de support plus ou moins conscient.

Dans le cadre de l'histoire *empirique*, exotérique, Hegel fait donc se dérouler une histoire *spéculative*, ésotérique. L'histoire de l'humanité se métamorphose en histoire de l' *Esprit abstrait* de l'humanité, d'un Esprit par conséquent *transcendant* à l'homme réel.

Parallèlement à cette doctrine hégélienne se développait en France l'enseignement des *Doctrinaires*, qui proclamaient la *souveraineté de la raison* par opposition à la *souveraineté du peuple*, afin d'exclure les masses et de régner *seuls*. Position logique. Si l'activité de l'humanité *réelle* n'est que l'activité d'une *masse* d'individus humains, il faut, en revanche, que l'*universalité abstraite,* la raison, l'Esprit possèdent à l'opposé une expression abstraite qui s'épuise en un petit nombre d'individus. Dès lors, suivant la position et son imagination, tout individu donnera, ou ne se donnera pas, pour ce représentant « de l'Esprit ».

Chez *Hegel* déjà, la *Masse* constitue la matière de l'*Esprit absolu* de l'histoire, qui ne trouve son expression adéquate que dans la *philosophie.* Cependant, *le* philosophe apparaît uniquement comme l'organe dans lequel l'Esprit absolu, qui fait l'histoire, parvient à la conscience *après coup,* après que le mouvement est achevé. C'est à cette conscience *a posteriori* que se réduit la participation du philosophe à l'histoire, puisque l'Esprit absolu accomplit le mouvement réel dans l'*inconscience.* Le philosophe arrive donc *post festum.*

Hegel se rend coupable d'une double insuffisance. Il déclare que la philosophie est l'existence de l'Esprit absolu, mais se garde bien, en même temps, de déclarer que l'*individu philosophique réel* est l'Esprit *absolu.* Ensuite, il ne fait faire l'histoire qu'en *apparence* par l'Esprit absolu en tant qu'Esprit absolu. En effet, l'Esprit absolu ne parvenant à la *conscience,* en tant qu'Esprit créateur du monde, qu'*après coup,* dans le philosophe, sa fabrication de l'histoire n'existe que dans la conscience, dans l'opinion et la représentation du philosophe, dans son imagination spéculative.

Marx-Engels, *La Sainte Famille* (1845). Trad. E. Cogniot.
Editions sociales, 1972, pp. 107-108.

Une fois l'homme reconnu comme l'essence, comme la base de toute activité humaine et de toutes les situations humaines, *la* « Critique » seule peut encore inventer de *nouvelles catégories* et remétamorphoser, comme elle le fait précisément, l'*homme* en une catégorie et en principe de toute une série de catégories, recourant ainsi à la seule échappatoire qui reste encore à l'inhumanité *théologique,* traquée et pourchassée. *L'histoire* ne fait *rien,* elle « ne possède *pas* de richesse énorme », elle « ne livre *pas* de combats » ! C'est au contraire *l'homme,* l'homme réel et vivant qui fait tout cela, possède tout cela et livre tous ces combats ; ce n'est pas, soyez-en certains, l' « histoire » qui se sert de l'homme comme moyen pour réaliser, – comme si elle était une personne à part, – *ses* fins à elle ; elle n'est *que* l'activité de l'homme qui poursuit ses fins à lui.

Ibid., p. 116.

La tâche historique du prolétariat

On pourra comparer ce texte de 1845 aux textes ultérieurs dans lesquels Marx analyse la situation et le rôle historiques du prolétariat dans le mode de production capitaliste (notamment le Manifeste du parti communiste, *écrit en 1848). Alors même qu'il critique Hegel, Marx n'est-il pas encore très hégélien ?*

MARX
ENGELS

Le prolétariat et la richesse sont des contraires. Comme tels ils constituent une totalité. Ils sont tous deux des formations du monde de la propriété privée. La question est de savoir quelle place déterminée chacun d'eux occupe dans cette contradiction. Dire que ce sont deux faces d'un tout ne suffit pas.

La propriété privée en tant que propriété privée, en tant que richesse, est forcée de perpétuer *sa propre existence* ; et par là même celle de son contraire, le prolétariat. La propriété privée qui a trouvé sa satisfaction en soi-même est le côté *positif* de la contradiction.

Inversement, le prolétariat est forcé, en tant que prolétariat, de s'abolir lui-même et du coup d'abolir son contraire dont il dépend, qui fait de lui le prolétariat : la propriété privée. Il est le côté *négatif* de la contradiction, l'inquiétude au cœur de la contradiction, la propriété privée dissoute et se dissolvant.

La classe possédante et la classe prolétaire représentent la même aliénation humaine. Mais la première se sent à son aise dans cette aliénation ; elle y trouve une confirmation, elle reconnaît dans cette aliénation de soi *sa propre puissance,* et possède en elle l'*apparence* d'une existence humaine ; la seconde se sent anéantie dans cette aliénation, y voit son impuissance et la réalité d'une existence inhumaine. Elle est, pour employer une expression de Hegel, dans l'avilissement, la *révolte* contre cet avilissement, révolte à laquelle la pousse nécessairement la contradiction qui oppose sa *nature* humaine à sa situation dans la vie, qui constitue la négation franche, catégorique, totale de cette nature.

Au sein de cette contradiction, le propriétaire privé est donc le parti *conservateur,* le prolétaire le parti *destructeur.* Du premier émane l'action qui maintient la contradiction, du second l'action qui l'anéantit.

(...) Dans le prolétariat pleinement développé se trouve pratiquement achevée l'abstraction de toute humanité, même de l'*apparence* d'humanité ; dans les conditions de vie du prolétariat se trouvent condensées toutes les conditions de vie de la société actuelle dans ce qu'elles peuvent avoir de plus inhumain. Dans le prolétariat, l'homme s'est en effet perdu lui-même, mais il a acquis en même temps la conscience théorique de cette perte ; de plus, la misère qu'il ne peut plus éviter ni farder, la misère qui s'impose à lui inéluctablement – expression pratique de la *nécessité* –, le contraint directement à se révolter contre pareille inhumanité ; c'est pourquoi le prolétariat peut, et doit nécessairement, se libérer lui-même. Or il ne peut se libérer lui-même sans abolir ses propres conditions de vie. Il ne peut abolir ses propres conditions de vie sans abolir *toutes* les conditions de vie inhumaines de la société actuelle, que résume sa propre situation. Ce n'est pas en vain qu'il passe par la rude, mais fortifiante école *du travail.* Il ne s'agit pas de savoir quel but tel ou tel prolétaire, ou même le prolétariat tout entier, *se représente* momentanément. Il s'agit de savoir *ce que* le prolétariat *est* et ce qu'il sera obligé historiquement de faire, conformément à cet *être.* Son but et son action historique lui sont tracés, de manière tangible et irrévocable, dans sa propre situation, comme dans toute l'organisation de la société bourgeoise actuelle. Il serait superflu d'exposer ici qu'une grande partie du prolétariat anglais et français a déjà *conscience* de sa tâche historique et travaille sans répit à porter cette conscience au plus haut degré de lucidité.

Ibid., pp. 46-48.

B. Les fondements du matérialisme historique

Les principes du matérialisme historique

Dans L'idéologie allemande *(1845-46), Marx et Engels entreprennent de « régler [leurs] comptes avec [leur] conscience philosophique d'autrefois » comme le dira Marx en 1859. A travers une polémique avec les Jeunes-hégéliens, Feuerbach en particulier, ils élaborent en fait les principes d'une science nouvelle : le matérialisme historique. Il est vrai que l'œuvre, qui resta inédite jusqu'en 1932, est une œuvre de rupture ; les formulations sont encore imprécises. La terminologie surtout n'est pas encore fixée. La notion de* rapports de production, *par exemple, n'est pas encore clairement élaborée. Les notions de* base réelle, *de* conditions matérielles d'existence *ou de* forme de propriété *restent équivoques. C'est dans les œuvres de maturité que Marx élaborera les concepts « scientifiques » qui sont propres à la doctrine du matérialisme historique.*

MARX
ENGELS

Les présuppositions dont nous partons ne sont pas arbitraires, ce ne sont pas des dogmes ; ce sont des présuppositions réelles dont on ne peut faire abstraction qu'en imagination. Ce sont les individus réels, leur action et leurs conditions d'existence matérielles, celles qu'ils ont trouvées toutes prêtes, comme aussi celles qui sont nées de leur propre action. Ces présuppositions sont donc vérifiables par voie purement empirique.

La première présupposition de toute histoire humaine est naturellement l'existence d'êtres humains vivants. Le premier état de fait à constater est donc la complexion corporelle de ces individus et les rapports qu'elle leur crée avec le reste de la nature. Nous ne pouvons naturellement pas faire ici une étude approfondie de la constitution physique de l'homme elle-même, ni des conditions naturelles que les hommes ont trouvées toutes prêtes, conditions géologiques, orographiques, hydrographiques, climatiques et autres. Toute histoire doit partir de ces bases naturelles et de leur modification par l'action des hommes au cours de l'histoire.

On peut distinguer les hommes des animaux par la conscience, par la religion et par tout ce que l'on voudra. Eux-mêmes commencent à se distinguer des animaux dès qu'ils commencent à *produire* leurs moyens d'existence, pas en avant qui est la conséquence même de leur organisation corporelle. En produisant leurs moyens d'existence, les hommes produisent indirectement leur vie matérielle elle-même.

La façon dont les hommes produisent leurs moyens d'existence dépend d'abord de la nature, des moyens d'existence déjà donnés et qu'il leur faut reproduire. Il ne faut pas considérer ce mode de production de ce seul point de vue, à savoir qu'il est la reproduction de l'existence physique des individus. Il représente au contraire déjà un mode déterminé de l'activité de ces individus, une façon déterminée de manifester leur vie, un *mode de vie* déterminé. La façon dont les individus manifestent leur vie reflète très exactement ce qu'ils sont. Ce qu'ils sont coïncide donc avec leur production, aussi bien avec *ce qu'*ils produisent qu'avec la façon *dont* ils le produisent. Ce que sont les individus dépend donc des conditions matérielles de leur production.

Cette production n'apparaît qu'avec l'*accroissement de la population*. Elle-même présuppose pour sa part des relations* des individus entre eux. La forme de ces relations est à son tour conditionnée par la production.

Marx-Engels, *L'Idéologie allemande* (1845-46), 1re partie. Trad. R. Cartelle et G. Badia. Editions sociales, Classiques du marxisme, 1974, pp. 42-44.

MARX
ENGELS

A l'encontre de la philosophie allemande qui descend du ciel sur la terre, c'est de la terre au ciel que l'on monte ici. Autrement dit, on ne part pas de ce que les hommes disent, s'imaginent, se représentent, ni non plus de ce qu'ils sont dans les paroles, la pensée, l'imagination et la représentation d'autrui, pour aboutir ensuite aux hommes en chair et en os ; non, on part des hommes dans leur activité réelle ; c'est à partir de leur processus de vie réel que l'on représente aussi le développement des reflets et des échos idéologiques de ce processus vital. Et même les fantasmagories dans le cerveau humain sont des sublimations résultant nécessairement du processus de leur vie matérielle que l'on peut constater empiriquement et qui est lié à des présuppositions matérielles. De ce fait, la morale, la religion, la métaphysique et tout le reste de l'idéologie, ainsi que les formes de conscience qui leur correspondent, perdent aussitôt toute apparence d'autonomie. Elles n'ont pas d'histoire, elles n'ont pas de développement ; ce sont au contraire les hommes qui, en développant leur production matérielle et leurs rapports matériels, transforment, avec cette réalité qui leur est propre, et leur pensée et les produits de leur pensée. Ce n'est pas la conscience qui détermine la vie, mais la vie qui détermine la conscience. Dans la première façon de considérer les choses, on part de la conscience comme étant l'individu vivant, dans la seconde façon, qui correspond à la vie réelle, on part des individus réels et vivants eux-mêmes et l'on considère la conscience uniquement comme *leur* conscience.

Cette façon de considérer les choses n'est pas dépourvue de présuppositions. Elle part des présuppositions réelles et ne les abandonne pas un seul instant. Ces présuppositions, ce sont les hommes, non pas isolés et figés de quelque manière imaginaire, mais saisis dans leur processus de développement réel dans des conditions déterminées, développement visible empiriquement. Dès que l'on représente ce processus d'activité vitale, l'histoire cesse d'être une collection de faits sans vie, comme chez les empiristes, qui sont eux-mêmes encore abstraits, ou l'action imaginaire de sujets imaginaires, comme chez les idéalistes.

C'est là où cesse la spéculation, c'est dans la vie réelle que commence donc la science réelle, positive, l'exposé de l'activité pratique, du processus de développement pratique des hommes. Les phrases creuses sur la conscience cessent, un savoir réel doit les remplacer. Dès lors qu'est exposée la réalité, la philosophie cesse d'avoir un milieu où elle existe de façon autonome. A sa place, on pourra tout au plus mettre une synthèse des résultats les plus généraux qu'il est possible d'abstraire de l'étude du développement historique des

* Marx traduit *Verkehr* par « commerce » (au sens large du mot) dans sa lettre à Annenkov, du 28 décembre 1846, écrite en français. Plus loin reviendront les termes de *Verkehrsform*, *Verkehrsverhältnisse* par lesquels Marx entend ce qu'il désignera plus tard par « rapports de production » *(Produktionsverhältnisse)*.

hommes. Ces abstractions, prises en soi, détachées de l'histoire réelle, n'ont absolument aucune valeur. Elles peuvent tout au plus servir à classer plus aisément la matière historique, à indiquer la succession de ses stratifications particulières. Mais elles ne donnent en aucune façon, comme la philosophie, une recette, un schéma selon lequel on peut accommoder les époques historiques.

Ibid., pp. 51-52.

MARX
ENGELS

Pour vivre, il faut avant tout boire, manger, se loger, s'habiller et quelques autres choses encore. Le premier fait historique est donc la production des moyens permettant de satisfaire ces besoins, la production de la vie matérielle elle-même, et c'est même là un fait historique, une condition fondamentale de toute histoire que l'on doit, aujourd'hui encore comme il y a des milliers d'années, remplir jour par jour, heure par heure, simplement pour maintenir les hommes en vie. (...)

La première chose, dans toute conception historique, est donc d'observer ce fait fondamental dans toute son importance et toute son extension, et de lui faire droit. Chacun sait que les Allemands ne l'ont jamais fait ; ils n'ont donc jamais eu de base *terrestre* pour l'histoire et n'ont par conséquent jamais eu un seul historien. Bien qu'ils n'aient vu la connexité de ce fait avec ce qu'on appelle l'histoire que sous l'angle le plus étroit, surtout tant qu'ils restèrent emprisonnés dans l'idéologie politique, les Français et les Anglais n'en ont pas moins fait les premiers essais pour donner à l'histoire une base matérialiste, en écrivant d'abord des histoires de la société civile, du commerce et de l'industrie.

Le second point est que le premier besoin lui-même une fois satisfait, l'action de le satisfaire et l'instrument déjà acquis de cette satisfaction poussent à de nouveaux besoins, – et cette production de nouveaux besoins est le premier fait historique. (...)

Le troisième rapport, qui intervient ici d'emblée dans le développement historique, est que les hommes, qui renouvellent chaque jour leur propre vie, se mettent à créer d'autres hommes, à se reproduire ; c'est le rapport entre homme et femme, parents et enfants, c'est la *famille.* Cette famille, qui est au début le seul rapport social, devient par la suite un rapport subalterne (sauf en Allemagne), lorsque les besoins accrus engendrent de nouveaux rapports sociaux et que l'accroissement de la population engendre de nouveaux besoins ; par conséquent, on doit traiter et développer ce thème de la famille d'après les faits empiriques existants et non d'après le « concept de famille », comme on a coutume de le faire en Allemagne. (...) Produire la vie, aussi bien la sienne propre par le travail que la vie d'autrui en procréant, nous apparaît donc dès maintenant comme un rapport double : d'une part comme un rapport naturel, d'autre part comme un rapport social, – social en ce sens que l'on entend par là l'action conjuguée de plusieurs individus, peu importe dans quelles conditions, de quelle façon et dans quel but. Il s'ensuit qu'un mode de production ou un stade industriel déterminés sont constamment liés à un mode de coopération ou à un stade social déterminés, et que ce mode de coopération est lui-même une « force productive » ; il s'ensuit également que la masse des forces productives accessibles aux hommes détermine l'état social, et que l'on doit par conséquent étudier et élaborer sans cesse l' « histoire des hommes » en liaison avec l'histoire de l'industrie et des échanges. (...)

Donc d'emblée se manifeste un système de liens matériels entre les hommes qui est conditionné par les besoins et le mode de production et qui est aussi vieux que les hommes eux-mêmes, – système de liens qui prend sans cesse de nouvelles formes et présente donc une « histoire » même sans qu'il existe encore une quelconque absurdité politique ou religieuse qui réunisse les hommes par surcroît.

Et c'est maintenant seulement, après avoir déjà examiné quatre moments, quatre aspects des rapports historiques originels, que nous trouvons que l'homme a aussi de la « conscience ».

Ibid., pp. 59-62.

MARX
ENGELS

La conception de l'histoire que nous venons de développer nous donne encore finalement les résultats suivants : 1. Dans le développement des forces productives, il arrive un stade où naissent des forces productives et des moyens de circulation qui ne peuvent être que néfastes dans le cadre des rapports existants et ne sont plus des forces productives, mais des forces destructrices (le machinisme et l'argent), – et, fait lié au précédent, il naît une classe qui supporte toutes les charges de la société, sans jouir de ses avantages, qui est expulsée de la société et se trouve, de force, dans l'opposition la plus ouverte à toutes les autres classes, une classe que forme la majorité des membres de la société et d'où surgit la conscience de la nécessité d'une révolution radicale, conscience qui est la conscience communiste et peut se former aussi, bien entendu, dans les autres classes quand on y voit la situation de cette classe. 2. Les conditions dans lesquelles on peut utiliser des forces productives déterminées sont les conditions de la domination d'une classe déterminée de la société ; la puissance sociale de cette classe, découlant de ce qu'elle possède, trouve régulièrement son expression *pratique* sous forme idéaliste dans le type d'Etat propre à chaque époque ; c'est pourquoi toute lutte révolutionnaire est dirigée contre une classe qui a dominé jusqu'alors. 3. Dans toutes les révolutions antérieures, le mode d'activité restait inchangé et il s'agissait seulement d'une autre distribution de cette activité, d'une nouvelle répartition du travail entre d'autres personnes ; la révolution communiste par contre est dirigée contre le *mode* d'activité antérieur, elle supprime le *travail* et abolit la domination de toutes les classes en abolissant les classes elles-mêmes, parce qu'elle est effectuée par la classe qui n'est plus considérée comme une classe dans la société, qui n'est plus reconnue comme telle et qui est déjà l'expression de la dissolution de toutes les classes, de toutes les nationalités, etc., dans le cadre de la société actuelle. 4. Une transformation massive des hommes s'avère nécessaire pour la création en masse de cette conscience communiste, comme aussi pour mener à bien la chose elle-même ; or, une telle transformation ne peut s'opérer que par un mouvement pratique, par une *révolution* ; cette révolution n'est donc pas seulement rendue nécessaire parce qu'elle est le seul moyen de renverser la classe *dominante,* elle l'est également parce que seule une révolution permettra à la classe *qui renverse l'autre* de balayer toute la pourriture du vieux système qui lui colle après et de devenir apte à fonder la société sur des bases nouvelles. (...)

Jusqu'ici, toute conception historique a, ou bien laissé complètement de côté cette base réelle de l'histoire, ou l'a considérée comme une chose accessoire, n'ayant aucun lien avec la marche de l'histoire. De ce fait, l'histoire doit toujours être écrite d'après une norme située en dehors d'elle. La production réelle de la vie apparaît à l'origine de l'histoire, tandis que ce qui est proprement historique apparaît comme séparé de la vie ordinaire, comme extra et supra-terrestre. Les rapports entre les hommes et la nature sont de ce fait exclus de l'histoire, ce qui engendre l'opposition entre la nature et l'histoire. Par conséquent, cette conception n'a pu voir dans l'histoire que les grands événements historiques et politiques, des luttes religieuses et somme toute théoriques, et elle a dû, en particulier, *partager* pour chaque époque historique l'*illusion de cette époque.* Mettons qu'une époque s'imagine être déterminée par des motifs purement « politiques » ou « religieux », bien que « politique » et « religion » ne soient que des formes de ses moteurs réels : son historien accepte alors cette opinion. L' « imagination », la « représentation » que ces hommes déterminés se font de leur pratique réelle, se transforme en la seule puissance déterminante et active qui domine et détermine la pratique de ces hommes.

Ibid., pp. 74-76, 79.

Toute force productrice résulte d'une activité antérieure

Dans la Lettre à Annenkov *de 1846, Marx résume les principes de son analyse économique en insistant sur le caractère* historique *de la production. C'est l'époque où Marx concentre ses critiques sur les conceptions « idéalistes » et « petites-bourgeoises » de Proudhon : à la* Philosophie de la misère, *écrit par celui-ci en 1846, Marx répondra aussitôt par* Misère de la philosophie *en 1847. Proudhon avait refusé son adhésion aux comités de correspondance, mis sur pied par Marx et Engels, en répondant : « Nous ne devons pas poser l'action* révolutionnaire *comme moyen de réforme sociale (...). Je me pose ainsi le problème : faire rentrer dans la société, par une combinaison économique, les richesses qui sont sorties de la société par une autre combinaison économique ... »*

MARX

Qu'est-ce que la société, quelle que soit sa forme ? Le produit de l'action réciproque des hommes. Les hommes sont-ils libres de choisir telle ou telle forme sociale ? Pas du tout. Posez un certain état de développement des facultés productives des hommes et vous aurez telle forme de commerce et de consommation. Posez certains degrés de développement de la production, du commerce, de la consommation, et vous aurez telle forme de constitution sociale, telle organisation de la famille, des ordres ou des classes, en un mot telle société civile. Posez telle société civile et vous aurez tel état politique, qui n'est que l'expression officielle de la société civile. (...)

Il n'est pas nécessaire d'ajouter que les hommes ne sont pas les libres arbitres *de leurs forces productives* – qui sont la base de toute leur histoire – car toute force productive est une force acquise, le produit d'une activité antérieure. Ainsi les forces productives sont le résultat de l'énergie pratique des hommes, mais cette énergie elle-même est circonscrite par les conditions dans lesquelles les hommes se trouvent placés, par les forces productives déjà acquises, par la forme sociale, qui existe avant eux, qu'ils ne créent pas, qui est le produit de la génération antérieure. Par ce simple fait que toute génération postérieure trouve des forces productives acquises par la génération antérieure, qui lui servent comme matière première pour de nouvelles productions, il se forme une connexité dans l'histoire des hommes, il se forme une histoire de l'humanité, qui est d'autant plus l'histoire de l'humanité que les forces productives des hommes et, en conséquence, leurs rapports sociaux, ont grandi. Conséquence nécessaire : l'histoire sociale des hommes n'est jamais que l'histoire de leur développement individuel, qu'ils en aient la conscience ou qu'ils ne l'aient pas. Leurs rapports matériels forment la base de tous leurs rapports. Ces rapports matériels ne sont que les formes nécessaires dans lesquelles leur activité matérielle et individuelle se réalise.

Les hommes ne renoncent jamais à ce qu'ils ont gagné, mais cela ne revient pas à dire qu'ils ne renoncent jamais à la forme sociale dans laquelle ils ont acquis certaines forces productives. Tout au contraire. Pour ne pas être privés du résultat obtenu, pour ne pas perdre les fruits de la civilisation, les hommes sont forcés, du moment où le mode de leur commerce ne correspond plus aux forces productives acquises, de changer toutes leurs formes sociales traditionnelles. (Je prends le mot *commerce* ici dans le sens le plus général comme nous disons en allemand : *Verkehr.*) Par exemple : le privilège, l'institution des jurandes et des corporations, le régime réglementaire du moyen âge, étaient des relations sociales, qui seules correspondaient aux forces productives acquises et à l'état social préexistant, duquel ces institutions étaient sorties. Sous la protection du régime corporatif et réglementaire, les capitaux s'étaient accumulés, un commerce maritime s'était développé, des colonies avaient été fondées – et les hommes auraient perdu les fruits mêmes, s'ils avaient voulu conserver les formes sous la protection desquelles ces fruits avaient mûri. Aussi y eut-il deux coups de tonnerre, la révolution de 1640 et celle de 1688. Toutes les anciennes formes économiques, les relations sociales qui leur correspondaient, l'état politique qui était l'expression officielle de l'ancienne société civile furent brisés en Angleterre. Ainsi les formes économiques sous lesquelles les hommes produisent, consomment, échangent, sont *transitoires et historiques.* Avec de nouvelles facultés productives acquises, les hommes changent leur mode de production ; et avec le mode de production, ils changent tous les rapports économiques, qui n'ont été que les relations nécessaires de ce mode de production déterminé.

Marx, *Lettre à P. Annenkov* (1846), in *Oeuvres,* I, Gallimard, Pléiade, 1965, pp. 1439-1441.

Marx en 1859 : « Mes recherches aboutirent au résultat suivant »

Ce texte, souvent cité, résume les principes théoriques du matérialisme historique. On s'est parfois autorisé de ce texte pour interpréter de façon assez mécaniste *le jeu des contradictions économiques qui déterminent l'histoire des sociétés humaines. Il faut à cet égard lire les textes qui suivent, notam-*

ment la lettre d'Engels à Joseph Bloch (1890) pour mesurer les risques d'une telle interprétation.

MARX

Les rapports juridiques, pas plus que les formes de l'Etat, ne peuvent s'expliquer ni par eux-mêmes, ni par la prétendue évolution générale de l'esprit humain ; bien plutôt, ils prennent leurs racines dans les conditions matérielles de la vie que Hegel, à l'exemple des Anglais et des Français du XVIIIe siècle, comprend dans leur ensemble sous le nom de « société civile » ; et c'est dans l'économie politique qu'il convient de chercher l'anatomie de la société civile. J'avais commencé l'étude de cette science à Paris et je la continuai à Bruxelles, où j'avais émigré par suite d'un arrêté d'expulsion signé de M. Guizot. Voici, en peu de mots, le résultat général auquel j'arrivai et qui, une fois obtenu, me servit de fil conducteur dans mes études.

Dans la production sociale de leur existence, les hommes nouent des rapports déterminés, nécessaires, indépendants de leur volonté ; ces rapports de production correspondent à un degré donné du développement de leurs forces productives matérielles. L'ensemble de ces rapports forme la structure économique de la société, la fondation réelle sur laquelle s'élève un édifice juridique et politique, et à quoi répondent des formes déterminées de la conscience sociale. Le mode de production de la vie matérielle domine en général le développement de la vie sociale, politique et intellectuelle. Ce n'est pas la conscience des hommes qui détermine leur existence, c'est au contraire leur existence sociale qui détermine leur conscience. A un certain degré de leur développement, les forces productives matérielles de la société entrent en collision avec les rapports de production existants, ou avec les rapports de propriété au sein desquels elles s'étaient mues jusqu'alors, et qui n'en sont que l'expression juridique. Hier encore formes de développement des forces productives, ces conditions se changent en de lourdes entraves. Alors commence une ère de révolution sociale. Le changement dans les fondations économiques s'accompagne d'un bouleversement plus ou moins rapide dans tout cet énorme édifice. Quand on considère ces bouleversements, il faut toujours distinguer deux ordres de choses. Il y a le bouleversement matériel des conditions de production économique. On doit le constater dans l'esprit de rigueur des sciences naturelles. Mais il y a aussi les formes juridiques, politiques, religieuses, artistiques, philosophiques, bref les formes idéologiques, dans lesquelles les hommes prennent conscience de ce conflit et le poussent jusqu'au bout. On ne juge pas un individu sur l'idée qu'il a de lui-même. On ne juge pas une époque de révolution d'après la conscience qu'elle a d'elle-même. Cette conscience s'expliquera plutôt par les contrariétés de la vie matérielle, par le conflit qui oppose les forces productives sociales et les rapports de production. Jamais une société n'expire, avant que soient développées toutes les forces productives qu'elle est assez large pour contenir ; jamais des rapports supérieurs de production ne se mettent en place, avant que les conditions matérielles de leur existence se soient écloses dans le sein même de la vieille société. C'est pourquoi l'humanité ne se propose jamais que les tâches qu'elle peut remplir : à mieux considérer les choses, on verra toujours que la tâche surgit là où les conditions matérielles de sa réalisation sont déjà formées, ou sont en voie de se créer. Réduits à leurs grandes lignes, les modes de production asiatique, antique, féodal et bourgeois moderne apparaissent comme des époques progressives de la formation économique de la société. Les rapports de production bourgeois sont la dernière forme antagonique du procès social de la production. Il n'est pas question ici d'un antagonisme individuel ; nous l'entendons bien plutôt comme le produit des conditions sociales de l'existence des individus ; mais les forces productives qui se développent au sein de la société bourgeoise créent dans le même temps les conditions matérielles propres à résoudre cet antagonisme. Avec ce système social c'est donc la préhistoire de la société humaine qui se clôt.

Marx, *Critique de l'économie politique* (1859), Avant-propos, in *Oeuvres*, I, Trad. M. Rubel et L. Evrard. Gallimard, Pléiade, 1965, pp. 272-274.

C. Conditions de l'intelligibilité de l'histoire

L'ordre explicatif doit être distingué de l'ordre chronologique

*L'épistémologie de l'économie (et de l'histoire) exposée dans l'*Introduction à la critique de l'économie politique (Grundrisse) *de 1857 permet de mieux comprendre la prétention du matérialisme historique à la scientificité. C'est un texte difficile, mais fondamental.*

MARX

Comme au reste dans toute science historique ou sociale, il ne faut jamais oublier, dans la marche des catégories économiques, que le sujet, ici la société bourgeoise moderne, est donné aussi bien dans le cerveau que dans la réalité, que les catégories expriment donc des formes de ce qui existe, des déterminations de l'existence, souvent de simples aspects singuliers de cette société déterminée, de ce sujet, et que par conséquent ce n'est en aucune façon à partir du seul moment où il est question d'elle *comme telle* qu'elle commence à exister *aussi du point de vue scientifique*. Voilà ce qu'il ne faut pas oublier, car cela nous fournit aussitôt une indication décisive sur le plan à adopter. Rien ne semble plus naturel par exemple que de commencer par la rente foncière, par la propriété foncière, étant donné qu'elle est liée à la terre, source de toute production et de toute existence, et par elle à la première forme de production de toutes les sociétés parvenues à une certaine stabilité – à l'agriculture. Or rien ne serait plus erroné. Dans toutes les formes de société, c'est une production déterminée qui assigne à toutes les autres, ce sont les rapports engendrés par elle qui assignent à tous les autres leur rang et leur importance. (...)

On ne peut comprendre la rente foncière sans le capital. Mais on peut comprendre le capital sans la rente foncière. Le capital est la force économique universellement dominante de la société bourgeoise. Il constitue nécessairement le point de départ comme le point final et doit être développé avant la propriété foncière. Après les avoir considérés chacun en particulier, il faut considérer leur relation réciproque.

Il serait donc impossible et erroné de ranger les catégories économiques dans l'ordre où elles ont été historiquement déterminantes. Leur ordre est au contraire déterminé par les relations qui existent entre elles dans la société bourgeoise moderne et il est précisément à l'inverse de ce qui semble être leur ordre naturel ou correspondre à leur ordre de succession au cours de l'évolution historique.

Marx, *Introduction à la critique de l'économie politique* (1857). Trad. J. - P. Lefebvre. Editions sociales, 1978, pp. 175-177 de l'édition bilingue.

La rétrospection : l'économie bourgeoise vous donne la clef de l'économie antique

MARX

La société bourgeoise est l'organisation historique de la production la plus développée et la plus variée qui soit. De ce fait, les catégories qui expriment les rapports de cette société, la compréhension de son articulation, permettent en même temps de se rendre compte de l'articulation et des rapports de production de toutes les formes de société disparues avec les débris et les éléments desquelles elle s'est édifiée, dont certains vestiges non encore dépassés pour une part subsistent en elle, où ce qui n'avait de sens qu'indicatif est devenu en se développant signification explicite, etc. L'anatomie de l'homme est une clef pour l'anatomie du singe. Les signes annonciateurs d'une forme supérieure dans les espèces animales d'ordre inférieur ne peuvent pour autant être compris que lorsque la forme supérieure est elle-même déjà connue. Ainsi l'économie bourgeoise nous donne la clef de l'économie antique, etc. Mais nullement à la manière des économistes qui effacent toutes les différences historiques et voient dans toutes les formes de société celles de la société bourgeoise. On peut comprendre le tribut, la dîme, etc., quand on connaît la rente foncière. Mais il ne faut pas les identifier. Comme de plus la société bourgeoise n'est elle-même qu'une forme contradictoire du développement, il est des rapports appartenant à des formes de société antérieures que l'on pourra ne rencontrer en elle que tout à fait étiolés, ou même travestis. Par exemple la propriété communale. Si donc il est vrai que les catégories de l'économie bourgeoise possèdent une certaine vérité valable pour toutes les autres formes de société, cela ne peut être admis que *cum grano salis*. Elles peuvent receler ces formes développées, étiolées, caricaturées, etc., mais toujours avec une différence essentielle. Au reste, ce que l'on appelle développement historique repose sur le fait que la forme dernière considère les formes passées comme des étapes conduisant à elle-même ; comme de plus elle est rarement capable, et encore dans des conditions bien déterminées, de faire sa propre critique – il n'est naturellement pas question ici des périodes historiques qui se considèrent elles-mêmes comme des époques de décadence – elle les conçoit toujours de façon unilatérale. La religion chrétienne n'a été capable d'aider à comprendre objectivement les mythologies antérieures qu'après avoir achevé jusqu'à un certain degré pour ainsi dire *dunameï* sa propre critique. De même l'économie politique bourgeoise ne parvint à comprendre les sociétés féodales, antiques, orientales que du jour où eut commencé l'autocritique de la société bourgeoise.

Ibid., pp. 171-173.

D. L'analyse concrète d'une situation concrète

Stade déterminé de la production et concept abstrait de la production

MARX

Quand nous parlons de production, c'est toujours de la production à un stade déterminé du développement social qu'il s'agit – de la production d'individus sociaux. Aussi pourrait-il sembler que, pour parler de la production en général, il faille soit suivre le procès de développement historique dans ses différentes phases, soit déclarer de prime abord que l'on s'occupe d'*une* époque historique déterminée, par exemple de la production bourgeoise moderne, qui est en fait notre véritable sujet. Mais toutes les époques de la production ont certains caractères en commun, certaines déterminations communes. La *production en général* est une abstraction, mais une abstraction rationnelle, dans la mesure où elle souligne et précise effectivement les traits communs, nous évitant ainsi la répétition. Cependant cet *Universel*, ou ce caractère commun, isolé par comparaison, est lui-même un ensemble articulé complexe dont les membres divergent pour revêtir des déterminations différentes. Certains de ces éléments appartiennent à toutes les époques, d'autres sont communs à quelques-unes seulement. [Certaines] déterminations seront communes à l'époque la plus moderne et à la plus ancienne. Sans elles on ne peut concevoir aucune production. Mais s'il est vrai que les langues les plus évoluées ont en commun avec les moins évoluées certaines lois et déterminations, c'est précisément ce qui constitue leur évolution qui les différencie de ces caractères généraux et communs. Aussi faut-il bien distinguer les déterminations qui valent pour la production en général, afin que l'unité – qui découle déjà du fait que le sujet : l'humanité, et l'objet : la nature, sont identiques – ne fasse pas oublier la différence essentielle.

Ibid., pp. 115-116.

Gramsci : le concept de « bloc historique »

*« La structure et les superstructures forment un « bloc historique », c'est-à-dire que l'ensemble complexe, contradictoire et discordant des superstructures est le reflet de l'ensemble des rapports sociaux de production » écrit Gramsci (1891-1937). Le souci du théoricien italien fut toujours d'analyser une situation historique donnée en évitant de privilégier la structure économique (économisme) ou les superstructures (idéologisme). Unité organique, rapport de réciprocité et d'interdépendance : lorsque l'*hégémonie *d'une classe sur l'ensemble de la société se trouve réalisée, on peut effectivement parler de « bloc historique ».*

GRAMSCI

En quel sens peut-on établir une identité entre la politique et l'histoire, et par conséquent entre l'ensemble de la vie et la politique ? Comment dans ce cas tout le système des superstructures pourra-t-il se concevoir comme des distinctions de la politique et comment justifiera-t-on alors l'introduction du concept de distinction dans une philosophie de la praxis ? Mais peut-on parler de dialectique des distincts et comment peut-on entendre le concept de cercle entre les degrés de la superstructure ? Concept de « bloc historique », c'est-à-dire unité entre la nature et l'esprit (structure et superstructure), unité des contraires et des distincts.

Le critère de distinction peut-il être introduit également dans la structure ? Comment faudra-t-il entendre la structure : comment dans le système des rapports sociaux, pourra-t-on distinguer l'élément « technique », « travail », « classe », etc., entendus historiquement et non « métaphysiquement » ? Critique de la position de Croce qui fait de la structure, à des fins polémiques, un « dieu caché », un « noumène » qui s'oppose aux « apparences » de la superstructure. « Apparences » au sens métaphorique et au sens positif. Pourquoi « historiquement », et comme terminologie, a-t-on parlé d' « apparences » ?

Gramsci, in *Gramsci dans le texte*. Trad. J. Bramant, G. Moget, A. Monjo, F. Ricci. Editions sociales, p. 437.

Phénomènes de conjoncture et mouvements organiques

L'analyse historique est la démonstration de la valeur scientifique de la théorie marxiste de l'histoire. Mais Gramsci donne du concept de science une interprétation originale qui a donné lieu à bien des débats. Il défend une position historiciste, *pour s'opposer aux déformations mécanistes et fatalistes de la IIe Internationale qui, avec Boukharine, entretenaient l'illusion d'une complète* prévisibilité *de l'histoire. La science de l'histoire est une « catégorie historique » : « en réalité la science aussi est une superstructure, une idéologie ». La critique du scientisme ou du dogmatisme scientifique amène Gramsci à redéfinir l'idéologie afin de rendre compte du statut à la fois historique et rationnel de « la philosophie de la praxis », c'est-à-dire de la doctrine marxiste.*

GRAMSCI

C'est le problème des rapports entre structure et superstructure qu'il faut poser exactement et résoudre pour parvenir à une juste analyse des forces qui opèrent dans l'histoire d'une période déterminée et définir leur rapport. Il faut évoluer dans les limites de deux principes : 1. celui qu'une société ne se propose aucune tâche pour laquelle n'existent pas déjà les conditions nécessaires et suffisantes ou des conditions qui seraient au moins en voie d'apparition et de développement ; 2. celui qu'aucune société ne se dissout et ne peut être remplacée tant qu'elle n'a pas développé toutes les formes de vie qui sont contenues implicitement dans ses rapports. A partir de la réflexion sur ces deux règles fondamentales on peut arriver à développer toute une série d'autres principes de méthodologie historique. Cependant, dans l'étude d'une structure, il faut distinguer les mouvements organiques (relativement permanents) des mouvements qu'on peut appeler « de conjoncture » (et qui se présentent comme occasionnels, immédiats, presque accidentels). Les phénomènes de conjoncture dépendent certes eux aussi de mouvements organiques, mais leur signification n'a pas une large portée historique : ils donnent lieu à une critique politique mesquine, jour par jour, et qui s'attaque aux petits groupes dirigeants, et aux personnalités qui ont la responsabilité immédiate du pouvoir. Les phénomènes organiques donnent lieu à la critique historique-sociale, qui, elle, s'adresse aux vastes groupements, par-delà les personnes immédiatement responsables, par-delà le personnel dirigeant. Au cours de l'étude d'une période historique, on découvre la grande importance de cette distinction. Il se produit une crise qui parfois se prolonge pendant des dizaines d'années. Cette durée exceptionnelle signifie que se sont révélées (ont mûri) dans la structure des contradictions incurables et que les forces politiques qui œuvrent positivement à la conservation et à la défense de la structure même, tentent toutefois de guérir, à l'intérieur de certaines limites, et de surmonter. Ces efforts incessants et persévérants (car aucune forme sociale ne voudra jamais avouer qu'elle est dépassée) forment le terrain de l' « occasionnel » sur lequel s'organisent les forces antagonistes qui tendent à démontrer (démonstration qui, en dernière analyse, ne réussit et n'est « vraie » que si elle devient réalité nouvelle, que si les forces antagonistes triomphent ; mais immédiatement se développe une série de polémiques idéologiques, religieuses, philosophiques, politiques, juridiques, etc. dont le caractère concret peut être évalué à la façon dont elles réussissent à convaincre et la façon dont elles déplacent l'ancien dispositif des forces sociales) qu'existent déjà les conditions nécessaires et suffisantes pour que des tâches déterminées puissent et soient donc en devoir d'être résolues historiquement (en devoir, parce que toute dérobade au mouvement historique augmente le désordre nécessaire et prépare de plus graves catastrophes).

L'erreur où l'on tombe fréquemment, dans les analyses historiques-politiques, consiste à ne pas savoir trouver le juste rapport entre ce qui est organique et ce qui est occasionnel : on en vient ainsi soit à présenter comme immédiatement opérantes des causes qui sont au contraire opérantes d'une manière médiate, soit à affirmer que les causes immédiates sont les seules causes efficientes ; dans un cas, on a l'excès de l' « économisme » ou du doctrinarisme pédant ; et dans l'autre, l'excès de l' « idéologisme » ; dans un cas, on surestime les causes mécaniques, dans l'autre, on exalte l'élément volontariste et individuel. La distinction entre « mouvements » et faits organiques et mouvements et faits de « conjoncture » ou occasionnels doit être appliquée à tous les types de situation, non seulement à ceux qui manifestent un développement régressif ou une crise aiguë mais à ceux qui manifestent un développement progressif ou de prospérité, et à ceux qui manifestent une stagnation des forces productives. Le lien dialectique entre les deux ordres de mouvement et, par conséquent de recherche, est difficilement établi avec exactitude ; et, si l'erreur est grave dans l'historiographie, elle devient encore plus grave dans l'art politique, quand il s'agit non pas de reconstruire l'histoire du passé mais de construire celle du présent et de l'avenir : ce sont les désirs mêmes des hommes et leurs passions les moins nobles et les plus mauvaises, immédiates, qui sont la cause de l'erreur, dans la mesure où ils se substituent à l'analyse objective et impartiale, ce qui se fait non comme « moyen » conscient pour stimuler l'action, mais comme une erreur qui les abuse eux-mêmes.

Ibid., pp. 491-494.

« Notre doctrine n'est pas un dogme, mais un guide pour l'action »

LENINE

Le marxisme nous oblige à tenir un compte des plus exacts, objectivement véritable, du rapport des classes et des particularités concrètes de chaque moment de l'histoire. Nous autres, bolcheviks, nous nous sommes toujours efforcés de rester fidèles à cette règle, absolument indispensable à toute politique scientifiquement établie.

« Notre doctrine n'est pas un dogme, mais un guide pour l'action », ont toujours dit Marx et Engels, se moquant à juste titre de la méthode qui consiste à apprendre par cœur et à répéter telles quelles des « formules » capables tout au plus d'indiquer les objectifs *généraux*, nécessairement modifiés par la situation économique et politique *concrète* à chaque *phase* particulière de l'histoire.

Lénine, *Lettres sur la tactique* (1917), in Oeuvres, t. 24.
Editions du progrès, Paris-Moscou, p. 33.

Les facteurs historico-sociaux

G. Plekhanov (1856-1918) réalisa un énorme travail de diffusion et de développement de la pensée marxiste en Russie. Lénine lui doit beaucoup. Il considérait cependant les positions politiques de Plekhanov, surtout à la fin de sa vie, en 1905 et 1918, comme « opportunistes ».

PLEKHANOV

Qu'est-ce que les facteurs « historico-sociaux » ? Quelle est la genèse de la représentation qu'on s'en fait ?

Prenons un exemple. Les Gracques ont voulu arrêter la mainmise des riches Romains sur les terres publiques, opération qui menait Rome à sa perte. Les riches se sont opposés aux Gracques. La bataille s'est engagée, chacun des belligérants s'attachant passionnément à faire triompher sa cause. Si je voulais décrire cette lutte, je la pourrais représenter comme un affrontement des passions humaines, et les passions deviendraient du coup « des facteurs » de la politique intérieure de Rome. Mais les Gracques, comme leurs adversaires, faisaient usage dans cette lutte des moyens que le droit public de Rome mettait à leur disposition. Je n'oublierais, certes, pas ce point dans mon récit, et le droit public de Rome deviendrait ainsi, à son tour, un facteur dans l'évolution de la République. On peut continuer : ceux qui combattaient les Gracques avaient un intérêt matériel à perpétuer des abus profondément entrés dans les habitudes, et ceux qui soutenaient les Gracques avaient un intérêt matériel à leur suppression. J'indiquerais aussi cette cironstance, de telle sorte que la lutte que je décrirais deviendrait un affrontement d'intérêts matériels, la lutte des riches et des pauvres, une lutte de classes. Nous voilà donc en possession d'un troisième facteur et, cette fois, le plus intéressant : le fameux facteur économique. S'il en a le temps et le désir, le lecteur pourra se demander à loisir lequel d'entre ces facteurs de l'évolution interne a prédominé à Rome sur tous les autres : il trouvera dans mon récit assez d'éléments pour soutenir à cet égard l'opinion de son choix.

Pour ma part, tant que je m'en tiendrai au rôle de conteur, la question des facteurs me laissera assez froid. Leur portée respective ne m'intéresse absolument pas. Conteur, je n'ai besoin que d'une chose : de présenter les événements de façon aussi exacte et aussi vivante que possible. Pour cela, il me faut établir un certain lien, au moins superficiel, entre ces événements et les disposer selon une certaine perspective. Si je fais état des passions qui animaient les parties adverses, ou du régime politique de la Rome d'alors, ou enfin de l'existence dans cette cité d'une inégalité des biens, je ne le fais que dans l'intérêt du récit, afin de relier les uns aux autres les événements et les faire revivre. Ce but atteint, je me sens parfaitement satisfait et je laisse d'une âme égale les philosophes résoudre la question de savoir si les passions l'emportent sur l'économie ou l'économie sur les passions, à moins que rien ne l'emporte sur rien, chaque « facteur » se réglant sur la maxime : vivre et laisser faire.

(...) Mais qu'arrivera-t-il si je ne me contente pas de ce rôle, si je me lance dans des considérations philosophiques au sujet des événements décrits ? Dans ce cas, la liaison extrinsèque entre les événements ne me suffira plus ; le désir me viendra de mettre à nu leurs causes internes ; et les passions, le droit public, l'économie, tous les facteurs qu'auparavant je soulignais ou je faisais ressortir, mû seulement par l'instinct esthétique, prendront à mes yeux une signification nouvelle et considérable.

G. Plekhanov, *La Conception matérialiste de l'histoire* (1897), in *Oeuvres philosophiques II.* Trad. L. et J. Cathala. Editions de Moscou.

La structure économique déterminante « en dernière instance »

En 1890, Engels est amené à préciser pour lutter contre toute interprétation mécaniste ou économiste du matérialisme historique, l'importance qu'il faut donner aux facteurs économiques dans l'analyse d'une société historiquement définie.

ENGELS

... D'après la conception matérialiste de l'histoire, le facteur déterminant dans l'histoire est, *en dernière instance,* la production et la reproduction de la vie réelle. Ni Marx, ni moi n'avons jamais affirmé davantage. Si, ensuite, quelqu'un torture cette proposition pour lui faire dire que le facteur économique est le *seul* déterminant, il la transforme en une phrase vide, abstraite, absurde. La situation économique est la base, mais les divers éléments de la superstructure – les formes politiques de la lutte de classe et ses résultats, – les Constitutions établies une fois la bataille gagnée par la classe victorieuse, etc., – les formes juridiques, et même les reflets de toutes ces luttes réelles dans le cerveau des participants, théories politiques, juridiques, philosophiques, conceptions religieuses, et leur développement ultérieur en systèmes dogmatiques, exercent également leur action sur le cours des luttes historiques et, dans beaucoup de cas, en déterminent de façon prépondérante la *forme.* Il y a action et réaction de tous ces facteurs au sein desquels le mouvement économique finit par se frayer son chemin comme une nécessité à travers la foule infinie de hasards (c'est-à-dire de choses et d'événements dont la liaison intime entre eux est si lointaine ou si difficile à démontrer que nous pouvons la considérer comme inexistante et la négliger). Sinon, l'application de la théorie à n'importe quelle période historique serait, ma foi, plus facile que la résolution d'une simple équation du premier degré.

Nous faisons notre histoire nous-mêmes, mais, tout d'abord, avec des prémisses et dans des conditions très déterminées. Entre toutes, ce sont les conditions économiques qui sont finalement déterminantes. Mais les conditions politiques, etc., voire même la tradition qui hante les cerveaux des hommes, jouent également un rôle, bien que non décisif. Ce sont des causes historiques et, en dernière instance, économiques, qui ont formé également l'Etat prussien et qui ont contribué à le développer. Mais on pourra difficilement prétendre sans pédanterie que, parmi les nombreux petits Etats de l'Allemagne du Nord, c'était précisément le Brandebourg qui était destiné par la nécessité économique et non par d'autres facteurs encore (avant tout par cette circonstance que, grâce à la possession de la Prusse, le Brandebourg était entraîné dans les affaires polonaises et par elles impliqué dans les relations politiques internationales qui sont décisives également dans la formation de la puissance de la Maison d'Autriche) à devenir la grande puissance où s'est incarnée la différence dans l'économie, dans la langue et aussi, depuis la Réforme, dans la religion entre le Nord et le Sud. On parviendra difficilement à expliquer économiquement, sans se rendre ridicule, l'existence de chaque petit État allemand du passé et du présent. (...)

Mais deuxièmement, l'histoire se fait de telle façon que le résultat final se dégage toujours des conflits d'un grand nombre de volontés individuelles, dont chacune à son tour est faite telle qu'elle est par une foule de conditions particulières d'existence ; il y a donc là d'innombrables forces qui se contrecarrent mutuellement, un groupe infini de parallélogrammes de forces, d'où ressort une résultante – l'événement historique – qui peut être regardée elle-même, à son tour, comme le produit d'une force agissant comme un tout, de façon *inconsciente* et aveugle. Car, ce que veut chaque individu est empêché par chaque autre et ce qui s'en dégage est quelque chose que personne n'a voulu. C'est ainsi que l'histoire jusqu'à nos jours se déroule à la façon d'un processus de la nature et est soumise aussi, en substance, aux mêmes lois de mouvement qu'elle. Mais de ce que les diverses volontés – dont chacune veut ce à quoi la poussent sa constitution physique et les circonstances extérieures, économiques en dernière instance (ou ses propres circonstances personnelles ou les circonstances sociales générales) – n'arrivent pas à ce qu'elles veulent, mais se fondent en une moyenne générale, en une résultante commune, on n'a pas le droit de conclure qu'elles sont égales à zéro. Au contraire, chacune contribue à la résultante, et à ce titre, est incluse en elle. (...)

C'est Marx et moi-même, partiellement, qui devons porter la responsabilité du fait que, parfois, les jeunes donnent plus de poids qu'il ne lui est dû au côté économique. Face à nos adversaires, il nous fallait souligner le principe essentiel nié par eux, et alors nous ne trouvions pas toujours le temps, le lieu, ni l'occasion de donner leur place aux autres facteurs qui participent à l'action réciproque. Mais dès qu'il s'agissait de présenter une tranche d'histoire, c'est-à-dire de passer à l'application pratique, la chose changeait et il n'y avait pas d'erreur possible. Mais malheureusement, il n'arrive que trop fréquemment que l'on croit avoir parfaitement compris une nouvelle théorie et pouvoir la manier sans difficultés, dès qu'on s'en est approprié les principes essentiels, et cela n'est pas toujours exact. Je ne puis tenir quitte de ce reproche plus d'un de nos récents « marxistes », et il faut dire aussi qu'on a fait des choses singulières ...

Engels, *Lettre à Joseph Bloch* (1890), in *Etudes philosophiques*, Editions sociales, 1935, pp. 154-156.

La contradiction principale

Les textes célèbres de Mao Dzedong De la contradiction *(1937) et* De la juste solution des contradictions au sein du peuple *(1957) constituent un apport à l'étude de la conjoncture politique : ils tendent à procurer une méthode d'analyse scientifique apte à rendre compte d'une situation historique donnée, de ses transformations. Les possibilités d'action révolutionnaires doivent être évaluées d'après une « juste analyse des contradictions ».*

MAO DZEDONG

Dans la question du caractère spécifique de la contradiction, il reste deux éléments qui requièrent une analyse particulière, à savoir la contradiction principale et l'aspect principal de la contradiction.

Dans un processus de développement complexe d'une chose ou d'un phénomène, il existe toute une série de contradictions ; l'une d'elles est nécessairement la contradiction principale, dont l'existence et le développement déterminent l'existence et le développement des autres contradictions ou agissent sur eux.

Ainsi, dans la société capitaliste, les deux forces en contradiction, le prolétariat et la bourgeoisie, forment la contradiction principale ; les autres contradictions, comme par exemple la contradiction entre les restes de la classe féodale et la bourgeoisie, la contradiction entre la petite bourgeoisie paysanne et la bourgeoisie, la contradiction entre le prolétariat et la petite bourgeoisie paysanne, la contradiction entre la bourgeoisie libérale et la bourgeoisie monopoliste, la contradiction entre la démocratie et le fascisme au sein de la bourgeoisie, les contradictions entre les pays capitalistes et les contradictions entre l'impérialisme et les colonies, sont toutes déterminées par la contradiction principale ou soumises à son action.

Mao Dzedong, *De la contradiction* (1937), in *Textes choisis de Mao Tsetoung*, Editions de Pékin, 1972, pp. 116-117.

Totalité sociale et conscience de classe

La destinée de G. Lukàcs (1885-1971) est étrange et souvent dramatique. Son œuvre théorique, dont l'importance apparaît aujourd'hui, est marquée par les difficultés que lui causèrent les autorités du Parti communiste auquel il adhéra en 1928. Critiqué pour Histoire et conscience de classe, *paru en 1923, il fut condamné pour déviationnisme en 1925 et presque réduit au silence jusqu'en 1932. Réfugié en U.R.S.S., puis rentrant en Hongrie, son pays natal, après la guerre, il n'y connut jusqu'à sa mort qu'une paix très relative. Son œuvre souvent marquée par des prudences tactiques et des auto-*

critiques de circonstance est principalement consacrée à la théorie littéraire, à l'analyse de l'idéologie. Dans les années 20, critiquant l'économisme et le scientisme du marxisme de l'époque, Lukacs introduit les notions de totalité, *de* conscience de classe *et de* réification. *Avec lui, la théorie de l'histoire s'éclaire d'un jour nouveau.*

LUKACS

Etude concrète, cela signifie donc : rapport à la société comme *totalité*. Car c'est seulement dans ce rapport que la conscience que les hommes peuvent à chaque moment avoir de leur existence, apparaît dans ses déterminations essentielles. Elle apparaît d'une part comme quelque chose qui, *subjectivement,* se justifie, se comprend et doit se comprendre à partir de la situation sociale et historique, donc comme quelque chose de « juste », et, en même temps, elle apparaît comme quelque chose qui, *objectivement,* est passager par rapport à l'essence du développement social, ne se connaît et ne s'exprime pas adéquatement, donc comme « fausse conscience ». D'autre part, cette même conscience apparaît sous ce même rapport comme manquant *subjectivement* les buts qu'elle s'assigne elle-même et en même temps comme visant et atteignant des buts *objectifs* du développement social, inconnus d'elle et qu'elle n'a pas voulus. Cette détermination, doublement dialectique, de la « fausse conscience » permet de ne plus la traiter en se bornant à décrire ce que les hommes ont pensé, ressenti et voulu *effectivement* sous des conditions historiques déterminées, dans des situations de classe déterminées, etc. Ce n'est là que le *matériau,* très important à vrai dire, des études historiques proprement dites. En établissant le rapport à la totalité concrète, d'où sortent les déterminations dialectiques, on dépasse la simple description et on parvient à la catégorie de la possibilité objective. En rapportant la conscience à la totalité de la société, on découvre les pensées et les sentiments que les hommes *auraient eus,* dans une situation vitale déterminée, *s'ils avaient été capables de saisir parfaitement* cette situation et les intérêts qui en découlaient tant par rapport à l'action immédiate que par rapport à la structure, conforme à ces intérêts, de toute la société ; on découvre donc les pensées, etc., qui sont conformes à leur situation objective. Dans aucune société, le nombre de telles situations n'est illimité. Même si leur typologie est élaborée grâce à des recherches de détail approfondies, on aboutit à quelques types fondamentaux clairement distincts les uns des autres et dont le caractère essentiel est déterminé par la typologie de la position des hommes dans le processus de production. Or, la réaction rationnelle adéquate qui doit, de cette façon, être *adjugée* à une situation typique déterminée dans le processus de production, c'est la conscience de classe. Cette conscience n'est donc ni la somme ni la moyenne de ce que les individus qui forment la classe, pris un par un, pensent, ressentent, etc. Et cependant l'action historiquement décisive de la classe comme totalité est déterminée, en dernière analyse, par cette conscience et non par la pensée, etc., de l'individu ; cette action ne peut être connue qu'à partir de cette conscience.

G. Lukàcs, « *La conscience de classe* », in *Histoire et conscience de classe* (1920). Trad. K. Axelos et J. Bois. Editions de Minuit, 1960, pp. 72-73.

E. Histoire et révolution

La doctrine matérialiste est, au fond,
la théorie objective des révolutions sociales.
A. Labriola

MARX

La doctrine matérialiste de la transformation des circonstances et de l'éducation oublie qu'il faut les hommes pour transformer les circonstances et que l'éducateur a lui-même besoin d'être éduqué. C'est pourquoi il lui faut diviser la société en deux parties – dont l'une est élevée au-dessus d'elle.

La coïncidence de la modification des circonstances et de l'activité humaine ou autotransformation ne peut être saisie et comprise rationnellement qu'en tant que *pratique révolutionnaire.*

Marx, *Thèses sur Feuerbach* (1845), 3. In *L'Idéologie allemande.* Trad. R. Cartelle et G. Badia. Editions sociales, 1974, p. 24.

MARX

... En ce qui me concerne, ce n'est pas à moi que revient le mérite d'avoir découvert ni l'existence des classes dans la société moderne, ni leur lutte entre elles. Longtemps avant moi, des historiens bourgeois avaient décrit le développement historique de cette lutte des classes et des économistes bourgeois en avaient exprimé l'anatomie économique. Ce que je fis de nouveau, ce fut : 1. de démontrer que *l'existence des classes* n'est liée qu'à des *phases de développement historique déterminé de la production ;* 2. que la lutte des classes *conduit* nécessairement à la *dictature du prolétariat ;* 3. que cette dictature elle-même ne constitue que la transition à *l'abolition de toutes les classes* et à une *société sans classes ...*

Marx, *Lettre à J. Weydemeyer* (1852). In *Etudes philosophiques.* Editions sociales, 1935, p. 145.

ENGELS

L'idée fondamentale et directrice du *Manifeste* – à savoir que la production économique et la structure sociale de chaque époque historique qui en résulte nécessairement, forment la base de l'histoire politique et intellectuelle de cette époque ; que, par suite (depuis la dissolution de la propriété commune du sol des temps primitifs) toute l'histoire a été une histoire de luttes de classes, de luttes entre classes exploitées et classes exploiteuses, entre classes dominées et classes dominantes, aux différentes étapes de développement social ; mais que cette lutte a actuellement atteint une étape où la classe exploitée et opprimée (le prolétariat) ne peut plus se libérer de la classe qui l'exploite et l'opprime (la bourgeoisie) sans en même temps libérer à tout jamais la société entière de l'exploitation, de l'oppression et des luttes de classes – cette idée maîtresse appartient uniquement et exclusivement à Marx.

Engels, Préface à l'édition allemande de 1883 du *Manifeste du parti communiste.* Trad. L. Lafargue. Editions sociales, Classiques du marxisme, 1967, pp. 11-12.

Histoire et luttes de classes

Ecrit en 1848, le Manifeste *est le texte le plus célèbre de Marx et d'Engels. Si la formule finale (Prolétaires de tous les pays, unissez-vous !) est un appel à l'action, la première phrase est une proposition théorique dont l'interprétation soulève quelques problèmes. N'y a-t-il pas d'histoire sans antagonisme de classes ? Les sociétés sans classes (le « communisme primitif » dans la terminologie marxiste) sont-elles anhistoriques ? Que signifie « jusqu'à nos jours » ?*

L'antagonisme bourgeois-prolétaires rend intelligibles les formes antérieures des contradictions de classe. Mais la bourgeoisie a joué historiquement un rôle révolutionnaire avant d'imposer sa domination. (Il faudrait se reporter au texte dans son intégralité, ce court extrait étant en lui-même très insuffisant.)

MARX
ENGELS

L'histoire de toute société jusqu'à nos jours est l'histoire de luttes de classes.

Homme libre et esclave, patricien et plébéien, baron et serf, maître de jurande et compagnon, bref oppresseurs et opprimés, en opposition constante, ont mené une lutte ininterrompue, tantôt ouverte, tantôt dissimulée, une lutte qui finissait toujours soit par une transformation révolutionnaire de la société tout entière, soit par la disparition des deux classes en lutte.

Dans les premières époques historiques, nous constatons presque partout une structuration achevée de la société en corps sociaux distincts, une hiérarchie extrêmement diversifiée des conditions sociales. Dans la Rome antique, nous trouvons des patriciens, des chevaliers, des plébéiens, des esclaves ; au Moyen Age, des seigneurs, des vassaux, des maîtres, des compagnons, des serfs et, de plus, dans presque chacune de ces classes une nouvelle hiérarchie particulière.

La société bourgeoise moderne, élevée sur les ruines de la société féodale, n'a pas aboli les antagonismes de classes. Elle n'a fait que substituer de nouvelles classes, de nouvelles conditions d'oppression, de nouvelles formes de lutte à celles d'autrefois.

Cependant, le caractère distinctif de notre époque, de l'époque de la bourgeoisie, est d'avoir simplifié les antagonismes de classes. La société entière se scinde de plus en plus en deux vastes camps ennemis, en deux grandes classes qui s'affrontent directement : la bourgeoisie et le prolétariat.

Marx-Engels, *Manifeste du parti communiste* (1848). Trad. L. Lafargue. Editions sociales, Classiques du marxisme, 1967, pp. 27-29.

Volonté individuelle et volonté étatique dans l'histoire

La structure économique est déterminante « en dernière instance ». Quel est le rôle de la volonté collective dans les luttes de classes ? Le contenu de cette volonté, la nature de son projet ne sont-ils pas déterminés par le jeu des contradictions de l'infrastructure économique ?

ENGELS

Il est donc prouvé que, dans l'histoire moderne tout au moins, toutes les luttes politiques sont des luttes de classes et que toutes luttes émancipatrices de classes, malgré leur forme nécessairement politique – car toute lutte de classes est une lutte politique – tournent, en dernière analyse, autour de l'émancipation *économique*. Par conséquent, l'Etat, le régime politique, constitue, ici tout au moins, l'élément secondaire, et la société civile, le domaine des relations économiques, l'élément décisif. La vieille conception traditionnelle, à laquelle Hegel sacrifie lui aussi, voyait dans l'Etat l'élément déterminant et dans la société civile l'élément déterminé par le premier. Il en est ainsi en apparence. De même que, chez l'homme isolé, toutes les forces motrices de ces actions doivent nécessairement passer par son cerveau, se transformer en mobiles de sa volonté pour l'amener à agir, de même tous les besoins de la société civile – quelle que soit la classe au pouvoir – doivent passer par la volonté de l'Etat pour s'imposer universellement sous forme de lois. Tel est le côté formel de la chose qui se comprend de soi-même ; la question est seulement de savoir quel est le contenu de cette volonté purement formelle – celle de l'individu comme celle de l'Etat – et d'où vient ce contenu, pourquoi on veut précisément telle chose et non pas telle autre. Et si nous en cherchons la raison, nous trouvons que, dans l'histoire moderne, la volonté de l'Etat est déterminée dans l'ensemble par les besoins changeants de la société civile, par la suprématie de telle ou telle classe, en dernière analyse, par le développement des forces productives et des rapports d'échange.

Engels, *Ludwig Feuerbach et la fin de la philosophie classique allemande* (1886). In *Etudes philosophiques*, Editions sociales, 1935, pp. 59-60.

Connaître le passé n'est utile qu'en vue de façonner l'avenir

L'essai de Labriola (1843-1904) sur la conception matérialiste de l'histoire est un « classique » du marxisme. « Oeuvre entièrement utile et intéressante » selon Lénine, il fut longuement analysé par Plekhanov dès sa parution.

LABRIOLA

Les prolétaires ne peuvent avoir en vue que l'avenir. Ce qui préoccupe avant tout les socialistes scientifiques, c'est le présent où se développent spontanément et où mûrissent les conditions de l'avenir. La connaissance du passé n'est utile et n'est intéressante, pratiquement, que dans la mesure où elle éclaire et oriente l'explication du présent. Pour le moment, il suffit que les partisans du communisme critique aient, il y a déjà cinquante ans, conçu les éléments de la nouvelle et définitive philosophie de l'histoire. Bientôt cette façon de voir s'imposera, parce qu'il sera devenu impossible de penser le contraire : et cette découverte aura le sort de l'œuf de Colomb. Peut-être avant qu'une armée de savants ait fait application de cette conception à la narration continue de toute l'histoire, les succès du prolétariat seront devenus tels que l'époque bourgeoise apparaîtra à tous comme pouvant être dépassée, parce qu'elle sera sur le point de l'être. *Comprendre, c'est dépasser* (Hegel).

A. Labriola, *Essai sur la conception matérialiste de l'histoire* (1896). Trad. A. Bonnet. Giard et Brière, 1897. Reprint Gordon and Breach, 1970.

La révolution prolétarienne à l'époque de l'impérialisme

Ce texte de Lénine date de 1917.

LÉNINE

Le capitalisme mondial en est arrivé aujourd'hui, approximativement depuis le début du XXe siècle, au stade impérialiste. L'impérialisme ou époque du capital financier est ce haut niveau de développement de l'économie capitaliste où les associations monopolistes (syndicats patronaux, cartels, trusts) ont acquis une importance décisive, où le capital bancaire, parvenu à un degré extrême de concentration, a fusionné avec le capital industriel, où l'exportation du capital dans les pays étrangers a revêtu de très grandes proportions, où l'univers est déjà territorialement divisé entre les pays les plus riches et où le partage économique du monde entre les trusts internationaux a commencé.

Les guerres impérialistes, c'est-à-dire les guerres pour la domination du monde, pour les marchés du capital bancaire, pour l'étranglement des nationalités petites et faibles, sont inévitables dans cette conjoncture. Et telle est précisément la première grande guerre impérialiste, celle de 1914-1917.

Le degré exceptionnellement élevé de développement du capitalisme mondial en général ; la substitution du capitalisme monopoliste à la libre concurrence ; la formation par les banques, et aussi par les associations de capitalistes, d'un appareil de réglementation sociale de la production et de la répartition ; la hausse des prix et l'oppression croissante de la classe ouvrière par les syndicats patronaux, en fonction du développement des monopoles capitalistes, ainsi que les immenses difficultés de la lutte économique et politique de la classe ouvrière ; les horreurs, les calamités, la ruine, la barbarie engendrées par la guerre impérialiste, – c'est ce qui fait que le capitalisme, au degré actuel de son évolution, devient l'ère de la révolution prolétarienne, socialiste.

Cette ère s'est ouverte.

Seule la révolution prolétarienne, socialiste, peut sortir l'humanité de l'impasse créée par l'impérialisme et par les guerres impérialistes. Quels que soient les difficultés de la révolution et ses échecs temporaires éventuels, ou les vagues de la contre-révolution, la victoire finale du prolétariat est inéluctable.

Aussi les conditions objectives mettent-elles à l'ordre du jour de l'époque que nous vivons la préparation directe du prolétariat, dans tous les domaines, à la conquête du pouvoir politique pour l'application des mesures économiques et politiques qui constituent le fond même de la révolution socialiste.

Lénine, *Textes pour la révision du programme du Parti* (1917). In *Oeuvres*, Editions du Progrès, Paris-Moscou, t. 24, pp. 482-483.

« La révolution est la fête des opprimés et des exploités »

Dans ce texte de 1905, Lénine parle de la révolution non comme un historien analysant le passé, mais comme un homme d'action impatient de faire l'histoire. L'enthousiasme révolutionnaire, même s'il se réclame d'une conception rationnelle de l'histoire, n'est-il pas aussi *un moteur de l'histoire ?*

LÉNINE

Les révolutions, disait Marx, sont les locomotives de l'histoire. La révolution est la fête des opprimés et des exploités. Jamais la masse populaire ne peut se montrer un créateur aussi actif du nouvel ordre social que pendant la révolution. En ces époques, le peuple est capable de faire des miracles si l'on se place au point de vue étroit, petit-bourgeois, du progrès graduel. Mais il faut encore que les dirigeants de partis révolutionnaires sachent à ces moments-là formuler leurs tâches avec le plus d'ampleur et de hardiesse ; il faut que leurs mots d'ordre devancent toujours l'initiative révolutionnaire des masses, leur servant de phare, leur montrant dans toute sa grandeur et dans toute sa beauté notre idéal démocratique et socialiste, leur indiquant le chemin le plus court et le plus direct vers une victoire complète, absolue, décisive. (...) Nous serons des lâches et des traîtres à la révolution, si nous ne mettons pas à profit cette énergie des masses en liesse, cet enthousiasme révolutionnaire, afin de lutter implacablement et sans défaillance pour le droit chemin, pour le chemin décisif. Libre aux opportunistes bourgeois de méditer lâchement sur la réaction future. Les ouvriers ne se laisseront pas effrayer par l'idée que la réaction entend se faire terrible, et que la bourgeoisie entend se détourner. Les ouvriers n'attendent pas de transactions, ne demandent pas d'aumônes ; ils veulent écraser sans pitié les forces de réaction, c'est-à-dire instituer la *dictature démocratique révolutionnaire du prolétariat et de la paysannerie.*

Lénine, *Deux tactiques de la social-démocratie dans la révolution démocratique* (1905), in *Oeuvres*, Editions du Progrès, Paris-Moscou, t. 9, pp. 111.

Révolutions bourgeoises et révolutions prolétariennes

LÉNINE

Dans les révolutions bourgeoises, la tâche principale des masses laborieuses consistait à accomplir un travail négatif ou destructeur : abolir le régime féodal, la monarchie, les vestiges du moyen âge. Quant au travail positif, créateur, d'organisation de la nouvelle société, c'était la minorité possédante, la minorité bourgeoise de la population qui s'en acquittait. Et elle s'acquittait de cette tâche, en dépit de la résistance des ouvriers et des paysans pauvres, avec une facilité relative, non seulement parce que la résistance des masses exploitées par le capital était alors extrêmement faible en raison de leur dispersion et de leur ignorance, mais encore parce que la principale force organisatrice de la société capitaliste avec sa structure anarchique était le marché national et international, qui s'étend spontanément en profondeur et en étendue.

Au contraire, la tâche principale dont le prolétariat et les paysans pauvres qu'il dirige doivent s'acquitter dans toute révolution socialiste, et, par conséquent, dans la révolution socialiste que nous avons commencée en Russie le 25 octobre 1917, est un travail positif ou créateur qui consiste à mettre au point un système extrêmement complexe et délicat de nouveaux rapports d'organisation embrassant la production et la répartition régulières des produits nécessaires à l'existence de dizaines de millions d'hommes.

Lénine, *Les Tâches immédiates du pouvoir des Soviets* (1918), in *Oeuvres*. Editions du progrès, Paris-Moscou, t. 27, pp. 246-249.

LÉNINE

Le prolétariat n'a d'autre arme dans sa lutte pour le pouvoir que l'organisation. Divisé par la concurrence anarchique qui règne dans le monde bourgeois, accablé sous un labeur servile pour le capital, rejeté constamment « dans les bas-fonds » de la misère noire, d'une sauvage inculture et de la dégénérescence, le prolétariat peut devenir – et deviendra inévitablement – une force invincible pour cette seule raison que son union idéologique basée sur les principes du marxisme est cimentée par l'unité matérielle de l'organisation qui groupe les millions de travailleurs en une armée de la classe ouvrière.

Lénine, *Un pas en avant, deux pas en arrière* (1904), in *Oeuvres*. Editions du Progrès, Paris-Moscou, t. 7, p. 383.

Le prolétariat ne s'accomplit qu'en se supprimant

LUKACS

On ne doit donc jamais ignorer la distance qui sépare le niveau de conscience même des ouvriers les plus révolutionnaires, de la vraie conscience de classe du prolétariat. Cet état de fait aussi s'explique à partir de la doctrine marxiste de la lutte des classes et de la conscience de classe. *Le prolétariat ne s'accomplit qu'en se supprimant, qu'en menant jusqu'au bout sa lutte de classe et en instaurant ainsi la société sans classes.* La lutte pour cette société, dont la dictature du prolétariat aussi n'est qu'une simple phase, n'est pas seulement une lutte contre l'ennemi extérieur, la bourgeoisie, mais en même temps une lutte du prolétariat *contre lui-même* : contre les effets dévastateurs et dégradants du système capitaliste sur sa conscience de classe. Le prolétariat n'a arraché la victoire véritable que lorsqu'il a surmonté ces effets en lui-même. La séparation des différents secteurs qui devraient être réunis, les différents niveaux de conscience auxquels le prolétariat est actuellement parvenu dans les différents domaines, permettent de mesurer exactement le point qui a été atteint et ce qui reste à conquérir. Le prolétariat ne doit reculer devant aucune autocritique, car seule la vérité peut amener sa victoire, et l'autocritique doit donc être son élément vital.

Lukàcs, « *La conscience de classe* » in *Histoire et conscience de classe* (1920), Trad. K. Axelos et J. Bois. Editions de Minuit, 1960, pp. 106-107.

F. Le rôle des grands hommes dans l'histoire

La nécessité complétée par le hasard ...

ENGELS

Les hommes font leur histoire eux-mêmes, mais jusqu'ici ils ne se conforment pas à une volonté collective, selon un plan d'ensemble, et cela même pas dans le cadre d'une société déterminée, organisée, donnée. Leurs efforts se contrecarrent, et c'est précisément la raison pour laquelle règne, dans toutes les sociétés de ce genre, la *nécessité* complétée et manifestée par le *hasard*. La nécessité qui s'y impose par le hasard est à son tour, en fin de compte, la nécessité économique. Ici nous abordons la question de ce qu'on appelle les grands hommes. Naturellement, c'est un pur hasard que tel grand homme surgisse à tel moment déterminé dans tel pays donné. Mais, si nous le supprimons, on voit surgir l'exigence de son remplacement et ce remplaçant se trouvera tant bien que mal, mais il se trouvera toujours à la longue. Ce fut un hasard que Napoléon, ce Corse, fût précisément le dictateur militaire dont avait absolument besoin la République française, épuisée par sa propre guerre ; mais la preuve est faite que, faute d'un Napoléon, un autre aurait comblé la lacune, car l'homme s'est trouvé chaque fois qu'il a été nécessaire : César, Auguste, Cromwell, etc. Si Marx a découvert la conception historique de l'histoire, Thierry, Mignet, Guizot, tous les historiens anglais jusqu'en 1850 prouvent qu'on s'y efforçait, et la découverte de la même conception par Morgan est la preuve que le temps était mûr pour elle et qu'elle *devait nécessairement* être découverte.

Il en est ainsi de tout autre hasard et de tout autre soi-disant hasard dans l'histoire. Plus le domaine que nous étudions s'éloigne de l'économique et se rapproche de la pure idéologie abstraite, plus nous constaterons que son développement présente de hasard, et plus sa courbe se déroule en zigzags. Mais si vous tracez l'axe moyen de la courbe, vous trouverez que plus la période considérée est longue et le domaine étudié est grand, plus cet axe se rapproche de l'axe du développement économique et plus il tend à lui être parallèle.

Engels, *Lettre à Starkenburg* (1894), in *Etudes philosophiques*. Editions sociales, 1935, pp. 163-164.

Les formes d'existence historiques de l'individualité

Le texte d'Althusser qui suit contient une allusion à Plekhanov. Dans A propos du rôle de l'individu dans l'histoire *(1898), celui-ci écrivait :*

La grandeur du grand homme ne consiste pas en ce que ses qualités personnelles donnent une physionomie individuelle aux grands événements de l'histoire. Elle consiste en ce que le grand homme a des qualités qui le rendent le plus capable de servir les grandes nécessités sociales de son temps, lesquelles naissent par l'opération des causes générales et particulières. Dans son livre bien connu sur les héros, Carlyle appelle les grands hommes des *beginners*, « ceux qui commencent ». C'est une formule très heureuse. Le grand homme est en effet celui qui commençe, parce qu'il voit *plus loin* que les autres et parce qu'il veut plus *fortement*.

ALTHUSSER

Le faux problème du « rôle de l'individu dans l'histoire » est (...) l'indice d'un vrai problème, qui relève de plein droit de la théorie de l'histoire : le problème du concept des *formes d'existence historiques de l'individualité*. *Le Capital* nous donne les principes nécessaires à la position de ce problème, en définissant, pour le mode de production capitaliste, les différentes formes de l'individualité requises et produites par ce mode de production, selon les fonctions dont les individus sont les « porteurs » (Träger) dans la division du travail, dans les différents « niveaux » de la structure. Bien entendu, (...) le mode d'existence historique de l'individualité dans un mode de production donné n'est pas lisible à l'œil nu dans « l'histoire », son concept doit donc lui aussi être *construit*, et comme tout concept il réserve des surprises dont la plus crue est qu'il ne ressemble guère aux fausses évidences du « donné » – qui n'est que le masque de l'idéologie courante. C'est à partir du concept des variations du mode d'existence historique de l'individualité que peut être abordé ce qui subsiste véritablement du « *problème* » du « *rôle de l'individu dans l'histoire* », qui, posé sous sa forme célèbre, est un problème faux parce que bancal, théoriquement « adultérin », puisqu'on y confronte la théorie d'un objet à l'existence empirique d'un autre. Tant qu'on n'aura pas posé le problème théorique réel (celui des formes d'existence historiques de l'individualité), on se débattra dans la confusion, – comme Plekhanov, qui fouille dans le lit de Louis XV pour bien vérifier que les secrets de la chute de l'Ancien Régime n'y sont pas enfouis. En règle générale, les concepts ne se cachent pas dans des lits.

L. Althusser, *Lire le Capital II*, Maspero. 1965, pp. 62-63.

G. La théorie marxiste de l'histoire est-elle une idéologie ?

Nécessité de construire le concept d'histoire

Soucieux d'approfondir l'épistémologie de la conception marxiste de l'histoire, L. Althusser insiste sur les implications théoriques du concept *d'histoire.*

ALTHUSSER

Nous devons et pouvons dire : il y a pour chaque mode de production, un temps et une histoire propres, scandés d'une façon spécifique, du développement des forces productives (...).

C'est ce principe qui fonde la possibilité et la nécessité d'*histoires* différentes correspondant respectivement à chacun des « niveaux ». C'est ce principe qui nous autorise à parler d'une histoire économique, d'une histoire politique, d'une histoire des religions, d'une histoire des idéologies, d'une histoire de la philosophie, d'une histoire de l'art, d'une histoire des sciences, sans jamais nous dispenser, mais au contraire en nous imposant, de penser l'indépendance relative de chacune de ces histoires dans la dépendance spécifique qui articule les uns sur les autres les différents niveaux dans le tout social. C'est pourquoi, si nous avons le droit de constituer ces histoires différentes, qui ne sont que des histoires différentielles, nous ne saurions nous contenter de *constater,* comme le font souvent les meilleurs historiens de notre temps, l'existence de temps et de rythmes différents, sans les rapporter au concept de leur différence, c'est-à-dire à la dépendance typique qui les fonde dans l'articulation des niveaux du tout. Il ne suffit donc pas de dire, comme le font des historiens modernes, qu'il *y a* des périodisations différentes selon les différents temps, que chaque temps possède ses rythmes, les uns lents, les autres longs, il faut aussi penser ces différences de rythme et de scansion dans leur fondement, dans le type d'articulation, de déplacement et de torsion qui raccorde entre eux ces différents temps. Disons même, pour aller plus loin encore, qu'il ne faut pas se contenter de réfléchir ainsi l'existence de temps *visibles* et mesurables, mais qu'il faut, de toute nécessité, poser la question du mode d'existence de temps *invisibles*, de rythmes et de scansions invisibles à déceler sous les apparences de chaque temps visible. La simple lecture du *Capital* nous montre que Marx a été profondément sensible à cette exigence. Elle montre par exemple que le temps de la production économique, s'il est un temps spécifique (différent selon les différents modes de production), est, comme temps spécifique, un temps complexe non linéaire, – est un temps de temps, un temps complexe qu'on ne peut *lire* dans la continuité du temps de la vie ou des horloges, mais qu'il faut *construire* à partir des structures propres de la production. Le temps de la production économique capitaliste que Marx analyse doit être *construit* dans son concept. Le concept de ce temps doit être construit, à partir de la réalité des rythmes différents qui scandent les différentes opérations de la production, de la circulation et de la distribution : à partir des concepts de ces différentes opérations, par exemple, la différence entre le temps de la production et le temps de travail, la différence des différents cycles de la production (rotation du capital fixe, du capital circulant, du capital variable, rotation monétaire, rotation du capital commercial, et du capital financier, etc ...). Le temps de la production économique dans le monde de production capitaliste n'a donc absolument rien de commun avec l'évidence du temps idéologique de la pratique quotidienne : il est, certes, enraciné en certains lieux déterminés, dans le temps biologique (certaines limites d'alternance entre le travail et le repos pour la force de travail humaine et animale ; certains rythmes pour la production agricole), mais il ne s'identifie en rien, dans son essence, avec ce temps biologique, et il n'est en aucune manière un temps qui puisse *se lire immédiatement* dans l'écoulement de tel ou tel processus donné.

Ibid., pp. 46-49.

Le risque de construire une nouvelle idéologie

> Les conceptions théoriques des communistes ne reposent nullement sur des idées, des principes inventés ou découverts par tel ou tel réformateur du monde. Elles ne sont que l'expression générale des conditions réelles d'une lutte de classes existante, d'un mouvement historique qui s'opère sous nos yeux.
>
> *Manifeste communiste*

Le matérialisme historique prétend échapper à tout dogmatisme et se veut une arme pour lutter contre les illusions de l'idéologie dominante. A quelles conditions peut-il réaliser cette ambition ?

Réfléchissant sur l'histoire du marxisme, K. Kautsky (1854-1938) montre que la conception matérialiste de l'histoire n'est pas née spontanément *du mouvement ouvrier. Le socialisme scientifique a dû être importé dans le prolétariat.*

KAUTSKY

Le socialisme n'est (...) rien d'autre que la science de la société, en partant du point de vue du prolétariat. La science ne sert pas seulement à satisfaire le besoin de savoir, de connaître l'inconnu et le mystérieux, mais elle a aussi un but économique : épargner les forces. (...)

A son origine, la science sert directement et consciemment les buts d'économie de forces. Plus elle se développe et s'éloigne de son point de départ, plus il y a d'intermédiaires entre son activité de recherche et son effet pratique ; mais leur connexion ne peut en être ainsi que voilée et non pas supprimée.

Le socialisme, la science prolétarienne de la société sert aussi à rendre possible l'application rationnelle des forces du prolétariat.

Son arme principale, c'est le groupement de la masse en organisations puissantes, autonomes et libres de toute influence bourgeoise. On ne peut arriver à ce résultat sans une théorie socialiste, qui seule est à même de discerner l'intérêt prolétarien commun aux diverses couches prolétariennes et de séparer celles-ci du monde bourgeois.

Un mouvement ouvrier, spontané et dépourvu de toute théorie se dressant dans les classes travailleuses contre le capitalisme croissant, est incapable d'accomplir ce travail.

K. Kautsky, *Les Trois Sources du marxisme* (1907), Spartacus, 1969, pp. 23-24.

LABRIOLA

Notre doctrine, elle aussi, peut porter à la rêverie, et offrir une occasion et un thème pour une nouvelle idéologie à rebours. Elle est née dans le champ de bataille du communisme. Elle suppose l'apparition du prolétariat moderne sur la scène politique, et elle suppose cette orientation sur les origines de la société actuelle qui nous a permis de refaire d'une manière critique toute la genèse de la bourgeoisie. C'est une doctrine révolutionnaire à deux points de vue : et parce qu'elle a trouvé les raisons et les modes de développement de la révolution prolétarienne, qui est *in fieri*, et parce qu'elle se propose de trouver les causes et les conditions de développement de toutes les autres révolutions sociales, qui ont eu lieu dans le passé, dans les antagonismes de classe arrivés à un certain point critique par suite de la contradiction entre les formes de la production et le développement des forces productives. Il y a plus encore. A la lumière de cette doctrine, l'essentiel de l'histoire consiste précisément en ces moments critiques, et elle abandonne, au moins pour le moment, ce qui réunit ces différents moments aux soins érudits des narrateurs de profession. Comme doctrine révolutionnaire, elle est avant tout la conscience intellectuelle du mouvement prolétarien actuel, dans lequel, selon notre assertion, se prépare de longue main l'avènement du communisme : si bien que les adversaires déclarés du socialisme la repoussent comme une opinion qui, sous des apparences scientifiques, ne fait que reproduire l'*utopie*.

Aussi peut-il arriver, et cela s'est produit déjà, que l'imagination de personnes peu familières avec les difficultés de la recherche historique, et le zèle des fanatiques trouvent un stimulant et une occasion même dans le matérialisme historique pour construire une nouvelle idéologie, et en tirer une nouvelle philosophie de l'histoire systématique, c'est-à-dire schématique, ou tendancieuse et prédéterminée. Et il n'y a pas de précaution qui puisse suffire. Notre intelligence se contente rarement de la recherche purement critique, et elle est toujours portée à convertir en élément de pédanterie et en nouvelle scolastique tout découverte de la pensée. En un mot, même la conception matérialiste de l'histoire peut être convertie en forme d'argumentation à thèse, et servir à faire des modes nouvelles avec les préjugés anciens, comme l'était celui d'une histoire démontrée, démonstrative et déduite.

A. Labriola, *Essai sur la conception matérialiste de l'histoire* (1896). Trad. A. Bonnet. Giard et Brière, 1897. Reprint Gordon and Breach, 1970, pp. 137-139.

2. 2. AUTOUR DU MARXISME

Les textes qui suivent développent des points de vue différents, parfois opposés les uns aux autres. Ils ont en commun d'avoir été écrits entre 1947 et aujourd'hui, par des philosophes ou théoriciens, qui sans appartenir à des organisations politiques se réclamant ouvertement d'une stricte orthodoxie marxiste, situent, dans ces textes, leur réflexion par rapport à la conception marxiste de l'histoire. Interprétations, critiques, commentaires ou réfutations prennent donc appui sur une lecture de Marx et des marxistes, mais sont aussi des témoignages des débats qu'a pu occasionner la conception marxiste de l'histoire depuis la dernière guerre.

F. R.

Sartre, le marxisme et l'histoire

La relation de ces trois termes mériterait une analyse détaillée. « Compagnon de route » du communisme, J.-P. Sartre n'a cessé de réfléchir, d'interroger, de critiquer parfois la pensée marxiste, tant du point de vue philosophique qu'à travers les formes les plus concrètes de l'action politique. La Critique de la Raison dialectique *(1965) contient de très nombreux passages consacrés à la conception marxiste de l'histoire.*

SARTRE

Si l'on veut donner toute sa complexité à la pensée marxiste il faudrait dire que l'homme, en période d'exploitation, est *à la fois* le produit de son propre produit et un agent historique qui ne peut en aucun cas passer pour un produit. Cette contradiction n'est pas figée, il faut la saisir dans le mouvement même de la *praxis* ; alors, elle éclairera la phrase d'Engels : les hommes font leur histoire sur la base de conditions réelles antérieures (au nombre desquelles il faut compter les caractères acquis, les déformations imposées par le mode de travail et de vie, l'aliénation, etc.) mais ce sont *eux* qui la font et non les conditions antérieures : autrement ils seraient les simples véhicules de forces inhumaines qui régiraient à travers eux le monde social. Certes, ces conditions existent et ce sont elles, elles seules, qui peuvent fournir une direction et une réalité matérielle aux changements qui se préparent ; mais le mouvement de la *praxis* humaine les dépasse en les conservant.

Et certainement les hommes ne mesurent pas la portée réelle de ce qu'ils font – ou du moins cette portée doit leur échapper tant que le prolétariat, sujet de l'Histoire, n'aura pas dans un même mouvement réalisé son unité et pris conscience de son rôle historique. Mais si l'Histoire m'échappe cela ne vient pas de ce que je ne la fais pas : cela vient de ce que l'autre la fait aussi. Engels – de qui nous avons sur ce sujet beaucoup de déclarations peu compatibles entre elles – a, dans *La Guerre des Paysans, en tout cas,* montré le sens qu'il donnait à cette contradiction : après avoir insisté sur le courage, la passion des paysans allemands, sur la justesse de leurs revendications, sur le génie de certains chefs (en particulier de Münzer), sur l'intelligence et l'habileté de l'élite révolutionnaire, il conclut : « A la guerre des Paysans, seuls les princes pouvaient gagner quelque chose : donc ce fut son résultat. Ils gagnèrent non seulement de façon relative, parce que leurs concurrents, clergé, noblesse, ville, se trouvèrent affaiblis, mais aussi de façon absolue parce qu'ils remportèrent les dépouilles opimes des autres ordres. » Qu'est-ce donc qui a *volé* la *praxis* des révoltés ? Simplement leur séparation qui avait pour origine une condition historique déterminée : le morcellement de l'Allemagne. L'existence de mouvements provinciaux nombreux qui n'arrivaient pas à s'unifier – et dont chacun, *autre* que les autres, agissait autrement – suffit à déposséder chaque groupe du sens réel de son entreprise. Cela ne veut pas dire que l'entreprise *comme action réelle de l'homme sur l'histoire* n'existe pas, mais seulement que le résultat atteint – *même conforme à l'objectif qu'on se proposait* – est radicalement différent de ce qu'il paraît à l'échelle locale, quand on le replace dans le mouvement totalisateur.

J.-P. Sartre, *Critique de la Raison dialectique*, I. « Questions de méthode », Gallimard, 1960, pp. 61-62.

Humanisme et terreur

M. Merleau-Ponty (1908-1961) n'a jamais été marxiste. Mais sa réflexion sur l'histoire et sur la politique l'amène à s'interroger sur les rapports entre la pratique révolutionnaire et la doctrine marxiste. En 1947, dans Humanisme et terreur, *il propose une justification de la logique révolutionnaire. Mais en 1955, dans* Les Aventures de la dialectique *la réflexion se fait plus critique.*

MERLEAU-PONTY

Les problèmes de la politique viennent de ce fait que nous sommes tous des sujets et que cependant nous voyons et traitons autrui comme objet. La coexistence des hommes paraît donc vouée à l'échec. Car ou bien quelques-uns d'entre eux exercent leur droit absolu de sujet, alors les autres subissent leur volonté et ne sont pas reconnus comme sujets. Ou bien le corps social tout entier est voué à quelque destinée providentielle, à quelque mission philosophique, mais ce cas se ramène au premier et la politique objective à la politique subjective, puisque, de cette destinée ou de cette mission, il faut bien que quelques-uns seulement soient dépositaires. Ou enfin on convient que tous les hommes ont les mêmes droits et qu'il n'y a pas de vérité d'Etat, mais cette égalité de principe reste nominale ; le gouvernement, dans les moments décisifs, reste violent, et la plupart des hommes restent objets de l'histoire. Le marxisme veut briser l'alternative de la politique subjective et de la politique objective en soumettant l'histoire non pas aux exigences d'un Esprit Mondial insaisissable, mais à celles d'une certaine condition tenue pour humaine entre toutes : la condition prolétarienne. Malgré tant d'exposés inexacts, le marxisme ne soumet pas les hommes aux volontés du prolétariat ou du parti considérés comme une somme d'individus, en justifiant tant bien que mal cet arbitraire nouveau par une prédestination mystique selon les recettes traditionnelles de la violence. S'il donne un privilège au prolétariat, c'est parce que, selon la logique interne de sa condition, selon son mode d'existence le moins délibéré, et hors de toute illusion messianique, les prolétaires qui « ne sont pas des dieux » sont et sont seuls en position de réaliser l'humanité. Il reconnaît au prolétariat une mission, mais non providentielle : historique, et cela veut dire que le prolétariat, à considérer son rôle dans la constellation historique donnée, va vers une reconnaissance de l'homme par l'homme. La violence, la ruse, la terreur, le compromis, enfin la subjectivité des chefs et du parti qui risqueraient de transformer en objets les autres hommes trouvent leur limite et leur justification en ceci qu'ils sont au service d'une société humaine, celle des prolétaires, indivisiblement faisceau de volontés et fait économique, et, plus profond que tout cela, idée agissante de la vraie coexistence à laquelle il s'agit seulement de donner sa voix et son langage. Les marxistes ont bien critiqué l'humanisme abstrait qui voudrait passer tout droit à la société sans classes ou plutôt la postule. Ils ne l'ont fait qu'au nom d'une universalité concrète, celle des prolétaires de tous les pays qui se prépare déjà dans le présent.

M. Merleau-Ponty, *Humanisme et terreur*
Gallimard, Les Essais, 1947, pp. 119-120.

Les aventures de la dialectique

MERLEAU-PONTY

Que toutes les révolutions connues dégénèrent, ce n'est pas là un hasard : c'est qu'elles ne peuvent jamais, comme régime institué, être ce qu'elles étaient comme mouvement, et, que justement parce qu'il a réussi et a abouti à l'institution, le mouvement historique n'est plus lui-même, c'est qu'il se « trahit » et se « défigure » en se faisant. Les révolutions sont vraies comme mouvements et fausses comme régimes. Dès lors, la question se pose de savoir s'il n'y a pas plus d'avenir dans un régime qui ne prétend pas refaire l'histoire par la base, mais seulement la changer, et si ce n'est pas ce régime qu'il faut chercher, au lieu d'entrer une fois de plus dans le cercle de la révolution. (...)

Cela ne veut pas dire que tout est vain et qu'il n'y ait rien à faire : la lutte est chaque fois autre, le minimum de justice exigible s'élève, et d'ailleurs, selon ces principes mêmes, le conservatisme est l'utopie. Mais cela veut dire que la révolution qui recréerait l'histoire est à l'infini, qu'il y a une analogie des classes dirigeantes en tant que dirigeantes et des classes dirigées en tant que dirigées, et que, pour cette raison, les progrès historiques ne s'additionnent pas comme les marches d'un escalier. Les marxistes le savent bien, quand ils disent que la dictature du prolétariat tourne contre la bourgeoisie *les armes de la bourgeoisie.* Mais alors une philosophie prolétarienne de l'histoire consiste à postuler ce miracle que la dictature emploie les armes de la bourgeoisie sans devenir quelque chose comme une bourgeoisie, qu'une classe dirige sans entrer en décadence, quand toute classe qui régit le tout s'avère, par là même, particulière, qu'une formation historique, le prolétariat, puisse être instituée en classe dirigeante sans reprendre les servitudes du rôle historique, qu'elle accumule et garde intacte en elle-même toute l'énergie de toutes les révolutions passées, anime sans défaillance son appareil institutionnel et en annule à mesure la dégénérescence. C'est faire comme si tout ce qui existe historiquement n'était pas *à la fois* mouvement et inertie, c'est placer dans l'histoire comme des *contenus* d'une part le principe de la résistance, qu'on appelle bourgeoisie, d'autre part le principe du mouvement, qu'on appelle prolétariat, alors qu'ils sont la *structure* même de l'histoire en tant que passage à la généralité et à l'institution des rapports entre personnes. Le Comité de Salut public est progressif relativement à 93, c'est-à-dire absolument progressif en son temps, quoiqu'il soit une réalité historique mêlée, et qu'on y discerne déjà des intérêts bourgeois qui s'autonomisent. Réciproquement la dictature du prolétariat, même si on lui suppose la mission absolue d'implanter dans l'histoire les rapports de l'homme avec l'homme tels que le prolétariat les découvre, n'accomplira ce travail que dans l'ambiguïté, avec la déperdition d'énergie, qui sont inséparables du pouvoir et de la généralité sociale.

M. Merleau-Ponty, *Les Aventures de la dialectique*, Gallimard, 1955, pp. 279, 296-297.

Socialisme ou barbarie

Le groupe Socialisme ou barbarie, *dont C. Castoriadis fut l'animateur et le théoricien le plus connu, a diffusé de 1948 à 1966 des thèses qui, tout en critiquant rigoureusement la bureaucratie et le dogmatisme staliniens, tentent de retrouver le projet révolutionnaire qui inspire la pensée de Marx. Le texte suivant a été publié en 1964.*

CASTORIADIS

En faisant du marxisme l'idéologie effective de la bureaucratie, l'évolution historique a vidé de tout sens la question de savoir si une correction, une réforme, une révision, un redressement pourraient restituer au marxisme son caractère du départ et en faire de nouveau une théorie révolutionnaire. Car l'histoire fait voir dans les faits ce que l'analyse théorique montre de son côté dans les idées : que le système marxiste participe de la culture capitaliste, au sens le plus général du terme, qu'il est donc absurde de vouloir en faire l'instrument de la révolution. Cela vaut absolument pour le marxisme pris comme système, comme tout. Il est vrai que le système n'est pas complètement cohérent ; qu'on trouvera souvent, chez le Marx de la maturité ou chez ses héritiers, des idées et des formulations qui continuent l'inspiration véritablement révolutionnaire et nouvelle du départ. Mais ou bien on prend ces idées au sérieux, et elles font éclater le système : ou bien on tient à ce dernier, et alors ces belles formules deviennent des ornements qui ne servent qu'à justifier l'indignation des belles âmes du marxisme non officiel contre le marxisme « vulgaire » ou stalinien. Ce qu'il ne faut en tout cas pas faire, c'est jouer sur tous les tableaux à la fois : prétendre que Marx n'était pas un philosophe comme les autres, en invoquant *Le Capital* comme dépôt de science rigoureuse et le mouvement ouvrier comme vérification de sa conception ; masquer le sens réel de la dégénérescence du mouvement ouvrier en faisant appel aux mécanismes économiques qui conduiront, bon gré mal gré, au dépassement de l'aliénation ; et se défendre contre l'accusation de mécanisme en renvoyant à un sens caché de l'économie et à une philosophie de l'homme qui ne sont d'ailleurs définis nulle part.

Nous avons déjà indiqué, à plusieurs reprises, que les facteurs qui ont conditionné ce qui nous apparaît comme la déchéance du marxisme, l'abandon de son inspiration originaire, doivent être cherchés dans l'histoire réelle, qu'ils sont consubstantiels à ceux qui ont amené la dégénérescence bureaucratique du mouvement ouvrier, et que, d'une certaine façon, ils traduisent les obstacles presque insurmontables qui s'opposent au développement d'un mouvement révolutionnaire, la survie et la renaissance du capitalisme dans cela même qui le combat avec le plus d'acharnement. C'est dire qu'il n'est pas question pour nous de chercher l'origine de la déchéance dans une erreur théorique de Marx, de détecter l'idée fausse qu'il suffirait de remplacer par l'idée vraie pour que le redressement soit désormais inévitable.

Mais, précisément parce que le monde social est unitaire dans son déchirement, il y a des équivalences, les attitudes réelles ont des contreparties théoriques. Ce qui, sur le plan théorique, correspond à la bureaucratisation sur le plan réel, doit être dégagé, discuté comme tel, et, sinon « réfuté », au moins élucidé dans la relation profonde avec le monde que l'on combat par ailleurs. Si la révolution socialiste est une entreprise consciente, c'est là une condition nécessaire, bien que non suffisante, de tout nouveau départ.

L'origine théorique de la déchéance du marxisme, l'équivalent idéologique de la dégénérescence bureaucratique du mouvement ouvrier, est à chercher dans la transformation rapide de la nouvelle conception en un système théorique achevé et complet dans son intention, dans le retour au contemplatif et au spéculatif comme mode dominant de la solution des problèmes posés à l'humanité.

C. Castoriadis, *L'Institution imaginaire de la société*, Le Seuil, 1975, pp. 92-93.

Une géométrie euclidienne de l'histoire ?

Depuis plusieurs années, J. Baudrillard, avec perspicacité et originalité, fait apparaître les présupposés théoriques de la pensée marxiste. Son œuvre, souvent polémique et paradoxale, est une incitation à démystifier les discours idéologiques dont nous sommes abreuvés.

BAUDRILLARD

Le matérialisme historique surgit dans la société régie par le mode capitaliste – stade de l'actualisation nue des contradictions liées au mode de production et de la péripétie finale de la lutte de classes. Il se veut le déchiffrement de cette phase ultime de l'économie politique et la visée de son abolition. Mise en place d'une raison théorique et pratique universelle ; la dialectique des forces productives et des rapports de production, d'une logique continue de la contradiction, d'un espace homogène de la positivité et de la négativité : tout ceci, et le concept d'histoire lui-même, s'organise selon l'idée qu'avec le mode de production capitaliste, ce procès universel touche à sa vérité et à sa fin. Les modes de production antérieurs ne sont jamais envisagés comme autonomes ou définitifs, il est impensable que l'histoire ait pu s'y arrêter. La dialectique les voue à n'être que phases successives d'un procès de révolution qui est aussi un procès cumulatif de production. Le mode capitaliste n'échappe pas à cette logique inexorable, mais il revêt pourtant un privilège absolu dans la mesure où les autres modes de production n'ont fait que frayer la voie à la contradiction fondamentale entre production de la richesse sociale et production du rapport social, et à la possibilité pour les hommes de résoudre enfin leur existence sociale *dans ses termes réels.* Dans les formations antérieures, les hommes produisaient aveuglément leurs rapports sociaux en même temps que leur richesse matérielle – le mode capitaliste est le moment où ils prennent conscience de cette double production simultanée et visent à en prendre rationnellement le contrôle. Aucune société antérieure ne s'était posé cette question-là, ni dans ces termes-là ; elles ne pouvaient donc pas la résoudre. Elles ne pouvaient pas savoir le (ou la) fin de l'histoire, parce qu'elles ne se vivaient ni comme l'histoire ni comme mode de production – c'est bien pourquoi elles étaient antérieures : leur vérité était déjà au-delà d'elles, dans le concept futur d'histoire, et dans son contenu, la détermination du rapport social par la production matérielle – concept qui n'apparaîtra qu'au stade final du capitalisme et de sa critique, éclairant du même coup tout le procès antérieur. Le capital est donc une fin, et toute l'histoire vient se ramasser dans le procès final de son abolition. Ou encore : il est le seul mode de production dont la critique devient possible dans ses termes réels – c'est pourquoi la révolution qui y met fin est définitive.

Derrière tout cela, deux postulats :

– Un processus de développement historique est déjà là dans toutes les sociétés antérieures (un mode de production, des contradictions, une dialectique), mais elles n'en produisent pas le concept, ni donc le dépassement.

– Le moment de la prise de conscience du processus (la production du concept critique liée aux conditions de la formation capitaliste) est aussi l'étape décisive de sa résolution.

Tout cela est parfaitement hégélien, et on peut s'interroger sur l'espèce de nécessité qui fait que la contradiction fondamentale liée à l'instance déterminante de l'économie – toutes choses déjà à l'œuvre « objectivement » dans les formations antérieures – devienne manifeste en même temps que le discours capable de la fonder théoriquement (le matérialisme historique). Comme par hasard, la *réalité* du mode de production entre dans les faits au moment où il se trouve quelqu'un pour en faire la *théorie.* Comme par hasard, la lutte de classes, en même temps qu'elle entre dans sa phase ouverte et décisive, trouve la théorie qui en rend scientifiquement et objectivement compte (alors que la lutte de classes aveugle et latente dans les sociétés antérieures ne produisait que des idéologies). La conjonction est trop belle et évoque irrésistiblement la trajectoire hégélienne, où l'épopée de l'Esprit est tout entière illuminée rétrospectivement pour venir culminer dans le discours de Hegel lui-même.

Cette conjonction de l'analyse et de la « réalité objective » (« le communisme, c'est le mouvement même du réel ») n'est que la variante matérialiste de la prétention de toute notre culture au privilège d'être plus proche que n'importe quelle autre de l'universel, plus proche d'un terme de l'histoire, ou de la vérité. Cette eschatologie rationaliste, qui prend appui sur l'irréversibilité d'un temps linéaire de l'accumulation et du dévoilement, est par excellence celle de la science. Le phantasme de la science est double : celui d'une « coupure épistémologique » qui renvoie tout le reste à une préhistoire insensée de la connaissance et, simultanément, celui d'une accumulation linéaire du savoir, donc de la vérité comme totalisation finale. Cette procédure permet à nos sociétés de se penser et de se vivre comme supérieures à toutes les autres – non seulement *relativement* plus avancées par le fait qu'elles leur succèdent, mais *absolument* plus avancées parce que, détentrices de la *théorie* de cette finalité objective de la science ou de l'histoire, elles se réfléchissent *dans l'universel,* se donnent pour fin et donc, rétrospectivement, comme principe d'explication des formations antérieures.

La théorie matérialiste de l'histoire n'échappe pas à cette idéologie : nous sommes au moment de l'objectivité, de la vérité de l'histoire, du dénouement révolutionnaire. (...) L'histoire pourrait ainsi n'être au fond que l'équivalent du point de fuite idéal qui, dans la perspective classique et rationnelle de la Renaissance, permet d'imposer à l'espace une structure arbitraire unitaire. Et le matérialisme historique ne serait que la géométrie euclidienne de cette histoire.

J. Baudrillard, *Le Miroir de la production,*
Castermann, 1973, pp. 93-96.

L'économie bourgeoise et l'économie révolutionnaire au XIXe siècle

FOUCAULT

Pour Ricardo, l'Histoire remplit le creux ménagé par la finitude anthropologique et manifesté par une perpétuelle carence, jusqu'au moment où se trouve atteint le point d'une stabilisation définitive ; selon la lecture marxiste, l'Histoire, en dépossédant l'homme de son travail, fait surgir en relief la forme positive de sa finitude – sa vérité matérielle enfin libérée. Certes, on comprend sans difficulté, comment, au niveau de l'opinion, les choix réels se sont distribués, pourquoi certains ont opté pour le premier type d'analyse, et d'autres pour le second. Mais ce ne sont là que des différences dérivées, qui relèvent en tout et pour tout d'une enquête et d'un traitement doxologique. Au niveau profond du savoir occidental, le marxisme n'a introduit aucune coupure réelle ; il s'est logé sans difficulté, comme une figure pleine, tranquille, confortable, et ma foi, satisfaisante pour un temps (le sien), à l'intérieur d'une disposition épistémologique qui l'a accueilli avec faveur (puisque c'est elle justement qui lui faisait place) et qu'il n'avait en retour ni le propos de troubler, ni surtout le pouvoir d'altérer, ne fût-ce que d'un pouce, puisqu'il reposait tout entier sur elle. Le marxisme est dans la pensée du XIXe siècle comme poisson dans l'eau : c'est-à-dire que partout ailleurs il cesse de respirer. S'il s'oppose aux théories « bourgeoises » de l'économie, et si dans cette opposition il projette contre elles un retournement radical de l'Histoire, ce conflit et ce projet ont pour condition de possibilité non pas la reprise en main de toute l'Histoire, mais un événement que toute l'archéologie peut situer avec précision et qui a prescrit simultanément, sur le même mode, l'économie bourgeoise et l'économie révolutionnaire du XIXe siècle. Leurs débats ont beau émouvoir quelques vagues et dessiner des rides à la surface : ce ne sont tempêtes qu'au bassin des enfants.

M. Foucault, *Les Mots et les choses,* Gallimard,
1966, pp. 273-274.

Marxisme et prévision historique

ARON

Le sens de l'histoire, dans son interprétation présente, d'origine hégélienne et marxiste, est à la fois l'aboutissement nécessaire du devenir et l'accomplissement de la vocation humaine. On mettra en doute cette coïncidence. Peut-on se porter garant que le déterminisme accomplira de lui-même ce que le cœur humain appelle de ses vœux ? Comment une nécessité matérielle ou passionnelle serait-elle en même temps le démiurge bienfaisant ? Ou encore, à un niveau moins élevé d'abstraction, pourquoi la victoire du prolétariat et du socialisme serait-elle à l'avance assurée ?

Cette première discussion mène d'elle-même à deux autres : en quelle mesure l'avenir historique peut-il être prévu ? En quelle mesure est-il déterminé de manière à être connu par les acteurs avant de se réaliser ? (...)

Il n'est pas plus difficile théoriquement de saisir une relation causale projetée vers l'avenir que constatée dans le passé. Passé et avenir sont, en tant que tels, homogènes. On prévoit dans la mesure où l'on explique. La nécessité causale donne la possibilité de prévoir. Mais, en toute science et aussi bien dans la science historique, on n'établit de relations causales qu'entre faits isolés, sortis de leur contexte, non pas entre des unités globales. En matière d'histoire, les liaisons causales que l'on parvient à établir entre faits isolés sont le plus souvent incertaines, équivoques, pour de multiples raisons : parce que les faits sont imparfaitement définis, parce que les séries ne sont jamais entièrement isolables, parce que des phénomènes extérieurs peuvent modifier, détourner ou paralyser le cours prévu des événements. La prévision historique partielle – tel régime sera-t-il renversé par une révolution ? – est aussi fragile que l'explication rétrospective des révolutions.

La prévision dont se réclame l'interprétation déterministe du sens de l'histoire devrait être totale. Elle ne se contenterait pas de fixer des consécutions nécessaires entre faits isolés, elle engloberait l'ensemble historique. Sans doute n'est-il pas exclu de saisir certaines tendances de l'évolution historique, par exemple, dans l'ordre économico-social, l'urbanisation, la « massification », l'élargissement des fonctions économiques de l'Etat, l'élévation du niveau de vie des populations occidentales. Mais il est singulièrement imprudent d'extrapoler indéfiniment : la pénurie de matières premières peut mettre un terme à la croissance économique, la dispersion des populations peut être appelée, en un stade ultérieur, par un état, aujourd'hui inconnu, de la science et de la technique. Si l'on a tort de tenir pour certaine la continuation d'un mouvement dans une direction déterminée, comment pourrait-on proclamer fatale la victoire du socialisme ou de l'Union soviétique ? En vérité, la part de socialisme que l'on est en droit de proclamer fatale se trouve aux Etats-Unis aussi bien ou plutôt mieux qu'en Union soviétique : ce sont les éléments de socialisme qu'apportent avec eux le développement des forces productives et la concentration urbaine des populations industrielles.

R. Aron, *Dimensions de la conscience historique*, Plon 1961.
Rééd. 10/18, 1965, pp. 47-48.

3. Le triomphe de la pensée historique

3.1 SENS ET SCIENCE DE L'HISTOIRE

Augustin Thierry (1795-1856) déclarait que l'histoire « serait le cachet du XIXe siècle et qu'elle lui donnerait son nom ». Son contemporain Auguste Comte (1798-1857) écrivait : « Le siècle actuel sera principalement caractérisé par l'irrévocable prépondérance de l'histoire, en philosophie, en politique, et même en poésie ». Et de fait le « genre » historique, réalisant l'union de la science et de la littérature, connaît à l'époque romantique un essor triomphal et sans précédent, aussi bien en France, en Angleterre que dans l'Europe entière.

Les écoles historiques se mettent volontiers au service de causes idéologiques ou politiques. L'histoire libérale de Guizot (1787-1874), chef de file des « Doctrinaires », est inséparable d'une défense de la monarchie constitutionnelle. Augustin Thierry, dont le style est plus narratif, témoigne du débat qui divise la société française depuis la crise révolutionnaire et l'épisode napoléonien. Il rêvait, disait-il, « d'allier au mouvement largement épique des historiens grecs et romains la naïveté de couleur des légendaires et la raison sévère des historiens modernes. »

Michelet (1798-1874) et Tocqueville (1805-1859) expriment, chacun à sa manière, les réactions à la lente montée de la démocratie. Il faudrait aussi citer E. Quinet (1803-1875) dont le talent, plus littéraire que scientifique, fut entièrement mis au service de la démocratie et de la défense des nationalités opprimées.

Après 1870 l'histoire « scientifique » impose sa croyance en « une science exacte des choses de l'esprit » (Renan). Elle n'en reste pas moins une arme nationale ou politique utilisée dans les luttes de partis ou un instrument pour former une conscience civique et renforcer le consensus national. L'œuvre d'E. Lavisse (1842-1922) est, à cet égard, exemplaire (v. ch. 8, « Mémoire et politique »).

Quant à la littérature, elle noue avec l'histoire des rapports d'une intensité nouvelle. En témoigne notamment l'éclosion d'un genre, le roman historique. Mais, historique ou non, le roman désormais est plongé dans l'histoire.

F.R.

La « philosophie de l'histoire » d'Auguste Comte

La loi des trois états de l'humanité, dite loi de filiation *ou d'*évolution, *apparaît chez A. Comte (1798-1857) en 1822. Elle sera reprise et précisée aussi bien dans le* Cours de philosophie positive *que dans le* Système de philosophie positive *(tome III). Sur le caractère* historique *de cette loi, on peut s'interroger. Elle assigne à l'humanité un cadre immuable pour réaliser son développe-*

ment et son progrès (v. dans le volume 1., ch. 1 « La métaphore biologique »). Cependant le positivisme d'A. Comte offre bien « une philosophie de l'histoire », puisqu'il s'agit dans la « dynamique sociale » de rendre compte non plus seulement du développement intellectuel, *mais des autres « fonctions de l'âme humaine » : le* sentiment *et* l'activité. *La description de ce développement doit concilier le progrès et l'ordre : c'est finalement l'ordre que réalise le progrès, et qui en donne l'intelligibilité. Individuelles ou collectives, les différentes manifestations humaines s'ordonnent selon un schéma ternaire (les trois états, les trois fonctions de l'âme, les trois types de sociétés humaines – Famille, Cité, Eglise – les trois forces sociales – matérielle, intellectuelle, morale –). Dès 1820, dans la* Sommaire appréciation de l'ensemble du passé moderne, *A. Comte introduisait les notions de* système *et de* série *: au-delà de l'exactitude des faits, l'historien doit reconnaître l'évolution de structures fixes constituant le système social.*

Le siècle de l'histoire

COMTE

Le siècle actuel sera principalement caractérisé par l'irrévocable prépondérance de l'histoire, en philosophie, en politique, et même en poésie. Cette universelle suprématie du point de vue historique constitue à la fois le principe essentiel du positivisme et son résultat général. Puisque la vraie positivité consiste surtout dans la substitution du relatif à l'absolu, son ascendant devient complet quand la mobilité réglée, déjà reconnue envers l'objet, se trouve convenablement étendue au sujet lui-même, dont les variations dominent ainsi nos pensées quelconques (...).

On ne peut assez apprécier ce prochain ascendant du point de vue historique qu'en le considérant encore sous l'aspect social, qui le fait ressortir comme autant indispensable au cœur qu'à l'esprit. En effet, l'anarchie occidentale consiste principalement dans l'altération de la continuité humaine, successivement violée par le catholicisme maudissant l'antiquité, le protestantisme réprouvant le moyen âge, et le déisme niant toute filiation. Rien n'invoque mieux le positivisme pour fournir enfin à la situation révolutionnaire la seule issue qu'elle comporte, en surmontant toutes ces doctrines plus ou moins subversives qui poussèrent graduellement les vivants à s'insurger contre l'ensemble des morts (...). Un tel ensemble de motifs fait essentiellement consister la sociologie dans la dynamique sociale.

A. Comte, *Système de politique positive,* t. III (1853),
Georges Crès (1912), pp. 1-3.

L'évolution humaine : le développement de l'unité

COMTE

Intégralement conçue, la loi fondamentale de l'évolution intellectuelle consiste dans le passage nécessaire de toutes les théories humaines par trois états successifs. Le premier, théologique, ou fictif, est toujours provisoire ; le second, métaphysique, ou abstrait, purement transitoire ; et le troisième, positif ou scientifique, est seul définitif. (...)

Pour construire la vraie philosophie de l'histoire, il ne suffit pas d'avoir établi d'abord les lois dynamiques respectivement propres à l'intelligence et l'activité, puis leur pleine concordance naturelle. Il faut aussi que leur application historique reste toujours subordonnée à la théorie statique de l'unité, qui réduit l'élément théorique et l'élément pratique à ne jamais être que les ministres nécessaires de l'élément moral.

Dans toute existence normale, l'affection domine sans cesse la spéculation et l'action, quoique leur intervention lui soit indispensable pour subir et modifier les impressions extérieures. C'est donc là que doit être finalement rapporté chaque pas théorique ou pratique. Notre évolution consistant, au fond, à développer notre unité, il faut traiter comme avortés, ou regarder comme purement préparatoires, tous les progrès de l'intelligence et de l'activité qui n'influent point sur le sentiment, source exclusive d'une telle harmonie.

Le sentiment constitue autant le but principal que le mobile essentiel du vrai progrès humain, puisque notre perfectionnement moral a plus d'importance, publique et privée, qu'aucune amélioration théorique ou pratique.(...)

Le sens de la progression. – D'abord, le sens général de la progression, individuelle ou collective, ne peut jamais changer. Car, le progrès reste toujours le simple développement de l'ordre, dont il produirait alors l'altération radicale, de manière à rendre impossible, non seulement la liaison des vues dynamiques aux conceptions statiques, mais la propre réalité de celles-ci, ce qui détruirait toute la science. La rétrogradation, personnelle ou sociale, ne peut jamais être que partielle et temporaire, même dans les cas exceptionnels. Elle se réduit ordinairement à la fausse apparence résultée d'une exploration trop détaillée du mouvement humain, qui constitue toujours une progression oscillatoire. Si l'attention se concentre sur un élément de l'orbite ondulée, au lieu de suivre la trajectoire moyenne, on pourra juger rétrograde une marche qui ne cessera pas d'être directe.

L'ordre des différentes phases. – En second lieu, la disposition mutuelle des diverses phases humaines ne saurait davantage changer que leur commune direction, pas plus dans l'espèce que chez l'individu. Car, chacune d'elles constituant un nouveau pas vers leur but général, il faudrait que le sens de l'évolution totale se trouvât altéré pour que leur arrangement pût être interverti. Toute saine interprétation du spectacle historique confirmera cette double immuabilité. Les irrationnelles hypothèses de certains érudits sur une prétendue antériorité de l'état positif envers l'état théologique ont été renversées irrévocablement d'après une meilleure érudition. Il en est de même pour la doctrine des chrétiens à l'égard du polythéisme et du fétichisme qu'ils supposent provenus de la dégénération d'un monothéisme primitif. Ces différentes aberrations, athées ou théistes, ne résultent que de l'empirisme qui, surtout sous le régime de l'absolu, dispose chacun à transporter partout ses propres opinions.

L'arrangement des phases humaines, individuelles ou collectives, est tellement fixe qu'il persiste même dans les oscillations qui paraissent rétrogrades.

Ibid., pp. 28, 67, 72-73.

Histoire et politique

COMTE

La nouvelle philosophie politique, consacrant, d'après un libre examen rationnel, les anciennes indications de la raison publique, restitue enfin à l'histoire l'entière plénitude de ses droits scientifiques pour servir de première base indispensable à l'ensemble des sages spéculations sociales, malgré les sophismes, trop accrédités encore, d'une vaine métaphysique qui tend à écarter, en politique, toute large considération du passé. C'est ainsi que, dans les autres branches quelconques de la philosophie naturelle, les diverses parties antérieures de ce Traité nous ont jusqu'ici toujours présenté l'esprit positif, si injustement accusé de tendance perturbatrice, comme essentiellement disposé, au contraire, à confirmer, dans les dispositions fondamentales de chaque science, les précieuses inspirations primitives du bon sens vulgaire, dont la science réelle ne saurait être, à tous égards, qu'un spécial prolongement systématique, et qu'une stérile métaphysique peut seule conduire à dédaigner. Ici, bien loin de restreindre l'influence nécessaire que la raison humaine attribua, de tout temps, à l'histoire dans les combinaisons politiques, la nouvelle philosophie sociale l'augmente radicalement et à un haut degré : ce ne sont plus ainsi des conseils ou des leçons que la politique demande seulement à l'histoire pour perfectionner ou rectifier des inspirations qui n'en sont point émanées ; c'est *sa propre direction générale* qu'elle va désormais exclusivement chercher dans l'ensemble des déterminations historiques.

Sans admirer ni maudire les faits politiques, et en y voyant essentiellement, comme en toute autre science, de simples sujets d'observations, la physique sociale considère donc chaque phénomène sous le double point de vue élémentaire de son harmonie avec les phénomènes coexistants, et de son enchaînement avec l'état antérieur et l'état postérieur du développement humain ; elle s'efforce, à l'un et à l'autre titre, de découvrir, autant que possible, les vraies relations générales qui lient entre eux tous les faits sociaux ; chacun d'eux lui paraît expliqué, dans l'acception vraiment scientifique du terme, quand il a pu être convenablement rattaché, soit à l'ensemble de la situation correspondante, soit à l'ensemble du mouvement précédent, en écartant toujours soigneusement toute vaine et inaccessible recherche de la nature intime et du mode essentiel de production des phénomènes quelconques. Développant au plus haut degré le sentiment social, cette science nouvelle, selon la célèbre formule de Pascal (1), dès lors pleinement réalisée, représente nécessairement d'une manière directe et continue la masse de l'espèce humaine, soit actuelle, soit passée, soit même future, comme constituant, à tous égards, et de plus en plus, ou dans l'ordre des lieux, ou dans celui des temps, une immense et éternelle unité sociale, dont les divers organes, individuels ou nationaux, unis sans cesse par une intime et universelle solidarité, concourent inévitablement, chacun suivant un mode et un degré déterminés, à l'évolution fondamentale de l'humanité, conception vraiment capitale et toute moderne, qui doit devenir ultérieurement la principale base rationnelle de la

1. « Toute la suite des hommes, pendant le cours de tant de siècles, doit être considérée comme un même homme qui subsiste toujours et qui apprend continuellement. » (Fragment du *Traité sur le vide*)

morale positive. Conduisant enfin, de même que toute autre science réelle, avec la précision que comporte l'excessive complication propre à ces phénomènes, à l'exacte prévision systématique des événements qui doivent résulter, soit d'une situation donnée, soit d'un ensemble donné d'antécédents, la science politique fournit directement aussi à l'art politique, non seulement l'indispensable détermination préalable des diverses tendances spontanées qu'il doit seconder, mais aussi l'indication générale des principaux moyens qu'il peut y appliquer, de manière à éviter, autant que possible, toute action nulle ou éphémère, et dès lors dangereuse, en un mot, toute vicieuse consommation des forces quelconques.

A. Comte, *Cours de Philosophie positive*,
t. IV, 48e leçon, 1839.

Histoire, hasard et nécessité probable chez Cournot

L'intérêt pour l'histoire ne trouve sa véritable source, chez le philosophe et mathématicien français Antoine Augustin Cournot (1801-1877), que dans ses travaux scientifiques.

Du probabilisme mathématique au probabilisme historique. – *C'est ainsi que dès 1835, dans sa traduction du* Traité d'astronomie *de sir John Herschel, il insère un* Mémoire sur la distribution des orbites planétaires *où déjà apparaît le thème central de son œuvre : le lien entre hasard et nécessité. L'ordre est une combinatoire établie à partir de causes irrégulières (hasard) qui tendent à s'effacer devant le rôle et l'action de causes régulières (nécessité). Ces dernières influent de manière constante et toujours dans le même sens sur la production de chacun des événements. Définitions qui sous-tendent le probabilisme historique de l'auteur dès ses* Considérations sur la marche des idées et des événements modernes, *écrites en 1872.*

*L'objectif constant de Cournot consiste à exhumer les causes régulières parmi les anomalies capricieuses du hasard, aussi bien dans les événements de la nature que dans les événements historiques. « L'histoire même se charge de manifester à la longue la subordination théorique du particulier au général » (*Considérations, *Préface, p. XXVI), c'est-à-dire des causes accidentelles aux causes constantes.*

Dénonciateur d'une histoire purement anecdotique, où les événements s'étaleraient – sans lieu aucun – dans le temps. Cournot s'en prend aussi à une histoire philosophique ou scientifique qui prétendrait éliminer tout caractère fortuit.

*Critique de deux tendances nuisibles parce qu'excessives, la première réduisant l'histoire à l'état de « gazette » ou d' « annales », la seconde érigeant une « physiologie de l'histoire » (*ibid., *p. 15). A l'appellation de « philosophie de l'histoire », il préfère celle d' « étiologie historique » (du grec* aitia, *cause : science des causes). Au cœur même de la trame événementielle s'inscrivent l'ordre probabilitaire, les lois historiques du hasard.*

Le statut de l'histoire politique. – *En outre, Cournot accorde à l'histoire politique un statut tout à fait particulier. La part d'accidentel, d'imprévu, – bref, d'aléatoire – y étant selon lui disproportionnée, l'étiologie historique* *devra la placer au dernier rang, alors que l'histoire ordinaire tend à la privilégier. En 1851 déjà, dans son* Essai sur les fondements de la connaissance et sur les caractères de la critique philosophique, *Cournot présente l'histoire politique « comme le théâtre où les jeux de la fortune quelque fréquents et surprenants qu'ils soient ne se répètent pas encore assez ou se répètent dans des circonstances trop dissemblables pour que l'on puisse avec certitude ou avec une probabilité suffisante dégager les perturbations du hasard des lois constantes et régulières » (*Essai ..., *Hachette, 1922, p. 468).*

Déterminisme et événement. – *Les* Considérations *manifestent ainsi l'inflexible exigence d'une rationalité, d'une cohérence de type probabilitaire au cœur même de l'événementiel. L'originalité de Cournot réside sans nul doute en l'introduction du calcul des probabilités dans les sciences morales et dans la critique historique. Le déterminisme causal, par la voie de l'induction probable, n'apparaît plus comme étranger à l'étude du devenir ou de l'histoire. Cette dernière, devenue science ou théorie, indique, par ailleurs, les progrès de l'esprit humain dans les sciences, les arts, l'industrie et révèle les transformations profondes de la culture.*

L'au-delà de la « phase historique ». – *Mais, interroge Cournot, ne faut-il pas voir dans la « phase historique » une simple étape, en voie d'être dépassée ? L'influence des grands hommes, le rôle de la politique ne s'amenuisent-ils pas, au point de s'effacer devant le nivellement économique et l'étatisme administratif qui réduisent à néant les initiatives individuelles ?*

*Mathématicien, penseur de l'économie et de l'histoire, tout autant que philosophe, Cournot interroge son temps. L'histoire indique certes « l'évolution progressive des idées et des institutions juridiques ». (*Considérations, *t. II, p. 170). Annonce-t-elle aussi la disparition probable d'un de ses agents : l'individu ?*

A.B.

Hasard et étiologie historique

COURNOT

Nous croyons avoir éclairci dans d'autres ouvrages et défini, plus exactement que ne l'avaient fait nos devanciers, l'idée du *hasard,* en montrant que ce n'est point, comme on l'a tant répété, un fantôme créé pour nous déguiser à nous-mêmes notre ignorance, ni une idée relative à l'état variable et toujours imparfait de nos connaissances, mais bien au contraire la notion d'un fait vrai en lui-même, et dont la vérité peut être dans certains cas établie par le raisonnement, ou plus ordinairement constatée par l'observation, comme celle de tout autre fait naturel. Le fait naturel ainsi établi ou constaté consiste dans l'*indépendance* mutuelle de plusieurs séries de causes et d'effets qui concourent *accidentellement* à produire tel phénomène, à amener telle rencontre, à déterminer tel événement, lequel pour cette raison est qualifié de *fortuit* ; et cette indépendance entre des chaînons particuliers n'exclut nullement l'idée d'une suspension commune de tous les chaînons à un même anneau primordial, par-delà les limites, ou même en deçà des limites où nos raisonnements et nos observations peuvent atteindre. De ce que la Nature agite sans cesse et partout le cornet du hasard, et de ce que le croisement continuel des chaînes de conditions et de causes secondes, indépendantes les unes des autres, donne perpétuellement lieu à ce que nous nommons des *chances* ou des combinaisons fortuites, il ne s'ensuit pas que Dieu ne tienne point dans sa main les unes et les autres, et qu'il n'ait pu les faire sortir toutes d'un même décret initial. On ne manque pas plus de respect à Dieu en étudiant les lois du hasard (car le hasard même a ses lois que met en évidence la multiplicité des épreuves), qu'en étudiant les lois de l'astronomie ou de la physique. La raison même nous impose l'idée du hasard ; et le tort imputable à notre ignorance consiste, non à nous forger cette idée, mais à la mal appliquer, ce dont il n'y a que trop d'exemples, même chez les plus faibles. Elle est le principe de toute espèce de critique, soit qu'il s'agisse des plus hautes spéculations de la philosophie, ou des recherches de l'érudition, ou de la pratique la plus ordinaire de la vie. Elle est la clef de la *statistique,* et donne un sens incontestable à ce que l'on a appelé la *philosophie de l'histoire,* à ce que nous aimerions mieux appeler l'*étiologie historique,* en entendant par là l'analyse et la discussion des causes ou des enchaînements de causes qui ont concouru à amener les événements dont l'histoire offre le tableau ; causes qu'il s'agit surtout d'étudier au point de vue de leur indépendance ou de leur solidarité. Pour donner quelque valeur aux nombreux systèmes dont la philosophie de l'histoire a été l'objet, il faut toujours revenir aux principes de la critique ou de l'étiologie historique.

Cournot, *Considérations sur la marche des idées et des événements dans les temps modernes,* Boivin, 1872, pp. 1-2.

L'histoire opposée aux annales

COURNOT

Sans la distinction du nécessaire et du fortuit, de l'essentiel et de l'accidentel, on n'aurait même pas l'idée de la vraie nature de l'histoire. Représentons-nous un registre comme ceux que tenaient les prêtres de la haute antiquité ou les moines des temps barbares, où l'on inscrivait à leurs dates tous les faits réputés merveilleux ou singuliers, les prodiges, les naissances de monstres, les apparitions de comètes, les chutes de la foudre, les tremblements de terre, les inondations, les épidémies : ce ne sera point là une histoire ; pourquoi ? Parce que les faits successivement rapportés sont indépendants les uns des autres, n'offrent aucune liaison de cause à effet ; en d'autres termes, parce que leur succession est purement fortuite ou le pur résultat du hasard. (...)

Si les découvertes dans les sciences pouvaient indifféremment se succéder dans un ordre quelconque, les sciences auraient des annales sans avoir d'histoire car, la prééminence de l'histoire sur les simples annales consiste à offrir un fil conducteur, à la faveur duquel on saisit certaines tendances générales, qui n'excluent pas les caprices du hasard dans les accidents de détail, mais qui prévalent à la longue, parce qu'elles résultent de la nature des choses en ce qu'elle a de permanent et d'essentiel. Dans l'autre hypothèse extrême, où une découverte devrait nécessairement en amener une autre et celle-ci une troisième, suivant un ordre logiquement déterminé, il n'y aurait pas non plus, à proprement parler, d'histoire des sciences, mais seulement une table chronologique des découvertes : toute la part du hasard se réduisant à agrandir ou à resserrer les intervalles d'une découverte à l'autre. Heureusement pour l'intérêt historique, ni l'une ni l'autre hypothèse extrême ne sauraient être admises ; et pourtant, à mesure que le travail scientifique s'organise, que le nombre des travailleurs augmente et que les moyens de communication entre les travailleurs se perfectionnent, il est clair que l'on se rapproche davantage de la dernière hypothèse où, par l'élimination à peu près complète du hasard, les sciences seraient effectivement sorties de ce que l'on peut appeler la *phase historique.*

Ibid., pp. 4-6.

Statut de l'histoire politique

COURNOT

Les personnages appelés à figurer sur la scène de l'histoire (de l'histoire comme on l'entend d'ordinaire et comme on doit le plus souvent l'entendre), monarques, tribuns, législateurs, guerriers, diplomates, ont bien le rôle actif, interviennent bien à titre de causes efficientes dans la détermination de chaque événement pris à part. Ils gagnent ou perdent les batailles, ils fomentent ou répriment les révoltes, ils rédigent les lois et les traités, ils fabriquent et votent les constitutions. Et comme ils arrivent eux-mêmes sur la scène à la suite des combinaisons de la politique, il semble d'abord que la politique engendre et mène tout le reste. Cependant l'histoire politique est de toutes les parties de l'histoire celle où il entre visiblement le plus de fortuit, d'accidentel et d'imprévu : de sorte que pour le philosophe « qui méprise le fait », qui ne se soucie guère de l'accidentel et du fortuit, si brillant que soit le météore, si retentissante que soit l'explosion, l'histoire tout entière courrait risque d'être frappée du même dédain que les caprices de la politique, s'il n'y avait plus d'apparence que de réalité dans cette conduite de l'histoire par la politique, comme par une roue maîtresse, et s'il ne fallait distinguer entre le caprice humain, cause des événements, et la raison des événements qui finit par prévaloir sur les caprices de la fortune et des hommes. Il en est d'un prince faible, jouet d'une maîtresse ou d'un favori, comme de notre dé qu'un souffle dérange dans ses agitations ; mais s'il s'appelle Louis XV ou Charles IV, l'arrêt de sa dynastie est écrit, en quelque sens que la fantaisie de la maîtresse ou du favori incline pour le moment sa volonté débile.

C'est à cause de la part plus grande du hasard dans la trame des événements politiques, que la politique viendra toujours en dernier lieu et comme accessoirement dans la présente esquisse de critique ou d'étiologie historique : tandis qu'elle vient toujours au premier rang et comme l'objet principal de l'histoire, dans l'histoire écrite à la manière ordinaire.

Ibid., pp. 10-11.

La vraie tâche de la philosophie de l'histoire

COURNOT

La philosophie de l'histoire n'est pas plus janséniste que moliniste, pas plus indulgente que sévère ; elle n'est chargée ni de condamner, ni d'absoudre, ni d'amnistier, ni de proscrire. Elle fait à sa manière, autant qu'elle le peut, le départ des causes accidentelles et des causes constantes, la part du hasard et celle de la nécessité, tâche déjà bien assez ardue ; et elle laisse à l'histoire proprement dite le soin de rendre son verdict sur les hommes que leur destin a appelés à comparaître devant son redoutable tribunal.

On ne doit pas confondre l'étiologie historique, qui est pour nous la philosophie de l'histoire, avec l'histoire de la civilisation, ni avec une sorte d'histoire générale du genre humain ou, comme on dit maintenant, de l'humanité. La civilisation comporte une histoire et une étiologie historique, comme les religions, comme les institutions civiles, comme la philosophie et les arts, comme les sciences, comme le commerce et l'industrie ; car la civilisation comprend tout cela. (...)

Quant aux idées qu'il nous plaît de nous faire des destinées du genre humain, du but final de la civilisation, du rôle de quelques peuples privilégiés en vue de la poursuite de ce but final, toutes ces idées qui ont déjà occupé tant d'esprits et sur lesquelles les esprits sont si peu d'accord, appartiennent bien, si l'on veut, à la philosophie de l'histoire, mais à une philosophie transcendante, ambitieuse, hypothétique. (...) Si l'on nous permet de recourir au vocabulaire de Kant, nous dirons qu'autre chose est l'*étiologie*, autre chose la *téléologie* historique. (...)

Faut-il avec Hegel « partir de la supposition que, dans l'histoire du monde, l'esprit, dans sa réalité, se manifeste sous une série de formes dont chacune nous montre un peuple réellement existant » ? Mais, pourquoi cette supposition ? Et si elle exprime autre chose que cette vérité banale, que les traits dominants de l'esprit d'un peuple se montrent dans son histoire, qu'exprime-t-elle ? Aura-t-on jeté beaucoup de lumière sur l'histoire, parce qu'on aura dit avec ce grand philosophe que « chez les Perses, l'indéterminé devient intelligible dans la lumière » ? Ou bien aimerait-on mieux avec M. Cousin « amnistier l'histoire à tous les points de sa durée » ; dire que dans l'Orient tout est sacrifié à l'infini ; que dans l'antiquité gréco-latine, l'infini provoque l'antithèse du fini ; et que, maintenant le fini et l'infini sont en présence ? Grâce au prestige de l'*action*, de pareilles découvertes ont pu provoquer des battements de mains autour d'une chaire, mais elles sont sans valeur devant la critique, c'est-à-dire devant la bonne philosophie.

Que si, au lieu de voir dans l'histoire de l'humanité et de la civilisation une sorte d'épopée où quelques peuples d'élite ont chacun leurs rôles distincts, à titre de représentants d'une idée, on suppose avec Vico des lois constantes, applicables à l'histoire de chaque peuple, de chaque époque en particulier, et qui y déterminent la répétition des mêmes phases suivant un ordre invariable, à peu près comme les éclipses reviennent dans un cycle luni-solaire, on s'éloignera bien plus encore de l'idée qu'on doit se faire de la philosophie de l'histoire. Car, dans cette supposition, le mot même de philosophie serait impropre. On aurait découvert une théorie, une science, une physiologie de l'histoire. L'histoire serait parvenue à éliminer le fortuit, l'accidentel, le fait proprement dit, pour n'avoir plus à considérer que des lois permanentes et immuables. Or, tout cela est en complet désaccord avec ce que nous apprend l'étude de l'histoire, abordée sans préoccupations systématiques (...).

Ibid., pp. 12-15.

Les Grands Hommes font l'Histoire Universelle

L'historien anglais Thomas Carlyle (1795-1881) élabore une théorie du « héros » comme agent et auteur de l'histoire universelle. On confrontera ce texte à l'interprétation hégélienne du rôle des grands hommes dans l'histoire, ainsi qu'aux vues des grands romanciers (Scott, Hugo, Tolstoï ... v. ch. 3.2.).

CARLYLE

Comme je l'entends, l'Histoire Universelle, l'histoire de ce que l'homme a accompli en ce monde, c'est au fond l'Histoire des Grands Hommes qui ont travaillé ici-bas. Ils ont été les conducteurs des hommes, ces grands hommes ; les modeleurs, les patrons, et en un large sens les créateurs de tout ce que la masse générale des hommes a pu s'efforcer de faire ou d'atteindre ; toutes les choses que nous voyons accomplies dans le monde sont proprement le résultat matériel extérieur, la réalisation pratique et l'incarnation des Pensées qui habitèrent dans les Grands Hommes envoyés dans le monde : l'âme de l'histoire du monde entier, on peut justement l'admettre, ce serait l'histoire de ceux-ci. Trop clairement c'est un sujet auquel nous ne ferons pas justice à cette place.

Une consolation, c'est que les Grands Hommes, de quelque façon qu'on les prenne, sont une compagnie profitable. Nous ne pouvons nous occuper, fût-ce imparfaitement, d'un grand homme, sans gagner quelque chose avec lui. Il est la vivante fontaine de lumière, près de laquelle il est bon et agréable de se trouver. La lumière qui illumine, qui a illuminé les ténèbres du monde ; et ceci non comme une lampe allumée seulement, mais plutôt comme un naturel luminaire brillant par le don du Ciel ; une débordante fontaine de lumière, comme je dis, d'intuition native et originale, de virilité et de noblesse héroïques ; – dans le rayonnement de laquelle toutes les âmes sentent qu'elles sont bien.

Thomas Carlyle, *Les Héros, le culte des Héros et l'Héroïque dans l'Histoire.* Trad. J. B. J. Izoulet - Loubatières, Armand Colin, 1888, pp. 3-4.

Le sens de l'histoire selon Michelet : la liberté en lutte contre la fatalité

Michelet (1798-1874) fut influencé par Vico, dont il fut au demeurant le traducteur. L'histoire n'est rien d'autre que l'épopée de la liberté. On reconnaîtra dans ce texte à la fois l'influence révolutionnaire et l'inspiration du romantisme.

MICHELET

Avec le monde a commencé une guerre qui doit finir avec le monde, et pas avant : celle de l'homme contre la nature, de l'esprit contre la matière, de la liberté contre la fatalité. L'histoire n'est pas autre chose que le récit de cette interminable lutte.

Dans les dernières années, la fatalité semblait prendre possession de la science comme du monde. Elle s'établissait paisiblement dans la philosophie et dans l'histoire. La liberté a réclamé dans la société, il est temps qu'elle réclame aussi dans la science. Si cette introduction atteignait son but, l'histoire apparaîtrait comme l'éternelle protestation, comme le triomphe progressif de la liberté. (...) Suivez d'orient en occident, sur la route du soleil et des courants magnétiques du globe, les migrations du genre humain ; observez-le dans ce long voyage de l'Asie à l'Europe, de l'Inde à la France, vous voyez à chaque station diminuer la puissance fatale de la nature, et l'influence de race et de climat devenir moins tyrannique. Au point de départ, dans l'Inde, au berceau des races et des religions, *the womb of the world,* l'homme est courbé, prosterné sous la toute-puissance de la nature. C'est un pauvre enfant sur le sein de sa mère, faible et dépendante créature, gâté et battu tour à tour, moins nourri qu'enivré d'un lait trop fort pour lui. Elle le tient languissant et baigné d'un air humide et brûlant, parfumé de puissants aromates. Sa force, sa vie, sa pensée y succombent. Pour être multiplié à l'excès et comme dédaigneusement prodigué, l'homme n'en est pas plus fort ; la puissance de vie et de mort est égale dans ces climats. A Bénarès, la terre donne trois moissons par an. Une pluie d'orage fait d'une lande une prairie. Le roseau du pays, c'est le bambou de soixante pieds de haut ; l'arbre, c'est le figuier indien qui d'une seule racine donne une forêt. Sous ces végétaux monstrueux vivent des monstres. Le tigre y veille au bord du fleuve, épiant l'hippopotame qu'il atteint d'un bond de dix toises ; ou bien un troupeau d'éléphans sauvages vient en fureur à travers la forêt, pliant, rompant les arbres à droite et à gauche. Cependant des orages épouvantables déplacent des montagnes, et le choléra morbus moissonne les hommes par millions.

Ainsi rencontrant partout des forces disproportionnées, l'homme accablé par la nature n'essaie pas de lutter, il se livre à elle sans conditions. Il prend et reprend encore cette coupe enivrante où Siva verse à pleins bords la mort et la vie ; il y boit à longs traits ; il s'y plonge, il s'y perd ; il y laisse aller son être, et il avoue avec une volupté sombre et désespérée que Dieu est tout, que tout est Dieu, qu'il n'est rien lui-même qu'un accident, un phénomène de cette unique substance. Ou bien, dans une patiente et fière immobilité, il conteste l'existence à cette nature ennemie, et se venge par la logique de la réalité qui l'écrase.

Ou bien encore, il fuit vers l'occident, et commence vers la Perse le long voyage et l'affranchissement progressif de la liberté humaine.

J. Michelet, *Introduction à l'Histoire Universelle,* 1831, pp. 5-7-8.

Conscience historique et valeurs universelles selon Dilthey

C'est par la publication (1867-1870) de la vie du théologien protestant allemand Schleiermacher (1768-1834) que Wilhelm Dilthey (1833-1911) se fit connaître (*). Notons que c'est précisément cet auteur qui employa les termes « herméneutique » et « Weltanschauung ». Si le premier renvoie à l'inter-

(*) En France, le nom de Dilthey a été associé durant de nombreuses années à un sujet de concours ou d'examen fort répandu : « Expliquer et comprendre. » On allait parfois en commentant sa pensée jusqu'à parler de « Weltanschauung » et d' « Erlebnis. » Ces deux termes, que l'on peut ici rendre respectivement, par *vision du monde* et *vécu,* exhalaient un parfum sans doute moins exotique que celui des mots « tabou », « bororo » ou

*prétation des textes, en particulier des textes religieux, en commençant par la Bible, le second désigne la représentation que le sujet se fait du monde, ce qui englobe aussi bien le penser que le sentir, le vouloir que l'agir. Ce que Dilthey nomme « l'anarchie des systèmes philosophiques » donne naissance à un scepticisme historique. Renvoyant dos à dos la philosophie de l'histoire telle qu'elle s'épanouit en Allemagne avec Hegel et la tendance « sociologique » représentée en France par Auguste Comte et en Grande-Bretagne par John Stuart Mill et Herbert Spencer, Dilthey s'efforce de comprendre le déroulement des différents types de conceptions du monde, en insistant sur le fait qu' « à la racine de toute vue générale du monde, nous retrouvons la vie » (*Théorie des conceptions du monde, *p. 98). Le lien constant que maintient Dilthey entre le vécu et la conscience historique constitue l'un des aspects les plus caractéristiques de sa pensée (v. le premier texte ci-dessous). La tâche qu'il propose est « de s'élever à une conscience historique telle que s'éclairera le problème de l'unité qui donne leur cohésion aux entreprises particulières, qui fait des solutions le point de départ de questions nouvelles, qui pousse plus avant ces questions, établit entre elles des connexions qui rendent possible la généralisation des problèmes » (*Introduction à l'étude des sciences humaines, *p. 507).*

C.R.

Dilthey résume sa méthode ...

DILTHEY

[Résumons ...] en une proposition capitale que vérifie sur tous les points la méthode comparative historique. Nos façons d'envisager le monde ne sont pas des produits de la pensée. Elles ne résultent pas seulement de la volonté de connaître. Notre façon de saisir la réalité reste un facteur important dans leur formation, mais

« arara » chers aux psychanalystes et aux ethnologues, mais propre néanmoins à embrumer l'esprit des élèves et des étudiants. (Certains cependant firent tôt preuve de clairvoyance. Citons en particulier l'article de B. Groethuysen intitulé « Dilthey et son école », in : *La Philosophie allemande au XIXe siècle* [Alcan, 1912] . Plus tard, et par le biais de Husserl, des auteurs comme Merleau-Ponty se trouvèrent en situation de dialogue avec la pensée de Dilthey.)

Or en Allemagne, Husserl, dès avant la Première Guerre mondiale, reconnaissait toute l'importance de l'œuvre de celui qui était alors l'un des professeurs les plus influents de l'Université de Berlin, non toutefois sans en faire une critique serrée (v. le texte de Husserl sur l'historicisme et la Weltanschauung, ch. 4. 2). Heidegger, qui nota que Dilthey fut l'un des premiers à reconnaître publiquement l'importance de l'ouvrage de percée de Husserl, *Les Recherches logiques* (v. *Questions IV*, Gallimard, p. 172), s'interrogera à son tour sur la philosophie de la vision ou de la conception du monde (*Weltanschauung* ou *Weltbild*), et situa celle-ci dans l'accomplissement de l'anthropologie, ce dernier terme désignant en l'occurrence « Cette interprétation philosophique de l'homme qui explique et évalue la totalité de l'étant [*i.e.* de tout ce qui est] à partir de l'homme et en direction de l'homme » (Heidegger, *Chemins* ..., Gallimard, p. 84). C'est encore le nom de Dilthey qui revient lorsque le même Heidegger fait, dans *Acheminement vers la parole,* un bref historique du concept d'herméneutique, c.à.d. d'interprétation (v. le texte de Heidegger, ch. 4.2).

Quand on sait que Husserl (mort en 1938) ne fit son apparition dans la liste officielle des auteurs du baccalauréat qu'en 1973, on est moins surpris de la lenteur avec laquelle l'œuvre de Dilthey s'est répandue chez nous. A présent, heureusement, les choses s'arrangent, et les quelques remarques que nous proposons ici n'ont d'autre but que d'inviter les lecteurs à découvrir une pensée riche et attachante qui, sans avoir la rigueur et la profondeur de celle d'un Husserl ou d'un Heidegger, marqua toutefois son époque.

n'est qu'un facteur parmi d'autres. Elles naissent de notre comportement en face de la vie, des expériences que nous avons faites d'elle, enfin de la structure de cette totalité qu'est notre vie psychique. La vie s'est élevée petit à petit jusqu'à notre conscience à mesure que nous voulions connaître le réel, apprécier la vie, manifester notre volonté ; c'est là un travail lent et pénible, que l'humanité a accompli à mesure que se développaient ses conceptions à propos de la vie et du monde.

Ce principe fondamental que nous plaçons à la base de notre théorie se trouve vérifié quand nous considérons, en gros, le cours de l'histoire.

W. Dilthey, *Théorie des conceptions du monde (Essai d'une Philosophie de la Philosophie)*, 1910. Trad. L. Sauzin, P.U.F., 1946, p. 109.

... et ses fins

DILTHEY

Il fallait que se développât jusqu'à ses dernières conséquences la conscience du relativisme de tout le réel historique. Il fallait qu'en étudiant le mode de vie des hommes sur toute la terre, qu'en se familiarisant avec toutes les nations, toutes les religions, toutes les idées, on vît les faits historiques apparaître non seulement comme relatifs, mais sous l'aspect d'un chaos. Ce n'est qu'en résumant en nous-mêmes toutes les formes de la vie humaine, en nous familiarisant avec elles depuis les peuples primitifs jusqu'à nos jours, que nous résoudrons le problème qui consiste à apercevoir dans le relatif une valeur universelle, dans le passé les éléments d'un futur solide, dans la conscience historique le moyen de nous élever au-dessus de nous-mêmes, à reconnaître dans le réel la norme de nos progrès futurs et à lier notre connaissance du réel à des plans d'avenir nettement tracés. Mieux encore : c'est dans la conscience historique, et nulle part ailleurs que sont contenues les règles et l'énergie qui nous permettront de nous affranchir de tous les temps passés et de nous tourner souverainement vers le but unique et total qu'est une civilisation vraiment humaine. Le sentiment d'unité que tout le genre humain puise dans une pensée dont les résultats s'imposent universellement, la communauté d'idéal qui se fonde sur ce sentiment d'unité, la communauté de tâches, la juste appréciation de ce qu'il nous est possible d'atteindre, un idéal de vie qui gagne en profondeur, autant de notions auxquelles la conscience historique donne un fondement qui n'est plus abstrait, qui n'est plus composé de concepts, et qui, par conséquent, ne va plus se perdre dans le domaine sans bornes de l'idéalité toute pure. La généralisation qu'il faut que la philosophie accomplisse présentement est donc nettement définie ; elle exprimerait la lutte que mène toute notre civilisation, pour dépasser les résultats obtenus jusqu'ici et parvenir à un degré supérieur.

Ibid., p. 210.

DILTHEY

Le sens de l'histoire est donc quelque chose d'extraordinairement compliqué. De cette constatation on serait encore revenu à se poser les mêmes tâches : d'abord descendre en soi-même et scruter, dans la vie profonde de l'âme, l'origine des notions de valeur et de norme, et la nature des rapports qui les lient à l'être et à la réalité ; puis analyser lentement, progressivement, et décomposer en ses éléments cet aspect du tout historique qui est si compliqué. Ce n'est qu'à l'aide de la recherche historique que nous pouvons, avec quelque espoir d'arriver à un résultat qui puisse être généralement admis, examiner quelles valeurs sont authentiques et quelles normes doivent guider les actes de la société. Nous nous trouvons encore devant le même rapport fondamental : au lieu de se servir des méthodes de l'analyse historique et de la réflexion sur soi-même (qui, de par sa nature, est également analytique) la philosophie de l'histoire s'obstine à vouloir nous offrir des représentations de valeur générale qui, ou bien ramassent l'impression totale que nous laisse l'évolution historique en un schéma qu'on nous présente comme un être véritable, ou bien s'inspirent d'un principe général métaphysique pour tracer cette image en raccourci.

W. Dilthey, *Introduction à l'étude des sciences humaines (Essai sur le fondement qu'on pourrait donner à l'étude de la société et de l'histoire)* (1) (1883). Trad. L. Sauzin, P.U.F., 1942, p. 127.

Civilisation et décadence chez Spengler et Toynbee

« Une philosophie de l'histoire suppose (...) que l'histoire humaine n'est pas une simple somme de faits juxtaposés (...), mais qu'elle est dans l'instant et dans la succession, une totalité, en mouvement, vers un état privilégié qui donne le sens à l'ensemble. » Ainsi Maurice Merleau-Ponty caractérise-t-il, dans la Phénoménologie de la perception, *ce qui, dès le XVIIIe siècle et surtout, peut-être, au XXe, tend à être une philosophie dominante. Ne peut-on pas voir, dans les philosophies de l'histoire d'Oswald Spengler (1880-1936) et d'Arnold Toynbee (1889-1975) deux réponses spécifiques à la question de l'essence du devenir historique ?*

Elaboration de deux formes d'histoire universelle ou de sociologie comparée des cultures, soucieuses, avant tout, de dégager des unités partielles et non une unité globale, philosophies pluralistes en lesquelles Raymond Aron reconnaît une originalité de notre époque, et dont l'influence est grande sur la conscience historique de notre temps (v. Aron, Dimensions de la Conscience historique, *1961). Même si l'on a parfois coutume de ne voir dans les philosophies de l'histoire que la sécularisation de la vision judéo-chrétienne,*(ibid., *p. 34 ; v. aussi le vol. 1 du présent recueil, ch. 2) il n'en reste pas moins vrai que Toynbee est le premier, avec Spengler, à avoir rédigé une histoire naturelle des civilisations conçues comme objets identifiables, séparés, comparables entre eux (v. E. Le Roy Ladurie, « Toynbee et le point de vue de Sirius »,* Le Monde, *21.4.1978). Expression du Destin ou de la Providence, l'histoire est le lieu d'une croissance ou d'un déclin dont les deux penseurs s'efforcent de mettre au jour les raisons et les significations. De plus, l'un et l'autre élaborent leur réflexion à partir de la Première Guerre mondiale. « C'est le choc de la Grande Guerre qui m'a éveillé à la connaissance de la réa-*

1. Le titre allemand est : *Einleitung in die Geisteswissenschaften* (litt. : « Introduction aux sciences de l'esprit ») ; on pourrait dire : les sciences historiques de l'esprit.

lité [... En août 1914] l'idée me vint tout à coup que Thucydide avait vécu l'expérience que je connaissais à mon tour. (...) Je savais dès lors qu'en termes d'expérience, l'histoire de la Grèce classique et l'histoire moderne de l'Occident étaient contemporaines. »(A. Toynbee, L'Histoire*).*

Et Spengler, dans la première préface du Déclin de l'Occident, *écrite en 1917, souligne l'importance que revêtit à ses yeux, dans un parallèle au déclin de l'Antiquité, la guerre qui s'annonçait en 1914 : « Je vis le présent (la guerre mondiale imminente) sous un jour tout différent. Ce n'était plus une figure exceptionnelle, qui n'a lieu qu'une fois et résulte de faits fortuits (...) mais le* type d'un tournant de l'histoire qui avait depuis des siècles sa place prédéterminée *biographiquement dans le cadre d'un grand organisme historique dont on peut déterminer la substance exactement. »*

Fataliste, Spengler l'est, expressément. Dans la seconde préface de l'œuvre précitée, en 1922, il n'hésite pas à se présenter comme le premier à porter un nouveau regard sur l'histoire, le premier à élaborer une philosophie du destin historique. Héritage nietzschéen auquel l'auteur rend hommage à maintes reprises ? ou lecture originale de l'histoire ? La civilisation est définie par Spengler comme « le destin inévitable d'une culture », comme une « fin ». « Elle succède au devenir comme au devenu. » La mort de l'Occident, depuis Napoléon Ier*, lui apparaît comme une conséquence logique, nécessaire. De plus, la raison essentielle de la décadence est à chercher dans le mélange des cultures. Un seul remède à ce déclin, selon le philosophe allemand : le repli sur soi.*

Toynbee récuse le fatalisme, le biologisme spenglériens. Il n'est pas, pour le premier, de loi inexorable de sénescence des civilisations (v. op. cit.*). La décadence ne suit pas, selon une nécessité absolue, la croissance, comme la vieillesse succède à la jeunesse, la mort à la vie. Au contraire, pour le philosophe anglais, les civilisations portent la responsabilité morale de leur déclin. Il a pour cause la passivité des dirigeants « qui ont dormi sur leur lauriers », la perte de toute créativité. La dyade « défi et réponse » caractérise l'essence de l'histoire. Une loi est érigée par Toynbee : « Les civilisations naissent dans des milieux difficiles et non pas exceptionnellement faciles. A défi plus grand, stimulant plus puissant » (*op. cit.*). Le critère de la croissance est donc la réponse efficace, c'est-à-dire mesurée, au défi, réponse qui à son tour provoque un nouveau défi ...*

Rejetant l'histoire universelle à figure linéaire, Spengler et Toynbee sont, en outre, moralistes et religieux. Spengler, en fidélité à Nietzsche, distingue, en effet, la morale tragique d'une culture, d'une morale plébéienne, et voit dans la religion, l'essence de toute culture.L'irréligion fonde la civilisation. Toynbee, en fidélité à Bergson, montrant que la civilisation représente un passage du statique au dynamique, insiste sur le rôle déterminant des minorités créatrices entraînant à leur suite, en période de croissance, les majorités passives. La mimesis est condition du progrès moral d'une civilisation. Par ailleurs, les églises et religions universelles, qui correspondent, certes, à la désagrégation des civilisations, sont aussi « le ferment de la vie sociale et spirituelle » et l'occasion d'une transfiguration de l'histoire, voire de l'avènement d'une métahistoire. En bref, la théologie de l'histoire de Toynbee – dans la tradition d'Augustin – a pour mission de dévoiler les plans de la Providence et d'œuvrer à l'instauration de la Cité de Dieu.

A.B.

Le pluralisme des cultures

SPENGLER

Au lieu de cette image monotone d'une histoire universelle à forme linéaire, qu'on ne peut conserver qu'en fermant les yeux sur la masse écrasante des faits, je vois le théâtre d'une variété de cultures grandioses qui croissent avec une puissance cosmique originelle au sein d'un paysage maternel, qui sont liées chacune à ce paysage durant le cours entier de leur existence, qui impriment chacune leur *propre* forme à leur substance, l'humanité, et qui ont chacune leur idée, leurs passions, leur vie, leur volonté, leur sentiment, leur mort *propres*. Ici, il y a des couleurs, des nuances, des mouvements, que n'a découverts encore aucun regard spirituel. Il y a une croissance et une vieillesse des cultures, des peuples, des langues, des vérités, des dieux, des paysages, comme il y a des chênes, des pins, des fleurs, des branches, des feuilles, jeunes et vieux, mais il n'y a pas d' « humanité » vieillissante. Chaque culture a ses possibilités d'expression nouvelles qui germent, mûrissent, se fanent et disparaissent sans retour. Il y a beaucoup de plastiques, de peintures, de mathématiques, de physiques, entièrement différentes les unes des autres dans leur nature la plus intime, chacune ayant sa durée limitée, chacune achevée en soi, comme chaque espèce végétale a ses fleurs et ses fruits propres, son type propre de croissance et de décroissance. Ces cultures, natures vivantes de rang suprême, croissent dans une noble insouciance de leur but, comme les fleurs des champs. Elles appartiennent, comme les plantes et les animaux, à la nature vivante de Goethe, non à la nature morte de Newton. Je vois dans l'histoire universelle l'image d'une éternelle formation et transformation, d'un devenir et d'un trépas miraculeux des formes organiques. Mais l'historien d'atelier la voit sous la forme d'un taenia « préparant » sans cesse des époques.

O. Spengler, *Le Déclin de l'Occident* (1918).
Trad. M. Tazerout. Gallimard, 1948, p. 33.

Culture et civilisation

SPENGLER

Car chaque culture a sa propre civilisation. C'est la première fois que ces deux mots, qui désignaient jusqu'à ce jour une vague distinction d'ordre éthique, sont pris dans un sens périodique pour exprimer une *succession organique* rigoureuse et nécessaire. La civilisation est le *destin* inévitable d'une culture. Ici, le sommet est atteint, d'où les problèmes derniers et les plus ardus de la morphologie historique peuvent recevoir leur solution. Les civilisations sont les états *les plus extérieurs et les plus artificiels* auxquels puisse atteindre une espèce humaine supérieure. Elles sont une fin ; elles succèdent au devenir comme le devenu, à la vie comme la mort, à l'évolution comme la cristallisation, au paysage et à l'enfance de l'âme, visibles dans le dorique et le gothique, comme la vieillesse spirituelle et la ville mondiale pétrifiée et pétrifiante. Elles sont un terme irrévocable, mais auquel on atteint toujours avec une nécessité très profonde. (...)

Culture et Civilisation – c'est l'organisme né du paysage et le mécanisme résultant de son corps figé. L'homme de culture a sa vie dirigée vers le dedans, celle du civilisé se dirige vers le dehors, dans l'espace, parmi les corps et les « faits ». Ce que l'un sent comme destin, l'autre le comprend comme enchaînement de causes et d'effets. (...)

Toute âme a de la religion. Ce n'est qu'un autre nom de son existence. Chaque forme vivante qui l'exprime : arts, doctrines, usages, mondes formels métaphysiques et mathématiques, chaque motif d'ornement, chaque colonne, chaque vers, chaque idée, est en son fond très profondément religieuse, et il est nécessaire qu'elle le soit. Maintenant, elle ne *peut* plus l'être. La religion étant l'essence de chaque culture, *l'irréligion est celle de toute civilisation.*

Ibid., pp. 43, 335, 341.

Destin et causalité : l'organique et l'anorganique

SPENGLER

L'idée de destin requiert l'expérience de la vie, non l'expérience scientifique, la faculté d'intuition, non de combinaison, la profondeur, non l'esprit. Il y a une *logique organique* de tout être, instinctive et sûre comme une vision de rêve, et par opposition une *logique de l'anorganique,* de l'entendement, de l'entendu. Il y a une logique de la direction qui s'oppose à une logique de l'étendue. Aucun systématique, aucun Aristote ou Kant, n'a jamais su rien en tirer. Ils savent parler de jugement, de perception intellectuelle, d'attention, de mémoire, mais ils se taisent sur ce qu'il y a dans les mots espérance, bonheur, désespoir, repentir, sacrifice, obstination. Ceux qui cherchent à découvrir, dans le vivant, des principes et des conséquences et croient pouvoir identifier une certitude profondément intérieure du sens de la vie avec le fatalisme et la prédestination, ceux-là ne savent point de quoi il s'agit, ils ont déjà confondu le vivre avec le connaître et le connaissable. La causalité, c'est le rationnel, la loi, l'exprimable, la marque de notre être éveillé intellectuel tout entier. Le destin est le nom d'une certitude intérieure qu'on ne doit pas décrire. On explique la nature du causal par un système de physique ou de la connaissance critique, par des nombres, par des analyses de concepts. On n'enseigne l'idée d'un destin que par l'art, par un portrait, une tragédie, la musique. Le premier demande une *discrimination,* donc une destruction, l'autre est de part en part *création.* D'où la relation du destin avec la vie, de la causalité avec la mort.

L'idée de destin est révélée par la peur cosmique d'une âme, son désir de lumière et de croissance, d'accomplir et de réaliser sa vocation. Elle n'est étrangère à personne, et seul l'homme tardif et déraciné des grandes villes, avec son sens des affaires et la puissance mécanisante de sa pensée sur l'intuition originelle, la perd de vue jusqu'au jour où, à une heure profonde, elle se présente à lui avec une clarté éblouissante qui foudroie toute causalité de la surface de l'univers. Car l'univers comme système d'enchaînements causaux est tardif, rare, et seule l'intelligence énergique des hautes cultures en prend possession d'une manière sûre et presque artistique. La causalité couvre le concept de loi. Il n'y a *que* des lois causales. Mais de même que le causal renferme, selon la définition de Kant, une *nécessité de l'être éveillé pensant, forme fondamentale de ses rapports avec l'univers des choses,* ainsi les mots destin, fortune, vocation désignent une *nécessité de la vie* inéluctable. L'histoire réelle est lourde de destin, mais sans loi. On peut pressentir l'avenir, et il y a des yeux qui en sondent les mystères profonds, mais on ne peut le calculer.

Ibid., pp. 121-122.

Morale tragique et morale plébéienne

SPENGLER

Considérer le monde, au lieu d'en haut comme Eschyle, Platon, Dante, Goethe, sous l'angle du besoin journalier et de la réalité pressante, c'est ce que j'appelle *échanger la perspective de l'aigle contre celle de la grenouille.* Et c'est précisément ce qui fait la chute d'une culture dans la civilisation. Chaque éthique formule la vue de l'âme sur son destin : héroïque ou pratique, grand ou vulgaire, mâle ou grisonnant. Et c'est ainsi que je distinguerai donc une *morale tragique* et une *morale plébéienne.* La morale tragique d'une culture connaît et comprend le poids de l'être, mais elle en tire le sentiment d'orgueil pour le supporter. Ainsi sentaient Eschyle, Shakespeare et les penseurs de la philosophie brahmanique, ainsi Dante et le catholicisme germanique. Ce sentiment se retrouve dans le rude cantique luthérien : « Un château fort est notre Dieu », et on en peut poursuivre encore les échos même dans la Marseillaise. La morale plébéienne d'Epicure et de la Stoa, des sectes bouddhistes, du XIXe siècle en Occident, prépare un plan de bataille pour esquiver le destin. Ce qu'Eschyle a fait en grand, la Stoa l'a rapetissé. Ce n'était plus enrichir, mais appauvrir, refroidir, vider la vie, et les Romains n'ont fait qu'accroître jusqu'au colossal ce refroidissement et ce tarissement intellectuels. Et la même relation se retrouve entre le pathos éthique des grands maîtres baroques : Shakespeare, Bach, Kant, Goethe, avec la mâle volonté de maîtriser *intérieurement* les choses de la nature, parce qu'ils se savaient profondément au-dessus d'elles, et la volonté des modernistes européens de faire disparaître ces mêmes choses *extérieurement* – par la prévoyance, l'humanité, la paix universelle, le bonheur du plus grand nombre – parce qu'ils se sentent sur le même plan qu'elles. Cela aussi est volonté de puissance par opposition à l'endurance antique de l'inévitable ; là aussi il y a passion et tendance à l'infini ; mais entre la grandeur métaphysique et la grandeur matérielle de la domination, il y a une différence. Il manque à celle-ci la profondeur, ce que l'homme de l'époque précédente nommait Dieu. L'intuition cosmique de l'action faustienne, manifestée par tous les grands hommes, depuis les Guelfes et les Gibelins jusqu'à Frédéric le Grand, Goethe et Napoléon, s'est dégradée en philosophie du *travail,* dans laquelle le mérite reste également indifférent à l'accusation et à la défense. Le concept culturel de l'action et le concept civilisé du travail sont dans le même rapport que la contenance du Prométhée d'Eschyle et celle de Diogène. Le premier est endurant, le second est paresseux. Galilée, Kepler et Newton sont arrivés à des *actes de savant,* le physicien moderne fait du *travail de savant.* C'est la morale plébéienne, fondée sur l'existence journalière et la « saine raison humaine », qui fait la base des sciences de la vie, malgré tous les mots ronflants prononcés de Schopenhauer à Shaw.

Ibid., pp. 337-338.

Le dosage du défi, clé de la croissance

Toynbee s'interroge sur les causes de la genèse des civilisations. Faut-il les chercher dans la race ou dans le milieu ? Les chapitres 11 et 12 de l'Histoire *montrent ce qu'ont d'insatisfaisant ces hypothèses. Le chapitre 13, « Défi et Réponse », se propose de caractériser le processus créateur. A partir d'ana-*

lyses renvoyant au Livre de Job ou au Faust *de Goethe, Toynbee définit la création « comme l'issue d'un duel » et « la genèse comme l'aboutissement de l'interaction de forces » (p. 153). Le défi et la réponse qu'il entraîne sont le stimulant de la croissance d'une civilisation. « La croissance d'une société peut se mesurer d'après le pouvoir croissant d'autodétermination acquis par les leaders de la société, et je crois que l'avenir d'une civilisation se trouve aux mains d'une minorité d'individus créateurs. » (p. 183)*

TOYNBEE

Nous avons observé qu'un défi excessif ou insuffisant ne peut susciter une réponse créatrice, et qu'un défi qui se situe juste à la limite de l'excès – lequel semble être, à première vue, le défi le plus stimulant de tous – aura tendance à imposer à ceux qui y répondent une sanction funeste sous la forme d'un arrêt dans leur développement. Et ici, évidemment, gît le secret de la croissance dont nous sommes en quête. Car, à longue échéance, le défi optimal doit être celui qui incite le groupe défié non seulement à fournir une seule réponse couronnée de succès, mais aussi à acquérir une force qui le pousse en avant : d'un exploit à de nouveaux combats, de la solution d'un problème à la présentation d'un autre, d'une pause temporaire vers un nouveau départ, une fois de plus de Yin à Yang. Le simple et unique passage d'un état de trouble au rétablissement de l'équilibre ne suffit pas, si la genèse ne doit pas être suivie de croissance. Pour transformer le mouvement en un rythme répétitif et périodique, il faut un *élan* qui, par l'équilibre, conduise le groupe défié à un excédent qui l'expose à un nouveau défi et, partant, l'incite à une nouvelle réponse sous la forme d'un équilibre ultérieur, aboutissant à un excédent ultérieur – et ainsi de suite selon une progression virtuellement illimitée.

A. Toynbee, *L'Histoire* (1972).
Trad. J. Potin et P. Buisseret, Elsevier Séquoia, Bruxelles, 1978, p. 194.

Le danger des lauriers

TOYNBEE

L'aberration passive dans laquelle risque de tomber l'être humain créateur, une fois qu'il a accompli une œuvre, consiste à « se reposer sur ses lauriers » dans un paradis de dupe où il s'imagine, sous prétexte qu'il s'est dépensé autrefois, qu'il s'est acquis le droit de « vivre heureux à jamais ». Sans tomber aussi loin dans la stupidité, le vainqueur des combats d'hier a tendance à s'imaginer que, puisque le temps ne permet pas que l'on fasse du sur place, il lui suffit de répéter mécaniquement les mouvements qui lui ont si bien réussi la dernière fois, de manière à être bien sûr de répondre victorieusement à tout nouveau défi. Il est clair que tout individu qui cède à cette tentation de passivité se met dans la position même d'une société bloquée qui a atteint un équilibre si exact avec son milieu ambiant qu'elle en devient l'esclave au lieu d'en être la maîtresse : dans le cas d'une société bloquée, une telle position n'est concevable que dans la mesure où le milieu ambiant demeure inchangé, et provoque un désastre dès que ce milieu ambiant évolue. Le même destin attend l'individu créateur ou la minorité créatrice qui en sont venus à ériger en idoles leurs propres réalisations.

Ibid., pp. 235-236.

Toynbee critique de Spengler

TOYNBEE

Les savants occidentaux contemporains qui préconisent une explication prédestinatienne ou déterministe de l'effondrement des civilisations en appellent plutôt à une loi de sénescence et de mort, dont la longueur d'onde serait plus courte, et qui régirait toute forme de vie sur notre planète. L'un des plus célèbres tenants de cette école, Oswald Spengler, a soutenu qu'une civilisation est comparable à un organisme et qu'elle est sujette au même processus d'enfance, de jeunesse, de maturité et de vieillesse, à la façon d'un être humain ou de tout autre organisme vivant. Mais nous avons déjà noté, dans un chapitre précédent, que les sociétés ne sont, en aucun sens, des organismes vivants. Considérées subjectivement, elles sont des domaines intelligibles d'étude ; considérées objectivement, elles sont le terrain commun des domaines respectifs d'activité d'un grand nombre d'êtres humains individuels, dont les énergies, prises une à une, sont les forces vitales qui contribuent à élaborer l'histoire d'une société, y compris sa durée.

Qui peut décréter ou prédire ce que seront les caractères ou les interréactions de tous ces acteurs, ou bien combien d'entre eux apparaîtront à telle ou telle étape, du début jusqu'à la fin ? Déclarer dogmatiquement, avec Spengler, que toute société a une durée prédéterminée, est aussi stupide que de soutenir que toutes les pièces de théâtre devraient obligatoirement comprendre un nombre déterminé d'actes . (...)

Une société n'est ni une espèce ni un genre, pas plus qu'elle n'est un organisme.

Ibid., pp. 206-207.

Les deux erreurs spirituelles : archaïsme et nationalisme

TOYNBEE

L'archaïsme peut se définir comme l'abandon de la mimesis des personnalités créatrices contemporaines pour la mimesis des ancêtres. Dans ce sens il se rapproche d'une défaillance de mouvement dynamique de la civilisation, rétrogradant vers la condition virtuellement statique de l'humanité primitive. On peut le définir encore comme une tentative pour arrêter une société à un point donné, ou pour prévenir un changement menaçant, en immobilisant les facteurs dynamiques de croissance sociale – et ceci, nous l'avons vu, est toujours une réaction catastrophique aux défis sociaux. L'un des principaux motifs qui entraînent à la forme archaïque d'utopisme est le virus du nationalisme, que nous pouvons voir à l'œuvre dans le monde contemporain. Une communauté qui a succombé à cette grave maladie spirituelle supportera mal d'avoir une dette culturelle envers la civilisation dont elle n'est qu'un fragment et, dans cet état d'esprit, elle consacrera une grande partie de son énergie à créer une culture farouchement nationale que l'on puisse déclarer libre de toute influence étrangère. Elle tâchera de recouvrer, dans ses institutions sociales et politiques, dans son art et sa religion, la prétendue pureté d'une époque d'indépendance nationale antérieure à celle où elle se voit incorporée dans la société plus vaste d'une civilisation supranationale.

Dans notre société occidentale, l'exemple récent le plus frappant de ce nationalisme tourné vers le passé a été, en Allemagne, la tentative nationale-socialiste de recréer une société teutonne primitive, prétendument conforme à une lointaine « essence » du germanisme, dépouillé de tout ce qu'y avaient ajouté les époques intermédiaires. Le dénouement catastrophique de cette tentative, atroce et vaine, de retrouver un passé complètement falsifié illustre d'une manière classique les effets de la combinaison de ces deux erreurs spirituelles que sont l'archaïsme et le nationalisme.

Ibid., p. 345.

La métahistoire

TOYNBEE

La métahistoire ressort de l'étude de l'histoire et s'apparente à la métaphysique et à la théologie. Le métahistorien cherche à intégrer son étude de la réalité à une dimension plus élevée que celle des affaires humaines telles qu'elles se présentent à lui en tant que phénomènes.

Une œuvre classique de métahistoire, dans ce sens, est *La Cité de Dieu*, de saint Augustin, qui s'opposait à l'histoire telle que Thucydide ou Tite-Live la concevaient. Thucydide et Tite-Live s'attachaient à décrire et expliquer une série particulière d'événements qui leur paraissaient importants (et qui semblent encore importants à l'historien moderne). Le sujet de Thucydide était l'origine et le déroulement de la grande guerre qui a bouleversé la société hellénique en 431-404 av. J.-C. Le sujet de Tite-Live était la montée majestueuse et l'apogée de l'empire dans lequel il vivait et dont il pressentait, de son temps, la décadence. Pour sa part, saint Augustin « offre une synthèse de l'histoire universelle à la lumière des principes chrétiens ».

Ibid., p. 665.

L'historicisme ou la philosophie historique de Croce

La pensée de Benedetto Croce (1866-1952) se définit elle-même comme un « historicisme », ce qui implique d'abord la négation de toute référence à une transcendance (illuminisme), à une réalité supra ou trans-historique : « La vie et la réalité sont histoire et rien d'autre qu'histoire. » Héritier de J.B. Vico et Hegel, il dénonce chez l'un et l'autre ce qu'il appelle « un résidu théologique ». Ce reste de pensée théologique serait par exemple manifeste dans une philosophie lorsque les individus apparaissent comme distincts de la Providence et de la Raison auxquelles ils sont inférieurs et dont ils ne sont que les instruments aveugles et inconscients.

L'historicisme, qui est aussi un humanisme, pose l'identité de la philosophie et de l'histoire. Il prétend dépasser d'une part le déterminisme mécaniste qui ne s'attache qu'aux « faits bruts » et à la causalité externe, et d'autre part la « philosophie de l'histoire » qui manie encore la « baguette magique de la finalité ». Cette philosophie de l'histoire substitue aux vieilles divinités des mythes nouveaux : le Progrès, la Liberté, l'Economie, etc ..., qui sont autant de « moteurs » de l'histoire extérieurs aux faits, tout comme Dieu ou le Diable, Mars ou Vénus leur restaient extérieurs. C'est toute forme de dualité entre les idées et les faits qui, selon Croce, doit être surmontée. Alors seulement la philosophie devient histoire sans cesser d'être la pensée de l'éternel présent puisque c'est l'histoire elle-même qui donne la connaissance de l' « éternel présent ».

S.A.

CROCE

En son acception scientifique le terme « historicisme » exprime l'affirmation que la vie et la réalité sont histoire et rien autre qu'histoire. Une négation va de pair avec cette affirmation ; fausse est la théorie qui divise la réalité en sur-histoire et histoire, en un monde d'idées ou de valeurs et en un bas monde qui reflète ces idées et ces valeurs, ou qui les a jusqu'à ce jour réfléchies d'une façon toute fugitive et imparfaite ; mais il faudra bien qu'un jour ces valeurs soient imposées à ce monde inférieur, et que l'on fasse succéder à l'histoire imparfaite – à l'histoire tout court – une réalité rationnelle et parfaite. Cette seconde conception est connue sous le nom de « rationalisme abstrait » ou d' « illuminisme » ; c'est donc contre cet illuminisme, en opposition avec lui, que l'historicisme s'est développé ; il est entré en lutte contre lui et s'est élevé au-dessus de lui.

Le nerf de cette polémique, c'est la démonstration qui établit que les idées ou valeurs que l'on a érigées en modèles et mesure de l'histoire, ne sont pas des idées ou des valeurs universelles ; mais qu'ils sont eux aussi des faits particuliers et historiques, inexactement élevés au rang d'universaux. C'est ainsi que l'idée de beauté, qui sert de mesure pour juger les créations de l'art dans la critique académique, tirait ses lignes abstraites de la beauté particulière de Virgile ou de Raphaël ; les idées de droit naturel n'étaient, au fond, que les institutions juridiques réalisées ou projetées, ou appelées et présagées de très loin, au XVIIe siècle ou au XVIIIe siècle ; quant aux idées morales, aux règles, aux vertus, elles se sont formées durant l'époque où a fleuri la civilisation antique ou durant celle qui a pris naissance par la fusion de cette culture et de l'humanisme chrétien ainsi que durant l'âge moderne. Les systèmes mêmes de philosophie, que l'on se représente clos et fermés, ou ce qui de ces systèmes a passé dans l'expérience commune et a fait l'objet d'un consentement universel, en ce qu'ils ont de vivant et de vrai, se rapportent à certains problèmes déterminés, actuels et historiquement particuliers ; ils ne peuvent, de ce fait, valoir pour tous les autres problèmes du passé et de l'avenir.

B. Croce, *L'Histoire comme pensée et comme action.*
Trad. G. Chaix - Ruy, Droz, 1968.

L'histoire comme pensée de l'universel

CROCE

Que répondra n'importe quelle personne de bon sens si on lui demande quel est le sujet de l'histoire de la poésie ? Elle ne répondra assurément pas Dante, ou Shakespeare, ou la poésie italienne, ou l'anglaise, ou la liste des poésies que nous connaissons, mais bien : la Poésie. Donc un universel. Et si l'on demande quel est le sujet de l'histoire sociale et politique, elle ne répondra pas la Grèce, ni la France ou l'Allemagne, ni même leur ensemble ou un complexe de pays, mais : la Culture, la Civilisation, le Progrès, la Liberté. Les réponses seront de cet ordre, c'est-à-dire universelles. (...)

Bien entendu, pour que cela soit évident, il faut avoir surmonté le dualisme entre les idées et les faits, entre les « vérités de raison » et les « vérités de fait » ; que l'on n'oppose plus la philosophie, contemplation des idées ou des « vérités de raison », à l'histoire, ramassis de faits bruts et de grossières « vérités de fait ». Or ce dualisme est tenace ; nous l'avons vu récemment renouvelé et comme déguisé dans l'axiome suivant : « Le propre de l'histoire est de savoir, et le propre de la philosophie de comprendre. » Absurde distinction entre un savoir qui ne comprendrait pas, et une compréhension qui ne saurait pas ! Serait-ce là le misérable et désespérant destin théorique de l'homme ?

B. Croce, *Théorie et histoire de l'historiographie.*
Trad. A. Dufour, Droz, 1968, p, 43.

Identité de l'histoire et de la philosophie

CROCE

On connaît le mot de Fustel de Coulanges : il y a « l'histoire et la philosophie, mais non la philosophie de l'histoire. » Nous dirons plutôt : il n'y a ni la philosophie, ni l'histoire, ni la philosophie de l'histoire, mais bien l'histoire qui est philosophie et la philosophie qui est histoire, qui est intrinsèque à l'histoire. Voilà pourquoi toutes les controverses, et avant tout celles sur le Progrès, que les philosophes, les méthodologistes de l'histoire et les sociologues considèrent comme étant de leur ressort et qu'ils agitent au début ou à la fin de leurs ouvrages, se réduisent pour nous aux dimensions de simples problèmes de philosophie historiquement conditionnés et liés à tous ceux qu'il incombe à la philosophie de traiter.

Dans les controverses sur le progrès, on se demande si l'œuvre de l'homme est féconde ou stérile, si elle se conserve ou si elle se perd ; si l'histoire a un but, et lequel ; si ce but peut être atteint à un moment donné ou seulement à l'infini ; si l'histoire est progrès ou décadence, ou si elle n'est pas un composé de progrès et de régression, de grandeurs et de décadences ; si c'est le mal ou le bien qui prévaut en elle, et ainsi de suite. Si l'on examine avec attention ces questions, on verra qu'elles s'organisent autour de trois points : le concept d'évolution, celui de fin et celui de valeur. Ce sont là des concepts qui recouvrent toute la réalité, et l'histoire aussi, précisément dans la mesure où elle est toute la réalité. Et d'ailleurs ces concepts n'appartiennent pas à telle ou telle science particulière, ni à la philosophie de l'histoire, ni à la méthode historique empirique, ni à la sociologie, mais bien à la philosophie. Et ils appartiennent à l'histoire en tant que celle-ci est philosophie.

Ibid., p. 57.

3.2. HISTOIRE ET ROMAN

La représentation artistique de l'histoire est une activité et un but plus sérieux que sa restitution exacte; car l'écrit littéraire va au cœur même des choses.

Aristote (v. 330 av. J.-C.)

La fiction, entrant par effraction dans la « vérité » des historiens, fait qu'on entend mieux l'Histoire.

Denis Roche (1980)

Ce sont de bien complexes rapports qu'ont toujours entretenus l'histoire et le roman. Depuis leur naissance – hypothétique – d'un géniteur commun, l'épopée, jusqu'à nos jours, leur commerce se nourrit d'attirance, de répulsion, de jalousie, d'imitation, d'émulation, de rivalité, en sens et proportions variables selon les époques. On ne fera qu'évoquer ici certains aspects de cette liaison orageuse, laquelle appellerait deux approches, selon qu'on privilégie l'historiographie ou la littérature. Le premier point de vue est celui du § 2.1. du vol. I, « Récits et fiction »; le second nous conduirait hors des limites de notre sujet. Mais le siècle qui a vu triompher la pensée historique est aussi l'âge d'or du roman. Cette conjonction n'est pas fortuite, et appelle sans doute quelques remarques, ainsi que des exemples – qu'il est cependant inutile de multiplier, car de tous les « corpus », il n'en est guère qui soit plus familier au lecteur que la littérature romanesque des XIXe et XXe siècles.

a. *Au XVIIe siècle, le roman commence par se dissimuler derrière le « bouclier pédant de l'histoire », suivant en cela la tragédie (1). Il ne tarde pas cependant à bouter sa protectrice hors de son propre territoire. L'historiographie traverse en effet une crise profonde, ne produisant aucune œuvre de poids; l'histoire n'est bientôt perçue que comme une forme de divertissement, sans rapport spécifique avec une certaine « vérité » ou « réalité », sans vocation particulière dans la République des lettres.*

Les seuls documents historiques de quelque intérêt sont les Mémoires. Leur caractère contingent les expose naturellement à la concurrence de Mémoires, apocryphes d'abord, puis plus ou moins ouvertement fictifs. Ainsi naît l'« histoire secrète », promise à un bel avenir. Par cette brèche, les romanciers pénètrent dans la citadelle de l'histoire, abandonnée des historiens. Devant cette « faillite de l'histoire » (2), à laquelle ils ont contribué, les romanciers, – qui sont du reste souvent quelque peu historiens, ainsi que témoins, voire acteurs de l'histoire de leur temps –, se réclamant des Anciens (Aristote), proclament leur volonté de faire la véritable histoire, en s'affranchissant des contraintes de l'histoire traditionnelle. De cette nouvelle histoire,

1. Les paragraphes *a.* et *b.*, pour l'essentiel, ne font que reprendre certaines observations de G. May, « L'histoire a-t-elle engendré le roman ? Aspects français de la question au seuil du siècle des lumières », in *Revue d'Histoire littéraire de la France*, janv.-mars 1955, Armand Colin, pp. 155-176. Les citations non attribuées sont tirées de cet article.
2. L'expression est de P. Hazard.

Saint-Réal, romancier-historien, donne en 1671 l'« extraordinaire définition » suivante :

Savoir l'Histoire, c'est connoître les hommes, qui en fournissent la matière, c'est juger de ces hommes sainement; étudier l'histoire, c'est étudier les motifs, les opinions et les passions des hommes, pour en connoître tous les ressorts, les tours et les détours, enfin toutes les illusions qu'elles savent faire aux esprits, et les surprises qu'elles font aux cœurs. (3)

Rares sont les voix qui soutiennent celle de Bayle pour défendre l'honneur de l'histoire :

(...) une licence, dont on abuse tous les jours de plus en plus; c'est celle de prêter ses inventions, et ses Intrigues Galantes, aux plus grans hommes des derniers siècles, et de les mêler avec des faits qui ont quelque fondement dans l'Histoire. Ce mêlange de la vérité et de la fable se répand dans une infinité de Livres nouveaux, perd le goût des jeunes gens, et fait que l'on n'ose croire ce qui au fond est croiable. (4)

b. *Au XVIIIe siècle, tandis que l'historiographie continue de piétiner, le roman s'affranchit, s'établissant comme genre majeur, digne des meilleures plumes. Roman picaresque d'abord, bientôt roman d'apprentissage, il s'affirme comme le grand projet littéraire des Lumières. La problématique du roman se précise : conflit entre l'individu et la société dans un contexte de changement et de trouble, entre la « poésie du cœur » et la « prose des rapports sociaux » (Hegel, v. p. 31) – telle sera désormais la principale vocation du roman occidental.*

c. *Cependant, ce n'est qu'au XIXe siècle que naîtra le roman historique proprement dit, à la faveur de deux facteurs. D'une part, l'historiographie connaît des jours fastes; l'histoire, solidement étayée, est portée au pinacle par la philosophie. D'autre part, les bouleversements que connaît l'Europe mettent l'histoire, si l'on ose dire, « à la portée de tous », en font une réalité tangible pour le plus grand nombre (v. texte de Lukács* infra*).*

Les rapports s'inversent : c'est maintenant l'histoire qui semble conquérir le roman, auquel elle fournit ses sujets, mieux, sa raison d'être. « De nos jours, par le mot roman, *nous entendons une époque historique développée dans un récit imaginaire », écrit Pouchkine (5). Le roman se fait l'humble pédagogue de l'histoire. Le « héros médiocre » de Walter Scott, sa grande invention, guide le lecteur dans les grandes tourmentes, intercède pour lui auprès des Grands. Le schéma conçu par Scott est le suivant :*

Dans un temps troublé, un jeune homme de médiocre envergure, noble le plus souvent, est porté par le destin au cœur d'un conflit social d'ampleur historique. Une grande figure de l'histoire, d'abord maintenue à l'horizon du roman, entre en rapport avec lui « de façon familière » et incarne soudain la problématique. Le héros fictif, acculé à une situation ambiguë, contraint de

3. Cité par G. May.
4. P. Bayle, *Dictionnaire historique et critique* (1695-1697), article « Jardin (Marie des) », cité par G. May.
5. Cité par A. Socié, in *Recherches sur le roman historique en Europe – XVIIIe/XIXe siècles,* Les Belles Lettres, 1977, p. 287.

choisir, est guidé dans son choix par les normes de son clan, infléchies cependant par ses surprenantes expériences. L'histoire ainsi traverse la mentalité, les destinées d'un homme ordinaire. (6)

Le roman historique au sens strict ne tardera pas, cependant, à évoluer. Manzoni, l'auteur d'un des chefs-d'œuvre du genre, Les Fiancés *(1825-1827), en critique le principe en ces termes : « Un grand poète et un grand historien peuvent coexister, sans confusion, dans le même homme, mais pas dans la même œuvre. » (7) Avec Balzac, le roman passe « de la description de l'histoire révolue à la figuration du présent comme histoire » (Lukács). L'histoire cesse d'être la raison d'être du roman : c'en est de plus en plus le simple décor (Dumas), le prétexte (Flaubert dans* Salammbô*); c'est l'occasion d'une revanche politique (Vigny dans* Cinq-Mars*), d'un appel à la résistance nationale (Sienkiewicz dans* Quo Vadis ?*).*

Mais loin de s'éloigner de l'histoire, le roman ne fait qu'approfondir leurs rapports, en renouvelant la vision et le travail de l'historien. Tantôt le romancier se place sur le terrain même de l'historien (Hugo, Tolstoï, Flaubert pour certains aspects des Misérables, *de* la Guerre et la Paix, *de* l'Education sentimentale*). Tantôt il lui ouvre des horizons nouveaux : selon Pouchkine, « la nouvelle école des historiens français s'est formée sous l'influence du romancier écossais. Il leur a montré des sources entièrement nouvelles. » (8) Tantôt il bouleverse l'ordre même de l'explication historique, renversant les perspectives, par exemple quant au rôle des grands hommes (v. textes de Lukács et de Tolstoï* infra*). Parfois enfin il rétablit par ses moyens propres une certaine réalité historique (v. Lukács).*

Le romancier revendique surtout son domaine propre, distinct de celui de l'historien, au sein même du champ historique : il prétend apporter une connaissance réelle *du passé, inaccessible à son rival – Hugo et Tolstoï ne cessent de le clamer, comme, à sa façon, Barbey d'Aurevilly :*

Où les historiens s'arrêtent, ne sachant plus rien, les poètes apparaissent et devinent. Ils voient encore, quand les historiens ne voient plus. C'est l'imagination des poètes qui perce l'épaisseur de la tapisserie historique ou qui la retourne, pour regarder ce qui est derrière. (9)

Enfin, le roman influe sur l'histoire, dans ses deux acceptions. Parce qu'il est, à côté de l'enseignement primaire et secondaire, le principal « vecteur » pédagogique de l'histoire écrite, le roman contribue à forger l'image que le grand nombre se fait de l'histoire vécue, et accessoirement de l'histoire écrite elle-même. Mais de plus, comme l'écrit Camus, « le roman naît en même temps que l'esprit de révolte et il traduit, sur le plan esthétique, la même ambition » (10). Il est « littérature de dissidence », pour reprendre une expression de Camus, mort bien avant que quiconque connût Soljénytsine. « L'humanisme, le libéralisme modernes doivent au roman une grande part de leur force et de leur ascendant. » (11)

6. A. Socié, *loc. cit.*
7. *Du roman historique* (réd. v. 1850). Trad. R. Guise, Ed. du Delta, 1968.
8. Cité par Lukács, *op. cit. infra.*
9. *Une page d'histoire,* IV.
10. *L'Homme révolté,* cité par G. May.
11. M. Zéraffa, article « Roman – Roman et Société », *Encyclopaedia Universalis.*

d. *Roman et histoire ne pouvaient traverser le* XXe *siècle, on s'en doute, sans voir se modifier profondément leurs rapports.*

Tout d'abord, l'envahissement par l'histoire de la destinée et de la conscience individuelles est consommé. Ce que dit Lukács de la Révolution et des guerres napoléoniennes (v. texte infra*) est vertigineusement plus vrai encore au siècle des camps, des guerres mondiales, des déportations massives, de l'arme nucléaire, de l'enseignement de masse, des médias. Le roman historique, tout en continuant d'exploiter les formules traditionnelles (*Autant en emporte le vent, *etc.), tend à devenir chronique du passé immédiat (*Les Thibault, La Condition humaine, Pour qui sonne le glas, *les romans de guerre, etc.), voire document, « montage », aux confins du journalisme, du cinéma, de l'enquête sociologique, du rapport de police ou d'expert, etc.*

En second lieu, le roman prend toute la mesure de son pouvoir politique. Aux innombrables formes de « liquidation », il oppose sa mémoire, sa vérité inaltérable parce que *(ô ironie !) pétrie de contingence. Il prend alors les devants de l'histoire, mettant au jour la dimension historique d'un continent (Amérique latine, Australie), la nature du totalitarisme (Orwell, Koestler), du système soviétique, de la déportation, du génocide; il présente aussi, de façon moins nouvelle, la réalité de ces formes d'oppression que sont le travail en usine, le chômage, le racisme ordinaire, le déracinement des travailleurs migrants ou immigrés, etc.*

S'il voit son rôle grandir sur le terrain politique, le roman perd en revanche son monopole sur le « contingent », et sur la « réalité totale ». L'histoire, en effet, s'intéresse désormais à chaque série de faits dont est tissé le quotidien des gens « ordinaires », et affiche en même temps l'ambition d'être « totale » (v. § 6.3, « La nouvelle histoire »). De façon générale, les sciences de l'homme ne cessent, depuis un siècle, de grignoter le territoire du romancier.

A défaut d'une cause « dissidente », que reste-t-il donc au roman « historique » – ou plus généralement « à dimension historique » ? A cette question, l'histoire (du roman) n'a pas de réponse puisqu'elle est, comme on dit, en train de se faire. Dans ses Mémoires d'Hadrien, *Marguerite Yourcenar se propose de « refaire du dedans ce que les archéologues du* XIXe *siècle ont fait du dehors ». Osons suggérer que le roman a toujours au moins cette fonction-là : refaire du dedans ce que les savants de tout poil, et leurs amis les journalistes, font du dehors – c'est-à-dire finalement, pour paraphraser Nietzsche, opposer à l'envahissement des sciences de l'homme les « forces artistes prodigieuses » nécessaires pour sauver la destinée de l'homme.*

D.A.

L'histoire devient l'affaire de tous

LUKACS

Ce furent la Révolution française, les guerres révolutionnaires, l'ascension et la chute de Napoléon qui firent pour la première fois de l'histoire une *expérience vécue des masses,* et même à l'échelle de l'Europe. Durant les décennies entre 1789 et 1814, tous les peuples d'Europe ont subi plus de bouleversements qu'ils n'en avaient éprouvés jadis en des siècles. Et la succession rapide de ces bouleversements leur donne un caractère qualitativement distinct, elle rend leur caractère historique beaucoup plus visible que d'ordinaire dans des cas isolés : les masses n'ont plus l'impression d'un « événement naturel ». (...) Or, si de telles expériences s'unissent à la connaissance que des bouleversements semblables se produisent partout dans le monde entier, cela doit énormément renforcer le sentiment qu'il y a une histoire, que cette histoire est un processus ininterrompu de changements et que finalement cette histoire a un effet direct sur la vie de chaque individu.

Cette gradation du quantitatif au qualitatif apparaît aussi dans la différence entre ces guerres et toutes les précédentes. Les guerres des États absolus de l'époque prérévolutionnaire étaient menées par de petites armées de métier. Elles étaient menées de façon à isoler l'armée aussi rigoureusement que possible de la population civile (approvisionnements à partir de dépôts, crainte de désertion, etc.) (...)

Cela change d'un seul coup avec la Révolution française. Dans sa lutte défensive contre la coalition des monarchies absolues, la République française fut contrainte de créer des armées de masse. La différence qualitative entre armée mercenaire et armée de masse concerne précisément leurs rapports avec la masse de la population. Si, au lieu de recruter de petits contingents de déclassés pour une armée de mercenaires ou de les y incorporer de force, on doit créer une armée de masse, alors il faut exposer clairement aux masses par la propagande le contenu et le but de la guerre. (...) Cette propagande ne peut se limiter à la guerre individuelle, isolée. Elle doit révéler le contenu social, les conditions préalables et les circonstances historiques de la lutte, associer la guerre à la vie totale et aux possibilités de développement de la nation. (...) Et l'on ne doit pas oublier que les guerres de la Révolution et, dans une certaine mesure, celles de Napoléon ont été menées consciemment comme des guerres de propagande.

En définitive, l'énorme expansion quantitative de la guerre joue un rôle qualitativement nouveau, apportant avec elle un élargissement extraordinaire de l'horizon. (...) Désormais toute l'Europe devient un théâtre de guerre. Des paysans français combattent d'abord en Égypte, puis en Italie, puis en Russie; des troupes auxiliaires allemandes et italiennes prennent part à la campagne de Russie; des troupes allemandes et russes occupent Paris après la défaite de Napoléon, etc. Ce dont auparavant seuls des individus isolés, le plus souvent d'esprit aventureux, faisaient l'expérience, à savoir une connaissance de l'Europe ou du moins de certaines parties de l'Europe, devient en cette période l'expérience de masse de centaines de milliers, de millions de gens.

Il en résulte la possibilité concrète pour des hommes de comprendre leur propre existence comme quelque chose d'historiquement conditionné, de voir dans l'histoire quelque chose qui affecte profondément leurs vies quotidiennes et qui les concerne immédiatement.

G. Lukács, *Le Roman historique* (1937).
Trad. R. Sailley. Payot, 1965, pp. 21-23.

Ressusciter les participants de l'histoire

LUKACS

Il n'importe pas dans le roman historique de répéter le récit des grands événements historiques, mais de ressusciter poétiquement les êtres humains qui ont figuré dans ces événements. Il importe de nous faire revivre les mobiles sociaux et humains qui ont conduit les hommes à penser, sentir et agir précisément comme ils l'ont fait dans la réalité historique. Et c'est une loi de la figuration littéraire, qui paraît au premier abord paradoxale, mais ensuite tout à fait évidente, que pour rendre sensibles ces mobiles sociaux et humains de conduite, les événements extérieurement insignifiants, les circonstances mineures – vues de l'extérieur – sont plus appropriés que les grands drames de l'histoire mondiale. (...)

Il importe pour le roman historique de *démontrer* par des moyens *artistiques* que les circonstances et les personnages historiques ont existé précisément de telle ou telle manière. Ce qu'on a appelé chez Scott très superficiellement l'« authenticité de la couleur locale », c'est en réalité cette démonstration artistique de la réalité historique. C'est la figuration de la large base que constituent les événements historiques dans leur enchevêtrement et leur complexité, dans leurs multiples interactions avec les personnages.

Ibid., pp. 43-45.

La fin de Charles le Téméraire (1477)

Le don d'invention de Scott, manifestement simple et pourtant grandiose et inépuisable, se trouve en général, surtout de nos jours, trop peu apprécié, bien que Gœthe, Balzac et Pouchkine aient reconnu sa grandeur. Walter Scott représente dans ses romans de grandes crises de la vie historique. En conséquence, des forces sociales ennemies, qui veulent s'anéantir mutuellement, se heurtent partout. Comme les représentants de ces forces en lutte sont toujours des partisans passionnés de leurs tendances, il s'ensuit le danger que leur lutte ne devienne un tableau purement extérieur de leur destruction réciproque qui ne puisse éveiller la sympathie et la complicité humaines du lecteur. Ici apparaît l'importance du héros médiocre dans la composition. Scott choisit toujours ses figures principales de telle sorte qu'elles puissent, du fait de leur caractère et de leur destin, entrer en contact humain avec les deux camps. Le destin approprié d'un tel héros médiocre, qui dans la grande crise de son temps ne s'associe passionnément à aucun des camps en lutte, peut fournir un lien de ce genre sans forcer la composition.

G. Lukács, *op. cit.*, p. 37.

Le génie de Scott (1771-1832) n'est pas de ceux qui se laissent circonscrire en un court extrait... Il lui faut les trois ou quatre cents grandes pages de chacun de ses nombreux romans pour se déployer. En réalité, Scott est génial en tant que créateur d'un genre – ce dont atteste son influence sur la plupart des romanciers du XIXe *siècle – non en tant que prosateur. Le texte qui suit illustre sans doute la façon dont il sait rendre accessibles, humaines les heures solennelles de l'histoire consacrée. Mais à le comparer au texte de Rilke sur le même sujet, on ne s'étonne plus que le grand Écossais soit aujourd'hui un peu oublié...*

SCOTT

– Où allons-nous maintenant ? demanda Arthur à son père.

– Rejoindre le duc, répondit Oxford. Ce n'est pas en une telle journée que je le quitterai.

– J'ai vu le duc, dit Thiébault, accompagné d'une dizaine de ses gardes, traverser cette rivière et courir au grand galop pour gagner la plaine du côté du nord. Je crois pouvoir vous conduire sur ses traces.

– En ce cas, dit Oxford, montons à cheval et suivons-le. Je vois que le camp a été attaqué de plusieurs côtés à la fois, et tout doit être perdu puisque Charles a pris la fuite. (...)

A environ trois milles du camp, d'où ils entendaient encore partir des cris qui se mêlaient au carillon de victoire de toutes les cloches de Nancy, ils arrivèrent près d'une mare d'eau à demi gelée sur les bords de laquelle ils trouvèrent plusieurs corps morts. Le premier qu'ils reconnurent était celui du duc de Bourgogne, de ce Charles possédant naguère un pouvoir si absolu et tant de richesses. Son corps, dépouillé en partie ainsi que ceux qui étaient étendus près de lui, était couvert de blessures faites par différentes armes. Son épée était encore dans sa main, et l'air de férocité singulière qui les avait animés pendant le combat contractait encore les traits de son visage. (...) On supposa que Charles avait été attaqué par un détachement de soldats du traître Campo-Basso, car on en trouva six ou sept, et un pareil nombre de gardes du duc, tués dans le même endroit.

Le comte d'Oxford descendit de cheval, et examina les restes de son ancien frère d'armes avec tout le chagrin que lui inspirait le souvenir d'une vieille amitié. Mais tandis qu'il se livrait aux réflexions que faisait naître naturellement un exemple si mémorable de la chute soudaine de la grandeur humaine, Thiébault, qui avait l'œil aux aguets, s'écria vivement : A cheval, Milord, à cheval ! ce n'est pas le moment de pleurer les morts; à peine aurons-nous le temps de sauver les vivants. Voilà les Suisses qui arrivent ! (...)

Le détachement suisse qui arriva presque au même instant était composé de jeunes gens d'Underwald, à la tête desquels se trouvaient Sigismond Biedermann et son frère Ernest. Sigismond leur accorda quartier sur-le-champ avec la plus grande joie, et rendit ainsi pour la troisième fois un important service à Arthur, en reconnaissance de l'amitié que celui-ci lui avait toujours témoignée.

– Je vous conduirai près de mon père, dit Sigismond; il sera bien charmé de vous voir.

W. Scott, *Charles le Téméraire* (1831).
Trad. Defauconpret. Furne, Paguerre, Perrotin éd., 1860, pp. 465-466.

RILKE

Mais le lendemain matin, septième jour de janvier, un mardi, on se remit cependant à sa recherche. Et cette fois il y avait un guide. C'était un page du duc, et l'on prétendait qu'il avait vu de loin tomber son maître. A présent il devait désigner l'endroit. Lui-même n'avait rien raconté. Le comte de Campobasso l'avait amené et avait parlé pour lui. A présent il marchait en avant, et les autres se tenaient tous derrière lui. Quiconque le voyait, bizarrement affublé et incertain, avait peine à croire qu'il était vraiment ce Gian-Battista Colonna qui était beau comme une jeune fille et fin des chevilles. Il tremblait de froid; l'air était rigide du gel nocturne, on entendait comme un grincement de dents sous les pas. D'ailleurs tous avaient froid. Seul le fou du duc, surnommé Louis XI, se donnait du mouvement. Il jouait au chien, courait en avant, revenait et trottait un instant à quatre pattes, à côté du page. Mais dès qu'il apercevait de loin un cadavre, il y courait, s'inclinait, et l'exhortait à faire un effort, et à être celui qu'on cherchait. Il lui laissait un peu de temps de réflexion, puis il revenait vers les autres, de mauvaise humeur, et menaçait et jurait et se plaignait de l'entêtement, de la paresse des morts. Et l'on allait toujours, et cela ne prenait pas fin. La ville n'était presque plus visible; car dans l'intervalle le temps s'était fermé, malgré le froid, et il était devenu gris et opaque. Le pays était couché, plat et indifférent, et le petit groupe des hommes semblait toujours plus égaré, à mesure qu'il s'éloignait davantage. Personne ne parlait. Seule, une vieille femme qui avait couru derrière eux ruminait quelque chose en secouant la tête; peut-être priait-elle.

Soudain le premier de la petite troupe s'arrêta et regarda autour de lui. Puis il se retourna brièvement vers Lupi, le médecin portugais du duc et montra quelque chose devant lui. Quelques pas en avant, il y avait une étendue de glace, une sorte de marais ou d'étang et il y avait là, à moitié enfoncés, dix ou douze cadavres. Ils étaient presque complètement dévêtus et dépouillés. Lupi allait, penché et attentif de l'un à l'autre. Et à présent l'on reconnaissait Olivier de Lamarche, et le prêtre, tandis qu'on allait et venait autour d'eux; mais la vieille était déjà agenouillée dans la neige, et gémissait, et se penchait sur une large main dont les doigts écartés étaient tendus vers elle. Tous accoururent. Lupi, avec quelques domestiques, essaya de retourner le cadavre, car il était couché sur la face. Mais le visage était pris dans la glace, et lorsqu'on l'en retira, l'une des joues se pela, sèche et mince, et il apparut que l'autre avait été arrachée par des chiens ou des loups, et le tout avait été fendu par une grande blessure qui commençait à l'oreille, de sorte que l'on ne pouvait même plus parler d'un visage. L'un après l'autre, ils se retournèrent. Chacun croyait trouver derrière soi le Romain. Mais ils ne voyaient que le fou qui était accouru, mauvais et sanglant. Il tenait un manteau loin de lui, et le secouait comme s'il devait en tomber quelque chose; mais le manteau était vide. On commença donc à chercher des signes particuliers, et il s'en trouva quelques-uns. On avait fait un feu et l'on lava le corps avec de l'eau chaude et du vin. La cicatrice du cou apparut, et les traces des deux grands abcès. Le médecin ne doutait plus.

R.M. Rilke, *Les Cahiers de Malte Laurids Brigge* (1910).
Trad. M. Betz. Le Seuil, 1966. Rééd. Points, 1980, pp. 170-172.

Le capitaine Renaud, grognard, devant Reims en 1814

VIGNY

Je m'appuyai contre un arbre, et le chirurgien-major vint me bander le front. Une large pluie de mars tombait sur ma tête et me faisait quelque bien. Je ne pus m'empêcher de pousser un profond soupir : – Je suis las de la guerre, dis-je au chirurgien. – Et moi aussi, dit une voix grave que je connaissais.

Je soulevai le bandage de mes sourcils, et je vis, non pas Napoléon empereur, mais Bonaparte soldat. Il était seul, triste, à pied, debout devant moi, ses bottes enfoncées dans la boue, son habit déchiré, son chapeau ruisselant la pluie par les bords; il sentait ses derniers jours venus, et regardait autour de lui ses derniers soldats.

Il me considérait attentivement. – Je t'ai vu quelque part, dit-il, grognard ?

A ce dernier mot, je sentis qu'il ne me disait là qu'une phrase banale, je savais que j'avais vieilli de visage plus que d'années, et que fatigues, moustaches et blessures me déguisaient assez. – Je vous ai vu partout, sans être vu, répondis-je. – Veux-tu de l'avancement ?... Je dis : – Il est bien tard. Il croisa les bras un moment sans répondre, puis : – Tu as raison, va, dans trois jours, toi et moi nous quitterons le service.

Il me tourna le dos et remonta sur son cheval, tenu à quelques pas. En ce moment, notre tête de colonne avait attaqué et l'on nous lançait des obus. Il en tomba un devant le front de ma compagnie, et quelques hommes se jetèrent en arrière, par un premier mouvement dont ils eurent honte. Bonaparte s'avança seul sur l'obus qui brûlait et fumait devant son cheval, et lui fit flairer cette fumée. Tout se tut et resta sans mouvement; l'obus éclata et n'atteignit personne. Les grenadiers sentirent la leçon terrible qu'il leur donnait; moi j'y sentis de plus quelque chose qui tenait du désespoir. La France lui manquait, et il avait douté un instant de ses vieux braves. Je me trouvai trop vengé et lui trop puni de ses fautes par un si grand abandon. Je me levai avec effort, et, m'approchant de lui, je pris et serrai la main qu'il tendait à plusieurs d'entre nous. Il ne me reconnut point, mais ce fut pour moi une réconciliation tacite entre le plus obscur et le plus illustre des hommes de notre siècle. On battit la charge, et, le lendemain au jour, Reims fut repris par nous. Mais quelques jours après, Paris l'était par d'autres.

A. de Vigny, *Servitude et grandeur militaires* (1835), Garnier, 1955, pp. 300-302.

D'Artagnan et Anne d'Autriche pendant la Fronde

« Ce sont les Trois Mousquetaires *et* Vingt ans après *qui ont donné à beaucoup d'entre nous le goût de l'histoire; mais, par delà l'histoire qu'on lit dans les livres, les amours d'Athos et de Milady, de d'Artagnan et de Mme Bonacieux, d'Aramis et de la duchesse de Longueville, nous ont fait découvrir, à un âge où l'on est d'ordinaire tendu vers l'avenir, la passion de la mémoire et le sens du passé, de* notre *passé. Il faut se méfier des gens qui n'aiment pas leur passé, qui affectent de l'oublier, de le nier : ce sont toujours des âmes basses, et des cœurs médiocres. Le passé est aussi vivant que le présent. Il y a dans l'oubli une impiété horrible. » G. Matzneff,* Le Monde, *17 mai 1980.*

DUMAS

D'Artagnan rappela le valet d'Anne d'Autriche.

– Me voilà, mon ami, dit-il, conduisez-moi. (...)

Une certaine émotion dont il ne pouvait se rendre compte faisait battre le cœur du lieutenant; il n'avait plus la confiance de la jeunesse, et l'expérience lui avait appris toute la gravité des événements passés. Il savait ce que c'était que la noblesse des princes et la majesté des rois, il s'était habitué à classer sa médiocrité après les illustrations de la fortune et de la naissance. Jadis il eût abordé Anne d'Autriche en jeune homme qui salue une femme. Aujourd'hui c'était autre chose : il se rendait près d'elle comme un humble soldat près d'un illustre chef.

Un léger bruit troubla le silence de l'oratoire. D'Artagnan tressaillit et vit une blanche main soulever la tapisserie, et à sa forme, à sa blancheur, à sa beauté, il reconnut cette main royale qu'un jour on lui avait donnée à baiser.

La reine entra.

– C'est vous, monsieur d'Artagnan, dit-elle en arrêtant sur l'officier un regard plein d'affectueuse mélancolie, c'est vous et je vous reconnais bien. Regardez-moi à votre tour, je suis la reine; me reconnaissez-vous ?

– Non, Madame, répondit d'Artagnan.

– Mais ne savez-vous donc plus, continua Anne d'Autriche avec cet accent délicieux qu'elle savait, lorsqu'elle le voulait, donner à sa voix, que la reine a eu besoin d'un jeune cavalier brave et dévoué, qu'elle a trouvé ce cavalier, et que, quoiqu'il ait pu croire qu'elle l'avait oublié, elle lui a gardé une place au fond de son cœur ?

– Non, Madame, j'ignore cela, dit le mousquetaire.

– Tant pis, monsieur, dit Anne d'Autriche, tant pis, pour la reine du moins, car la reine aujourd'hui a besoin de ce même courage et de ce même dévouement. (...)

– Que faut-il que je fasse, Madame ?

– Revenez à cinq heures et je vous le dirai; mais ne parlez à âme qui vive, monsieur, du rendez-vous que je vous donne.

– Non, Madame.

– Jurez-le sur le Christ.

– Madame, je n'ai jamais menti à ma parole; quand je dis non, c'est non.

Alexandre Dumas, *Vingt ans après* (1845), LII,
Garnier, 1962, pp. 584-587.

Waterloo, Waterloo...

La pluie

HUGO

S'il n'avait pas plu dans la nuit du 17 au 18 juin 1815, l'avenir de l'Europe était changé. Quelques gouttes d'eau de plus ou de moins ont fait pencher Napoléon. Pour que Waterloo fût la fin d'Austerlitz, la providence n'a eu besoin que d'un peu de pluie, et un nuage traversant le ciel à contre-sens de la saison a suffi pour l'écroulement d'un monde.

La bataille de Waterloo, et ceci a donné à Blücher le temps d'arriver, n'a pu commencer qu'à onze heures et demie. Pourquoi ? Parce que la terre était mouillée. Il a fallu attendre un peu de raffermissement pour que l'artillerie pût manœuvrer.

Napoléon était officier d'artillerie, et il s'en ressentait. (...) Tous ses plans de bataille sont faits pour le projectile. Faire converger l'artillerie sur un point donné, c'était là sa clef de victoire. (...)

Le 18 juin 1815, il comptait d'autant plus sur l'artillerie qu'il avait pour lui le nombre. Wellington n'avait que cent cinquante-neuf bouches à feu; Napoléon en avait deux cent quarante.

Supposez la terre sèche, l'artillerie pouvant rouler, l'action commençait à six heures du matin. La bataille était gagnée et finie à deux heures, trois heures avant la péripétie prussienne.

Ohain

Il y eut un silence redoutable, puis, subitement, une longue file de bras levés brandissant des sabres apparut au-dessus de la crête, et les casques, et les trompettes, et les étendards, et trois mille têtes à moustaches grises criant : vive l'empereur ! toute cette cavalerie déboucha sur le plateau, et ce fut comme l'entrée d'un tremblement de terre.

Tout à coup, chose tragique, à la gauche des Anglais, à notre droite, la tête de colonne des cuirassiers se cabra avec une clameur effroyable. Parvenus au point culminant de la crête, effrénés, tout à leur furie et à leur course d'extermination sur les carrés et les canons, les cuirassiers venaient d'apercevoir entre eux et les Anglais un fossé, une fosse. C'était le chemin creux d'Ohain.

L'instant fut épouvantable. Le ravin était là, inattendu, béant, à pic sous les pieds des chevaux, profond de deux toises entre son double talus; le second rang y poussa le premier, et le troisième y poussa le second; les chevaux se dressaient, se rejetaient en arrière, tombaient sur la croupe, glissaient les quatre pieds en l'air, pilant et bouleversant les cavaliers, aucun moyen de reculer, toute la colonne n'était plus qu'un projectile, la force acquise pour écraser les Anglais écrasa les Français, le ravin inexorable ne pouvait se rendre que comblé, cavaliers et chevaux y roulèrent pêle-mêle se broyant les uns les autres, ne faisant qu'une chair dans ce gouffre, et, quand cette fosse fut pleine d'hommes vivants, on marcha dessus et le reste passa.

Dieu, l'histoire

Napoléon, avant d'ordonner cette charge des cuirassiers de Milhaud, avait scruté le terrain, mais n'avait pu voir ce chemin creux qui ne faisait pas même une ride à la surface du plateau. Averti pourtant et mis en éveil par la petite chapelle blanche qui en marque l'angle sur la chaussée de Nivelles, il avait fait, probablement sur l'éventualité d'un obstacle, une question au guide Lacoste. Le guide avait répondu non. On pourrait presque dire que de ce signe de tête d'un paysan est sortie la catastrophe de Napoléon.

D'autres fatalités encore devaient surgir. Était-il possible que Napoléon gagnât cette bataille ? nous répondons non. Pourquoi ? A cause de Wellington ? à cause de Blücher ? Non. A cause de Dieu. Bonaparte vainqueur à Waterloo, ceci n'était plus dans la loi du dix-neuvième siècle. Une autre série de faits se préparait, où Napoléon n'avait plus de place. La mauvaise volonté des événements s'était annoncée de longue date. Il était temps que cet homme vaste tombât.

L'excessive pesanteur de cet homme dans la destinée humaine troublait l'équilibre. Cet individu comptait à lui seul plus que le groupe universel. Ces pléthores de toute la vitalité humaine concentrée dans une seule tête, le monde montant au cerveau d'un homme, cela serait mortel à la civilisation si cela durait. Le moment était venu pour l'incorruptible équité suprême d'aviser. (...)

Ce jour-là, la perspective du genre humain a changé. Waterloo, c'est le gond du dix-neuvième siècle. La disparition du grand homme était nécessaire à l'avènement du grand siècle. Quelqu'un à qui on ne réplique pas s'en est chargé. La panique des héros s'explique. Dans la bataille de Waterloo, il y a plus que du nuage, il y a du météore. Dieu a passé.

A la nuit tombante, dans un champ près de Genappe, Bernard et Bertrand saisirent par un pan de sa redingote et arrêtèrent un homme hagard, pensif, sinistre, qui, entraîné jusque-là par le courant de la déroute, venait de mettre pied à terre, avait passé sous son bras la bride de son cheval, et, l'œil égaré, s'en retournait seul vers Waterloo. C'était Napoléon essayant encore d'aller en avant, immense somnambule de ce rêve écroulé.

Victor Hugo, *Les Misérables* (1862), 2e partie, livre I,
Gallimard, Pléiade, 1951, pp. 347-348, 366-368, 378.

Le double mensonge de l'histoire historienne

Le parti pris méthodologique de l'historien

TOLSTOI

Un mot maintenant au sujet du désaccord existant entre ma description des événements historiques et les récits des historiens. Il est, non pas fortuit, mais inévitable. L'historien et l'artiste se proposent, en faisant le tableau d'une époque, des objets complètement différents. L'historien aurait tort de vouloir représenter un personnage historique dans sa totalité, dans la complexité de ses relations avec tous les côtés de la vie. De même l'artiste ne remplirait pas sa tâche s'il présentait toujours son personnage dans son attitude historique. (...)

Pour l'historien, qui envisage le rôle d'un personnage historique dans la réalisation de quelque but unique, il y a des héros. Pour l'artiste qui envisage les réactions d'un personnage dans toutes les conditions de la vie, il ne peut et il ne doit pas y avoir de héros, mais il doit y avoir des hommes. (...)

L'historien est obligé parfois, en donnant une entorse à la vérité, de ramener toutes les actions d'un personnage historique à une idée unique qu'il a reportée sur ce personnage. L'artiste au contraire voit justement dans le fait que cette idée est unique une incompatibilité avec la tâche qu'il s'est proposée, et il s'efforce seulement de comprendre et de montrer, non pas un acteur célèbre de l'histoire, mais un homme.

La différence est encore plus tranchée et plus essentielle quand il s'agit de la description des événements.

L'historien s'occupe des résultats d'un événement; l'artiste, de l'événement lui-même. L'historien décrivant une bataille dit : Le flanc gauche de telle armée a été porté face à tel village, a battu l'ennemi, mais a dû reculer; alors la cavalerie lancée à l'attaque a culbuté l'ennemi, etc. Il ne peut pas s'exprimer autrement. Cependant, tous ces mots n'ont aucun sens pour l'artiste et même ne lui semblent pas concerner le fait lui-même. Car l'artiste, lui, tire l'image qu'il se fait de l'événement accompli tout aussi bien de son expérience que des lettres, mémoires ou récits qu'il a consultés; et très souvent (pour une bataille) la conclusion que l'historien se permet de tirer de l'activité de telles ou telles armées se trouve ainsi contraire à la conclusion de l'artiste. La divergence des résultats s'explique par la divergence des sources où l'un et l'autre ont puisé. Pour l'historien, dans l'exemple de la bataille, les sources principales sont les rapports des divers chefs et du généralissime. L'artiste, lui, ne peut rien tirer de pareilles sources, elles ne lui disent rien. Bien plus, l'artiste s'en détourne parce qu'il y trouve un inévitable mensonge. En effet, il est inutile de dire que dans toute bataille les deux adversaires, presque toujours, décrivent l'action d'une façon entièrement opposée. Dans toute description de bataille, il y a forcément un mensonge : ce mensonge provient de la nécessité de décrire en quelques mots l'action de quelques milliers d'hommes répandus sur quelques kilomètres, et se trouvant tous dans un état de violente surexcitation, sous l'influence de la peur, de la honte, de la mort. (...)

Mais outre cette obligation de mentir dans l'exposé des événements historiques, j'ai rencontré chez les historiens de l'époque dont je me suis occupé, sans doute par suite de l'habitude de grouper les faits, de les donner en raccourci et de les accorder avec le caractère tragique des événements, un tour de récit particulier, emphatique, dans lequel le mensonge et l'altération de la vérité portent, non plus seulement sur les faits eux-mêmes, mais encore sur leur signification.

Tolstoï, *La Guerre et la Paix* (1869), Appendice.
Trad. H. Mongault, Gallimard, Pléiade, 1958, pp. 1613-1616.

L'illusion du libre arbitre

TOLSTOI

Notre intelligence n'est pas en état d'apercevoir les causes des événements en train de s'accomplir. Prétendre, ce qui semble très simple à tous, que les causes des événements de 1812 sont l'esprit de conquête de Napoléon et la fermeté patriotique du tsar Alexandre Pavlovitch est aussi absurde que de dire que la chute de l'empire romain est due à tel barbare qui a conduit ses peuples contre l'Occident, ou à tel ou tel empereur romain qui gouvernait mal ses États, ou bien de prétendre qu'une énorme montagne qu'on sapait s'est écroulée parce que le dernier ouvrier a donné un coup de pioche.

Un événement où des millions d'hommes se sont entre-tués, où plus d'un demi-million ont trouvé la mort, ne peut pas avoir pour cause la volonté d'un seul homme; pas plus qu'un ouvrier ne peut tout seul saper une montagne, un homme ne peut tout seul en forcer cinq cent mille à mourir. Mais alors où sont les causes ? Certains historiens les voient dans l'esprit conquérant des Français et dans le patriotisme des Russes. D'autres parlent des idées démocratiques propagées par les armées de Napoléon et de la nécessité où se trouvait la Russie d'entrer dans le concert européen, etc. Cependant, pourquoi donc des millions d'hommes se sont-ils entre-tués, alors qu'aucun d'eux ne pouvait s'en trouver mieux, et que tous étaient menacés de s'en trouver plus mal ? (...) On peut faire et on a fait un nombre infini de déductions rétrospectives sur les causes de cet absurde événement, mais l'énorme quantité de ces déductions, tendant au même but, démontre qu'il y a une infinité de causes, et qu'aucune d'entre elles ne peut être appelée la vraie cause. (...)

Le lien le plus fort, le plus indestructible, le plus lourd, le plus constant qui nous attache à nos semblables est ce qu'on nomme pouvoir, et le pouvoir, pris dans son sens véritable, n'est que l'expression de la plus grande dépendance où l'on se trouve à l'égard d'autrui. (...)

[L'activité des hommes qui ont cru diriger les événements historiques] ne m'a intéressé que comme une illustration de cette loi de la fatalité, qui, selon ma conviction, régit l'histoire, et de cette loi psychologique qui pousse l'homme accomplissant l'acte le moins libre à imaginer après coup toute une série de déductions ayant pour but de lui démontrer à lui-même qu'il est libre.

Ibid., pp. 1617-1619.

Mil huit cent quarante-huit

« Il y a dans l'Education sentimentale *un personnage tout aussi important que le héros et l'héroïne du roman, et c'est le peuple de Paris, agité de passions politiques, aspirant au bonheur social comme Frédéric est agité par l'amour et ravagé par le désir », écrit R. Dumesnil dans son introduction à l'édition « Pléiade » du chef-d'œuvre de Flaubert. Il ajoute : « La probité de Flaubert*

est extrême. (...) Il a fait appel au témoignage de ses amis (...) La Correspondance *nous le montre multipliant lectures, courses, démarches (...) pour savoir quelles troupes occupaient tel point à telle heure de l'insurrection... »*

FLAUBERT

Le bruit d'une fusillade le tira brusquement de son sommeil; et, malgré les instances de Rosanette, Frédéric, à toute force, voulut aller voir ce qui se passait.

Il descendait les Champs-Élysées, d'où les coups de feu étaient partis. A l'angle de la rue Saint-Honoré, des hommes en blouse le croisèrent en criant :

– Non ! pas par là ! au Palais-Royal !

Frédéric les suivit. On avait arraché les grilles de l'Assomption. Plus loin, il remarqua trois pavés au milieu de la voie, le commencement d'une barricade, sans doute, puis des tessons de bouteilles, et des paquets de fil de fer pour embarrasser la cavalerie; quand tout à coup s'élança d'une ruelle un grand jeune homme pâle, dont les cheveux noirs flottaient sur les épaules, prises dans une espèce de maillot à pois de couleur. Il tenait un long fusil de soldat, et courait sur la pointe de ses pantoufles, avec l'air d'un somnambule et leste comme un tigre. On entendait, par intervalles, une détonation.

La veille au soir, le spectacle du chariot contenant cinq cadavres recueillis parmi ceux du boulevard des Capucines avait changé les dispositions du peuple; et, pendant qu'aux Tuileries les aides de camp se succédaient, et que M. Molé, en train de faire un cabinet nouveau, ne revenait pas, et que M. Thiers tâchait d'en composer un autre, et que le Roi chicanait, hésitait, puis donnait à Bugeaud le commandement général pour l'empêcher de s'en servir, l'insurrection, comme dirigée par un seul bras, s'organisait formidablement. Des hommes d'une éloquence frénétique haranguaient la foule au coin des rues; d'autres dans les églises sonnaient le tocsin à pleine volée; on coulait du plomb, on roulait des cartouches; les arbres des boulevards, les vespasiennes, les bancs, les grilles, les becs de gaz, tout fut arraché, renversé; Paris, le matin, était couvert de barricades. La résistance ne dura pas; partout la garde nationale s'interposait; – si bien qu'à huit heures, le peuple, de bon gré ou de force, possédait cinq casernes, presque toutes les mairies, les points stratégiques les plus sûrs. D'elle-même, sans secousses, la monarchie se fondait dans une dissolution rapide; et on attaquait maintenant le poste du Château-d'Eau, pour délivrer cinquante prisonniers, qui n'y étaient pas. (...)

Les tambours battaient la charge. Des cris aigus, des hourras de triomphe s'élevaient. Un remous continuel faisait osciller la multitude. Frédéric, pris entre deux masses profondes, ne bougeait pas, fasciné d'ailleurs et s'amusant extrêmement. Les blessés qui tombaient, les morts étendus n'avaient pas l'air de vrais blessés, de vrais morts. Il lui semblait assister à un spectacle. (...)

On apporta vite des fagots, de la paille, un baril d'esprit-de-vin. Le feu monta le long des pierres; l'édifice se mit à fumer partout comme une solfatare; et de larges flammes, au sommet, entre les balustres de la terrasse, s'échappaient avec un bruit strident. Le premier étage du Palais-Royal s'était peuplé de gardes nationaux. De toutes les fenêtres de la place, on tirait; les balles sifflaient; l'eau de la fontaine crevée se mêlait avec le sang, faisait des flaques par terre; on glissait dans la boue sur des vêtements, des shakos, des armes; Frédéric sentit sous son pied quelque chose de mou; c'était la main d'un sergent en capote grise, couché la face dans le ruisseau. Des bandes nouvelles de peuple arrivaient toujours, poussant les combattants sur le poste. La fusillade devenait plus pressée. Les marchands de vins étaient ouverts; on allait de temps à autre y fumer une pipe, boire une chope, puis on retournait se battre. Un chien perdu hurlait. Cela faisait rire.

Gustave Flaubert, *L'Éducation sentimentale* (1869), 3e partie, ch. 1.
Gallimard, Pléiade, 1963, pp. 316-318.

La fin de Néron

SIENKIEWICZ

Néron comprit enfin que l'heure était proche. Il fut saisi d'épouvante et de remords. Il prétendait voir devant lui une nuée sombre d'où sortaient, penchés vers lui, les visages de sa mère, de sa femme et de son frère. Ses dents claquaient; mais son âme de comédien trouvait un certain charme dans l'horreur même du moment. Etre le maître omnipotent du monde entier, et perdre tout, lui apparaissait le paroxysme du tragique. Et, fidèle à lui-même, il jouait le premier rôle jusqu'au bout. Une fièvre de citations le saisit, et un désir éperdu que les assistants s'en souvinssent pour la postérité. Par moments, il demandait Spiculus, le plus habile, parmi les gladiateurs, dans l'art de tuer. Par moments il déclamait : « Ma mère, mon épouse, mon père me convoquent ! » Des lueurs d'espoir s'éveillaient encore en lui, vaines et puériles. Il savait que c'était la mort et n'y croyait pas. (...) A l'aube ils atteignirent la villa de Phaon.

Une fois là, les affranchis ne lui cachèrent plus qu'il était temps de mourir. Il fit creuser la fosse et s'étendit à terre afin qu'ils prissent la mesure exacte. Mais la vue des pelletées de terre l'apeura. Sa face bouffie devint blême, et sur son front, telles des gouttes de rosée, des gouttes de sueur perlèrent. Il lanterna. D'une voix saccadée qu'il s'efforçait de rendre tragique, il déclara qu'il n'était point temps encore. Puis il recommença ses citations. Enfin, il demanda que son corps fût brûlé. « Quel artiste périt ! » répétait-il avec stupeur. (...)

A ce moment, un galop résonna : le centurion, avec ses soldats, venait pour la tête d'Ahénobarbe... – Va donc ! crièrent les affranchis. Néron appuya le couteau sur sa gorge. Mais il poussait d'une main timide, et l'on voyait qu'il n'oserait jamais enfoncer la lame. Subitement, Epaphrodite lui força la main, et le couteau entra jusqu'à la garde. Ses yeux se désorbitèrent, horribles, énormes, pleins d'épouvante. (...)

Ainsi passa Néron, comme passent la rafale, la tempête, le feu, la guerre ou la peste... Et, désormais, des hauteurs du Vatican, règne sur la Ville et le monde la basilique de Pierre.

Non loin de l'ancienne Porte Capène, s'élève aujourd'hui une chapelle minuscule, avec cette inscription, effacée à demi : *Quo vadis, Domine ?*

H. Sienkiewicz, *Quo Vadis ?* (1896), Epilogue.
Trad. B. Kozakiewicz et J. L. de Janasz, 1901.

L'assassinat de Jaurès

MARTIN DU GARD

Il était plus de neuf heures et demie. La plupart des habitués avaient quitté le restaurant. Jacques et Jenny s'installèrent sur la droite, où il y avait peu de monde.

Jaurès et ses amis formaient, à gauche de l'entrée, parallèlement à la rue

Montmartre, une longue tablée, faite de plusieurs tables mises bout à bout.

– « Le voyez-vous ? » dit Jacques. « Sur la banquette, là, au milieu, le dos à la fenêtre. Tenez, il se tourne pour parler à Albert, le gérant. »

– « Il n'a pas l'air tellement inquiet », murmura Jenny, sur un ton de surprise qui ravit Jacques; il lui prit le coude, et le serra doucement.

– « Les autres aussi, vous les connaissez ? »

– « Oui. Celui qui est à droite de Jaurès, c'est Philippe Landrieu. A sa gauche, le gros, c'est Renaudel. En face de Renaudel, c'est Dubreuihl. Et, à côté de Dubreuihl, c'est Jean Longuet. » (...)

Un claquement bref, un éclatement de pneu, l'interrompit net; suivi, presque aussitôt, d'une deuxième détonation, et d'un fracas de vitres. Au mur du fond, une glace avait volé en éclats.

Une seconde de stupeur, puis un brouhaha assourdissant. Toute la salle, debout, s'était tournée vers la glace brisée : « On a tiré dans la glace ! » – « Qui ? » – « Où ? » – « De la rue ! » Deux garçons se ruèrent vers la porte et s'élancèrent dehors, d'où partaient des cris.

Instinctivement, Jacques s'était dressé, et, le bras tendu pour protéger Jenny, il cherchait Jaurès des yeux. Il l'aperçut une seconde : autour du Patron, ses amis s'étaient levés; lui seul, très calme, était resté à sa place, assis. Jacques le vit s'incliner lentement pour chercher quelque chose à terre. Puis il cessa de le voir.

A ce moment, Mme Albert, la gérante, passa devant la table de Jacques, en courant. Elle criait :

– « On a tiré sur M. Jaurès ! »

Roger Martin du Gard, *Les Thibault* (1922-1940),
« L'été 1914 », ch. LXIII. Gallimard, Pléiade, 1955, pp. 548-550.

Ce sont des hommes...

BARBUSSE

Ce ne sont pas des soldats, ce sont des hommes. Ce ne sont pas des aventuriers, des guerriers, faits pour la boucherie humaine – boucher ou bétail. Ce sont des laboureurs et des ouvriers qu'on reconnaît dans leurs uniformes. Ce sont des civils déracinés. Ils sont prêts. Ils attendent le signal de la mort et du meurtre, mais on voit, en contemplant leurs figures entre les rayons verticaux des baïonnettes, que ce sont simplement des hommes.

H. Barbusse, *Le Feu*, Flammarion, 1916, p. 234.

La révision permanente de l'histoire

ORWELL

Winston composa sur le télécran les mots : « numéros anciens » et demanda les numéros du journal le *Times* qui lui étaient nécessaires. Quelques minutes seulement plus tard, ils glissaient du tube pneumatique. Les messages qu'il avait reçus se rapportaient à des articles, ou à des passages d'articles que, pour une raison ou pour une autre, on pensait nécessaire de modifier ou, plutôt, suivant le terme officiel, de rectifier.

Par exemple, dans le *Times* du 17 mars, il apparaissait que Big Brother dans son discours de la veille, avait prédit que le front de l'Inde du Sud resterait calme. L'offensive eurasienne serait bientôt lancée contre l'Afrique du Nord. Or, le haut commandement eurasien avait lancé son offensive contre l'Inde du Sud et ne s'était pas occupé de l'Afrique du Nord. Il était donc nécessaire de réécrire le paragraphe erroné du discours de Big Brother afin qu'il prédise ce qui était réellement arrivé. (...)

Dès qu'il avait fini de s'occuper de l'un des messages, Winston agrafait ses corrections phonoscriptées au numéro correspondant du *Times* et les introduisait dans le tube pneumatique. (...)

Que se passait-il dans le labyrinthe où conduisaient les pneumatiques ? Winston ne le savait pas en détail, mais il en connaissait les grandes lignes. Lorsque toutes les corrections qu'il était nécessaire d'apporter à un numéro spécial du *Times* avaient été rassemblées et collationnées, le numéro était réimprimé. La copie originale était détruite et remplacée dans la collection par la copie corrigée.

Ce processus de continuelles retouches était appliqué, non seulement aux journaux, mais aux livres, périodiques, pamphlets, affiches, prospectus, films, enregistrements sonores, caricatures, photographies. Il était appliqué à tous les genres imaginables de littérature ou de documentation qui pouvaient comporter quelque signification politique ou idéologique. Jour par jour, et presque minute par minute, le passé était mis à jour. On pouvait ainsi prouver, avec documents à l'appui, que les prédictions faites par le Parti s'étaient trouvées vérifiées. Aucune opinion, aucune information ne restait consignée, qui aurait pu se trouver en conflit avec les besoins du moment. L'Histoire tout entière était un palimpseste gratté et réécrit aussi souvent que c'était nécessaire.

G. Orwell, *Mil neuf cent quatre-vingt-quatre* (1949).
Trad. A. Audiberti. Gallimard, 1950, pp. 52-55.

Le roman « historique » aujourd'hui.

YOURCENAR

Ceux qui mettent le roman historique dans une catégorie à part oublient que le romancier ne fait jamais qu'interpréter, à l'aide des procédés de son temps, un certain nombre de faits passés, de souvenirs conscients ou non, personnels ou non, tissus de la même matière que l'Histoire. Tout autant que *La Guerre et la Paix*, l'œuvre de Proust est la reconstitution d'un passé perdu. Le roman historique de 1830 verse, il est vrai, dans le mélo et le feuilleton de cape et d'épée; pas plus que la sublime *Duchesse de Langeais* ou l'étonnante *Fille aux Yeux d'Or*. Flaubert reconstruit laborieusement le palais d'Hamilcar à l'aide de centaines de petits détails; c'est de la même façon qu'il procède pour Yonville. De notre temps, le roman historique, ou ce que, par commodité, on consent à nommer tel, ne peut être que plongé dans un temps retrouvé, prise de possession d'un monde intérieur.

Marguerite Yourcenar, *Mémoires d'Hadrien*, « Carnet de Notes »,
Plon, 1951. 2e éd. Gallimard, 1972. Rééd. Livre de poche, 1973, pp. 441-444.

4. Critiques de l'histoire

4.1. HISTOIRE ET GÉNÉALOGIE*

« Nietzsche, chose inintelligible pour l'entendement borné, est une statue qui pétrifie bien qu'elle soit incomplète. (...) Qui écrit sur l'œuvre de Nietzsche écrit toujours en la manière dont il [l'] a compris. (...) Nietzsche est une statue dangereuse, inachevée, infiniment dangereuse. Il le savait lui-même. » (1).

La principale difficulté de lecture et d'interprétation de l'auteur du Zarathoustra *tient à son langage même, souvent en aphorismes analogues à des sphères. « Le propre d'une sphère [n'est-il pas] de pouvoir être saisie d'un côté ou de l'autre ? Une sphère ne donne aucune direction. » (2). De plus, Nietzsche n'écrivait pas pour son temps. Inactuel, intempestif, philosophe à coups de marteau, prophète, apologiste de la vie plus que du savoir, épris de musique, soucieux d'être écouté (3) plus que lu, en bref, un labyrinthe (4) dont il convient, ici, d'explorer un réseau : l'histoire.*

Quel est le statut de l'histoire dans l'œuvre de Nietzsche ? En quoi se démarque-t-il des penseurs de l'histoire et des historiens du XIXe siècle ?

Outre l'approche généalogique – critiquant, scrutant la valeur du savoir portant sur le passé, ne découvre-t-on pas, chez Nietzsche, une philosophie de la transhistoricité ou de l'anhistoricité ?

« Nous autres, philologues... »

Dès 1869, Nietzsche occupe un poste de philologie classique à l'Université de Bâle et enseigne le grec au Paedagogium. Il prononce son discours magistral sur Homère et la philologie classique *et prépare sa thèse de doctorat sur « Les sources de Diogène Laerce. » Pendant deux années, il professe sur* la Naissance de la Philosophie à l'époque de la tragédie grecque. *Et, en 1872, paraît* l'Origine de la tragédie.

Au formalisme philologique, Nietzsche parvient à substituer une conception vivante de l'histoire des civilisations. Il attribue à la philologie une mission nouvelle. « Ce n'est ni une Muse ni une Grâce mais une messagère des dieux ... elle nous décrit les dieux légers d'un pays lointain, bienheureux,

* « Généalogie » au sens où l'entend G. Deleuze dans *Nietzsche et la philosophie* (P.U.F., 1967), pp. 1 à 7 et sq.

1. S. Goyard-Fabre, *Nietzsche et la conversion métaphysique*. Préface de A. Philonenko. La Pensée Universelle, 1972, pp. 11-12.
2. *Ibid.*, p. 13.
3. Nietzsche, *Ecce homo*, rééd. Gonthier, p. 113.
4. Lou Andreas Salomé, *Frédéric Nietzsche*, p. 40.

azuré et féerique. » Ainsi s'exprime Nietzsche dans Homère et la philologie classique. *Jamais, pour lui, l'activité philologique ne fut totalement séparée de l'analyse philosophique et la reconnaissance vis-à-vis des présocratiques apparaît, en constance, dans l'œuvre entière de Nietzsche. « La connaissance des grands Grecs a été mon éducatrice. Chez Héraclite, Empédocle, Parménide, Anaxagore, Démocrite, il y a plus à vénérer [que chez les modernes], ils sont plus pleins. » (5) Et l'on sait, en outre, la place privilégiée que Nietzsche ne cessera de réserver à Héraclite.*

L'œuvre plus achevée que représente l'Origine de la tragédie *révèle déjà une première lecture de l'histoire. « J'avais découvert, pour mon expérience personnelle, la seule réplique que possède l'histoire et je fus ainsi le premier à comprendre le merveilleux phénomène du dionysien. » (6) Les valeurs de l'apollinien et du dionysiaque apparaissent comme les premiers déchiffrements nietzschéens du sens et de la valeur à attribuer à l'histoire de la philosophie ou à celle de l'art, en un mot, à l'histoire du tragique, antérieures au socratisme. Car Socrate, symbole de l'échec de l'esprit grec, institue l'ère d'une rupture définitive dans l'histoire, celle de l'opposition entre la vie, l'ivresse des forces dionysiaques et la raison, la mesure, le contrôle des instincts helléniques primitifs. Socrate, ou la figure d'une décadence qui n'aura plus de cesse peut-être jusqu'à Nietzsche, « le premier philosophe tragique. » (7).*

La philologie fut donc le matériau historique qui permit à Nietzsche, à partir des tragiques grecs, la construction d'une philosophie de la vie, et d'une analyse critique des études historiques. C'est seulement « dans la mesure où je suis le disciple de l'Antiquité, et surtout de l'Antiquité grecque, que j'ai pu éprouver des sentiments aussi peu actuels, tout en me sentant le fils du temps présent ... je ne vois pas à quoi servirait la philologie classique à notre époque, si ce n'est à mener une action intempestive contre ce temps, donc aussi sur ce temps et, je l'espère au profit d'un temps à venir. » (8).

Nietzsche l'Intempestif

En 1873, dans « De la vérité et du mensonge au sens extra-moral » (9), Nietzsche pose la question du fondement et de la valeur de nos connaissances. Ces dernières et, parmi elles, la connaissance historique, ne relèvent-elles pas, pour leur plus grande part, de la contrefaçon et du mensonge ? Connaître, n'est-ce pas manquer la vie ? Le véhicule conceptuel de la connaissance, le langage, n'est-il pas le plus infidèle traducteur d'une réalité irréductible à l'abstraction des mots ? L'historien, en tant qu'homme théorique est sans doute condamné, par le piège mensonger des concepts, à établir un savoir de la fausseté, de l'irréalité, voire d'une certaine mort.

La seconde « Considération inactuelle », qui date de 1873-1874, traite « De l'utilité et des inconvénients de l'Histoire pour la vie ». Dès le premier

5. Nietzsche, *La Naissance de la philosophie* ..., Gallimard, p. 18.
6. *Ecce Homo, op. cit.*, p. 84.
7. *Ibid.*, p. 87.
8. Nietzsche, *Considérations inactuelles,* éd. bilingue, Aubier Montaigne, t. 1, p. 201.
9. In *Le livre du philosophe,* Aubier Montaigne.

paragraphe, Nietzsche caractérise l'essence humaine comme historique. Au contraire, l'animal, anhistorique, vit dans le bonheur de chaque instant, mais oublie son existence et meurt aussi à chaque instant. L'homme ne peut toutefois se réduire à cette seule dimension : le poids du passé l'empêcherait d'être, d'évoluer, et finirait par le perdre « dans le torrent du devenir ». Il est un devoir, une nécessité de l'oubli, de l'ignorance et de la non-histoire. Aussi deux attitudes apparaissent-elles, d'emblée : la première, celle de l'homme, d'une culture, d'un peuple, qui possède assez de force plastique pour transformer le passé en énergie ; la seconde, celle de l'homme écrasé par le poids de sa conscience, de son passé, de sa culture. En bref, l'histoire peut tuer toute l'énergie ou être condition d'action. Seule l'harmonie entre l'historique et le non-historique permet la santé, la vie d'un individu ou d'un peuple (10). L'axiome central de l'analyse nietzschéenne revient à imposer à l'histoire une éthique précise : être, toujours, au service de la vie, dans une ouverture prospective et pas seulement rétrospective. L'utilisation et la connaissance du passé doivent être constamment dosées et la nocivité de l'histoire provient de son excès.

Intempestif, Nietzsche l'est en un siècle vénérant l'histoire-science ou l'histoire-philosophie, servant ou le « progrès », ou le « sens », ou « l'objectivité ». Subir le joug de l'historicisme c'est manquer le présent, ou, pire, s'interdire toute création à venir.

Comment, donc, l'histoire peut-elle servir la vie ? Sous quelles formes ?

L'histoire « monumentale » *rend l'histoire possible en ce qu'elle seule permet à la grandeur de survivre. C'est « une protestation contre la fuite des générations et contre la précarité de ce qui existe » (11). L'histoire monumentale a valeur d'exemple : elle suscite admiration et enthousiasme. Si la grandeur s'est avérée possible, elle peut encore advenir. Cependant, l'équivocité de l'histoire monumentale n'est pas, non plus, passée sous silence. Son excès peut en inverser la valeur et la raison d'être et conduire au « Laissez les morts ensevelir les vivants » (12).*

L'histoire traditionaliste ou archéologique *(13), à la différence de l'histoire monumentale, qui, en droit, s'ouvre sur l'avenir, ne vise que le passé. L'homme parcourt le passé, celui de sa cité, de son pays, d'une manière exclusivement rétrospective. Cette religion du passé satisfait nos tendances antiquaires, nos exigences d'enracinement et d'héritage. L'excès conduit à la « conservation » de la vie, au détriment de la création et se tourne contre la vie, en en paralysant le devenir et l'action.*

L'histoire critique *s'efforce de briser et de juger le passé afin de construire l'avenir. Tâche difficile car il y est besoin d'une vitalité extrême, le danger étant de rester seulement un négateur. « Ce n'est pas la justice qui juge ici, ce n'est pas non plus la grâce qui prononce le verdict, c'est la vie qui décide et elle seule, la force obscure, propulsive, insatiablement avide d'elle-même. » (14) Constitution donc d'une seconde nature dont il importe, pour*

10. *Considérations inactuelles*, t. 1, pp. 205, 207, 209.
11. *Ibid.*, pp. 227-229.
12. *Ibid*, p. 237.
13. L.A. Salomé, *op. cit.*, p. 84.
14. *Considérations inactuelles*, t. 1, p. 247.

la réussite, qu'elle serve sans relâche l'affirmation. Mais l'échec de l'entreprise se solde trop souvent, pour Nietzsche, par l'envahissement d'une histoire-science dont la devise pourrait être : « Fiat veritas, pereat vita » *(15). Cette histoire de décadence apparaît en symptôme de la dégénérescence, de la maladie d'une culture. L'histoire, dans sa pratique excessive, conduit à la perte de soi, à la perte de toute dimension créative ou affirmative.*

« Européen, follement orgueilleux, du XIXe siècle, tu délires ! Loin de parachever la nature, ton savoir tue ta propre nature. » (16). L'histoire devient maladie. Il y faut l'hygiène de la vie tout entière pour la contrôler et la guérir.

Procès de l'histoire, procès d'une culture et d'une science utilisées à des fins destructrices de la vie. Et, en conclusion de cette seconde « Inactuelle », Nietzsche rappelle la valeur d'exemple de la culture grecque. Le texte s'achève, en effet, sur une parabole : « La culture des Grecs a longtemps été chaotique, formée d'une pluralité de sources : sémitique, babylonienne, lydienne, égyptienne ... et pourtant ils ont su organiser le chaos, en ne demeurant pas seulement héritiers et épigones, de l'Orient mais en devenant les prémices et les modèles de tous les peuples civilisés à venir. » (17). Démonstration parabolique donnée en hommage à une culture qui sut mettre l'histoire au service de la vie.

Penseur de l'historicité – telle qu'elle doit être – Nietzsche n'affirme-t-il pas, en même temps, les valeurs de la transhistoricité, voire de l'anhistoricité ?

Méfiant vis-à-vis des Grands Evénements bruyants (18), l'annonciateur du Surhumain préfère les heures les plus silencieuses, car ce sont les plus chargées d'enseignement, et ne cesse en outre de promouvoir les valeurs de dépassement des limites temporelles. Philosophe d'un devenir et d'un sens toujours au-delà de lui-même, Nietzsche s'efforce de tirer de l'histoire, des leçons d'éternité (19). Nul plus que lui n'a redouté la dissolution de soi dans la poussière des événements passés ou présents. L'avenir est le sens du passé ; l'éternité, le sens du temps, et le philosophe, toujours « l'homme de demain ou d'après-demain, en contradiction avec le présent ; il a toujours pour ennemi l'idéal du jour » (20). Inactuel, par essence, Nietzsche est aussi, à partir de 1881, le philosophe de l'Eternel Retour. Le mouvement circulaire est la loi de l'être. L'histoire est alors intégrée dans un cycle dont l'éternité est la trame souterraine. Déjà, dans la seconde « Inactuelle », Nietzsche caractérisait le génie comme échappant au flux désordonné du devenir historique (21). La figure du Génie regroupe à la fois celle de l'individu suprahistorique et anhistorique tout comme celle du Surhumain.

Pensée d'une histoire au service de la vie, d'une nécessité au service du hasard (22), de l'homme au service du Surhomme, d'un temps au service de l'éternité.

A.B.

15. *Ibid.*, p. 253.
16. *Ibid.*, p. 343.
17. *Ibid.*, p. 389.
18. Nietzsche, *Ainsi parlait Zarathoustra,* II (Des Grands Evénements).
19. *Ibid.*, III (Les sept sceaux).
20. Nietzsche, *Par-delà le bien et le mal,* § 212.
21. *Considérations inactuelles,* t. 1, p. 353.
22. *Zarathoustra,* III (Avant le lever du soleil).

Histoire et valeur

Dès la préface de sa seconde « considération inactuelle », Nietzsche affirme, en généalogiste, son projet de faire l'évaluation de l'histoire. Seules vaudront les études historiques qui serviront la vie et l'action, présentes et à venir. Discours inactuel en une époque où la culture historique est glorifiée et pléthorique. Le recours au passé ne doit pas figer l'élan créateur, mais au contraire, le nourrir, le stimuler. De même, Nietzsche entend proscrire la justification d'un prétendu « sens de l'histoire », érigé en totalité annihilant l'entreprise individuelle. Une néfaste utilisation de l'histoire est à ses yeux le symptôme de la décadence et de la décomposition d'une civilisation.

NIETZSCHE

« Au demeurant, j'ai en horreur tout ce qui m'instruit sans augmenter et stimuler de façon immédiate mon activité. » C'est avec cette parole de Goethe, accompagnée d'un vigoureux *ceterum censeo*, que nous commencerons ces considérations sur la valeur ou la non-valeur de l'histoire. Nous comptons en effet exposer dans ces pages pourquoi il nous faut avoir en horreur, selon le mot de Goethe, l'enseignement qui ne vivifie pas, le savoir qui ralentit l'activité, l'histoire traitée comme un précieux superflu et un luxe de la connaissance – car nous manquons encore du nécessaire, et le superflu est l'ennemi du nécessaire. Assurément nous avons besoin de l'histoire, mais nous avons besoin d'elle d'une autre façon que le flâneur raffiné aux jardins du savoir, même s'il regarde de tout son haut nos rudes et malgracieuses nécessités. Je veux dire que nous avons besoin d'elle pour la vie et pour l'action, non pour nous détourner paresseusement de la vie et de l'action, ni, moins encore, pour embellir cette vie égoïste et notre activité lâche et mauvaise. Nous ne servirons l'histoire que dans la mesure où elle sert la vie, mais l'abus de l'histoire et la surestime qui en est faite sont cause que la vie se rabougrit et dégénère, phénomène dont il est aussi nécessaire que douloureux peut-être de nous rendre compte, d'après les symptômes frappants qui s'en manifestent à notre époque (...)

Si cette considération est intempestive, c'est aussi parce que j'essaie de comprendre comme un mal, un dommage, une carence, une chose dont ce temps se glorifie à bon droit, sa culture historique ; c'est parce que je crois que nous souffrons tous d'une fièvre historique dévorante, et que nous devrions pour le moins reconnaître que nous en souffrons.

Nietzsche, *Considérations inactuelles* (1873-1876).
Trad. G. Bianquis. Ed. bilingue, Aubier-Montaigne, t. 1, pp. 197-199.

Le véritable sens historique : l'enracinement

Nietzsche l'héritier des Grecs, « le dernier survivant des cultures antiques » en même temps que le « premier représentant d'une culture nouvelle » (Lou Salomé), affirme ici la valeur vitale de l'histoire en ce qu'elle permet à l'indi-

vidu de se situer dans le temps et dans l'espace et de prendre conscience de lui-même comme héritier d'une culture.

NIETZSCHE

Comment l'histoire servirait-elle mieux la vie qu'en attachant fortement à leur pays natal et à leurs coutumes locales des populations moins favorisées que d'autres, en les fixant et en les détournant d'aller errer à l'étranger en quête du mieux qu'il leur faudra disputer à d'autres ? Ce qui semble river l'individu à ses compagnons et à son milieu, à l'habitude d'une vie pénible, à telle crête montagneuse dénudée, semble parfois de l'entêtement et de l'inintelligence, mais c'est l'inintelligence la plus salutaire et la plus profitable à la communauté. C'est ce que chacun sait, pour peu qu'il ait pris conscience des conséquences redoutables que peut entraîner ce goût de l'émigration aventureuse qui saisit parfois des populations entières, ou s'il peut observer de près l'état d'une nation qui a perdu la piété envers son passé et que son goût cosmopolite condamne à changer toujours et à chercher sans cesse du nouveau et toujours du nouveau. Le sentiment de profond bien-être que l'arbre sent monter de ses racines, le plaisir de savoir qu'on n'est pas un être purement arbitraire et fortuit, mais qu'on est issu de tout un passé dont on est l'héritier, la fleur et le fruit, et qu'on est de ce fait excusé, voire justifié d'être celui qu'on est, voilà ce que l'on peut appeler de nos jours le véritable sens historique.

Ibid., pp. 241-243.

Histoire et vie

L'histoire-savoir est leçon de mort en ce que le fait passé connu et analysé traduit définitivement l'irréversibilité et la limite de tout processus humain. Seule une histoire « au service de la vie » peut être une condition de dynamique créative, ouverte et tendue vers les réalisations à venir. Nietzsche met l'accent sur les effets redoutables d'une science du passé qui prétendrait avoir la clôture, la cohérence et la pureté formelle des mathématiques. Seule la fidélité au non-historique de la vie garantit l'histoire de toute forme de dégénérescence et de stérilité.

NIETZSCHE

Un phénomène historique purement et complètement connu, et réduit à un fait de connaissance, est mort pour celui qui l'a ainsi connu. Car il y a décelé l'illusion, l'injustice, la passion aveugle et d'une façon générale toute la sombre *aura* terrestre du phénomène, en même temps que son importance historique. Et cette importance devient impuissance pour le savant, mais non peut-être pour le vivant.

L'histoire comprise comme une essence pure et devenue souveraine entraînerait pour l'humanité la fin de son existence et son règlement final. La vérité est bien plutôt que la culture historique ne peut être salutaire et riche de promesses d'avenir que si elle s'inscrit dans un courant de vie neuf et puissant, par exemple lors de la naissance d'une civilisation, donc seulement si elle est dominée et dirigée par une force supérieure, au lieu de vouloir dominer et diriger elle-même.

Dans la mesure où elle est au service de la vie, l'histoire est au service d'une force non historique ; du fait de cette subordination, elle ne pourra ni ne devra jamais devenir science pure, comme les mathématiques, par exemple. Mais savoir jusqu'à quel point la vie a besoin des services de la science, c'est au nombre des problèmes et des soucis les plus graves qui intéressent la santé d'un homme, d'une nation, d'une civilisation. Car s'il y a excès d'histoire, la vie s'effrite et se désagrège, mais du fait de cette dégénérescence l'histoire aussi s'effrite et se désagrège.

Ibid., p. 221.

La nocivité de l'accumulation historique

Nietzsche exhorte à résister à l'envahissement corrosif, destructeur, de l'accumulation historique, qui s'instaure vite, telle une seconde nature. Outre l'histoire messianique de Hegel et Marx, il convient de rappeler l'importance de l'histoire au XIXe siècle, qu'il s'agisse de l'histoire chronologique de Guizot (1787-1874), de l'histoire politique de Thiers (1797-1877), de l'œuvre de Taine (1828-1898) ou de Michelet (1798-1874) ... Tous ces courants tendant à expliquer ou signifier le cours du devenir impliquent, dans leur multiplicité, leur hétérogénéité, un excès de savoir qui apparaît à Nietzsche plus nuisible que formateur. En conséquence, l'auteur des Considérations *incitera à l'oubli, à l'ignorance, à la « non-histoire ». « Je désigne du nom de non-historisme l'art et le pouvoir d'oublier et de s'enfermer dans un horizon limité. Ainsi et ainsi seulement, la vie pourra avoir le pas sur la connaissance. » (Seconde « Inactuelle »)*

NIETZSCHE

La culture historique est en effet une manière de naître avec les cheveux gris, et ceux qui portent ce signe dès l'enfance en viennent nécessairement à croire à la *vieillesse de l'humanité*. Mais à la vieillesse convient une occupation de vieillards, celle qui consiste à regarder en arrière, à totaliser, à conclure, à chercher une consolation dans le passé, au moyen du souvenir, bref, c'est la culture historique.

Ibid., p. 323.

Histoire et culture

NIETZSCHE

Le savoir historique, jaillissant de sources intarissables, ne cesse de ruisseler, les événements s'ajoutent aux événements et pénètrent l'histoire, les faits étrangers et incohérents s'accumulent, la mémoire ouvre toutes ses portes sans parvenir à s'ouvrir assez, la nature s'évertue à accueillir ces hôtes étrangers qu'elle veut placer en ordre et honorer, mais ils sont en lutte les uns avec les autres, et il semble nécessaire de les dompter et de les maîtriser tous, si l'on ne veut pas périr de leurs conflits. L'accoutumance à cette économie désordonnée, orageuse et belliqueuse devient peu à peu une seconde nature, bien qu'il reste hors de question que cette seconde nature est beaucoup plus faible, plus inquiète et plus foncièrement malsaine que la première. L'homme moderne traîne finalement derrière lui la masse énorme et indigeste des pierres à bâtir du savoir, qui parfois « grondent dans son ventre », comme il est dit dans le conte. Ce borborygme trahit la qualité la plus singulière de l'homme moderne, l'étrange contraste entre son être intime auquel rien d'extérieur ne correspond, et son être extérieur auquel rien d'inférieur ne correspond – contradiction que n'ont pas connue les peuples anciens. Le savoir massivement accepté, sans faim, à contrecœur même, cesse d'agir comme un facteur de transformation extérieure, de formation, et reste caché dans ce monde intérieur chaotique que l'homme moderne désigne avec un étrange orgueil comme son « intimité » la plus exclusive. On dit alors qu'on possède le contenu, mais qu'on manque de forme, et c'est là une contradiction tout à fait insolite chez les êtres vivants. Si notre culture moderne manque de vie, c'est qu'elle ne se conçoit pas sans cette contradiction, c'est-à-dire qu'elle n'est pas une vraie culture, mais en quelque sorte la connaissance de ce qu'est une culture. On se contente de l'idée de la culture, du sentiment de la culture, il n'en résulte pas le choix délibéré d'une culture.

Ibid., pp. 253-255.

Les cinq raisons de condamner l'histoire

NIETZSCHE

L'excès d'histoire, à quelque époque que ce soit, me paraît hostile et dangereux à la vie pour cinq raisons : cet excès produit le contraste dont j'ai parlé entre le dedans et le dehors, ce qui affaiblit la personnalité ; l'excès de savoir historique pousse une époque à s'imaginer qu'elle possède à un plus haut degré que toute autre la plus rare des vertus, la justice ; à cause de cet excès, les instincts nationaux sont perturbés et l'individu comme la collectivité sont empêchés de venir à maturité ; c'est cet excès qui implante la croyance toujours pernicieuse à la vieillesse de l'humanité, l'idée que nous sommes des tard venus, des épigones ; à cause de cet excès, une époque adopte la dangereuse attitude de l'ironie à l'égard de soi-même, puis une attitude de cynisme, plus dangereuse encore, et dans ce cynisme elle fait mûrir graduellement une pratique d'égoïsme prudent qui paralyse et finalement détruit les énergies vitales.

Ibid., p. 269.

L'origine de notre sens historique : la semi-barbarie

Nietzsche définit le sens historique et en fait une analyse causale. A ses yeux, le XIXe siècle représente le mieux ce « sixième sens », qualifié de « roturier », par opposition aux valeurs aristocratiques du bon goût, sélectif et non accumulatif.

Texte sur notre propre décadence ou semi-barbarie dont l'attirance démesurée, non contenue, pour l'histoire n'est qu'un des symptômes. Dans Ecce Homo *(1888) aussi, Nietzsche parle du sens historique « dont ce siècle se montre si fier » et qu'il sera le premier à présenter « comme une maladie, comme l'indice typique de la décomposition ».*

NIETZSCHE

Le *sens historique*, la faculté de deviner rapidement la hiérarchie des valeurs selon laquelle ont vécu un peuple, une société, un homme, l' « instinct divinatoire » des rapports qu'ont entre elles les diverses évaluations et le rapport entre ces valeurs et l'autorité des forces actives, ce sens historique que nous revendiquons, nous

Européens, comme notre don particulier, nous est venu à la suite de l'état de *semi-barbarie* séduisante et folle dans laquelle l'Europe a été plongée par suite du mélange démocratique des classes et des races. Le XIXe siècle a été le premier à connaître ce sens, son *sixième sens*. Grâce à ce mélange des sangs, nos « âmes modernes » sont envahies par toutes les formes et toutes les mœurs des civilisations qui ont coexisté autrefois ou se sont superposées les unes aux autres ; désormais nos instincts refluent en arrière dans toutes les directions, nous sommes une sorte de chaos ; et finalement l'« esprit », comme je l'ai dit, y trouve pourtant son compte. La semi-barbarie de nos corps et de nos besoins nous procure un peu partout des accès secrets qu'ont toujours ignorés les siècles aristocratiques ; surtout ils nous font pénétrer au labyrinthe des civilisations inachevées et de toutes les semi-barbaries qui ont jamais existé sur le globe. Et dans la mesure où la majeure partie de la civilisation humaine n'a jamais été qu'une semi-barbarie, le « sens historique » signifie à peu près le sens et l'instinct de toutes choses, le goût de toutes choses, le langage pour toutes choses, en quoi il s'avère aussitôt comme un sens *roturier*.

Nietzsche, *Par-delà le bien et le mal*, 7e partie, « Nos vertus », § 224. Trad. G. Bianquis. Ed. bilingue, Aubier-Montaigne, 1951, p. 267.

La critique de l'objectivité historique

L'objectivité ou l'impersonnalité

La critique historique pèche par excès de dissection, de correction, d'analyse, de commentaire. Elle ne peut, dès lors, que manquer l'originalité d'une œuvre et qu'empêcher cette dernière d'avoir un quelconque pouvoir sur la vie et l'action. L'impuissance à se contenir, à se mesurer, condamne la critique à l'affadissement.

NIETZSCHE

Dès lors que les personnalités ont été dégonflées de la manière que j'ai dite, et réduites à une éternelle impersonnalité, ou comme on dit, à l'objectivité, rien ne peut plus agir sur elles. Quoi qu'il arrive de bon ou de juste dans le domaine de l'action, de la poésie, de la musique, l'homme cultivé, chez qui la culture a fait le vide intérieur, néglige l'œuvre et s'informe de l'histoire de l'auteur. Si celui-ci a déjà produit, il faut aussitôt qu'on lui explique la marche antérieure et l'avenir probable de son évolution. On le compare à d'autres, on le dissèque, on l'interroge sur le choix de son sujet, sur sa façon de le traiter, on le désarticule pour le reconstruire doctement, on le censure, on le corrige. Si surprenant que soit l'événement, la troupe des historiens est déjà sur place, prête à considérer l'auteur dans une lointaine perspective. L'écho s'éveille instantanément, mais toujours sous forme de « critique », alors que peu de temps auparavant le critique n'avait pas même rêvé d'une telle possibilité. Nulle part on n'obtient un effet, mais toujours une critique nouvelle, et la critique à son tour ne produit aucun effet, mais elle fait à son tour l'objet d'une critique nouvelle. On s'est mis d'accord pour considérer qu'avoir beaucoup de critiques, c'est un succès, et que n'avoir que peu ou pas de critiques, c'est un échec. Mais au fond, même en ce qui concerne l'effet produit, rien n'est changé ; on glose quelque temps au sujet d'une nouveauté, puis d'une autre nouveauté plus nouvelle, et tout continue comme avant. La critique historique ne permet plus qu'une œuvre puisse avoir de l'action, au sens propre du terme, c'est-à-dire agir sur la vie et l'action. Sur l'encre la plus noire ils appliquent aussitôt leur papier buvard ; le dessin le plus gracieux, ils le barbouillent d'épais traits de pinceau, qu'ils font passer pour des corrections. Et de nouveau tout en reste là. Mais jamais leur plume critique ne tarit, car ils n'en sont plus maîtres, et ils lui obéissent plutôt qu'ils ne la conduisent. Cette démesure des effusions critiques, cette absence de maîtrise de soi, ce que les Romains appelaient *impotentia*, tout cela trahit la débilité de la personne moderne.

Considérations inactuelles, op. cit., t. I, pp. 281-283.

Le mythe de l'objectivité

Nietzsche déjoue ici l'illusion qui consiste à croire que l'historien peut atteindre une totale connaissance objective en s'oubliant entièrement. C'est nier alors le moment créateur et subjectif de la démarche historique. L'histoire n'est pas reproduction mais construction, composition, art, introduction d'un ordre et d'une nécessité au sein d'événements épars. En ceci réside sa difficulté. « Et c'est ainsi qu'il faut comprendre et considérer mon axiome ; l'histoire n'est tolérable que pour de fortes personnalités, elle étouffe les personnalités faibles » (Seconde « Inactuelle »).

NIETZSCHE

Mais même si l'on donne au mot objectivité son sens le plus haut, n'est-on pas victime d'une illusion ? On entend alors par ce mot l'état d'esprit dans lequel l'historien envisage un événement, dans toutes ses causes et toutes ses conséquences, si purement qu'il ne fait plus sur lui, subjectivement, aucun effet. On pense à cet état esthétique, à ce complet détachement de tout intérêt personnel dans lequel le peintre, au milieu d'un paysage orageux, sous le tonnerre et l'éclair, ou sur une mer agitée, ne suit que sa vision intérieure et oublie entièrement sa personne. On exige donc aussi de l'historien le recueillement de l'artiste et sa complète absorption dans les choses. Mais c'est une superstition que de croire que l'image des choses, chez un homme ainsi disposé, reproduise l'être empirique des choses. Ou bien serait-ce que dans de pareils moments les choses viennent d'elles-mêmes se dessiner, se réfléchir, se photographier, en quelque sorte, sur un être passif ? Ce serait de la mythologie, et une mauvaise mythologie par surcroît. Ce serait oublier que c'est là justement le moment créateur, celui où l'âme de l'artiste est la plus pleine d'originalité et de force, c'est l'instant où la faculté de composer est à son comble ; le résultat en sera un tableau artistiquement et non historiquement vrai. Se représenter ainsi, objectivement, l'histoire, c'est le travail mystérieux de l'auteur dramatique, penser toutes choses dans leur rapport, intégrer tous les détails dans la trame, toujours dans l'hypothèse qu'il faut introduire dans les choses l'unité de plan qui n'y est pas. C'est ainsi que l'homme moderne enferme tout le réel dans un réseau et le maîtrise ; ce qui s'exprime là, c'est son instinct d'artiste et non son instinct du vrai et du juste. L'objectivité n'a rien de commun avec la justice. On pourrait imaginer une façon d'écrire l'histoire qui ne contiendrait pas une goutte de la commune vérité empirique et qui pourrait cependant prétendre par excellence à l'objectivité. Grillparzer est allé jusqu'à dire : « Qu'est-ce que l'histoire, sinon la manière dont l'esprit de l'homme accueille *les événements qui lui sont impénétrables,* sa façon de relier des faits dont Dieu seul sait s'ils tiennent ensemble, de remplacer l'inintelligible par l'intelligible, d'introduire des notions de finalité externe dans un tout qui ne connaît qu'une finalité interne et d'autre part d'admettre la présence du hasard alors que mille petites causes ont agi. » (...)

On fait appel à tout ce qui ne risque pas d'émouvoir, et la formule la plus sèche est aussi la meilleure. On va même jusqu'à admettre que *celui qu'un événement passé ne concerne absolument pas* est compétent pour le décrire. C'est bien là le rapport qui existe entre les Grecs et les philologues, ils n'ont rien de commun. Voilà sans doute ce qu'on appelle de l'objectivité. Alors qu'il s'agit d'évoquer ce qu'il y a de plus haut et de plus rare, l'indifférence affectée dont on fait parade, l'art de tout expliquer de façon plate et prosaïque, sont simplement révoltants, du moins dans le cas où c'est *la vanité* de l'écrivain qui inspire cette indifférence, laquelle veut se faire passer pour de l'objectivité. Au surplus, s'agissant de tels auteurs, il est bon de fonder son jugement sur ce principe, que tout homme a juste autant de vanité qu'il lui manque d'intelligence. Non, soyez honnêtes, à tout le moins. N'essayez pas de feindre une faculté esthétique qui serait l'objectivité véritable, ne cherchez pas un faux-semblant de justice si vous n'avez pas la redoutable vocation d'être un juste.

Ibid., pp. 293-295, 299-301.

Nietzsche, critique de Hegel

Nietzsche dénonce le panhistorisme hégélien : l'universalité d'un sens de l'histoire qui aliène puis anéantit totalement l'initiative et la création individuelles. La philosophie de l'histoire hégélienne, synonyme, pour Nietzsche, d'une puissance implacable qui fait « courber l'échine et baisser la tête », conduit l'homme à s'annihiler et à disparaître, écrasé sous le joug d'un devenir entièrement signifiant et transparent qu'il idolâtre. Toute forme d'histoire messianique est violemment combattue par l'apologiste du hasard qu'est Nietzsche.

NIETZSCHE

L'histoire comprise à la manière hégélienne a été appelée par moquerie l'action de Dieu sur la terre, Dieu n'étant lui-même qu'une création de l'histoire. Mais ce Dieu, à l'intérieur des crânes hégéliens, est devenu transparent et intelligible à lui-même et a déjà gravi dialectiquement tous les degrés de son devenir, jusqu'à cette révélation de lui-même : si bien que pour Hegel la cime et le terminus du processus universel finissent par coïncider avec sa propre existence berlinoise ... Il aurait même dû dire que tout ce qui viendrait après lui n'aurait pas plus de valeur que la *coda* du rondo universel ou, plus précisément, serait superflu. Il ne l'a pas dit ; en revanche il a implanté dans les générations imprégnées de sa pensée cette admiration pour « la poussière de l'histoire » qui se métamorphose à chaque instant en l'admiration sans voile du succès et conduit à l'idolâtrie du réel – culte idolâtre dans lequel on s'est généralement exercé à répéter la formule mythologique et très authentiquement allemande de « rendre justice aux faits ». Mais quand on apprend à courber l'échine et à baisser la tête devant la « puissance de l'histoire », on finit par approuver de la tête, comme un magot chinois, n'importe quelle puissance, que ce soit celle du gouvernement ou de l'opinion publique ou de la majorité du nombre, et on agite ses membres en mesure, obéissant à la puissance qui tient les fils. Si tout succès est dû à une nécessité rationnelle, si tout événement est une victoire de la logique ou de « l'Idée », alors jetons-nous vite à genoux devant toute la gamme des succès. Quoi ! il n'y aurait plus de mythologies souveraines ? Quoi ! les religions seraient agonisantes ? Regardez un peu la religion de la puissance de l'histoire ! Observez ces prêtres de la mythologie des idées, et leurs genoux écorchés ! Les vertus elles-mêmes ne marchent-elle pas toutes à la suite de cette croyance nouvelle ? Ou n'est-ce pas de l'abnégation quand l'homme historique se laisse aplatir jusqu'à l'état de miroir objectif ?

Ibid., pp. 333-335.

« Donc, pour écrire l'histoire, il faut ... »

... l'homme supérieur – thème qui donnera lieu à un chant célèbre de la 4e partie du Zarathoustra : « Je vous aime pour ce que vous ne sachiez pas vivre aujourd'hui, hommes supérieurs ! » ...

NIETZSCHE

Donc pour écrire l'histoire il faut un homme d'expérience qui soit un homme supérieur. Quiconque n'a pas eu quelque expérience plus grande et plus haute que les autres hommes sera incapable d'interpréter les événements grands et hauts du passé. Le verdict du passé est toujours le verdict d'un oracle. Vous ne le comprendrez que si vous êtes les architectes de l'avenir, les connaisseurs du présent. De nos jours on explique l'influence prodigieusement profonde de Delphes et sa vaste sphère d'action surtout par le fait que les prêtres delphiques avaient une connaissance précise du passé ; ce qu'il faut savoir à présent, c'est que seul celui qui bâtit l'avenir a le droit de juger le passé. En regardant en avant, en vous proposant un but élevé, vous réprimez du même coup l'exubérance de cet instinct analytique qui détruit pour vous le présent et rend presque impossible toute espèce de calme, de croissance et de maturation paisibles. Plantez autour de vous la haie d'une haute et vaste espérance, d'un très ambitieux espoir. Formez en vous l'image de ce que doit être l'avenir et oubliez le préjugé qui voit en vous des épigones. Vous avez assez à méditer et à inventer en réfléchissant à cet avenir, mais ne demandez pas à l'histoire de vous en indiquer le pourquoi et le comment. Si au contraire vous vous plongez dans la vie des grands hommes, vous y découvrirez un impératif suprême, celui de vous mûrir et de vous soustraire à l'influence paralysante de l'époque qui trouve son profit à empêcher votre maturation, afin de vous dominer et de vous exploiter. Si vous voulez lire des biographies, évitez celles qui ont pour refrain : « M. Untel et son temps », et lisez celles dont le titre devrait être : « Un homme en lutte contre son temps ». Rassasiez vos âmes de Plutarque et ayez le courage de croire en vous, si vous croyez à ses héros. Une certaine d'individus ainsi formés, par une éducation qui n'aurait rien de moderne, c'est-à-dire mûris et accoutumés à l'héroïsme, suffirait à réduire au silence pour l'éternité toute la bruyante culture épigonale de ce temps.

Ibid., pp. 303-305.

L'individu anhistorique

NIETZSCHE

Le temps viendra, où l'on s'abstiendra sagement de reconstruire par la pensée l'évolution universelle ou tout simplement l'histoire de l'humanité, le temps où l'on ne tiendra plus compte des masses, mais seulement des individus qui forment comme un pont au-dessus du torrent désordonné du devenir. Ceux-là ne construisent pas l'évolution, ils vivent hors du temps, et cependant, grâce à l'histoire qui permet entre eux une collaboration, ils constituent cette république des génies dont a parlé Schopenhauer. Par-delà les intervalles désertiques du temps, un génie en appelle un autre, et sans se laisser troubler par le vacarme des nains turbulents qui grouillent au-dessous d'eux, se poursuit le haut dialogue des esprits. La tâche de l'histoire doit être de servir d'intermédiaire entre eux, de permettre la naissance du grand homme et de lui donner des forces. Non, le but de l'humanité ne doit pas être dans son terme, mais *dans ses exemplaires supérieurs.*

Ibid., p. 353.

4.2. HISTOIRE ET PHÉNOMÉNOLOGIE

A. *Husserl*

*« Husserl est anhistorique. » Voilà ce que notait Max Scheler en 1922 dans une rubrique consacrée à Heidegger (*Die deutsche Ideologie der Gegenwart *; voir aussi, du même auteur,* L'Homme et l'Histoire*). En quoi Edmund Husserl (1859-1938), ce « géant de la pensée » pour reprendre l'expression que Marx appliquait à Aristote, manque-t-il, à la différence précisément de Heidegger, tout rapport véritable à l'histoire ? Il ne s'agit pas tant ici de prétendre répondre à cette question que de s'efforcer de la bien situer.*

Nous disposons avec les deux tomes de Philosophie première *d'un important jalon pour faire le point sur la pensée de Husserl à cette époque. Ce jalon est essentiellement constitué des cours faits par le père de la phénoménologie transcendantale à Fribourg en 1923-1924, c'est-à-dire juste après le départ de Heidegger pour Marbourg. Bien que le mot « histoire » apparaisse dans le titre de la première partie de l'ouvrage (« Histoire critique des idées »), c'est en fait à un approfondissement de la réflexion phénoménologique dans son ensemble que nous avons affaire. Ce qu'en l'occurrence Husserl cherche à mettre en évidence à travers les différentes philosophies de Platon à Kant en passant par Aristote, Descartes, Locke ou Hume, c'est l'idée même de la philosophie, l'idée infinie qui les porte. Dans cette conception téléologique, la phénoménologie constitue la tentative radicale pour mettre au jour et réaliser ce qui n'a cessé d'animer la philosophie tout au long de son déploiement sans pourtant jamais parvenir à se réaliser dans aucune philosophie particulière.*

Au fond, même dans La Crise des sciences européennes et la phénoménologie transcendantale *(qu'on abrégera en* Krisis, *conformément à la coutume), le dernier texte de Husserl, loin de modifier, comme on le croit parfois, le projet husserlien de constituer « la philosophie comme science rigoureuse », lui confère plus d'ampleur. La phénoménologie husserlienne, dont l'allure programmatique est due à la perspective téléologique qui l'anime (1), ne porte pas en elle les conditions qui rendraient possible un authentique rapport à l'histoire. « Et ainsi l'apparition de la* Krisis *(faire comprendre la téléologie de l'histoire) ne peut être, en toute rigueur, phénoménologiquement réalisée. La réaliser impliquerait un saut dans la dialectique de l'histoire » (J. -T. Desanti,* Phénoménologie et praxis*). En tant que philosophie, la phénoménologie de Husserl, parce qu'elle est dans son fond* non dialectique, *manque le rapport à l'histoire, qui était* philosophiquement *celui de Hegel ou de Marx. L'omni-temporalité de la subjectivité transcendantale débouche plus sur un dynamisme de la raison, conçu comme un incessant jeu d'échange au sein de la vie intentionnelle entre la potentialité et l'actualité (2), que sur une pensée de l'histoire.*

C.R.

A quoi mène un historicisme conséquent

Dans la seconde partie de La Philosophie comme science rigoureuse, *« livre dont on tient trop peu compte », nous dit Heidegger (*Questions IV, *Gallimard, 1976, p. 183), Husserl, après s'être attaqué à la philosophie naturaliste, entreprend une critique de l'historicisme et de la philosophie de la* Weltanschauung *(voir à ce sujet l'introduction aux textes de Dilthey, § 3. 1).*

HUSSERL

Certainement *Weltanschauung* et philosophie de la *Weltanschauung* sont des modes de formation culturels qui, dans le courant du développement humain, paraissent et disparaissent, et donc leur attitude d'esprit est, dans des circonstances historiques données, une attitude certainement motivée. Mais la même chose est vraie pour les sciences rigoureuses. Est-ce qu'elles manquent *pour cette raison* de valeur objective ? Un historiciste extrême l'affirmera peut-être ; il montrera ici la transformation des opinions scientifiques : comment ce qui aujourd'hui vaut comme théorie prouvée sera reconnu demain comme de nulle valeur ; comment les uns parlent de lois certaines là où les autres disent : pures hypothèses, et d'autres encore : incidences vagues. Et ainsi de suite. Est-ce que, par

1. Voir ci-dessous le troisième texte cité de Husserl.
2. Cf. Husserl. *Méditations cartésiennes*, Vrin, 1953. C'est le titre du § 19, p. 38 : « Actualité et potentialité de la vie intentionnelle ».

conséquent, en face de la transformation constante des opinions scientifiques, nous n'aurions vraiment aucun droit de parler des sciences non seulement comme des formations culturelles mais comme des unités objectives de valeur ? On voit facilement que l'historicisme poursuivi avec conséquence conduit à l'extrême subjectivisme sceptique. Les idées de vérité, de théorie, de science, comme toutes les idées, perdraient en ce cas leur validité absolue. Dire qu'une idée possède une valeur signifierait qu'elle est une formation factice de l'esprit à regarder comme valable et, par cette valeur factive, déterminante pour le penser. De validité tout simplement ou « en-soi » (c'est ce que c'est, même lorsque personne ne le réalise et qu'aucune humanité historique ne le réaliserait jamais) il n'y en aurait pas. Par conséquent donc, aucune validité, même pour le principe de contradiction et pour toute la logique, laquelle est quand même à notre époque en pleine vigueur. La fin, peut-être, est que les principes logiques de non-contradiction se transforment en leurs contraires. Et, pour aller plus loin, toutes les propositions aussi que nous venons d'énoncer et même les possibilités que nous avons considérées et constamment employées comme valables, n'auraient en soi aucune validité. Et ainsi de suite. (...)

Dilthey rejette aussi le scepticisme historique ; mais je ne comprends pas comment il croit avoir obtenu, à partir de son analyse si instructive de la structure et de la typologie de la *Weltanschauung*, des raisons décisives *contre* le scepticisme. Car comme j'ai dit dans le texte, une science de l'esprit, qui est tout de même empirique, ne peut arguer ni *pour* ni contre quoi que ce soit qui prétend à une validité objective. Il en est autrement, et c'est, semble-t-il, le mouvement intérieur de sa pensée, lorsque l'attitude empirique dirigée vers une compréhension empirique est remplacée par l'attitude phénoménologique dirigée vers l'essence.

E. Husserl, *La Philosophie comme science rigoureuse*,
in *Logos*, 1910-1911. Trad. Q. Lauer. PUF, 1954, pp. 101-103.

En quel sens la philosophie a besoin de l'histoire

A la fin de La Philosophie comme science rigoureuse, *Husserl indique en quoi doit consister le rapport du philosophe phénoménologue aux philosophies du passé.*

HUSSERL

Certainement nous avons besoin de l'histoire. Non pas, il est vrai, à la façon de l'historien, pour nous perdre dans les complications au sein desquelles se sont développées les grandes philosophies, mais pour laisser les philosophies elles-mêmes, conformément à leur propre forme spirituelle, nous inspirer. En fait, de ces philosophies du passé, lorsque nous savons les contempler, lorsque nous savons pénétrer dans l'âme de leurs paroles et de leurs théories, une *vie* philosophique se porte vers nous avec toute la richesse et la force des motivations vitales. Mais nous ne devenons pas philosophes par le moyen des philosophies. Tenir à l'historique, chercher à s'occuper de lui dans une activité historico-critique, et vouloir atteindre une science philosophique dans une élaboration éclectique ou dans une renaissance anachronique : tout cela ne donne que des tentatives sans espoir. *Il ne faut pas que l'impulsion philosophique surgisse des philosophies mais des choses et des problèmes.*

Ibid., p. 124.

La tâche historique propre du philosophe

Dans ce texte de Krisis, *Husserl, parlant de la téléologie, décrit la « tâche historique » qui incombe aux philosophes d'aujourd'hui.*

HUSSERL

La nature des considérations que nous avons à mener à bien, comme de celles qui déjà ont déterminé le style de nos indications préparatoires, n'est pas celle des considérations historiques au sens habituel du terme. Il convient donc que nous nous donnions la compréhension de la *téléologie* dans le devenir historique de la philosophie, en particulier de celle des modernes, et du même coup que nous nous mettions au clair sur nous-mêmes en tant que nous sommes les porteurs de cette téléologie et que notre dessein personnel est de contribuer à l'accomplir. Nous tentons de faire ressortir et de faire comprendre *l'unité* qui domine toutes les déterminations historiques d'un but, quelles qu'elles soient, à travers leurs modifications, leurs oppositions, leur parenté. Grâce à une constante critique, qui prend toujours en vue l'ensemble du contexte historique en tant seulement qu'il forme notre contexte personnel, nous nous efforçons finalement de discerner la tâche historique que nous pourrons reconnaître comme la seule qui nous soit personnellement propre. Lequel discernement n'a pas lieu de l'extérieur, à partir du fait, comme si le devenir temporel dans lequel nous-mêmes sommes *devenus* (ce que nous sommes) n'était qu'une simple série causale extérieure, mais a lieu *de l'intérieur.* Nous qui n'avons pas seulement un héritage spirituel, mais qui encore ne sommes de part en part rien d'autre que (de tels) « devenus » dans l'histoire de l'esprit, nous avons ainsi et ainsi seulement une tâche à accomplir qui nous soit véritablement propre. Nous ne la gagnons pas par la critique de n'importe quel système actuel ou transmis par une tradition déjà ancienne, par la critique d'une « vision du monde » scientifique ou pré-scientifique – et pourquoi pas à la fin d'une vision du monde chinoise ? –, mais nous y parvenons seulement à partir d'une compréhension critique de l'unité d'ensemble de l'histoire, de *notre* histoire. Car celle-ci possède une unité spirituelle, tirée de l'unité et de la puissance instinctive d'une tâche qui veut s'accomplir dans le devenir historique (dans la pensée de ceux qui philosophent les uns pour les autres, et supratemporellement les uns avec les autres), à travers les divers degrés de la non-clarté suffisante, jusqu'à son élaboration finale dans la totale transparence. Alors notre histoire ne se dresse pas seulement devant nous comme quelque chose qui est par soi-même nécessaire, mais comme quelque chose qui, à nous philosophes d'aujourd'hui, nous est *confié.* Nous sommes en effet précisément ce que nous sommes en tant que fonctionnaires de l'humanité philosophique moderne, en tant qu'héritiers et co-porteurs de la direction du vouloir *qui la traverse entièrement,* et nous sommes cela à partir d'une fondation originelle, laquelle cependant est en même temps une fondation seconde et la modification de la fondation originelle grecque. C'est dans celle-ci en effet que se trouve le *commencement téléologique,* la véritable gésine de l'esprit européen absolument parlant.

E. Husserl, *La Crise des sciences européennes et la phénoménologie transcendantale* (1936). Trad. G. Granel. Gallimard, 1976, pp. 81-82.

B. *Heidegger*

Philosophes, vous êtes de votre Occident.
Rimbaud

Husserl, dans la conception programmatique qu'il se faisait des tâches de la philosophie phénoménologique, avait attribué à Martin Heidegger (1889-1976) le secteur « histoire » : « Husserl, dans le cadre des ontologies régionales qu'il concevait, comprenait Etre et temps *comme l'ontologie régionale de l'historique. » (Heidegger,* Questions IV, *p. 80) Or l'ouvrage de 1927 ne s'inscrit précisément pas dans le cadre d'une réflexion philosophique (métaphysique) sur l'être, le temps ou l'histoire. La question de* Etre et temps *n'est plus la question de l'être, mais celle du* sens *de l'être (Heidegger,* Sein und Zeit [Etre et temps]*). L'expression « sens de l'être » ne signifie nullement que Heidegger propose son interprétation de l'être. C'est bien pourquoi, vers 1930, il parlera plutôt de « vérité de l'être ». « Mais cette façon de dire peut à son tour tromper, dans la mesure où « vérité » implique une pétition d'universalisme au sens des vérités scientifiques ou de l'œcuménisme religieux. L'être dont parle Heidegger n'est pas un tel « universel ». Il ne fait qu'un avec la contrée même où l'être fut thématiquement porté au langage dans une parole qui soudain tranche sur la parole poétique. L'être n'est pas cosmopolite. Il n'a pas pour pays le vaste monde. Il a pour contrée la parole grecque, autrement dit la philosophie. » (J. Beaufret et C. Roëls, Article « Heidegger » in* Universalia 1977*).*

Qu'en est-il de cette contrée ? Quel rapport y a-t-il entre l'histoire et l'histoire de l'être ? Afin de poser plus nettement ces questions, il importe de percevoir ce qui distingue la parole de Heidegger de celle de ses prédécesseurs, y compris son maître Husserl à qui est dédié Etre et temps.

Prenons un exemple. Lorsque Hegel, dans les Leçons sur l'histoire de la philosophie, *déclare que « la philosophie proprement dite commence pour nous en Grèce », il semble ne pas être loin de ce que dit Heidegger. En réalité, l'horizon du questionnement de Heidegger est tout autre. Si Hegel, et, après lui mais surtout grâce à lui, Marx parviennent à une détermination dialectique de l'histoire qui ne se trouve ni dans la phénoménologie husserlienne ni dans l'existentialisme, celle-ci se situe au sein d'une interrogation métaphysique sur le temps (voir ci-dessous le texte « Husserl et Sartre méconnaissent l'histoire »). Il revient à Heidegger, dans l'accomplissement de ce qu'il nomme dans* L'Expérience de la pensée *« le pas qui rétrocède de la métaphysique », de remarquer que l'interprétation dialectique du temps relève d'une époque de l'être.*

Une telle « remarque » n'est à son tour possible que si « être veut dire présence » (Heidegger, Essais et conférences*). L'emploi que fait Heidegger du mot « époque » tranche ici singulièrement avec celui qu'en faisait Hegel dans la perspective d'une histoire universelle. Pour Heidegger, l'époque n'est pas tant une tranche de temps que l'arrêt ou la suspension même du temps en un présent qui, à son heure, se métamorphose en un autre présent. Les diverses figures « dans lesquelles l'être se montre épochalement dans son histoire » (*Questions IV, *p. 89) composent ainsi la trame d'une « histoire secrète » (l'expression est de Nietzsche) qui fonde pour ainsi dire l'histoire de l'Occident. Encore faut-il ajouter que le présent dont il est question chez Heidegger* *ne se réduit pas à cette dimension du temps comprise entre le passé et l'avenir. Il est à la croisée à la fois fulgurante et durable de la triple extension du temps.*

Pour comprendre cela, il convient de ne plus en rester à l'opposition métaphysique (et religieuse) de l'éternel et du temporel dans laquelle le second est, disait déjà Platon, l'image mouvante du premier. « Car le temps véritable n'est ni la fuite du temps ni la mouvance du devenir mais l'établissement d'un présent qui s'étend aussi loin que le passé dont il est non seulement mémoire, mais du même coup futurition » (J. Beaufret, Dialogue avec Heidegger, *t. III, Ed. de Minuit, p. 226). De même l'opposition du temps linéaire et du temps cyclique ne peut en aucun cas rendre compte du temps tel qu'il se conjugue dans le présent : « Dans le présent, rien ne s'oppose, tout se conjugue », dit Braque* (Cahier, 1917-1947, *Maeght). Une telle conjugaison ne peut qu'échapper à celles et à ceux qui lancent les modes intellectuelles et « font », comme on dit, l'actualité. On constate par exemple actuellement que dans nos sociétés le rapport à l'histoire va en s'amenuisant. Mais s'avise-t-on que cette situation de neutralisation est une forme – la forme moderne – de la présence de l'histoire telle que l'entend Heidegger ? « L'histoire (*Geschichte*), en tant qu'elle est incontournable, régit la théorie de la science historique* (Historie).*» (*Essais et conférences, *p. 71)*

C. R.

Le lieu du problème de l'Histoire (1)

HEIDEGGER

Si la question de l'historicité ramène à ces « origines », le *lieu* du problème de l'Histoire (*Geschichte*) se trouve par là même déjà décidé. Il ne peut être cherché dans la science-historique *(Historie)* en tant que science de l' [Histoire]. On peut traiter le problème de l' « histoire » en se proposant la théorie de cette science ; non seulement on peut prétendre à une « théorie de la connaissance » historique (Simmel) ou à une logique de l'opération conceptuelle dans la représentation historique (Rickert), mais on peut encore s'orienter du « côté de l'objet » historique ; pourtant, même alors, la question étant ainsi posée, l'Histoire ne sera jamais accessible, dès le principe, que comme *objet* d'une science. Le phénomène fondamental de l'Histoire, celui que suppose toute « thématisation » possible par la science-historique et qui en forme la base, ce phénomène se trouve par là même irrévocablement mis de côté. Comment l'Histoire peut-elle devenir un *ob-jet* possible pour la science historique ? La réponse ne peut venir que du mode d'être de l' [Histoire], de l'historicité, et de son enracinement dans la temporalité.

M. Heidegger, *Sein und Zeit* (1927), in *Qu'est-ce que la Métaphysique ?*
Trad. H. Corbin. Gallimard, Les Essais VII, p. 174.

1. Les extraits de *Etre et Temps* donnés ici sont ceux que Henry Corbin avait traduits à la suite de *Qu'est-ce que la Métaphysique ?* La traduction intégrale de *Sein und Zeit* sera prête d'ici deux ans. Nous tenons à saluer ici la mémoire d'Henry Corbin, ce pionnier de la lecture de Heidegger.

(Les crochets indiquent une modification apportée à la traduction de Corbin par C. Roëls, lui-même traducteur de Heidegger. *Note de l'éditeur)*

L'ambiguïté du terme d'Histoire

HEIDEGGER

L'ambiguïté du terme d' « Histoire » *(Geschichte)*, ambiguïté immédiate, souvent remarquée mais nullement « fortuite », est dénoncée par le fait que ce même terme désigne aussi bien la « réalité-historique » que la science que l'on peut en avoir. Cette dernière signification de l'Histoire en tant que science-historique *(Historie)*, nous la réserverons pour le moment.

Le terme d' « Histoire » peut ne signifier ni la science de l'Histoire, ni l'Histoire comme objet ; il peut être employé pour désigner l'Histoire comme formant elle-même un [étant] qui n'est pas nécessairement constitué en objet. Dans ce cas, parmi les significations possibles, il en est une qui prétend à un usage privilégié, celle où ledit [étant] est compris essentiellement comme *passé.* Cette signification est celle que dénonce le langage. On dit que telle chose appartient déjà à l'Histoire. « Passé » signifie ici : Ne plus subsister, ou bien même : subsister encore, mais sans « influence » sur le « présent ». Certes, l'historique, compris comme passé, prend aussi la signification contraire, lorsque nous disons : On ne peut pas échapper à l'Histoire. Ici, Histoire désigne bien le passé, mais le passé dont les effets se prolongent encore. De toutes façons, en donnant à l'historique le sens de passé, on ne le comprend que par un rapport d'influence, d'effet positif ou au contraire négatif, avec le « présent », celui-ci désignant par opposition ce qui est réel « maintenant » et « aujourd'hui ». Le terme de « réalité-passée » *(Vergangenheit)* possède ici en outre un double sens tout à fait digne d'attention. Le passé appartient irrévocablement aux temps antérieurs, il était incorporé aux événements de jadis, et quand même, il peut être une chose-qui-subsiste encore « maintenant » : les ruines d'un temple grec, par exemple. Un « fragment du passé » est, avec elles, encore « présent ».

Mais alors, le terme d'Histoire ne désigne pas tant la « réalité-passée » entendue comme l'état-passé, que le fait de *provenir* de ce passé. Ce qui « a une histoire » se trouve dans la continuité. L' « évolution » en marque tantôt l'ascension, tantôt le déclinement d'un devenir. Ce qui, de la sorte, « a une Histoire », peut en même temps « faire » de l'Histoire. En « faisant époque », il détermine « présentement » un avenir. L'Histoire désigne ici un « tissu » d'événements et d'effets qui s'étire à travers « passé », « présent » et « avenir ». Dans ce cas, la réalité-passée ne jouit d'aucune préséance particulière.

En outre, l'Histoire signifie la totalité de l' [étant] qui chemine « dans le temps » et, par opposition à la Nature qui se meut elle aussi « dans le temps », elle désigne les changements et l'Histoire des hommes, des communautés humaines et de leur « culture ». Ici, l'Histoire ne signifie pas tant le mode d'être, l'*historial,* que cette région de l' [étant] opposée à la Nature lorsque l'on s'attache au fait que l'existence de l'homme est essentiellement déterminée par l' « Esprit » et par la « Culture » ; pourtant, la Nature fait également partie, dans une certaine mesure, de l'Histoire ainsi comprise.

Finalement, sont aussi à prendre comme « historiques » les traditions comme telles, que la science-historique les ait reconnues ou qu'elles soient acceptées sans critique, comme allant de soi, leur provenance restant dans l'ombre.

Si nous résumons en une seule les quatre significations qui viennent d'être examinées, qu'apparaît-il ? L'Histoire, c'est l'historial spécifique de [l'être-le-là/*Dasein*] ex-sistant « se passant » dans le temps, mais de telle façon cependant que c'est l'historial « passé » en relations inter-humaines, et en même temps « transmis » et continuant à agir, qui vaut, au sens éminent du mot, comme Histoire.

Ibid., pp. 178-180.

L'historial de l'Histoire

HEIDEGGER

En fait, l'Histoire n'est ni la continuité mobile, faite de la variation des objets, ni la succession d'états vécus par des « sujets » qui flotteraient libres de toute attache. L'historial de l'Histoire concerne-t-il alors l' « enchaînement » du sujet et de l'objet ? Mais, dès que l'on renvoie l'historial à la relation sujet-objet, il faut bien alors interroger aussi sur le mode d'être de cette relation comme telle ; c'est elle alors qui au fond serait ce qui « s'historialise ». La thèse qui reconnaît à l' [être-le-là] le privilège de l'historicité ne déclare pas que c'est le sujet isolé du monde qui est historique, mais l' [étant] qui existe comme Etre-dans-le-monde. *L'historial* (Geschehen) *qui constitue l'Histoire* (Geschichte) *est en même temps l'historial qui constitue l'Etre-dans-le-monde.*

Ibid., pp. 194-195.

Les trois possibilités de l'Histoire

A propos des Considérations intempestives *(ou* inactuelles*), de Nietzsche, on se reportera à l'introduction du § 4. 1.*

HEIDEGGER

La possibilité pour l'histoire d'être, comme telle, d'une « utilité » ou au contraire d'un « désavantage » « pour la vie », est fondée sur le fait que la vie est historique dans la racine de son être, et que par conséquent, en tant qu'existante en fait, elle s'est, chaque fois, d'ores et déjà décidée pour une historicité authentique ou, au contraire, inauthentique. Dans la seconde de ses *Considérations intempestives* (1874), Nietzsche a reconnu l'essentiel de ce qui concerne l' « utilité et le désavantage de l'histoire », et il l'a dit de façon claire et frappante. Il distingue trois sortes d'histoire : l'histoire monumentale, l'histoire archéologique et l'histoire critique, sans montrer explicitement la nécessité de cette trinité, ni le fondement de son unité. *La triplicité de l'histoire comme science est pré-esquissée dans l'historicité de l'* [*être-le-là*]. Cela permet en même temps de comprendre comment une histoire authentique doit être l'unité concrète actuelle de ces trois possibilités. La division instituée par Nietzsche n'est pas due au hasard. Le début de sa « Considération » permet de supposer qu'il comprit davantage que ce qu'il a exprimé en fait.

Ibid., pp. 207-208.

L'Histoire des magazines et des encyclopédies illustrées

HEIDEGGER

La rage continûment grandissante que met notre époque à se donner une représentation historico-universelle de l'Histoire en tant qu'événement, l'égare. Cette rage s'excite et se nourrit de la facilité et de la rapidité avec laquelle elle dispose des sources et des moyens de documentation. Il semble que ce soit exagéré, mais c'est la vérité : L'Image-Mère, dont procède sans le dire le style prédigéré qui est aujourd'hui celui du touche-à-tout historico-universel, c'est le Magazine illustré. L'histoire universelle, qui travaille avec les moyens les plus étendus, s'imagine qu'à travers un exposé comparatif des cultures les plus diverses, de la Chine ancienne jusqu'aux Aztèques, elle va parvenir à rejoindre l'Histoire du Monde. Mais cette Histoire du Monde ne dit pas un Destin de Monde, elle n'est qu'un objet construit par le mode de représentation historico-universel, c'est-à-dire l'événement, qu'il faut représenter sous toutes ses faces, de toutes les réussites et de tous les échecs humains dont on peut d'une manière ou d'une autre s'informer.

M. Heidegger, « Identité et Différence » (1957).
Trad. Préau. In *Questions I*, Gallimard, 1968, pp. 275-276.

La tradition nous libère

HEIDEGGER

Il a fallu à la pensée plus de deux mille ans pour dégager et comprendre une relation aussi simple que la médiation intérieure à l'identité. Pouvons-*nous* supposer qu'en un jour notre pensée aille opérer le retour à l'origine essentielle de l'identité ? Justement parce que ce retour exige un saut, il a besoin de temps, à savoir du temps de la pensée. Le temps de la pensée n'est pas le temps de ce calcul qui aujourd'hui de tous côtés tire à lui notre pensée. De nos jours une machine à penser calcule en une seconde des milliers de relations ; et celles-ci, malgré leur utilité technique, sont vides de substance.

Quoi que ce soit que nous essayions de penser et de quelque manière que nous nous y prenions, nous pensons dans l'atmosphère de la tradition. La tradition nous dirige, quand elle nous libère de la pensée conformiste pour nous apprendre à penser en avant de nous, ce qui ne veut pas dire à faire des plans.

Quand notre méditation se tourne vers le déjà-pensé, c'est alors seulement que nous sommes au service de ce qui reste encore à penser.

M. Heidegger, *Qu'appelle-t-on penser ?* (1954)
Trad. G. Granel. PUF, 1959, p. 163.

Hegel et l'histoire

HEIDEGGER

Hegel pense pour la première fois la philosophie des Grecs comme un tout et ce tout philosophiquement. Comment cela est-il possible ? En ceci que Hegel détermine l'Histoire comme telle de telle manière que, dans son fond, elle doit être philosophique. L'histoire de la philosophie est pour Hegel le processus portant en soi son unité et, pour cette raison, nécessaire, du progrès de l'Esprit jusqu'à lui-même. L'histoire de la philosophie n'est pas une pure suite d'opinions et de doctrines disparates qui se remplacent les unes les autres sans cohérence.

Hegel dit dans l'introduction à ses cours de Berlin sur l'histoire de la philosophie : « L'histoire dont nous nous proposons l'étude est l'histoire de l'auto-découverte de la pensée » *(Leçons sur l'histoire de la philosophie,* éd. Hoffmeister, 1940, vol. I, p. 81, remarque ; trad. Gibelin, Gallimard, 4e éd., 1954, p. 79, n. 1). « Car l'histoire de la philosophie n'est que le développement de la philosophie elle-même » (Hoffmeister, p. 235 ; Gibelin, p. 208.). Par conséquent, pour Hegel, la philosophie comme autodéveloppement de l'Esprit jusqu'au Savoir absolu et l'histoire de la philosophie sont identiques. Aucun philosophe *avant* Hegel n'est parvenu à une telle assignation de la philosophie, qui rend possible et exige que le philosopher *(das Philosophieren)* se meuve du même coup dans son histoire et qu'en même temps ce mouvement soit la philosophie même. Mais d'après un mot de Hegel, tiré de l'introduction à son premier cours ici à Heidelberg, la philosophie a pour « but » « la vérité » (Hoffmeister, p. 14 ; Gibelin, p. 22).

M. Heidegger, « Hegel et les Grecs » (1959).
Trad. J. Beaufret et D. Janicaud. In *Questions II,* Gallimard, 1968, pp. 46-47.

Husserl et Sartre méconnaissent l'histoire

HEIDEGGER

Ainsi ce que Marx, partant de Hegel, a reconnu en un sens important et essentiel comme étant l'aliénation de l'homme, plonge ses racines dans l'absence de patrie de l'homme moderne. Cette absence de patrie se dénonce, et cela à partir du destin de l'Etre, sous les espèces de la métaphysique qui la renforce en même temps qu'elle la dissimule comme absence de patrie. C'est parce que Marx, faisant l'expérience de l'aliénation, atteint à une dimension essentielle de l'histoire, que la conception marxiste de l'histoire [*Geschichte*] est supérieure à toute autre chronologie [*Historie*]. Par contre, du fait que ni Husserl, ni encore, à ma connaissance, Sartre, ne reconnaissent que l'historique a son essentialité dans l'Etre, la phénoménologie, pas plus que l'existentialisme, ne peuvent parvenir à cette dimension au sein de laquelle seule devient possible un dialogue fructueux avec le marxisme.

M. Heidegger, *Lettre sur l'Humanisme* (1947).
Trad. R. Munier. Aubier-Montaigne, éd. bilingue, 1957, p. 103.
(Repris dans *Questions III,* Gallimard)

L'Herméneutique

Voici un passage d'un entretien entre « un Japonais » (J.) et « un qui demande » (D.), à savoir Heidegger lui-même. A propos de Dilthey, voir les textes au § 3.1.

J. – Soit, mais pourquoi avez-vous choisi ce nom d' « herméneutique » ?

D. – La réponse à votre question se trouve dans l'introduction à *Sein und Zeit* (§ 7 C). Mais je veux bien vous en dire plus afin d'ôter à l'usage de ce nom l'apparence du fortuit.

J. – Je me souviens que c'est précisément là-dessus que l'on a trouvé à redire.

D. – La notion d'« herméneutique » m'était familière depuis mes études de théologie. A cette époque, j'étais tenu en haleine surtout par la question du rapport entre la lettre des Ecritures saintes et la pensée spéculative de la théologie. C'était, si vous voulez, le même rapport – à savoir le rapport entre parole et être, mais voilé et inaccessible pour moi, de sorte que, à travers bien des détours et des fourvoiements, je cherchais en vain un fil conducteur.

J. – Je connais bien trop peu la théologie chrétienne pour avoir une vue d'ensemble de ce que vous mentionnez. Toutefois, une chose est manifeste : par votre provenance, le cours des études de théologie, vous avez une tout autre origine que ceux qui, de l'extérieur, font quelques lectures pour savoir ce que contient cette discipline.

D. – Sans cette provenance théologique, je ne serais jamais arrivé sur le chemin de la pensée. Provenance est toujours avenir.

J. – Si tous deux s'appellent l'un l'autre, et si la méditation s'enracine en un tel appel ...

D. – ... devenant ainsi vrai présent. – Plus tard, j'ai retrouvé la dénomination d'« herméneutique » chez Wilhelm Dilthey, dans sa théorie des sciences historiques de l'esprit. L'herméneutique était familière à Dilthey depuis la *même* source, c'est-à-dire depuis ses études de théologie, et en particulier depuis son travail sur Schleiermacher.

J. – L'herméneutique, pour autant que je suis instruit par la philologie, est la science qui traite des buts, des chemins et des règles de l'interprétation des œuvres littéraires.

D. – D'abord, et d'une manière déterminante, elle s'est constituée de concert avec l'interprétation du Livre des livres, la Bible. Une leçon, tirée des manuscrits posthumes de Schleiermacher, a été publiée sous le titre de *Herméneutique et Critique, considérées particulièrement eu égard au Nouveau Testament* (1838). J'ai cette conférence à la main, et je vous lis les deux premières phrases de l' « Introduction générale » : « Herméneutique et Critique, toutes deux disciplines philologiques, toutes deux théories d'un art, vont ensemble, parce que l'exercice de l'une présuppose l'autre. La première est en général l'art de bien comprendre le discours d'un autre, principalement le discours écrit ; la seconde est l'art de bien juger l'authenticité des écrits et des extraits d'écrits, et de les vérifier à partir de témoignages et d'indications suffisantes. »

J. – Ainsi, l'herméneutique, convenablement élargie, peut désigner la théorie et la méthodologie de tout genre d'interprétation – par exemple aussi celle des œuvres des arts plastiques.

D. – Tout à fait.

J. – Employez-vous le nom d'herméneutique en ce sens large ?

D. – Si je reste dans le style de votre question, alors je dois répondre : le nom d'herméneutique est pris, dans *Sein und Zeit,* en un sens *encore* plus large ; « plus large » ne signifie toutefois ici pas un pur et simple élargissement de la même signification à un domaine de validité plus étendu. « Plus large » signifie : provenant de cette largesse *(Weite)* qui jaillit en sortant du déploiement initial de l'être. Herméneutique, dans *Sein und Zeit,* ne signifie ni la doctrine de l'art d'interpréter, ni l'interprétation elle-même, mais plutôt la tentative de déterminer ce qu'est l'interprétation avant tout à partir de ce qui est herméneutique.

M. Heidegger, « L'Herméneutique », in *Acheminement vers la Parole* (1959). Trad. F. Fédier. Gallimard, 1977, pp. 95-96.

Le destin de l'être

HEIDEGGER

Car ce qui a destin *(das Geschickliche)* a pour destin *(Geschick)* de se destiner *(sich schicken)* dans une donation *(Schickung),* à chaque fois unique. Se destiner signifie : se mettre en route, pour s'ajointer à la directive indiquée et qu'attend un autre destin encore voilé. Ce qui a destin s'avance à chaque fois en lui-même vers un instant hors pair, qui le destine à un autre destin, en lequel cependant il ne disparaît ni ne se perd purement et simplement. L'expérience et la méditation font encore trop défaut pour penser l'essence de l'historial *(das Geschickliche)* à partir du destin *(Geschick),* de la donation *(Schickung)* et du se-destiner *(Sichschicken).* Nous sommes encore trop enclins, parce qu'habitués, à nous représenter ce qui a destin à partir de l'avoir-lieu *(Geschehen)* et cet avoir-lieu comme le déroulement d'événements historiquement *(historisch)* constatables. Nous posons l'histoire *(Geschichte)* dans le domaine de l'avoir-lieu *(Geschehen),* au lieu de penser l'histoire d'après sa provenance essentielle : à partir du destin *(Geschick).* Mais le destin est par essence destin de l'être, au sens où l'être se destine lui-même, déploie à chaque fois son essence comme un destin et par là se métamorphose destinalement.

M. Heidegger, « Le tournant » (1962).
Trad. J. Lauxerois et C. Roëls. In *Questions IV*, Gallimard, 1976, p. 143.

4.3. POPPER ET L'HISTORICISME

Karl Popper (né en 1902), philosophe anglais d'origine autrichienne, jouit d'une immense notoriété dans les pays anglo-saxons notamment. Il n'en est pas de même en France, où il n'est guère connu, quand il l'est, qu'en tant qu'auteur de la Logique de la découverte scientifique, *dont la première édition date de 1935. S'il est vrai que ce livre constitue un apport fondamental à la philosophie des sciences, il ne saurait faire oublier les deux grands essais de philosophie sociale et politique,* La Société ouverte et ses ennemis *(1945) et* Misère de l'historicisme *(1944-1945).*

Les passages qui suivent, tirés de ce dernier ouvrage, donnent un aperçu très incomplet de la philosophie de l'histoire que Popper élabore, notamment en opposition à divers courants inspirés du marxisme. Il est malheureusement difficile ici de rendre justice à sa réflexion, car elle est étroitement liée à son épistémologie, en particulier au critère de falsifiabilité *qui seul permet selon lui de décider du caractère scientifique d'une théorie.*

D.A.

POPPER

Notre démarche (...) vise à *réfuter l'historicisme.* On peut la résumer en cinq assertions :

1. Le cours de l'histoire humaine dépend pour une grande part de l'accroissement des connaissances humaines. La vérité de cette prémisse doit être admise même par ceux qui, tels les marxistes, ne voient dans nos

connaissances, c'est-à-dire dans nos idées, que le sous-produit de quelque développement *matériel*.

2. Nous ne pouvons pas prédire par quelque méthode rationnelle (ou scientifique) l'accroissement futur de nos connaissances scientifiques. On peut apporter la preuve logique de cette assertion par des considérations qui seront exposées ci-dessous.

3. Nous ne pouvons donc pas prédire le cours futur de l'histoire humaine.

4. Cela signifie que nous devons nier la possibilité d'une *histoire théorique*, c'est-à-dire d'une science sociale historique qui soit l'équivalent de la *physique théorique*. Il ne peut exister de théorie scientifique du développement historique sur laquelle puisse se fonder la prédiction historique.

5. C'est pourquoi le propos essentiel des méthodes historicistes n'est pas fondé et l'historicisme n'est pas fondé. (...)

J'entends par historicisme (...) une théorie, touchant toutes les sciences sociales, qui fait de la *prédiction historique* leur principal but, et qui enseigne que ce but peut être atteint si l'on découvre les « rythmes » ou les *patterns*, les « lois » ou les « tendances générales » qui sous-tendent les développements historiques. (...)

La science sociale n'est autre que l'histoire – voilà la thèse. Non pas cependant l'histoire au sens traditionnel d'une simple accumulation de faits historiques. Le genre d'histoire auquel les historicistes veulent identifier la sociologie ne tourne pas seulement son regard en arrière vers le passé, mais aussi en avant vers le futur. Elle est l'étude des forces agissantes et, par-dessus tout, des lois de l'évolution sociale. En conséquence, on peut la décrire comme une théorie historique, ou une histoire théorique, puisque l'on a reconnu que les seules lois sociales universellement valables sont des lois historiques. Elles doivent être des lois de développement, de changement, d'évolution – et non pas des pseudo-lois de constances et de régularités apparentes. Car les historicistes doivent essayer de se faire une idée générale des tendances principales conformément auxquelles les structures sociales changent. Mais en outre, ils devraient essayer de comprendre les causes de ce processus, le travail des forces qui sont responsables du changement. Ils devraient essayer de formuler des hypothèses sur les tendances générales qui sous-tendent l'évolution sociale, afin que les hommes puissent s'adapter aux changements imminents en déduisant des prophéties à partir de ces lois.

Karl Popper, *Misère de l'historicisme* (1944-1945).
Éd. fr. augm., trad. H. Rousseau. Plon, 1956, pp. IX-X, XV, 47.

Existe-t-il une loi de l'évolution historique ?

POPPER

L'évolution de la vie sur la terre, ou de la société humaine, est un processus historique unique. Un tel processus, nous pouvons l'admettre, s'effectue en accord avec tous les genres de lois causales, par exemple les lois de la mécanique, de la chimie, de l'hérédité et de la ségrégation, de la sélection naturelle, etc. On ne peut cependant pas le décrire comme une loi, mais seulement comme une assertion historique singulière. (...) Bien qu'il n'y ait pas de raison pour que, avec de la chance, l'observation d'un seul cas unique ne doive pas nous inciter à formuler une loi universelle, ni même pour que nous ne rencontrions pas la vérité, il est clair que toute loi, qu'elle soit formulée de cette manière ou d'une autre, doit être *vérifiée* sur d'autres cas avant de pouvoir être prise en considération par la science. Mais nous ne pouvons espérer vérifier une hypothèse universelle ni découvrir une loi naturelle acceptable pour la science si nous sommes à jamais réduits à l'observation d'un seul et unique processus. L'observation d'un seul et unique processus ne peut non plus nous permettre de prévoir l'évolution future. La plus minutieuse observation du développement d'une *unique* chenille ne nous permettra pas de prédire sa métamorphose en papillon. (...)

Je ne veux pas nier (...) que l'histoire puisse parfois se répéter à certains égards, ou que le parallélisme entre certains types d'événements historiques, tels que la naissance des tyrannies dans la Grèce ancienne et dans les temps modernes, ne puisse être significatif pour celui qui étudie la sociologie du pouvoir politique. Mais il est clair que ces exemples de répétition enveloppent des circonstances extrêmement dissemblables, et qui peuvent exercer une influence importante sur les évolutions futures. C'est pourquoi nous n'avons aucune raison valable d'attendre de n'importe quelle apparente répétition d'une évolution historique qu'elle *continuera* à se poursuivre parallèlement à son prototype. Il est évident qu'une fois que l'on croit en une loi de répétition des cycles de vie – croyance atteinte au moyen de spéculations par analogie, ou peut-être héritée de Platon –, on est certain de découvrir sa confirmation historique à peu près partout. Mais ce n'est qu'un des exemples nombreux de théories métaphysiques apparemment confirmées par des faits qui, examinés plus attentivement, montrent qu'ils ont été sélectionnés à la lumière de la théorie même qu'ils sont censés vérifier (1).

1. On peut dire d'à peu près n'importe quelle théorie qu'elle s'accorde avec quelques faits : c'est une des raisons pour lesquelles on devrait dire qu'une théorie est confirmée si nous sommes incapables de découvrir des faits qui la réfutent, plutôt que si nous pouvons trouver des faits qui l'étayent (...).

Ibid., pp. 109-111.

Interprétation et théorie

POPPER

L'historicisme prend à tort les interprétations pour des théories. C'est l'une de ses erreurs cardinales. Il est possible, par exemple, d'interpréter « l'histoire » comme une histoire de la lutte des classes, ou de la lutte des races pour la suprématie, ou comme l'histoire des idées religieuses, ou comme l'histoire de la lutte entre la société « ouverte » et la société « close », ou comme l'histoire du progrès scientifique et industriel. Tous ces points de vue sont plus ou moins intéressants, et *en tant que points de vue* parfaitement irréprochables. Mais les historicistes ne les présentent pas comme tels; ils ne voient pas qu'il y a nécessairement une pluralité d'interprétations fondamentalement équivalentes (même si certaines d'entre elles peuvent se distinguer par leur *fécondité* – point assez important). Au lieu de cela ils les présentent comme des doctrines ou des théories, affirmant que « toute histoire est l'histoire de la lutte des classes », etc. Et s'ils découvrent effectivement que leur point de vue est fécond, et que de nombreux faits peuvent être mis en ordre et interprétés à sa lumière, ils prennent à tort cela pour une confirmation, ou plutôt pour une preuve de leur doctrine.

Ibid., p. 149.

5. Histoire et sciences humaines

5.0. INTRODUCTION

Quelles incidences la naissance et le développement des « sciences de l'homme » ont-ils eues sur la pensée de l'histoire ? Sociologie, ethnologie, psychologie, psychanalyse se constituent tout au long du XIXe et au début du XXe siècle, prétendant au statut de disciplines scientifiques dont l'objet est la connaissance de l'homme. On peut à ce propos esquisser une double approche des problèmes.

1. Quels effets se sont exercés sur la pensée de l'histoire, particulièrement quant à la question du sens, dont on a vu qu'elle était au cœur de la réflexion philosophique sur l'histoire ? Aussi bien la philosophie de Hegel que la pensée marxiste d'inspiration humaniste font de l'histoire une œuvre *qui requiert un sujet fondateur et totalisant (l'Esprit absolu ou l'homme). Qu'en est-il de la rencontre entre l'histoire globale, pensée comme recollection du sens, et les disciplines dont la visée est de constituer l'homme comme objet, de le saisir dans son empiricité comme être vivant, travaillant ou parlant ? Que devient alors la possibilité du sens comme donnée fondamentale, première et irréductible ? Le sens est-il principe et origine ou à l'inverse effet et produit ? Si l'homme devient à la fois « ce qu'il faut penser et ce qu'il y a à savoir » (1), s'il est objet de connaissance mais aussi au fondement de tous les savoirs positifs (économie, linguistique, psychologie, etc.), comment ces deux perspectives sont-elles conciliables ? L'ambiguïté peut-elle (et de quelle manière ?) être levée ? Là où l'homme était pensé comme sujet fondateur d'une totalité significative, s'introduit un nouveau mode d'être, un nouveau rôle qui assigne à l'homme une détermination empirique par la vie, le travail ou le langage. Ainsi se trouvent confrontés l'homme agent de la praxis et de l'histoire et l'homme agi, pensé ou parlé : la crise de l'histoire n'est donc pas dissociable de la crise du sujet.*

2. Quelles transformations se sont effectuées au sein du champ épistémologique, tant au niveau de la méthodologie (méthodes comparées de la sociologie, de l'anthropologie et de l'histoire, par exemple) qu'à celui des principes d'intelligibilité commandant la démarche scientifique ? D'une certaine manière, en renouvelant l'image de l'homme, les sciences humaines font éclater le cadre traditionnel de la recherche historique et conduisent l'historien à élargir son champ d'investigation. Mais c'est en ce lieu également que l'événement rencontre la structure et qu'avec la pensée « structuraliste » (formulation imprécise et trop souvent abusive), « nous assistons à un renversement des rapports entre système et histoire. Pour l'historicisme, comprendre c'est

1. Michel Foucault, *Les Mots et les choses*, p. 356.

trouver la genèse, la forme antérieure, les sources, le sens de l'évolution. Avec le structuralisme, ce sont les arrangements, les organisations systématiques dans un état donné qui sont d'abord intelligibles » (1). Issu de la linguistique (dans le Cours de linguistique générale, *Ferdinand de Saussure définit la langue comme un système de signes dissociable du sujet parlant), le concept de structure se voit progressivement appliqué aux sciences humaines dans leur ensemble. Alors que l'intelligibilité historique privilégie le changement et la succession comme principes d'explication, l'intelligibilité systématique ou structurale accorde la primauté aux combinaisons simultanées d'éléments dans un état donné. Diachronie et synchronie, histoire et structure en viennent donc à désigner deux méthodes, deux modes d'appréhension de la réalité et engagent, comme en témoigne le débat entre Sartre et Lévi-Strauss, une forme d'acceptation ou de refus de l'histoire. Mais ce débat engagé dans les années soixante (et où le primat de la structure avait effectivement contribué au discrédit de l'histoire) est peut-être d'ores et déjà dépassé, tout au moins en ce qui concerne le travail des historiens eux-mêmes. Car l'histoire structurale est effectivement pratiquée en rapport avec les autres sciences sociales (économie, sociologie, géographie ...) dans un temps qui est désormais celui de la longue durée. Comme l'écrit Fernand Braudel (2), pour les historiens, « une structure est sans doute assemblage, architecture, mais plus encore une réalité que le temps use mal et véhicule très longuement. » La valeur et la portée du concept de structure se trouvent ainsi légitimées au sein même de la pratique historienne. Il n'en reste pas moins que cette position, axée sur la mise en œuvre d'une nouvelle méthode et d'une nouvelle écriture, ne répond pas au problème philosophique du rapport entre l'homme et les structures, tel que l'évoque Sartre : l'homme est-il produit et conditionné par les structures ou bien est-il, au titre d'agent de l'histoire, « autre chose que ce qui le fait être ce qu'il est », c'est-à-dire pouvoir de négation et de dépassement ?*

M.R.A.

Histoire et sociologie

Raymond Aron met l'accent sur les analogies entre la méthode sociologique et la méthode historique. Reprenant les concepts wébériens de « sociologie compréhensive » et de « type idéal », il montre que sociologie et histoire sont des sciences de la culture *qui se définissent par rapport à des* valeurs. *Le concept de* « type idéal » *fait apparaître la solidarité entre l'histoire et la sociologie : il désigne une organisation de rapports intelligibles, internes soit à un ensemble historique soit à une suite événementielle (exemple : le capitalisme).*

ARON

De manière générale, elle [la logique de la sociologie] est semblable à celle de l'histoire. Ce qui change, c'est uniquement le but que l'on se propose : dans un cas, on veut expliquer des événements, dans l'autre élaborer des relations générales.

1. Paul Ricœur, « Structure et herméneutique », in *Esprit*, nov. 1963, p. 598.
2. *Ecrits sur l'histoire*, 1969.

Mais l'explication du singulier et l'établissement des généralités ont la même dignité, les deux démarches sont au fond solidaires, les règles sont des moyens indispensables de l'investigation historique, et le sociologue, pour découvrir les règles, doit non pas ignorer, mais éliminer par des raisonnements de probabilité, les accidents.

Plus précisément, tous les caractères logiques de l'histoire se retrouvent dans la méthode de la sociologie. Au point de départ, la sélection par les valeurs. C'est une singulière illusion des sociologues de croire qu'ils évitent la décision subjective des historiens en recherchant des lois. Les concepts qu'ils emploient, et par suite les ensembles qu'ils organisent, dérivent des questions qu'ils posent à la matière. La sociologie est « compréhensive » comme l'histoire. Les faits de la nature, les phénomènes physiologiques ou biologiques (hérédité), les réactions humaines incompréhensibles sont les « conditions » ou « circonstances » de l'action compréhensible. Le sociologue prend connaissance de ces facteurs externes de la conduite comme de données, mais il concentre son attention, par une décision libre, sur le secteur des démarches intelligibles. Comme le sociologue veut comprendre, il tient toutes les réalités qu'il étudie pour réductibles en droit à des événements des consciences individuelles (car on ne comprend que la conscience, et il n'y a de conscience qu'individuelle). Comme l'historien, le sociologue a besoin de types idéaux. Au lieu du type idéal d'un individu historique (romantisme), il a recours à des types idéaux généraux (bureaucratie), qui isolent un trait commun à une multiplicité d'individus historiques. Ici apparaît l'unité profonde de toutes les espèces de types idéaux, concepts propres à l'interprétation de la conduite humaine : car ces types idéaux généraux (les types de pouvoir par exemple) dérivent des divers types de comportement humain. La sociologie veut aussi joindre causalité et compréhension. Les règles de la sociologie, c'est-à-dire les consécutions fréquentes, sont à la fois intelligibles, parce qu'elles élucident les motifs des hommes, et conformes aux normes de la causalité, parce qu'elles doivent être vérifiées, si possible par les statistiques, toujours par les faits

R. Aron, *La philosophie critique de l'histoire*, Vrin, 1938.
Rééd. Seuil, Poincs, 1970, pp. 251-252.

5.1. RAPPORT DE L'HISTOIRE AUX SCIENCES HUMAINES

La dualité de l'homme historique

A partir du XIXe siècle, une nouvelle « disposition de l'Histoire dans l'espace épistémologique » prend naissance : l'homme, exposé en tant que tel à l'événement, est pensé dans une sorte d'historicité pure. Mais il est d'emblée soumis à une ambiguïté fondamentale : « passivité » d'un être soumis aux conditions de la vie, du travail, du langage, mais aussi historicité propre d'un être qui fonde toutes les histoires possibles. Tel est le mouvement qui renvoie

« perpétuellement des positivités qui déterminent l'être de l'homme à la finitude qui fait apparaître ces mêmes positivités ».

FOUCAULT

Puisque l'homme historique, c'est l'homme vivant, travaillant et parlant, tout contenu de l'Histoire quel qu'il soit relève de la psychologie, de la sociologie ou des sciences du langage. Mais inversement, puisque l'être humain est devenu de part en part historique, aucun des contenus analysés par les sciences humaines ne peut rester stable en lui-même ni échapper au mouvement de l'Histoire. Et ceci pour deux raisons : parce que la psychologie, la sociologie, la philosophie, même quand on les applique à des objets – c'est-à-dire à des hommes – qui leur sont contemporains ne visent jamais que des découpes synchroniques à l'intérieur d'une historicité qui les constitue et les traverse ; parce que les formes prises successivement par les sciences humaines, le choix qu'elles font de leur objet, les méthodes qu'elles leur appliquent sont donnés par l'Histoire, sans cesse portés par elle et modifiés à son gré. Plus l'Histoire essaie de dépasser son propre enracinement historique, plus elle fait d'efforts pour rejoindre, par-delà la relativité historique de son origine et de ses options, la sphère de l'universalité, plus clairement elle porte les stigmates de sa naissance historique, plus évidemment apparaît à travers elle l'histoire dont elle-même fait partie (et là encore, Spengler et tous les philosophes de l'Histoire en portent témoignage) ; inversement, mieux elle accepte sa relativité, plus elle s'enfonce dans le mouvement qui lui est commun avec ce qu'elle raconte, plus alors elle tend à la minceur du récit, et tout le contenu positif qu'elle se donnait à travers les sciences humaines se dissipe.

L'Histoire forme donc pour les sciences humaines un milieu d'accueil à la fois privilégié et dangereux. A chaque science de l'homme elle donne un arrière-fond qui l'établit, lui fixe un sol et comme une patrie : elle détermine la plage culturelle – l'épisode chronologique, l'insertion géographique – où l'on peut reconnaître à ce savoir sa validité ; mais elle les cerne d'une frontière qui les limite, et ruine d'entrée de jeu leur prétention à valoir dans l'élément de l'universalité. Elle révèle de cette manière que si l'homme – avant même de le savoir – a toujours été soumis aux déterminations que peuvent manifester la psychologie, la sociologie, l'analyse des langages, il n'est pas pour autant l'objet intemporel d'un savoir qui, au moins au niveau de ses droits, serait lui-même sans âge. Même lorsqu'elles évitent toute référence à l'histoire, les sciences humaines (et à ce titre on peut placer l'histoire parmi elles) ne font jamais que mettre en rapport un épisode culturel avec un autre (celui auquel elles s'appliquent comme à leur objet, et celui où elles s'enracinent quant à leur existence, leur mode d'être, leurs méthodes et leurs concepts) ; et si elles s'appliquent à leur propre synchronie, c'est à lui-même qu'elles rapportent l'épisode culturel dont elles sont issues. Si bien que l'homme n'apparaît jamais dans sa positivité sans que celle-ci soit aussitôt limitée par l'illimité de l'Histoire.

Michel Foucault, *Les Mots et les choses*, Gallimard, 1966, pp. 382-383.

L' « irrationalité » en histoire

On peut analyser de manière causale le devenir psychique aussi bien que le devenir physique : la nature n'est pas moins significative que l'histoire. L' « irrationalité » (entendue au sens d'impossibilité de prévoir) ne caractérise pas non plus l'action humaine en opposition aux phénomènes naturels. Si l'on observe la réalité vécue, toute action humaine escompte et entraîne des conséquences (causalement analysables) : l'irrationalité n'y est pas plus grande que dans les phénomènes de la nature.

WEBER

Ce qu'il y a d'erroné dans la supposition qui laisse croire que la « liberté du vouloir », peu importe comment on l'entend, serait identique à l' « irrationalité » de l'activité, ou bien que cette dernière serait déterminée par la première, saute aux yeux. La capacité spécifique de « dérouter toute prévision », qui est *aussi* grande, mais pas davantage que celle des « forces aveugles de la nature », est le privilège ... du fou. En effet, ce sont les actions que nous avons conscience d'avoir exécutées *rationnellement* que nous accompagnons au contraire du plus haut degré du sentiment empirique de la « liberté », ce qui veut dire celles que nous avons accomplies en l'absence d'une « contrainte » physique ou psychique, d'« affections » passionnelles et de perturbations « accidentelles » troublant la clarté du jugement, bref celles par lesquelles nous poursuivons un « but » clairement conscient avec le recours aux « moyens » qui sont les plus adéquats d'après notre connaissance, c'est-à-dire d'après les *règles* de l'expérience. Si l'histoire n'avait affaire qu'à une activité « libre » en ce sens, c'est-à-dire rationnelle, sa tâche en serait infiniment facilitée. En effet, on pourrait alors inférer d'une manière univoque le but, le « motif » et la « maxime » de l'agent à partir des moyens mis en œuvre, et toutes les irrationalités qui forment au sens végétatif de l'expression équivoque que constitue l' « aspect personnel » d'une activité seraient éliminées. Du moment que toute action qui se développe dans un sens strictement téléologique est une application de règles de l'expérience qui indiquent les « moyens » appropriés pour atteindre un but, l'histoire ne serait rien d'autre qu'une application de ces règles. Le fait que l'action de l'individu ne se laisse pas interpréter d'une façon aussi purement rationnelle et que non seulement des « préjugés » irrationnels, des fautes de réflexion et des erreurs sur les faits, mais aussi le « tempérament », les « affections » et les « états d'âme » troublent sa « liberté », et par conséquent le fait aussi que son activité participe dans des proportions très diverses à l' « absence de signification » empirique du devenir de la nature, tout cela contribue à rendre impossible une histoire purement pragmatique. Or, l'activité humaine *partage* précisément ce genre d' « irrationalités » avec les événements singuliers de la nature. En conséquence, toutes les fois que l'historien parle de l' « irrationalité » de l'activité humaine comme d'un facteur qui trouble l'interprétation des connexions causales et historiques, il ne compare pas du tout l'activité historique empirique avec le devenir de la nature, mais avec l'idéal d'une activité purement rationnelle, c'est-à-dire avec une activité déterminée tout simplement par sa fin et orientée absolument d'après les moyens adéquats.

Max Weber, *Essais sur la théorie de la science*, (1922).
Trad. J. Freund, Plon, 1965, pp. 233-235.

Développement de l'individu et évolution de l'espèce

*La psychanalyse lie la notion de psychogénèse (devenir psychologique de l'individu) et le devenir de l'espèce. Si l'idée de développement psychologique, associée principalement aux théories de l'éducation, a une longue histoire (*l'Emile *de Rousseau constitue à cet égard une transposition du point de vue préformationniste : le développement de l'enfant ne fait qu'actualiser les « possibilités » en germe dans la nature humaine, comme l'histoire actualise ce qui était en puissance avant même l'avènement de l'humanité), la psychanalyse introduit un nouveau schéma explicatif en permettant d'accéder à la dimension* historique *du psychisme humain. Ce n'est plus seulement le modèle de l'évolution (le passé rend possible le présent) mais un devenir historique où le présent confère son sens au passé. Ce texte du psychanalyste Karl Abraham interprète la nouveauté de la perspective freudienne par rapport aux autres écoles de psychologie.*

ABRAHAM

... même un coup d'œil aussi rapide nous permet de reconnaître quels bouleversements la doctrine analytique provoque dans tous les domaines de la vie mentale. Elle a commencé par fonder la stricte légitimité, la prédominance de la causalité, dans le domaine psychique. Elle transpose la loi de la conservation de l'énergie même dans la vie mentale, et nous enseigne à distinguer sous mille métamorphoses les mouvements humains primitifs. Les connaissances modernes montrent le développement organique de l'individu récapitulant sous une forme abrégée celui de l'espèce. Cette loi biogénétique fondamentale, ainsi nommée par Haeckel, peut, grâce à la psychanalyse, être transposée dans le domaine mental. Que l'on compare la doctrine freudienne de l'inconscient conçu comme le « psychisme proprement dit », celle du refoulement, des rapports de notre vie mentale avec la sexualité infantile, ou sa théorie du rêve, avec les travaux d'autres écoles de psychologie. La différence saute aux yeux. Nous voici enfin en possession d'une psychologie qui se tient à égale distance des stériles spéculations et des épreuves de laboratoire étrangères à la vie. La doctrine freudienne est née, comme seule peut l'être une science naturelle inductive, de l'observation de l'homme vivant. Exempte de tout préjugé, elle s'est adressée impartialement à ces phénomènes de la vie mentale qui représentaient auparavant le « continent obscur » de la psychologie. Et libre de toute fausse honte et de toute pruderie, elle a également examiné ces aspects de notre être que la science conformiste tend à éviter comme trop humains.

K. Abraham, *La Psychanalyse, source de connaissance anthropologique* (1920).
Trad. I. Barande, In *Oeuvres*, 2, Payot, 1966.

Névrose et histoire : psychologie individuelle et psychologie collective

L'histoire est construction et il n'y a de vérité qu'historique comme il n'y a de réalité que psychique. Ainsi, dans Moïse et le monothéisme, *Freud écrit à propos du concept de dieu tout-puissant : « Il s'agit d'un souvenir déformé mais réel (...) dans la mesure où il est déformé on peut l'appeler* démence, *dans la mesure où il apporte quelque lumière sur le passé, on doit l'appeler* vérité. *» En suivant le parallèle établi dans* Totem et tabou *entre âme individuelle et âme collective, on conviendra de l'existence de traces laissées par une faute primordiale (le meurtre du père) à un moment oubliée mais que l'on est fondé à reconstruire à partir de vestiges. La construction historique consiste donc à constituer le présent à l'aide d'une mise en ordre du passé. Cette tâche est celle de l'analyste.*

FREUD

Nous connaissons le chemin parcouru par l'homme de la préhistoire, dans son développement, grâce aux monuments et aux ustensiles qu'il nous a laissés, grâce aux restes de son art, de sa religion et de sa conception de la vie qui nous sont parvenus soit directement, soit transmis par la tradition dans des légendes, des mythes et des contes, grâce enfin à la survivance de sa mentalité que nous pouvons retrouver dans nos propres mœurs et coutumes. En outre, cet homme de la préhistoire est encore, jusqu'à un certain point, notre contemporain ; il existe encore des hommes que nous considérons comme étant beaucoup plus proches des primitifs que nous ne le sommes et dans lesquels nous voyons les descendants et successeurs directs de ces hommes de jadis. C'est ainsi que nous jugeons les peuples dits sauvages et demi-sauvages, dont la vie psychique acquiert pour nous un intérêt particulier, si nous pouvons prouver qu'elle constitue une phase antérieure, bien conservée, de notre propre développement.

Admettons que cette preuve soit faite ; en établissant alors une comparaison entre la « psychologie des peuples primitifs », telle que nous la révèle l'ethnographie, et la psychologie des névroses, telle qu'elle ressort des recherches psychanalytiques, nous devrons trouver entre l'une et l'autre de nombreux traits communs et être à même de voir sous un jour nouveau, dans l'une et dans l'autre, des faits déjà connus.

S. Freud, *Totem et tabou* (1913). Trad. S. Jankélévitch. Payot, 1965, pp. 9-10.

FREUD

Et d'abord, il n'a sans doute échappé à personne que nous postulons l'existence d'une âme collective dans laquelle s'accomplissent les mêmes processus que ceux ayant leur siège dans l'âme individuelle. Nous admettons en effet qu'un sentiment de responsabilité a persisté pendant des millénaires, se transmettant de génération en génération et se rattachant à une faute tellement ancienne qu'à un moment donné les hommes n'ont plus dû en conserver le moindre souvenir. Nous admettons qu'un processus affectif, tel qu'il n'a pu naître que chez une génération de fils ayant été maltraités par leur père, a pu subsister chez de nouvelles générations qui étaient, au contraire, soustraites à ce traitement grâce à la suppression du père tyrannique. Ce sont là des hypothèses susceptibles de soulever de graves objections, et nous convenons volontiers que toute autre explication serait préférable qui n'aurait pas besoin de s'appuyer sur des hypothèses pareilles.

Mais en y réfléchissant de près le lecteur constatera que nous ne sommes pas les seuls à porter la responsabilité de cette audace. Sans l'hypothèse d'une âme collective, d'une continuité de la vie psychique de l'homme, qui permet de ne pas tenir compte des interruptions des actes psychiques résultant de la disparition des existences individuelles, la psychologie collective, la psychologie des peuples ne saurait exister. Si les processus psychiques d'une génération ne se transmettaient pas à une autre, ne se continuaient pas dans une autre, chacune serait obligée de recommencer son apprentissage de la vie, ce qui exclurait tout progrès et tout développement. Et, à ce propos, nous pouvons nous poser les deux questions suivantes : dans quelle mesure convient-il de tenir compte de la continuité psychique dans la vie des générations successives ? De quels moyens une génération se sert-elle pour transmettre ses états psychiques à la génération suivante ? Ces deux questions n'ont pas encore reçu une solution satisfaisante ; et la transmission directe par la tradition, à laquelle on est tenté de penser tout d'abord, est loin de remplir les conditions voulues. En général, la psychologie collective se soucie fort peu de savoir par quels moyens se trouve réalisée la continuité de la vie psychique des générations successives. Cette continuité est assurée en partie par l'hérédité des dispositions psychiques qui, pour devenir efficaces, ont cependant besoin d'être stimulées par certains événements de la vie individuelle. C'est ainsi qu'il faut interpréter le mot du poète : « Ce que tu as hérité de tes pères, acquiers-le pour le posséder. » Le problème paraîtrait beaucoup plus difficile encore, si nous avions des raisons d'admettre l'existence de faits psychiques susceptibles d'une répression telle qu'ils disparaissent sans laisser des traces. Mais des faits pareils n'existent pas. Quelque forte que soit la répression, une tendance ne disparaît jamais au point de ne pas laisser après elle un substitut quelconque qui, à son tour, devient le point de départ de certaines réactions. Force nous est donc d'admettre qu'il n'y a pas de processus psychique plus ou moins important qu'une génération soit capable de dérober à celle qui la suit. La psychanalyse nous a montré notamment que l'homme possède, dans son activité spirituelle inconsciente, un appareil qui lui permet d'interpréter les réactions d'autres hommes, c'est-à-dire de redresser, de corriger les déformations que ses semblables impriment à l'expression de leurs mouvements affectifs. C'est grâce à cette compréhension inconsciente des mœurs, cérémonies et préceptes qui ont survécu à l'attitude primitive à l'égard du père, que les générations ultérieures ont pu réussir à s'assimiler le legs affectif de celles qui les ont précédées.

S. Freud, *ibid.*, pp. 180-182.

L'individu récapitule l'histoire de l'humanité

Reprenant le parallélisme postulé dans Totem et tabou *entre les étapes psychosexuelles de l'individu et les étapes de l'évolution de l'humanité, le psychanalyste américain Norman O. Brown envisage deux points de vue possibles : le point de vue de la* régression, *en vertu duquel l'homme, « animal névrotique », serait prisonnier de son héritage archaïque, et celui du* développement, *où la maturité serait pour l'homme un dépassement de la névrose (et non un retour de la névrose infantile refoulée). Ces deux points de vue apparemment contradictoires sont cependant présents dans l'œuvre de Freud.*

Le point de vue de la régression

BROWN

Freud soutient non seulement que l'histoire de l'humanité ne peut être comprise que comme une névrose, mais aussi que les névroses individuelles ne peuvent être comprises que si on les place dans le contexte de l'histoire de l'humanité dans son ensemble. Après avoir exposé cette idée dès 1913, dans *Totem et tabou,* Freud écrit en 1937, dans *Moïse et le monothéisme* : « Je demeure persuadé que les phénomènes religieux sont comparables aux symptômes névrotiques individuels. » Il dit encore dans le même ouvrage : « Il est possible de faire un rapprochement entre l'histoire de l'espèce humaine et celle de l'individu. Cela revient à dire que l'espèce humaine subit, elle aussi, des processus à contenus agressivo-sexuels qui laissent des traces permanentes, bien qu'ayant été pour la plupart écartés ou oubliés. Plus tard, après une longue période de latence, ils redeviennent actifs et produisent des phénomènes comparables par leur structure et leur tendance aux symptômes névrotiques. »

C'est à partir de cette analogie que Freud a pu établir sa notion de « l'héritage archaïque » : l'homme est prisonnier du passé, de même que « nos malades hystériques sont tourmentés par leurs réminiscences » et que les névrosés « ne peuvent échapper au passé ». Ainsi l'asservissement de toutes les civilisations à leur héritage culturel est une constriction névrotique. Réciproquement, Freud en est venu à admettre que les névroses individuelles ont leur noyau dans le même « héritage archaïque », dans les « traces mnémiques des expériences vécues par les générations précédentes » qui « ne peuvent être comprises que phylogénétiquement. » L'inconscient refoulé qui produit la névrose est non pas individuel, mais collectif. Freud ne consent pas à adopter le terme employé par Jung, mais il déclare : « Le contenu de l'inconscient est de toute manière collectif. » L'ontogénie résume la philogénie (chaque individu résume l'histoire de sa race). Pendant les quelques années de l'enfance « il nous faut combler l'énorme différence de développement qui distingue le primitif de l'âge de pierre et le civilisé d'aujourd'hui ». D'où il s'ensuit que la théorie de la névrose doit inclure une théorie de l'histoire et, réciproquement, qu'une théorie de l'histoire doit inclure une théorie de la névrose.

Norman O. Brown, *Eros et Thanatos* (1959). Trad. R. Villoteau. Denoël, 1972.
Nouv. éd. revue par R. Lewinter, pp. 25-26.

Le point de vue du développement

BROWN

Ce point de vue exprime l'idée selon laquelle l'ontogénie résume la philogénie sous une forme différente. Le modèle psychanalytique employé pour comprendre l'histoire n'est pas la névrose, mais le processus du développement ; ou plutôt, la maturité est considérée, non pas comme un retour de la névrose infantile refoulée, mais comme le moment où cette névrose est dépassée. En effet, Freud établit un parallèle entre les étapes psychosexuelles de l'individu, telles qu'il les conçoit, et les étapes de l'histoire postulées par les penseurs du XIXe siècle férus d'évolutionnisme, tels que Comte et Frazer. C'est ainsi qu'il écrit dans *Totem et tabou* : « Nous trouvons alors que, aussi bien dans le temps que par son contenu, la phase animiste correspond au narcissisme, la phase religieuse au stade d'objectivation, caractérisé par la fixation de la libido aux parents, tandis que la phase scientifique a son pendant dans cet état de maturité de l'individu qui est caractérisé par la renonciation à la recherche du plaisir et par la subordination du choix de l'objet extérieur aux convenances et aux exigences de la réalité. »

Ce point de vue dénote l'existence chez Freud d'un résidu de l'optimisme et du rationalisme du XVIIIe siècle ; l'histoire est un processus au terme duquel l'homme devient non pas plus malade, mais plus sage et plus intelligent.

N.O. Brown, *ibid.*, p. 28.

Contre le « faux évolutionnisme »

Il n'est pas légitime de transporter ou d'« importer » l'évolutionnisme biologique au sein des faits de culture. Si l'on pense (comme au XVIIIe s.) l'humanité dans une progression ininterrompue, les différentes sociétés, dans l'espace ou dans le temps, ne sont plus que les étapes du développement de l'humanité vers son terme ultime. Cette perspective « ethnocentrique », liée au primat de la société occidentale, revient à nier la diversité des cultures et des critères qui permettent d'analyser leur spécificité.

LÉVI-STRAUSS

... si l'on traite les différents états où se trouvent les sociétés humaines, tant anciennes que lointaines, comme des *stades* ou des *étapes* d'un développement unique qui, partant du même point, doit les faire converger vers le même but, on voit bien que la diversité n'est plus qu'apparente. L'humanité devient une et identique à elle-même ; seulement, cette unité et cette identité ne peuvent se réaliser que progressivement, et la variété des cultures illustre les moments d'un processus qui dissimule une réalité plus profonde ou en retarde la manifestation.

Cette définition peut paraître sommaire quand on a présentes à l'esprit les immenses conquêtes du darwinisme. Mais celui-ci n'est pas en cause, car l'évolutionnisme biologique et le pseudo-évolutionnisme que nous avons ici en vue sont deux doctrines très différentes. La première est née comme une vaste hypothèse de travail, fondée sur des observations où la part laissée à l'interprétation est fort petite. Ainsi, les différents types constituant la généalogie du cheval peuvent être rangés dans une série évolutive pour deux raisons : la première est qu'il faut un cheval pour engendrer un cheval ; la seconde, que des couches de terrain superposées, donc historiquement de plus en plus anciennes, contiennent des squelettes qui varient de façon graduelle depuis la forme la plus récente jusqu'à la plus archaïque. Il devient ainsi hautement probable que *Hipparion* soit l'ancêtre réel de *Equus caballus.* Le même raisonnement s'applique sans doute à l'espèce humaine et à ses races. Mais quand on passe des faits biologiques aux faits de culture, les choses se compliquent singulièrement. On peut recueillir dans le sol des objets matériels, et constater que, selon la profondeur des couches géologiques, la forme ou la technique de fabrication d'un certain type d'objets varie progressivement. Et pourtant une hache ne donne pas physiquement naissance à une hache, à la façon d'un animal. Dire, dans ce dernier cas, qu'une hache a évolué à partir d'une autre constitue donc une formule métaphorique et approximative, dépourvue de la rigueur scientifique qui s'attache à l'expression similaire appliquée aux phénomènes biologiques. Ce qui est vrai d'objets matériels dont la présence physique est attestée dans le sol, pour des époques déterminables, l'est plus encore pour les institutions, les croyances, les goûts, dont le passé nous est généralement inconnu. La notion d'évolution biologique correspond à une hypothèse dotée d'un des plus hauts coefficients de probabilité qui puissent se rencontrer dans le domaine des sciences naturelles ; tandis que la notion d'évolution sociale ou culturelle n'apporte, tout au plus, qu'un procédé séduisant, mais dangereusement commode, de présentation des faits.

D'ailleurs, cette différence, trop souvent négligée, entre le vrai et le faux évolutionnisme s'explique par leurs dates d'apparition respectives. Sans doute, l'évolutionnisme sociologique devait recevoir de l'évolutionnisme biologique une impulsion vigoureuse ; mais il lui est antérieur dans le temps. Sans remonter jusqu'aux conceptions antiques, reprises par Pascal, assimilant l'humanité à un être vivant qui passe par les stades successifs de l'enfance, de l'adolescence et de la maturité, c'est au XVIIIe siècle qu'on voit fleurir les schémas fondamentaux qui seront, par la suite, l'objet de tant de manipulations : les « spirales » de Vico, ses « trois âges » annonçant les « trois états » de Comte, l'« escalier » de Condorcet. Les deux fondateurs de l'évolutionnisme social, Spencer et Tylor, élaborent et publient leur doctrine avant *L'Origine des espèces* ou sans avoir lu cet ouvrage. Antérieur à l'évolutionnisme biologique, théorie scientifique, l'évolutionnisme social n'est, trop souvent, que le maquillage faussement scientifique d'un vieux problème philosophique dont il n'est nullement certain que l'observation et l'induction puissent un jour fournir la clef.

C. Lévi-Strauss, *Race et histoire,* Unesco, 1952.
Rééd. Gonthier, Médiations, 1961, pp. 23 sq.

Sociétés « chaudes » et sociétés « froides »

La distinction entre sociétés « chaudes » et sociétés « froides » n'a pas une valeur absolue, puisque toutes les sociétés sont « dans l'histoire » : sa portée est essentiellement méthodologique. Il n'est donc pas légitime de parler de

« sociétés sans histoire », elles possèdent une histoire, un rythme et un mode d'adaptation au milieu qui leur sont propres.

LÉVI-STRAUSS

Bien sûr, les sociétés dites primitives sont dans l'histoire ; leur passé est aussi ancien que le nôtre, puisqu'il remonte aux origines de l'espèce. Au cours des millénaires, elles ont subi toutes sortes de transformations, traversé des périodes de crise et de prospérité ; elles ont connu les guerres, les migrations, l'aventure. Mais elles se sont spécialisées dans des voies différentes de celles que nous avons choisies. Peut-être sont-elles, à certains égards, demeurées proches de conditions de vie très anciennes ; ce qui n'exclut pas que, sous d'autres rapports, elles s'en éloignent plus que nous.

Tout en étant dans l'histoire, ces sociétés semblent avoir élaboré ou retenu une sagesse particulière, qui les incite à résister désespérément à toute modification de leur structure, qui permettrait à l'histoire de faire irruption dans leur sein. Celles qui avaient, encore récemment, le mieux protégé leurs caractères distinctifs nous apparaissent comme des sociétés qu'inspire le souci prédominant de persévérer dans leur être. La manière dont elles exploitent le milieu garantit, à la fois, un niveau de vie modeste et la protection des ressources naturelles. En dépit de leur diversité, les règles de mariage qu'elles appliquent présentent, aux yeux des démographes, un caractère commun qui est de limiter à l'extrême et de garder constant le taux de fécondité. Enfin, une vie politique fondée sur le consentement, et n'admettant d'autres décisions que celles prises à l'unanimité, semble conçue pour exclure l'emploi de ce moteur de la vie collective qui utilise des écarts différentiels entre pouvoir et opposition, majorité et minorité, exploiteurs et exploités.

En un mot, ces sociétés qu'on pourrait appeler « froides », parce que leur milieu interne est proche du zéro de température historique, se distinguent, par leur effectif restreint et leur mode mécanique de fonctionnement, des sociétés « chaudes », apparues en divers points du monde à la suite de la révolution néolithique, et où des différenciations entre castes et entre classes sont sollicitées sans trêve, pour en extraire du devenir et de l'énergie.

La portée de cette distinction est surtout théorique, car il n'existe probablement aucune société concrète qui, dans son ensemble et dans chacune de ses parties, corresponde exactement à l'un ou l'autre type. Et, en un autre sens aussi, la distinction demeure relative, s'il est vrai, comme nous croyons, que l'anthropologie sociale obéisse à une double motivation : rétrospective, puisque les genres de vie primitifs sont sur le point de disparaître et qu'il faut nous hâter d'en recueillir les leçons ; et prospective, dans la mesure où, prenant conscience d'une évolution dont le rythme se précipite, nous nous sentons déjà les « primitifs » de nos arrière-petits-enfants, et que nous cherchons à nous valider nous-mêmes, en nous rapprochant de ceux qui furent – et sont encore pour un court moment – tels qu'une partie de nous persiste à demeurer.

D'autre part, les sociétés que j'appelais « chaudes » ne possèdent pas non plus ce caractère dans l'absolu. Quand au lendemain de la révolution néolithique, les grandes cités-Etats du bassin méditerranéen et de l'Extrême-Orient ont imposé l'esclavage, elles ont construit un type de société où des écarts différentiels entre les hommes – certains dominants, d'autres dominés – pouvaient être utilisés pour produire de la culture à un rythme jusqu'alors inconcevable et insoupçonné. Par rapport à cette formule, la révolution machiniste du XIXe siècle représente moins une évolution orientée dans le même sens qu'une impure ébauche de solution différente : pour longtemps encore fondée sur les mêmes abus et les mêmes injustices, tout en rendant possible le transfert à la *culture* de cette fonction dynamique que la révolution protohistorique avait assignée à la *société*.

C. Lévi-Strauss, Leçon inaugurale au Collège de France, in *Anthropologie structurale II*, Plon, 1973, pp. 39-41.

Le temps du mythe

Si les mythes ont un sens, ce dernier ne réside pas dans les éléments qui le composent mais dans leur combinaison : la relation prévaut sur la signification. Le mythe a une double fonction : à la fois dissimuler le réel et en atténuer les contradictions. L'intérêt que nous portons au mythe est en réalité un intérêt pour notre présent, dans l'intention d' « éterniser » en quelque sorte ce dernier.

LÉVI-STRAUSS

... cet ordre du temps que l'étude des mythes dévoile n'est autre, en fin de compte, que l'ordre rêvé depuis toujours par les mythes eux-mêmes : temps mieux que retrouvé, supprimé ; comme l'éprouverait celui qui, né pourtant au XXe siècle, serait pénétré par le sentiment croissant avec l'âge d'avoir eu, jeune, la chance de vivre dans le XIXe siècle auprès d'aînés qui y participèrent – mais de ne pas l'avoir su – comme eux-mêmes, par l'intermédiaire de proches qui y avaient appartenu, vivaient encore dans le XVIIIe siècle – mais ils ne le savaient pas non plus ; de sorte qu'eussions-nous, ensemble, conjugué nos forces pour souder les maillons de la chaîne, chaque âge se consacrant à garder vivant celui d'avant pour ceux d'après, le temps eût été véritablement aboli. Et si nous tous les hommes, l'avions su depuis notre origine, nous aurions pu nouer une conjuration contre le temps, dont l'amour des livres et des musées, le goût des antiquaires et de la brocante, témoignent sur un mode parfois dérisoire qu'au cœur même de la civilisation contemporaine une tentative persiste, désespérée sans doute et inéluctablement vaine, pour arrêter le temps et le retourner dans l'autre sens.

L'intérêt que nous croyons prendre au passé n'est donc, en fait, qu'un intérêt pour le présent ; en le reliant fermement au passé, nous croyons rendre le présent plus durable, l'arrimer pour l'empêcher de fuir et de devenir lui-même du passé. Comme si, mis au contact du présent, le passé allait par une miraculeuse osmose devenir lui-même présent, et que, du même coup, le présent fût prémuni contre son propre sort, qui est de devenir du passé. Et sans doute est-ce là ce que les mythes prétendent faire pour ce dont ils parlent ; mais l'étonnant est qu'ils le fassent vraiment pour ce qu'ils sont.

Poussée jusqu'à son terme, l'analyse des mythes atteint un niveau où l'histoire s'annule elle-même. Comme ces Indiens Dakota du Canada qui remanient la version traditionnelle d'un mythe tribal pour neutraliser la contradiction, vécue par eux au cours d'une migration récente et historiquement attestée, entre les idéologies des Sioux et des Algonkin, tous les peuples des deux Amériques semblent n'avoir conçu leurs mythes que pour composer avec l'histoire et rétablir, sur le plan du système, un état d'équilibre au sein duquel viennent s'amortir les secousses plus réelles provoquées par les événements. Sinon, comment comprendre que ces éléments du système, désignés par nous sous le nom d'opérateurs binaires – oiseaux gallinacés, poissons plats, papillons et autres insectes, sciuridés, etc. – conservent leur fonction sémantique d'un bout à l'autre des deux Amériques, sans qu'il faille jamais tenir compte, pour expliquer cette résistance, des innombrables bouleversements démographiques et culturels qui sont intervenus au cours des siècles ?

C. Lévi-Strauss, « Le temps du mythe », in *Annales ESC*, mai-août 1971 (n° spécial Histoire et structure), p. 537.

5.2. HISTOIRE ET STRUCTURE

Le structuralisme procède du modèle linguistique

Historicisme et structuralisme désignent deux modes d'appréhension et d'intelligibilité du réel. A partir de la distinction énoncée par F. de Saussure entre la langue et la parole, on peut poser trois principes qui commandent la généralisation du modèle linguistique aux autres sciences humaines : 1. l'idée de système ; 2. le rapport entre synchronie et diachronie ; 3. l'existence d'un niveau inconscient nonhistorique.

RICOEUR

Comme on sait, le structuralisme procède de l'application à l'anthropologie et aux sciences humaines en général d'un modèle linguistique. A l'origine du structuralisme nous trouvons d'abord Ferdinand de Saussure et son *Cours de linguistique générale,* et surtout l'orientation proprement phonologique de la linguistique avec Troubetskoy, Jakobson, Martinet. Avec eux nous assistons à un renversement des rapports entre système et histoire. Pour l'historicisme, comprendre c'est trouver la genèse, la forme antérieure, les sources, le sens de l'évolution. Avec le structuralisme ce sont les arrangements, les organisations systématiques dans un état donné qui sont d'abord intelligibles. Ferdinand de Saussure commence d'introduire ce renversement en distinguant dans le langage la langue et la parole. Si l'on entend par langue l'ensemble des conventions adoptées par un corps social pour permettre l'exercice du langage chez les individus, et par parole l'opération même des sujets parlants, cette distinction capitale donne accès à trois règles dont nous allons suivre tout à l'heure la généralisation hors du domaine initial de la linguistique.

D'abord l'idée même de système : séparée des sujets parlants, la langue se présente comme un système de signes. Certes Ferdinand de Saussure n'est pas un phonologue : sa conception du signe linguistique comme rapport du signifiant sonore et du signifié conceptuel est beaucoup plus sémantique que phonologique. Néanmoins, ce qui lui paraît faire l'objet d'une science linguistique c'est le système des signes, issu de la détermination mutuelle de la chaîne sonore du signifiant et de la chaîne conceptuelle du signifié. Dans cette détermination mutuelle, ce qui compte ce ne sont pas les termes, considérés individuellement, mais les écarts différentiels ; ce sont les différences de son et de sens et les rapports des uns aux autres qui constituent le système des signes d'une langue. On comprend alors que chaque signe soit arbitraire, en tant que rapport isolé d'un sens et d'un son, et que tous les signes d'une langue forment système : « Dans la langue, il n'y a que des différences. » *(Cours de linguistique générale,* p. 166).

Cette idée-force commande le deuxième thème qui concerne précisément le rapport de la diachronie avec la synchronie. En effet le système des différences n'apparaît que sur un axe des coexistences entièrement distingué de l'axe des successions. Ainsi naît une linguistique synchronique, comme science des états dans leurs aspects systématiques, distincte d'une linguistique diachronique, ou science des évolutions, appliquée au système. Comme on voit, l'histoire est seconde et figure comme altération du système. Bien plus, en linguistique ces altérations sont moins intelligibles que les états de système : « Jamais, écrit de Saussure, le système n'est modifié directement ; en lui-même il est immuable ; seuls certains éléments sont altérés sans égard à la solidarité qui les lie au tout. » (*Ibid.*, p. 121) L'histoire est plutôt responsable des désordres que des changements signifiants ; de Saussure le dit bien : « Les faits de la série synchronique sont des rapports, les faits de la série diachronique, des événements dans le système. » Dès lors la linguistique est synchronique d'abord et la diachronie n'est elle-même intelligible que comme comparaison des états de système antérieurs et postérieurs ; la diachronie est comparative ; en cela elle dépend de la synchronie. Finalement les événements ne sont appréhendés que réalisés dans un système, c'est-à-dire recevant encore de lui un aspect de régularité ; le fait diachronique c'est l'innovation issue de la parole (d'un seul, de quelques-uns, peu importe), mais « devenue fait de langage. » (*Ibid.*, p. 140)

Ce sera le problème central de notre réflexion de savoir jusqu'où le modèle linguistique des rapports entre synchronie et diachronie nous conduit dans l'intelligence de l'historicité propre aux symboles. Disons-le tout de suite : le point critique sera atteint lorsque nous serons en face d'une véritable tradition, c'est-à-dire d'une série de reprises interprétantes, qui ne peuvent plus être considérées comme l'intervention du désordre dans un état de système.

Entendons-nous bien : je ne prête pas au structuralisme, comme certains de ses critiques, une opposition pure et simple entre diachronie et synchronie. Lévi-Strauss à cet égard a raison d'opposer à ses détracteurs (*Anthropologie structurale,* p. 101, 103) le grand article de Jakobson sur les *Principes de phonologie historique* où l'auteur dissocie expressément synchronie et statique. Ce qui importe, c'est la subordination, non l'opposition, de la diachronie à la synchronie ; c'est cette subordination qui fera question dans l'intelligence herméneutique ; la diachronie n'est signifiante que par son rapport à la synchronie et non l'inverse.

Mais voici le troisième principe, qui ne concerne pas moins notre problème de l'interprétation et du temps de l'interprétation. Il a été surtout dégagé par les phonologues, mais il est déjà présent dans l'opposition saussurienne entre la langue et la parole : les lois linguistiques désignent un niveau inconscient et en ce sens non réflexif, non historique de l'esprit ; cet inconscient n'est pas l'inconscient freudien de la pulsion, du désir, dans sa puissance de symbolisation, c'est plutôt un inconscient kantien que freudien, un inconscient catégoriel, combinatoire ; c'est un ordre fini ou le finitisme de l'ordre, mais tel qu'il s'ignore. Je dis inconscient kantien, mais par égard seulement pour son organisation, car il s'agit bien plutôt d'un système catégoriel sans référence à un sujet pensant ; c'est pourquoi le structuralisme, comme philosophie, développera un genre d'intellectualisme foncièrement antiréflexif, anti-idéaliste, antiphénoménologique ; aussi bien cet esprit inconscient peut-il être dit homologue à la nature ; peut-être même est-il nature. On y reviendra avec *La Pensée sauvage* ; mais, déjà en 1956, se référant à la règle d'économie dans l'explication de Jakobson, Lévi-Strauss écrivait : « L'affirmation que l'explication la plus économique est aussi celle qui – de toutes celles envisagées – se rapproche le plus de la vérité, repose, en dernière analyse, sur l'identité postulée des lois du monde et de celles de la pensée. » (*Anthropologie structurale,* p. 102).

Ce troisième principe ne nous concerne pas moins que le second, car il institue entre l'observateur et le système un rapport qui est lui-même non historique. Comprendre ce n'est pas reprendre le sens. (...) Il n'y a pas d'historicité du rapport de compréhension. Le rapport est objectif, indépendant de l'observateur ; c'est pourquoi l'anthropologie structurale est science et non philosophie.

P. Ricœur, « Structure et herméneutique », in *Esprit,* novembre 1963, pp. 598-600.

La dualité interne de la linguistique : linguistique synchronique et linguistique diachronique

Le Cours de linguistique générale, *publié en 1915 par les élèves de Ferdinand de Saussure, reprend les trois cours professés entre 1906 et 1911. Il faut comprendre le projet saussurien par opposition à la grammaire historique qui privilégie la dérivation, c'est-à-dire le point de vue diachronique. De Saussure oppose ici le point de vue du système (un certain état de langue) à celui de la genèse.*

SAUSSURE

La première chose qui frappe quand on étudie les faits de langue, c'est que pour le sujet parlant leur succession dans le temps est inexistante : il est devant un état. Aussi le linguistique qui veut comprendre cet état doit-il faire table rase de tout ce qui l'a produit et ignorer la diachronie. Il ne peut entrer dans la conscience des sujets parlants qu'en supprimant le passé. L'intervention de l'histoire ne peut que fausser son jugement. Il serait absurde de dessiner un panorama des Alpes en le prenant simultanément de plusieurs sommets du Jura ; un panorama doit être pris d'un seul point. De même pour la langue : on ne peut ni la décrire ni fixer des normes pour l'usage qu'en se plaçant dans un certain état. Quand le linguiste suit l'évolution de la langue, il ressemble à l'observateur en mouvement qui va d'une extrémité à l'autre du Jura pour noter les déplacements de la perspective.

Depuis que la linguistique moderne existe, on peut dire qu'elle s'est absorbée tout entière dans la diachronie. La grammaire comparée de l'indo-européen utilise les données qu'elle a en main pour reconstruire hypothétiquement un type de langue antécédent ; la comparaison n'est pour elle qu'un moyen de reconstituer le passé. La méthode est la même dans l'étude particulière des sous-groupes (langues romanes, langues germaniques, etc.) ; les états n'interviennent que par fragments et d'une façon très imparfaite. Telle est la tendance inaugurée par Bopp ; aussi sa conception de la langue est-elle hybride et hésitante. (...)

On a reproché à la grammaire classique de n'être pas scientifique ; pourtant sa base est moins critiquable et son objet mieux défini que ce n'est le cas pour la linguistique inaugurée par Bopp. Celle-ci, en se plaçant sur un terrain mal délimité, ne sait pas exactement vers quel but elle tend. Elle est à cheval sur deux domaines, parce qu'elle n'a pas su distinguer nettement entre les états et les successivités.

Après avoir accordé une trop grande place à l'histoire, la linguistique retournera au point de vue statique de la grammaire traditionnelle, mais dans un esprit nouveau et avec d'autres procédés, et la méthode historique aura contribué à ce rajeunissement ; c'est elle qui, par contre-coup, fera mieux comprendre les états de langue. L'ancienne grammaire ne voyait que le fait synchronique ; la linguistique nous a révélé un nouvel ordre de phénomènes ; mais cela ne suffit pas ; il faut faire sentir l'opposition des deux ordres pour en tirer toutes les conséquences qu'elle comporte.

Ferdinand de Saussure, *Cours de linguistique générale*,
Payot, 1968, pp. 117-119.

Qu'est-ce qu'un état de langue ?

La notion d' « état de langue », préférable à celle d' « époque », caractérise le point de vue de la linguistique statique (ou synchronique). Bien qu'approximative, elle permet d'écarter tout ce qui est étranger au système de la langue et de négliger les changements de peu d'importance.

SAUSSURE

En pratique, un état de langue n'est pas un point, mais un espace de temps plus ou moins long pendant lequel la somme des modifications survenues est minime. Cela peut être dix ans, une génération, un siècle, davantage même. Une langue changera à peine pendant un long intervalle, pour subir ensuite des transformations considérables en quelques années. De deux langues co-existant dans une même période, l'une peut évoluer beaucoup et l'autre presque pas ; dans ce dernier cas l'étude sera nécessairement synchronique, dans l'autre diachronique. Un état absolu se définit par l'absence de changements, et comme malgré tout la langue se transforme, si peu que ce soit, étudier un état de langue revient pratiquement à négliger les changements peu importants, de même que les mathématiciens négligent les quantités infinitésimales dans certaines opérations, telles que le calcul des logarithmes.

Dans l'histoire politique on distingue l'*époque*, qui est un point du temps, et la *période*, qui embrasse une certaine durée. Cependant l'historien parle de l'époque des Antonins, de l'époque des Croisades, quand il considère un ensemble de caractères qui sont restés constants pendant ce temps. On pourrait dire aussi que la linguistique statique s'occupe d'époques ; mais *état* est préférable ; le commencement et la fin d'une époque sont généralement marqués par quelque révolution plus ou moins brusque tendant à modifier l'état de choses établi. Le mot état évite de faire croire qu'il se produise rien de semblable dans la langue. En outre le terme d'époque, précisément parce qu'il est emprunté à l'histoire, fait moins penser à la langue elle-même qu'aux circonstances qui l'entourent et la conditionnent ; en un mot elle évoque plutôt l'idée de ce que nous avons appelé la linguistique externe (1).

D'ailleurs la délimitation dans le temps n'est pas la seule difficulté que nous rencontrons dans la définition d'un état de langue ; le même problème se pose à propos de l'espace. Bref, la notion d'état de langue ne peut être qu'approximative. En linguistique statique, comme dans la plupart des sciences, aucune démonstration n'est possible sans une simplification conventionnelle des données.

F. de Saussure, *ibid.*, pp. 142-143.

Histoire et dialectique : le débat de Lévi-Strauss avec Sartre

Le chapitre IX de La Pensée sauvage *est consacré à la discussion et à la critique des thèses exposées par Sartre dans la* Critique de la raison dialectique *: le problème de l'histoire en constitue le centre et ce texte est l'un des éléments essentiels du débat histoire/structure. Lévi-Strauss dénonce la confusion qui s'attache, selon lui, au terme d' « histoire » : s'agit-il de l'histoire que font les hommes sans le savoir, de l'histoire historienne ou de l'interprétation par la philosophie de l'histoire ? La pensée de Sartre relève, toujours selon Lévi-Strauss, des postulats, donc des critiques, de la philosophie de l'histoire de Hegel : présupposés philosophiques d'une histoire « conjecturale » et « idéologique » qui privilégie indûment la dimension temporelle au détriment de la diversité dans l'espace.*

LÉVI-STRAUSS

L'ethnologue respecte l'histoire, mais il ne lui accorde pas une valeur privilégiée. Il la conçoit comme une recherche complémentaire de la sienne : l'une déploie l'éventail des sociétés humaines dans le temps, l'autre dans l'espace. Et la différence est moins grande encore qu'il ne semble, puisque l'historien s'efforce de restituer l'image des sociétés disparues telles qu'elles furent dans des instants qui, pour elles, correspondirent au présent ; tandis que l'ethnographe fait de son mieux pour reconstruire les étapes historiques qui ont précédé dans le temps les formes actuelles.

Ce rapport de symétrie entre l'histoire et l'ethnologie semble être rejeté par des philosophes qui contestent, implicitement ou explicitement, que l'éta-

1. C'est-à-dire tout ce qui est étranger à l'étude de la langue comme système au sens strict : par exemple, les rapports entre la linguistique et l'ethnologie, l'histoire des civilisations ou l'histoire politique, l'histoire des institutions. (N. de l'éd.)

lement dans l'espace et la succession dans le temps offrent des perspectives équivalentes. On dirait qu'à leurs yeux la dimension temporelle jouit d'un prestige spécial, comme si la diachronie fondait un type d'intelligibilité, non seulement supérieur à celui qu'apporte la synchronie, mais surtout d'ordre plus spécifiquement humain.

Il est facile d'expliquer sinon de justifier cette option : la diversité des formes sociales, que l'ethnologie saisit étalées dans l'espace, offre l'aspect d'un système discontinu ; or on s'imagine que, grâce à la dimension temporelle, l'histoire nous restitue, non des états séparés, mais le passage d'un état à un autre sous une forme continue. Et comme nous croyons nous-mêmes appréhender notre devenir personnel comme un changement continu, il nous semble que la connaissance historique rejoint l'évidence du sens intime. L'histoire ne se contenterait pas de nous décrire des êtres en extériorité, ou au mieux, de nous faire pénétrer par fulgurations intermittentes des intériorités qui seraient telles chacune pour son compte, tout en demeurant extérieures les unes aux autres : elle nous ferait rejoindre, en dehors de nous, l'être même du changement.

Il y aurait beaucoup à dire sur cette prétendue continuité totalisatrice du moi, où nous voyons une illusion entretenue par les exigences de la vie sociale – reflet, par conséquent, de l'extériorité sur l'intériorité – plutôt que l'objet d'une expérience apodictique. Mais il n'est pas nécessaire de trancher le problème philosophique pour s'apercevoir que la conception qu'on nous propose de l'histoire ne correspond à aucune réalité. Dès lors qu'on prétend privilégier la connaissance historique, nous nous sentons le droit (que nous ne songerions pas à revendiquer autrement) de souligner que la notion même de fait historique recouvre une double antinomie. Car, par hypothèse, le fait historique, c'est ce qui s'est réellement passé ; mais où s'est-il passé quelque chose ? Chaque épisode d'une révolution ou d'une guerre se résout en une multitude de mouvements psychiques et individuels ; chacun de ces mouvements traduit des évolutions inconscientes, et celles-ci se résolvent en phénomènes cérébraux, hormonaux, ou nerveux, dont les références sont elles-mêmes d'ordre physique ou chimique ... Par conséquent, le fait historique n'est pas plus *donné* que les autres ; c'est l'historien, ou l'agent du devenir historique, qui le constitue par abstraction, et comme sous la menace d'une régression à l'infini.

Or, ce qui est vrai de la constitution du fait historique ne l'est pas moins de sa sélection. De ce point de vue aussi, l'historien et l'agent historique choisissent, tranchent et découpent, car une histoire vraiment totale les confronterait au chaos. Chaque coin de l'espace recèle une multitude d'individus dont chacun totalise le devenir historique d'une manière incomparable aux autres ; pour un seul de ces individus, chaque moment du temps est inépuisablement riche en incidents physiques et psychiques qui jouent tous leur rôle dans sa totalisation. Même une histoire qui se dit universelle n'est encore qu'une juxtaposition de quelques histoires locales, au sein desquelles (et entre lesquelles) les trous sont bien plus nombreux que les pleins. Et il serait vain de croire qu'en multipliant les collaborateurs et en intensifiant les recherches, on obtiendrait un meilleur résultat : pour autant que l'histoire aspire à la signification, elle se condamne à choisir des régions, des époques, des groupes d'hommes et des individus dans ces groupes, et à les faire ressortir, comme des figures discontinues, sur un continu tout juste bon à servir de toile de fond. Une histoire vraiment totale se neutraliserait elle-même : son produit serait égal à zéro. Ce qui rend l'histoire possible, c'est qu'un sous-ensemble d'événements se trouve, pour une période donnée, avoir approximativement la même signification pour un contingent d'individus qui n'ont pas nécessairement vécu ces événements, et qui peuvent même les considérer à plusieurs siècles de distance. L'histoire n'est donc jamais l'histoire, mais l'histoire-pour. Partiale même si elle se défend de l'être, elle demeure inévitablement partielle, ce qui est encore un mode de la partialité. Dès qu'on se propose d'écrire l'histoire de la Révolution française, on sait (ou on devrait savoir) que ce ne pourra pas être, simultanément et au même titre, celle du jacobin et celle de l'aristocrate. Par hypothèse, leurs totalisations respectives (dont chacune est antisymétrique avec l'autre) sont également vraies. Il faut donc choisir entre deux partis : soit retenir principalement l'une d'elles ou une troisième (car il y en a une infinité), et renoncer à chercher dans l'histoire une totalisation d'ensemble de totalisations partielles ; soit reconnaître à toutes une égale réalité : mais seulement pour découvrir que la Révolution française telle qu'on en parle n'a pas existé.

C. Lévi-Strauss, *La Pensée sauvage*, Plon, 1962, pp. 339-342.

Structures et Histoire : L'unité ne peut être fournie que par la praxis

Si l'on admet que les structures se succèdent, il faut une loi interne qui produise leur unité. Seule l'Histoire, nous dit Sartre, permet leur totalisation et l'agent totalisateur ne peut être que l'homme.

SARTRE

... nous constatons que les structures, si on les pose *en soi* comme font certains structuralistes, sont de fausses synthèses : en fait rien ne peut leur donner l'*unité* structurale sinon la *praxis* unitaire qui les maintient. Il n'est pas douteux que la structure produit les conduites. Mais ce qui gêne dans le structuralisme radical – où l'Histoire a des aspects d'extériorité et de contingence par rapport à tel ensemble structuré ; pur développement de l'ordre en tant qu'on l'envisage comme une structure fournissant elle-même la règle de son développement temporel – c'est que l'envers dialectique est passé sous silence et qu'on ne montre jamais l'Histoire produisant les structures. En fait la structure fait l'homme dans la mesure où l'Histoire – c'est-à-dire la *praxis*-processus – fait l'Histoire. Si nous considérons l'homme objet du structuralisme radical on manque une dimension de la *praxis*, on ne voit pas que l'agent social conduit son destin sur la base des circonstances extérieures et que, en tant qu'être historique, il exerce une action double sur les structures : à la fois il ne cesse de les maintenir par ses conduites et par les mêmes conduites, souvent il ne cesse de les détruire. Tout le mouvement se réduit à un travail de l'Histoire sur la structure qui trouve en celle-ci son intelligibilité dialectique et qui, sans référence à elle, resterait sur le terrain de l'extériorité analytique, offrant son unité sans action unificatrice comme une pure mystification. Si nous nous demandons, au contraire, comment ces structures inertes ont été préservées, maintenues et modifiées par la pratique, nous retrouvons l'Histoire comme discipline anthropologique : la structure est médiation ; il faut chercher – quand les matériaux et les documents existent, ce qui n'est pas toujours le cas au niveau des travaux d'ethnographie – comment la *praxis* s'engouffre dans le pratico-inerte et ne cesse de le ronger. Ce problème nous renvoie d'ailleurs à la recherche purement philosophique : l'historien est historique, c'est-à-dire qu'il est *situé* par rapport au groupe social dont il fait l'étude historique. La philosophie – elle-même située – fait l'étude de ces situations d'un point de vue dialectique.

On peut distinguer trois moments : l'action de l'homme sur la matière modifie le rapport entre les hommes, en tant que la matérialité ouvrée est la médiation entre eux. Quand un ensemble pratico-inerte (1) est ainsi constitué, si son développement se fait plus lentement, il peut – c'est le deuxième moment – faire l'objet de l'analyse structurale. Mais ces mouvements plus lents n'en sont pas moins des évolutions : on peut étudier les institutions de la république romaine, mais – c'est le troisième moment – cette étude en elle-même renvoie à celle des forces profondes et des déséquilibres qui les font lentement glisser vers les institutions de l'empire. Ainsi l'étude structurale est un moment d'une anthropologie qui doit être à la fois historique et structurale. A ce niveau, se repose la question philosophique : celle de la totalisation : l'agent redevient sujet-objet puisqu'il se perd dans ce fait et, simultanément, échappe par sa même *praxis* à ce qu'il a fait. La philosophie commence au moment où la liaison dialectique histoire-structure nous dévoile que, dans tous les cas, l'homme – en tant que membre réel d'une société donnée et non pas en tant qu'abstraite nature humaine – n'est qu'un quasi-objet pour l'homme. Il ne s'agit ni d'une connaissance de l'objet ni d'une connaissance du sujet par lui-même mais d'une connaissance qui, en tant que nous avons affaire à des sujets, détermine ce qui peut être atteint en considérant que l'homme est à la fois objet, quasi-objet et sujet et que par conséquent le philosophe est toujours situé par rapport à lui. En ce sens on peut concevoir un fondement de l'anthropologie qui fixerait les limites et les possibilités pour l'homme de s'atteindre lui-même. Le champ anthropologique va de l'objet au quasi-objet et détermine les caractères réels de l'objet.

J. P. Sartre, *Situations, IX*, Gallimard, 1972, pp. 86-88.

1. J.-P. Sartre appelle « pratico-inertes » les activités humaines en tant qu'elles sont médiatisées par « un matériau rigoureusement objectif qui les renvoie à l'objectivité ». Ainsi l'économie nous livre une connaissance de l'homme reflétée par le pratico-inerte, « activité de l'homme retournée ». De même, le langage (« matière sonore unie par un ensemble de pratiques »), la structure, ne sont que des moments du pratico-inerte.

Portée et limites de l'analyse structurale

Dans un entretien avec Bernard Pingaud, Sartre répond à un certain nombre de questions relatives au statut de l'histoire, au structuralisme, au débat histoire/structure. Selon lui, le discrédit de l'histoire (le texte date de 1966) est lié implicitement à des enjeux idéologiques et politiques. C'est le marxisme qui est visé derrière l'histoire. On ne peut se limiter à l'action de structures dont l'homme ne serait que le produit : ce serait la négation de l'homme comme pouvoir de dépassement.

SARTRE

Lévi-Strauss a plusieurs fois protesté contre l'abus que l'on fait du concept de structure dans des domaines où son application est, en effet, très hasardeuse : la critique littéraire par exemple. Les recherches qu'il mène lui-même dans son domaine sont positives. Il est certain que l'analyse structurale permet de mieux comprendre le système complexe des relations de parenté ou la signification du mythe dans les sociétés archaïques. Mais le structuralisme, tel que le conçoit et le pratique Lévi-Strauss, a beaucoup contribué au discrédit actuel de l'histoire, dans la mesure où il ne s'applique qu'à des systèmes déjà constitués, les mythes par exemple. Si la fonction du mythe semble bien être d'intégrer les éléments absurdes ou déplaisants qui menacent la vie d'une société, il reste que le mythe a été élaboré, formé par des hommes. Même les sociétés les plus archaïques, les plus immobiles en apparence, celles que Lévi-Strauss appelle les sociétés « froides », ont une histoire. Elle est simplement à plus longue échéance que celle des sociétés « chaudes ». Dans une perspective structurale, c'est-à-dire non dialectique, il est impossible de rendre compte de cette évolution. L'histoire apparaît comme un phénomène purement passif, soit que la structure porte en elle, dès l'origine, ses germes de mort, soit qu'un événement extérieur la détruise. Ainsi, pour Pouillon, l'histoire c'est la contingence (1). Vous comparez deux sociétés où les fonctions politiques et religieuses sont distribuées différemment. De cette confrontation, vous dégagez un modèle structural qui, à son tour, définit un certain nombre de possibilités. Pourquoi toutes ces possibilités ne se sont-elles pas réalisées ? Parce qu'il y a la contingence : des événements extérieurs, la guerre ou la famine, peuvent détruire une société. Quand elle ne meurt pas de sa belle mort, la structure succombe par accident. Mais ce ne sont jamais les hommes eux-mêmes qui la modifient, parce que ce ne sont pas eux qui la font : ils sont au contraire faits par elle.

Ici encore, je ne conteste pas l'existence des structures, ni la nécessité d'en analyser le mécanisme. Mais la structure n'est pour moi qu'un moment du pratico-inerte (2). Elle est le résultat d'une praxis qui déborde ses agents. Toute création humaine a son domaine de passivité : cela ne signifie pas qu'elle soit de part en part subie. Vous vous rappelez le mot d'Auguste Com-

1. J. P. Sartre fait ici allusion à un article publié par Jean Pouillon à la suite d'un séjour en Afrique (*L'Homme*, sept.-déc. 1964).
2. Voir la note de la p. 163.

te : « Le progrès, c'est le développement de l'ordre. » Il s'applique parfaitement à l'idée que les structuralistes se font de la diachronie : l'homme est en quelque sorte développé par le développement même de la structure. Moi, je ne crois pas que l'histoire puisse se réduire à ce processus interne. L'histoire, ce n'est pas l'ordre. C'est le désordre. Disons : un désordre rationnel. Au moment même où elle maintient l'ordre, c'est-à-dire la structure, l'histoire est déjà en train de la défaire. Ainsi la lutte des classes crée des structures au sein desquelles elle s'exerce, qui, par conséquent, la conditionnent, – mais dans la mesure où elle leur est antérieure, elle ne cesse simultanément de les dépasser.

On me reproche souvent mon « historicisme. » A croire certains, je plongerais l'homme, le sujet, sans intermédiaire, dans le vaste mouvement indistinct de l'histoire. Je n'ai jamais dit cela. L'homme est pour moi le produit de la structure, mais pour autant qu'il la dépasse. Si vous voulez, il y a des stases de l'histoire qui sont les structures. L'homme reçoit les structures, – et en ce sens on peut dire qu'elles le font. Mais il les reçoit en tant qu'il est engagé lui-même dans l'histoire, et engagé de telle sorte qu'il ne peut pas ne pas les détruire, pour en constituer de nouvelles qui à leur tour le conditionneront. Comme dit Marx, « le secret de l'ouvrier est la mort de la bourgeoisie ».

« Jean-Paul Sartre répond », *L'Arc*, n° 30, 1966, pp. 89-91.

Penser pour ou contre l'histoire

SARTRE

Il s'agit toujours de penser pour ou contre l'histoire. Si l'on admet, comme moi, que le mouvement historique est une totalisation perpétuelle, que chaque homme est à tout moment totaliseur et totalisé, la philosophie représente l'effort de l'homme totalisé pour ressaisir le sens de la totalisation. Aucune science ne peut la remplacer, car toute science s'applique à un domaine de l'homme déjà découpé. La méthode des sciences est analytique, celle de la philosophie ne peut être que dialectique. En tant qu'interrogation sur la praxis, la philosophie est en même temps une interrogation sur l'homme, c'est-à-dire sur le sujet totalisateur de l'histoire. Peu importe que ce sujet soit ou non décentré. L'essentiel n'est pas ce qu'on a fait de l'homme, mais *ce qu'il fait de ce qu'on a fait de lui.* Ce qu'on a fait de l'homme, ce sont les structures, les ensembles signifiants qu'étudient les sciences humaines. Ce qu'il fait, c'est l'histoire elle-même, le dépassement réel de ces structures dans une praxis totalisatrice. La philosophie se situe à la charnière. La praxis est dans son mouvement une totalisation complète ; mais elle n'aboutit jamais qu'à des totalisations partielles, qui seront à leur tour dépassées. Le philosophe est celui qui tente de penser ce dépassement.

Pour cela, il dispose d'une méthode, la seule qui rende compte de l'ensemble du mouvement historique dans un ordre logique : le marxisme. Le marxisme n'est pas un système figé ; c'est une tâche, un projet à accomplir. Pour toutes sortes de raisons, il s'est produit dans l'accomplissement de cette tâche un temps d'arrêt. Les marxistes ont trop longtemps refusé d'intégrer les connaissances nouvelles sur l'homme, et de ce fait le marxisme s'est appauvri. La question, aujourd'hui, est de savoir si nous voulons lui redonner vie, en l'élargissant, en l'approfondissant, ou si nous préférons le laisser mourir. Renoncer au marxisme, ce serait renoncer à comprendre le *passage*. Or je pense que nous sommes toujours *en passage*, toujours en train de désagréger en produisant, et de produire en désagrégeant ; que l'homme est perpétuellement déphasé par rapport aux structures qui le conditionnent, parce qu'il est autre chose que ce qui le fait être ce qu'il est. Je ne comprends donc pas qu'on s'arrête aux structures : c'est pour moi un scandale logique.

Sartre, *ibid.*, p. 95.

Archéologie et histoire des idées : la description archéologique

La distinction opérée par Foucault entre « archéologie » et « histoire des idées » permet de comprendre en quoi la première participe d'une analyse structurale. Abandonnant les présupposés traditionnels de l'historicisme (genèse, continuité, totalisation), elle se définit sommairement par les quatre principes énoncés ci-dessous.

FOUCAULT

Genèse, continuité, totalisation : ce sont là les grands thèmes de l'histoire des idées, et ce par quoi elle se rattache à une certaine forme, maintenant traditionnelle, d'analyse historique. Il est normal dans ces conditions que toute personne qui se fait encore de l'histoire, de ses méthodes, de ses exigences et de ses possibilités, cette idée désormais un peu flétrie, ne puisse pas concevoir qu'on abandonne une discipline comme l'histoire des idées ; ou plutôt considère que toute autre forme d'analyse des discours est une trahison de l'histoire elle-même. Or la description archéologique est précisément abandon de l'histoire des idées, refus systématique de ses postulats et de ses procédures, tentative pour faire une tout autre histoire de ce que les hommes ont dit. Que certains ne reconnaissent point dans cette entreprise l'histoire de leur enfance, qu'ils pleurent celle-ci, et qu'ils invoquent, à une époque qui n'est plus faite pour elle, cette grande ombre d'autrefois, prouve à coup sûr l'extrême de leur fidélité. Mais ce zèle conservateur me confirme dans mon propos et m'assure de ce que j'ai voulu faire.

Entre analyse archéologique et histoire des idées, les points de partage sont nombreux. J'essaierai d'établir tout à l'heure quatre différences qui me paraissent capitales : à propos de l'assignation de nouveauté ; à propos de l'analyse des contradictions ; à propos des descriptions comparatives ; à propos enfin du repérage des transformations. J'espère qu'on pourra saisir sur ces différents points les particularités de l'analyse archéologique, et qu'on pourra éventuellement mesurer sa capacité descriptive. Qu'il suffise pour l'instant de marquer quelques principes.

1. L'archéologie cherche à définir non point les pensées, les représentations, les images, les thèmes, les hantises qui se cachent ou se manifestent dans les discours ; mais ces discours eux-mêmes, ces discours en tant que pratiques obéissant à des règles. Elle ne traite pas le discours comme *document*, comme signe d'autre chose, comme élément qui devrait être transparent mais

dont il faut souvent traverser l'opacité importune pour rejoindre enfin, là où elle est tenue en réserve, la profondeur de l'essentiel ; elle s'adresse au discours dans son volume propre, à titre de *monument*. Ce n'est pas une discipline interprétative : elle ne cherche pas un « autre discours » mieux caché. Elle se refuse à être « allégorique ».

2. L'archéologie ne cherche pas à retrouver la transition continue et insensible qui relie, en pente douce, les discours à ce qui les précède, les entoure ou les suit. Elle ne guette pas le moment où, à partir de ce qu'ils n'étaient pas encore, ils sont devenus ce qu'ils sont ; ni non plus le moment où, dénouant la solidité de leur figure, ils vont perdre peu à peu leur identité. Son problème, c'est au contraire de définir les discours dans leur spécificité ; de montrer en quoi le jeu des règles qu'ils mettent en œuvre est irréductible à tout autre ; de les suivre tout au long de leurs arêtes extérieures et pour mieux les souligner. Elle ne va pas, par progression lente, du champ confus de l'opinion à la singularité du système ou à la stabilité définitive de la science ; elle n'est point une « doxologie » ; mais une analyse différentielle des modalités de discours.

3. L'archéologie n'est point ordonnée à la figure souveraine de l'œuvre ; elle ne cherche point à saisir le moment où celle-ci s'est arrachée à l'horizon anonyme. Elle ne veut point retrouver le point énigmatique où l'individuel et le social s'inversent l'un dans l'autre. Elle n'est ni psychologie, ni sociologie, ni plus généralement anthropologie de la création. L'œuvre n'est pas pour elle une découpe pertinente, même s'il s'agissait de la replacer dans son contexte global ou dans le réseau des causalités qui la soutiennent. Elle définit des types et des règles de pratiques discursives qui traversent des œuvres individuelles, qui parfois les commandent entièrement et les dominent sans que rien ne leur échappe ; mais qui parfois aussi n'en régissent qu'une partie. L'instance du sujet créateur, en tant que raison d'être d'une œuvre et principe de son unité, lui est étrangère.

4. Enfin, l'archéologie ne cherche pas à restituer ce qui a pu être pensé, voulu, visé, éprouvé, désiré par les hommes dans l'instant même où ils proféraient le discours ; elle ne se propose pas de recueillir ce noyau fugitif où l'auteur et l'œuvre échangent leur identité ; où la pensée reste encore au plus près de soi, dans la forme non encore altérée du même, et où le langage ne s'est pas encore déployé dans la dispersion spatiale et successive du discours. En d'autres termes elle n'essaie pas de répéter ce qui a été dit en le rejoignant dans son identité même. Elle ne prétend pas s'effacer elle-même dans la modestie ambiguë d'une lecture qui laisserait revenir, en sa pureté, la lumière lointaine, précaire, presque effacée de l'origine. Elle n'est rien de plus et rien d'autre qu'une réécriture : c'est-à-dire dans la forme maintenue de l'extériorité, une transformation réglée de ce qui a été déjà écrit. Ce n'est pas le retour au secret même de l'origine ; c'est la description systématique d'un discours-objet.

M. Foucault, *L'Archéologie du savoir*, Gallimard, 1969, pp. 181-183.

6. L'épistémologie de l'histoire

6. 1. LE STATUT DE L'HISTOIRE : DEUX INTERROGATIONS PHILOSOPHIQUES

Histoire et information selon M. Serres

L'épistémologie de l'histoire est au centre de l'œuvre de Michel Serres. Traversant les Hermès – *de* La Communication *à* La Distribution – *ou bien encore* la Naissance de la Physique dans le texte de Lucrèce, *la réflexion s'interroge sur le statut à conférer à l'histoire-science ou à l'histoire-temps.*

a. L'histoire — science du « bruit » et de l'aléa. – *En tout premier lieu, Serres réhabilite « la vieille définition péjorative de science conjecturale en faisant observer que conjectural peut avoir un sens aléatoire et statistique » (1). Le lieu privilégié de l'aléa, du hasard, de la variation tourbillonnaire plus que causale ou linéaire, n'est-il pas, en effet, l'histoire ? « L'histoire est au hasard, aléatoire et stochastique (2). Un nuage de fond, d'abord, le bruit (3) de fond. [... Elle] est la formation de syrrhèses, de systèmes, d'ordres, à partir de ce nuage qui ne cesse jamais ». (4) L'histoire-bruit empêche-t-elle cependant l'histoire-science ? Est-il un lieu, en outre, où l'histoire ne serait pas, un lieu de l'anhistorique ?*

En effet, si le bruit est en nous, autour de nous, si, de part en part, l'histoire-temps nous constitue en essence, l'on peut s'interroger sur la valeur d'exactitude de l'histoire-savoir. En réponse, Serres importe le théorème de Brillouin : « La connaissance exacte d'un segment déterminé du passé coûterait l'infinité ouverte du temps à venir. L'histoire-savoir coûte l'histoire-temps.» (5) Nulle loi exacte, fixe, invariante ou universelle. « La loi, la chaîne, l'ordre sont toujours des exceptions, quelque chose comme des miracles. La probabilité rarissime a pris la place de l'inévitable. » (6) Analyse de l'histoire, donc, en relation avec l'état des sciences – de la chaleur ou de l'information. Le réel est indéterminé ; l'exactitude historique est dans l'acceptation de son impossibilité à l'atteindre.

b. Histoire : lieu et science de l'entropie. – *Il n'en reste pas moins que l'histoire est en tout, qu'elle est partout « quantificateur universel toujours*

(1) M. Serres, *Hermès II*, Ed. de Minuit, 1972, p. 123.

(2)= lié au hasard. Terme en usage en théorie des probabilités, dérivé du grec *stokhastès* (devin).

(3) « Appelons *bruit* l'essentiel de ces phénomènes de brouillage qui font obstacle à la communication. » M. Serres, *Hermès I*, Ed. de Minuit, 1968, p. 40.

(4) M. Serres, *La Naissance de la physique ...*, Ed. de Minuit, 1977, p. 202.

(5) M. Serres, *Hermès IV*, Ed. de Minuit, 1977, p. 36.

(6) *Ibid.*, p. 37.

là »(7) ; science des sciences car « il n'y a pas d'état de choses, il n'y a pas d'ordre des choses dont il soit impossible en droit et démontrablement de faire l'histoire »(8). Science, en bref, de la communication établie à partir de la propagation, de la conservation et de la perte. Ainsi, Brillouin, dans La Science et la théorie de l'information, *définit-il la tâche de l'historien : « [Il] remplit les lacunes et les coupures en émettant une énergie en retour, ranimant l'information morte ». En sa démarche, l'histoire ne se donne-t-elle pas au moins pour projet de remonter le courant entropique ?*

c. Histoire et épistémologie de l'échange. – *Même si l'on sait, de cette entreprise, la limite nécessaire, il n'en reste pas moins vrai que l'histoire distributive de messages, de « documents-monuments » à déchiffrer, sérier, pourrait bien se lire telle un immense cryptogramme requérant – d'urgence – une épistémologie interrégionale. Figure, par excellence, de la circulation d'une information omniprésente, elle convie à l'échange, à l'interférence, mieux à l'interréférence.*

Spécificité d'un savoir qui enseigne peut-être enfin que la domination par la loi et la raison reste impuissante – suivant les anciens schèmes – à traduire la vie, l'écoulement, la dérive temporelle.

A partir de l'information, une histoire nouvelle – encore à l'aurore – semble bien annoncer que l'universel a chargé de sens et de forme. L'histoire ou la nouvelle Encyclopédie ?

A.B.

Histoire, bruit et aléa

SERRES

Toute chose est histoire, ce discours est philosophie exacte, fidèle, précise de l'histoire. Que dit-il une fois encore, que puis-je lire sur les choses mêmes ?

L'histoire est au hasard, aléatoire et stochastique. Un nuage de fond, d'abord, le bruit de fond. Les grandes populations, la multitude paramétrique dépassant toute mesure. L'histoire est ergodique. L'effet capricieux d'une opération dépendant du hasard se trouve régularisé par une répétition suffisante de cette opération. L'histoire est la formation de syrrhèses, de systèmes, d'ordres, à partir de ce nuage qui ne cesse jamais. La reconnaissance et la description de ces émergences. Or, ce qui émerge du bruit peut être un signal, et bientôt un langage. Alors, la formation se reconnaît parfois comme telle et s'autodécrit. Turbulences matérielles et signalétiques maintenant leur bouquet réversible dans et contre l'irréversible, précipitées à terme court, moyen, long ou très long dans la chute qui les produisit. Tourbillons locaux, petits, médiocres ou immenses, toujours en train de se transformer ou d'être transformés par les flux d'aval et d'amont, par les forces intrinsèques, les énergies qui les font et les défont. La vieille logique de la causalité devient tourbillonnaire, les effets revenant sur les causes. Ce modèle suivi dans l'histoire était l'histoire même, comme si elle portait dans ses propres flancs, très enfouies, les horloges complexes dont elle avait besoin. Ce qui était né, au bord de la mer Ionienne, oui, c'était le discours des choses, la physique, la formation des existants dans leur matière, c'était aussi ce qu'on peut dire de plus fort sur

(7) *L'Arc*, n°72 : « Duby », p. 62.
(8) *Ibid.*, p. 63.

l'histoire, et que l'histoire, au vieux sens de ce mot, charriait aveuglément. Cet invariant venu à nous de millénaire en millénaire, c'était le concept de l'histoire. Nous avions oublié les choses et ce qu'elles disent, variables, sur le variable.

Michel Serres, *Naissance de la physique dans le texte de Lucrèce*, Éd. de Minuit, 1977, pp. 202-203.

La révolution thermodynamique : ordre, loi, histoire ?

SERRES

Voici le mot de la révolution : le réel n'est pas rationnel, le rationnel, pourtant inévitable, là, est réellement impossible. Tout savoir, depuis lors, du monde et de l'univers, des choses et de leurs entrailles noires, des êtres vivants jusqu'à l'élémentaire de leur enchaînement, suit la vieille route du feu, et ce faisant découvre du rationnel, des stabilités, des invariances étonnantes, derrière quoi le réel désordonné clame son bruit sans nom. Notre science du monde est coupée, orthogonalement, par la science de la chaleur. (...)

Oui, le désordre précède l'ordre et seul est réel le premier ; oui, le nuage, c'est-à-dire le grand nombre, précède la détermination et seuls les premiers sont réels. La loi, la chaîne, l'ordre sont toujours des exceptions, quelque chose comme des miracles. La probabilité rarissime a pris la place de l'inévitable. S'il y a un ordre des choses, il y a toujours un calcul sous-jacent qui montre à l'évidence qu'il n'aurait pas dû être. Ce retournement radical vis-à-vis du concret objectif, qui aurait dû transformer depuis longtemps nos habitudes et nos manières de penser, ne date pas d'hier : Brillouin est parmi les derniers d'une généalogie qui remonte, au moins, à Boltzmann. Il ruine à tout jamais les espoirs sereins des laplaciens, positivistes et autres ordonnateurs. Mais la manie de la propreté a la vie tenace, et la conception romantique, je veux dire laplacienne, a perduré chez les historiens, qui ne peuvent concevoir leur discipline comme science que si elle aboutit à des enchaînements législatifs. Or, si l'histoire doit être une science, elle doit d'abord y renoncer. Elle doit le faire, si elle veut l'être et pour l'être. Ces résultats ne critiquent donc pas la conception scientifique de l'histoire, ils contribuent à la fonder.

Michel Serres, in *Faire de l'histoire* (ouvr. coll.), t. II, Gallimard, 1974, pp. 219-220 et 225-226.

Histoire et information

SERRES

Soit un ensemble de monuments, restes, traces et marques de ce qu'on appelle un moment donné de l'histoire. Ce moment est identiquement, pour nous, cet ensemble, ce *nuage* documentaire. Il s'agit bien d'un ensemble objectif : solides matériels porteurs d'une information inscrite sur eux d'une manière ou d'une autre, selon tel ou tel code. Le Brillouin (1) dicte alors que la connaissance exacte de ce nuage, et même son découpage précis, coûterait une quantité infinie de néguentropie. Il faudrait une insurpassable fortune pour payer la transformation du nuage

1. Il s'agit d'un théorème de thermodynamique dû à Léon Brillouin (1889-1969).

en un ensemble dominé de part en part. D'où ce théorème, banal à force d'évidence, mais contraignant : *la connaissance exacte d'un segment déterminé du passé coûterait l'infinité ouverte du temps à venir.* Car il faut bien l'infinité du temps pour acquitter une dette sans borne. L'histoire comme science doit être payée du reste infini de l'histoire comme temps. L'idéal de connaissance exacte, finie, fermée, définitive, implique l'horizon indéfiniment repoussé de l'avenir : à strictement parler, il n'y a pas de différence entre ces deux arrière-mondes. L'histoire-savoir coûte l'histoire-temps. On n'en finira donc jamais de prendre la Bastille ou d'enterrer les communards. Tout comme si l'histoire était cette étrange décision de la passion phylogénétique de payer par un prix infini, par un discours interminable, les fragments épars de son propre passé. Maladie ou thérapeutique, qui le dira ?

M. Serres, *ibid.*, p. 224.

L'historien et le savant

SERRES

Au cours de son travail, un historien s'inquiète de ce qu'il peut omettre. Il se demande quels sont les territoires que son filtre, conscient ou involontaire, a éliminés. Quels sont les nouveaux phénomènes qu'il doit relever encore, dont il doit rendre compte. Quelles sont les variables cachées, dont la perte serait décisive. Quels sont les paramètres qu'il n'a pas encore aperçus. Il est toujours en quête de l'autre. Il travaille à la collection, à la récollection, à la somme. Il ajoute, il additionne, il réunit. Mieux, il connecte, il produit. Ses opérateurs favoris sont de réunion et d'intersection. Plus il traite de matériau, plus il a de chance de trouver les paramètres explicatifs. Plus on traite de minerai, plus la chance s'accroît que la pépite d'or apparaisse. En d'autres termes, il est un travailleur *positif.* Tous ses opérateurs sont positifs, jusqu'à l'intégration, jusqu'au prolongement. Jamais il ne soustrait, jamais il ne retranche, jamais il n'élimine. Tout a un sens. Ou s'il le fait, justement, c'est la faute. C'est la censure et le recouvrement, l'hypocrisie. Et l'omission est bien son inquiétude. Inversement, ne demande jamais, ne doit jamais se demander quels sont les territoires qui échappent, de droit, à sa juridiction et à son investissement.

Cela le différencie fortement d'un savant usuel : vous reconnaîtrez ce dernier à ce signe qu'il est fatalement amené à vous dire, de quelque chose, à un moment : cela ne m'intéresse pas. Moi, physicien, je n'ai rien à vous dire (de pertinent) sur la sociologie électorale ; moi, biologiste, je n'ai pas d'intérêt ni d'investissement dans les adèles. Ils ont peut-être tort, mais il en est ainsi. La science est, dans son travail, ce partage, ou cette partition. Elle travaille au négatif, d'abord. Elimine, soustrait, retranche. N'aurait pu se former sans ce découpage. N'aurait pu émerger sans cette division. Ainsi ses opérateurs initiaux sont-ils tous négatifs, jusqu'à la différenciation. Au cours de son travail toujours analytique, un savant s'inquiète plutôt des surcharges. Il se demande où gît le paramètre parasite qui perturbe la décomposition, comment détecter la variable cachée qui rend confuse la question. Mais avant tout, il clôt son territoire. Ce n'est pas rien de dire qu'il entre au laboratoire. C'est l'enfermement dans la distinction, dans la *determinatio negatio.*

M. Serres, in *L'Arc* n°72, « Duby », p. 64.

L'histoire selon G. - G. Granger : une clinique sans pratique

Dans Pensée formelle et sciences de l'homme, *le philosophe Gilles-Gaston Granger définit l'histoire comme une « clinique sans pratique ».*

Il lui dénie le caractère de science humaine. Cette discipline se présente pour lui, spécifiquement, comme « la connaissance de l'individuel » et ne peut à ce titre, prétendre à la rigueur et à la mathématicité. L'historien – « clinicien spéculatif » – est voué à demeurer ou un esthète ou un formaliste s'il privilégie, dans le premier cas le récit imaginatif, dans le second, la quête du formalisme pur. Là réside toute l'ambiguïté de l'histoire.

GRANGER

Nous dirons donc que l'histoire, en tant que discipline autonome, n'est pas à proprement parler l'une des *sciences* de l'homme, si l'on veut donner à ce mot son plein sens ; on n'y peut parler que par abus de lois, de variables, de modèles. On la confond alors, ce faisant, avec la sociologie, la psychologie, l'économique ... Si l'on définit la science : construction de modèles efficaces des phénomènes, on voit que l'histoire nous échappe, dans la mesure où elle se propose non d'élaborer des modèles pour une manipulation des réalités, mais de reconstituer ces réalités mêmes, nécessairement vécues comme individuelles.

G. - G. Granger, *Pensée formelle et sciences de l'homme,* Aubier-Montaigne, 1960, p. 207.

La condition ambiguë de l'historien

GRANGER

L'historien demeure constamment dans une situation assez ambiguë, faisant alterner avec virtuosité l'usage des méthodes proprement scientifiques et le recours presque toujours tacite à l'imagination évocatrice du concret. Il est donc tour à tour sociologue, économiste, linguiste, psychologue, recourant à des modèles formels plus ou moins explicitement dégagés. Mais il peut à bon droit revendiquer toujours l'originalité de sa discipline, puisque sa visée est tout autre que la leur ; il veut atteindre l'individuel, mais par le regard seulement, sans jamais le toucher. C'est un *clinicien spéculatif.*

D'une certaine manière, l'Ecole historique française des *Annales* nous donne un très brillant exemple de cette condition paradoxale. (Encore que ses représentants soient sans doute peu disposés à admettre notre thèse qui refuse à l'histoire le nom de science ...) Ne s'agit-il pas, au moins pour Lucien Febvre, de restituer à l'histoire son véritable objet : le quotidien, le contenu même de la vie individuelle ? « L'Ecole de la vie qui passe » : il aurait pu emprunter à Hokusai le titre charmant de son art. La magnifique *Méditerranée* de Fernand Braudel ne montre-t-elle pas, dans la distribution de son exposé comme dans ses procédés d'analyse, que l'œuvre de l'historien est constamment divisée. D'une part, l'usage scientifique de modèles structurés, – usage scientifique mais irrémédiablement abstrait, puisqu'il demeure coupé par le cours du temps de toute pénétration active dans le monde auquel il s'applique. D'autre part, évocation imaginative à la Michelet, qui comporte la détermination arbitraire, l'assurance dans le choix, l'apparente nécessité des beaux-arts. Mais aucune autre possibilité ne s'offre pour connaître le contenu du passé humain ; la catégorie de l'individuel ne s'applique à la rigueur qu'à l'existence actuelle, l'individuel passé échappe à une connaissance conceptuelle, c'est-à-dire à la science, s'il est vrai que cette dernière ne puisse l'atteindre que par son insertion dans une *praxis*.

(...) Il y a donc pour l'histoire une tentation esthétique, qui la renvoie au roman, et une tentation formaliste, qui la renvoie aux sciences sociales. Le talent de l'historien consiste à naviguer entre ces deux écueils. En tant que discipline autonome et constituée, l'histoire nous paraît donc être, plutôt qu'une science, l'un des arts qui caractérisent une culture. Elle est, de ce point de vue, plus qu'une science, en ce qu'elle constitue déjà un savoir technique, mais une technique visant non à modifier notre monde, mais à nous édifier un passé. Quelque soin qu'elle prenne d'être « objective », la nature même du fait humain passé, rattaché aux existences individuelles, l'oblige à être une *idéologie*.

(...) Si l'historien veut se soustraire radicalement à cette condition, il quitte du même coup le terrain de l'histoire. Tel est le cas d'une conception dite structuraliste, mise en valeur par certains historiens de la philosophie. Il s'agit alors de retrouver dans un texte non plus un tissu d'influences et les traces d'un devenir, mais l'architectonique des thèmes, le réseau des renvois et des reprises, des coordinations et des subordinations. C'est vouloir se placer en somme dans cette perspective informationnelle, synchronique, pour laquelle l'objet de connaissance est un système d'oppositions et de relations significatives. Méthode d'analyse qui s'insère d'autant plus remarquablement dans le mouvement de renouveau des sciences de l'homme qu'elle s'est constituée tout à fait indépendamment des travaux des linguistes et des cybernéticiens. Mais si l'analyse structurale découvre un mode d'objectivation nouveau et puissant des œuvres humaines, mérite-t-elle encore vraiment le nom de méthode historique ?

G. - G. Granger, *ibid.*, pp. 207-209.

6. 2. LA NOUVELLE HISTOIRE : OBJETS, ENJEUX, METHODES

A une époque où l'enseignement de l'histoire donne lieu à de multiples controverses, où la pratique de la « nouvelle histoire » ouvre des champs d'investigation et des questionnements diversifiés, il importe de cerner ce qui fonde la distinction entre deux démarches : celle de l'histoire dite positiviste et celle de l'histoire dite nouvelle.

a. L'histoire positiviste du tournant du siècle : Langlois et Seignobos. – *Dans la lignée de Taine (1828-1893) et de Fustel de Coulanges (1830-1889), Charles Seignobos (1854-1942) s'affirme, entre 1897 et 1921, comme le maître à penser de toute une génération d'historiens. Il définit avec rigueur les lois d'une critique historique minutieuse dans l'*Introduction aux études historiques *(1898) écrite en collaboration avec Charles-Victor Langlois, et insiste tout particulièrement sur la dimension politique et événementielle de l'histoire – ceci par défiance méthodique : les faits d'ordre économique, intellectuel ou social apparaissant, en effet, comme trop douteux. Quête* *obstinée de l'objectivité du fait pur, élaboration de méthodes, et exhortation à la vigilance critique de l'historien qui se doit de tenir – sans faillir – le probable pour de l'erroné. Mais tant de précautions suffisent-elles à préserver « l'élan nécessaire de l'histoire », pour reprendre le mot de Braudel dans les* Ecrits sur l'histoire ?

b. L'Ecole des Annales : Lucien Febvre et Marc Bloch. – *Les* Annales de l'histoire économique et sociale *furent fondées pendant la crise de 1929 par Marc Bloch (1886-1944) et Lucien Febvre (1878-1956), et imposèrent une conception nouvelle de l'histoire comme science de l'homme social et comme étude conjointe de l'évolution économique, juridique et mentale des sociétés humaines. « La nouveauté essentielle de Febvre et Bloch n'était pas dans le passage de la « qualité » à la « quantité » ; elle résidait bien plutôt dans le fait que les deux historiens délaissaient systématiquement « l'événement » pour s'intéresser aux données profondes, aux structures et à la longue durée. » (E. Le Roy Ladurie,* Le Territoire de l'historien, *p. 26, Gallimard, 1973)*

La Société Féodale *de Marc Bloch (1939-1940) est sans doute la première tentative d'un historien pour étudier, dans sa totalité, une formation sociale. De plus l'*Apologie pour l'histoire ou métier d'historien *(ouvrage posthume paru en 1949) constitue une des bases de l'épistémologie de l'histoire.*

A Lucien Febvre, dans les Ecrits sur l'Histoire, *Fernand Braudel rend hommage en ces termes : « Nul mieux que lui n'a été en mesure de nous redonner confiance dans notre métier. « Vivre l'histoire », tel est le titre d'un de ses articles, un beau titre et un programme. L'histoire pour lui n'a jamais été un jeu d'érudition stérile, une sorte d'art pour l'art. (...) Elle lui est toujours apparue comme une explication de l'homme et du social à partir de cette coordonnée subtile et complexe – le temps – que seuls historiens nous savons manier. » (pp. 34 sq.)*

En 1933, dans sa leçon inaugurale au Collège de France, Febvre décrit la superstition du fait en ces termes : « S'il n'y a pas de problème, il n'y a que du néant. » Ailleurs, il définit l'histoire comme science des changements et du changement.

En bref, l'influence grandissante de la revue, désormais intitulée Annales (Economies – Sociétés – Civilisations) *se manifestera par une collaboration toujours plus étroite de l'histoire avec les autres sciences, par le souci d'abattre les cloisons qui la séparent de la géographie, de la sociologie, de l'économie, etc. L'histoire-science, requérant, en ses objets et en ses méthodes, l'interdisciplinarité, était née.*

c. Depuis les années 1950 ... – *Quelles sont les caractéristiques essentielles de l'histoire nouvelle ?*

Histoire, science du passé et du présent. – *Définie, par tradition, comme l'étude des faits passés, l'histoire accorde aujourd'hui un intérêt d'équivalente importance au présent le plus immédiat. Febvre, déjà, dans les dix dernières années de sa vie, affirmait la double dimension de l'histoire : science du passé, science du présent. Faut-il dès lors conclure à une transformation ou un approfondissement – voire un affinement – de l'objet historique, ou s'agit-il plutôt d'une appréhension différente de la valeur temporelle ?*

La longue durée : structure, conjoncture, événement. – *Au temps court de l'événement ponctuel, la « longue durée » est préférée. L'article de Braudel, dans les* Annales *d'octobre-décembre 1958, fut à cet égard significatif : distinction de l'histoire des cycles, des intercycles, du séculaire. Mise à jour, ainsi, d'une pluralité – méthodologiquement nécessaire – de temps sociaux et refus d'une durée unique.*

Histoire et économie. – *Certes, l'influence est grande, dans les sciences historiques, des œuvres d'un Labrousse :* Esquisse du mouvement des salaires et des prix au XVIIIe siècle *(1932) ou d'un Simiand :* Les Fluctuations économiques à longue période et la crise mondiale, *et permet de mettre au jour la nature économique de la nouvelle histoire.*

Histoire et structure. – *Histoire structurale, aussi, privilégiant les ensembles, la durée longue mais n'effaçant pas pour autant la « ride » événementielle. L'exemple de* La Méditerranée et le monde méditerranéen à l'époque de Philipppe II, *écrit par F. Braudel en 1949, vaut ici d'être rappelé. « Livre structural par excellence », écrit E. Le Roy Ladurie dans* Le Territoire de l'historien *(p. 26). La réalité historique y est étudiée aux trois niveaux hiérarchisés et combinés de la structure (durable), de la conjoncture (séculaire ou intraséculaire) et de l'événement.*

Histoire quantitative et sérielle. – *Histoire quantitative, enfin, en développement croissant depuis près d'un demi-siècle, et histoire sérielle, liées certes par leurs différences et leur spécificité, mais aussi par une tâche commune : substituer « la série à l'événement, c'est-à-dire [construire] la donnée historique en fonction d'une analyse probabiliste » (F. Furet in* Faire de l'histoire, *t. I, p. 45, Gallimard). On a pu dire en effet qu'avec l'histoire sérielle – c'est-à-dire la construction de séries statistiques à partir de réalités homogènes les unes aux autres, répétées sur une longue durée, comparables à des intervalles donnés et réguliers – le quantitatif est vraiment entré dans l'histoire.*

Histoire et informatique. – *Soulignons pour conclure l'importance, révolutionnaire à tous égards, de l'utilisation de l'ordinateur en histoire. « L'historien de demain sera programmeur ou ne sera plus » (E. Le Roy Ladurie,* op. cit., *p. 14). Des archives d'un genre totalement nouveau se constituent : « Un type nouveau d'archiviste [...] apparaît, sorte d'ingénieur en histoire très différent des grands érudits formés par l'Ecole des Chartes » (*ibid. *p. 14).*

Histoire et vie quotidienne. – *Mutation radicale, donc, au niveau des méthodes, des objets et des enjeux. La « nouvelle histoire » donne un statut à la vie la plus quotidienne : qu'elle soit du climat, de la mode, des mentalités, de la chronique villageoise etc.*

La liste exhaustive serait trop longue, voire impossible à délimiter. Histoire-programme autant que réalité : histoire de l'homme total. L'étude de la vie matérielle et mentale des gens ordinaires tend-elle, vraiment, à prendre la place de l'histoire politique traditionnelle privilégiant les « grands » (hommes ou événements) de la scène mondiale ?

A.B.

Juge ou savant ?

Marc Bloch (1886-1944), fondateur, avec Lucien Febvre, des Annales, *est l'un des pionniers de l'histoire pluridisciplinaire.* Les Caractères originaux de l'histoire rurale française *(1931),* La Société féodale *(1939) annoncent une méthodologie nouvelle de l'histoire : celle de l'histoire « totale », dont l'étude des mentalités n'est pas l'un des moindres aspects. Quant à* l'Apologie pour l'histoire, *ouvrage de 1939 publié après la mort de Bloch, elle constitue l'un des fondements de l'épistémologie historique.*

BLOCH

La formule du vieux Ranke est célèbre : l'historien ne se propose rien d'autre que de décrire les choses « telles qu'elles se sont passées, *wie es eigentlich gewesen* ». Hérodote l'avait dit avant lui : « raconter ce qui fut, *ton eonta* ». Le savant, l'historien, en d'autres termes, est invité à s'effacer devant les faits. Comme beaucoup de maximes, celle-là n'a peut-être dû sa fortune qu'à son ambiguïté. On y peut lire, modestement, un conseil de probité : tel était, on n'en saurait douter, le sens de Ranke. Mais aussi un conseil de passivité. En sorte que voilà, du même coup, soulevés deux problèmes : celui de l'impartialité historique, celui de l'histoire comme tentative de reproduction ou comme tentative d'analyse.

Mais y a-t-il donc un problème de l'impartialité ? Il ne se pose que parce que le mot, à son tour, est équivoque.

Il existe deux façons d'être impartial : celle du savant et celle du juge. Elles ont une racine commune, qui est l'honnête soumission à la vérité. Le savant enregistre, bien mieux, il provoque l'expérience qui peut-être, renversera ses plus chères théories. Quel que soit le vœu secret de son cœur, le bon juge interroge les témoins sans autre souci que de connaître les faits, tels qu'ils furent. Cela est, des deux côtés, une obligation de conscience qui ne se discute point.

Un moment vient cependant, où les chemins se séparent. Quand le savant a observé et expliqué, sa tâche est finie. Au juge, il reste encore à rendre sa sentence. Imposant silence à tout penchant personnel, la prononce-t-il selon la loi ? Il s'estimera impartial. Il le sera, en effet, au sens des juges. Non au sens des savants. Car on ne saurait condamner ou absoudre sans prendre parti pour une table des valeurs qui ne relève plus d'aucune science positive. Qu'un homme en ait tué un autre est un fait, éminemment susceptible de preuve. Mais châtier le meurtrier suppose qu'on tient le meurtre pour coupable : ce qui n'est, à tout prendre, qu'une opinion sur laquelle toutes les civilisations ne sont pas tombées d'accord.

Or longtemps l'historien a passé pour une manière de juge des Enfers, chargé de distribuer aux héros morts l'éloge ou le blâme. Il faut croire que cette attitude répond à un instinct puissamment enraciné. Car tous les maîtres qui ont eu à corriger des travaux d'étudiants savent combien ces jeunes gens se laissent difficilement dissuader de jouer, du haut de leurs pupitres, les Minos ou les Osiris. C'est plus que jamais le mot de Pascal : « Tout le monde fait le dieu en jugeant : cela est bon ou mauvais. » On oublie qu'un jugement de valeur n'a de raison d'être que comme la préparation d'un acte et de sens seulement par rapport à un système de références morales, délibérément accepté. Dans la vie quotidienne, les besoins de la conduite nous imposent cet étiquetage, ordinairement assez sommaire.

(...) La leçon du développement intellectuel de l'humanité est pourtant claire : les sciences se sont toujours montrées d'autant plus fécondes et, par suite, d'autant plus serviables, finalement, à la pratique – qu'elles abandonnaient plus délibérément le vieil anthropocentrisme du bien et du mal.

Marc Bloch, *Apologie pour l'histoire ou Métier d'historien*, Armand Colin, 1949, pp. 69-71.

La subjectivité en histoire

BLOCH

Aussi bien cette solidarité des âges a-t-elle tant de force qu'entre eux les liens d'intelligibilité sont véritablement à double sens. L'incompréhension du présent naît fatalement de l'ignorance du passé. Mais il n'est peut-être pas moins vain de s'épuiser à comprendre le passé, si l'on ne sait rien du présent. J'ai déjà ailleurs rappelé l'anecdote : j'accompagnais, à Stockholm, Henri Pirenne ; à peine arrivés, il me dit : « Qu'allons-nous voir d'abord ? Il paraît qu'il y a un Hôtel de Ville tout neuf. Commençons par lui. » Puis, comme s'il voulait prévenir un étonnement, il ajouta : « Si j'étais un antiquaire, je n'aurais d'yeux que pour les vieilles choses. Mais je suis un historien. C'est pourquoi j'aime la vie. » Cette faculté d'appréhension du vivant, voilà bien, en effet, la qualité maîtresse de l'historien. Ne nous laissons pas tromper par certaines froideurs de style, les plus grands parmi nous l'ont tous possédée : Fustel ou Maitland à leur façon, qui était plus austère, non moins que Michelet. Et peut-être est-elle, en son principe, un don des fées, que nul ne saurait prétendre acquérir s'il ne l'a trouvé en son berceau. Elle n'en a pas moins besoin d'être constamment exercée et développée. Comment ? sinon ainsi que Pirenne lui-même en donnait l'exemple, par un contact perpétuel avec l'aujourd'hui ?

Car le frémissement de vie humaine, qu'il faudra tout un dur effort d'imagination pour restituer aux vieux textes, est ici directement perceptible à nos sens. J'avais lu bien des fois, j'avais souvent raconté des récits de guerre et de batailles. Connaissais-je vraiment, au sens plein du verbe connaître, connaissais-je par le dedans avant d'en avoir éprouvé moi-même l'atroce nausée, ce que sont pour une armée l'encerclement, pour un peuple la défaite ? Avant d'avoir moi-même, durant l'été et l'automne 1918, respiré l'allégresse de la victoire – (en attendant, je l'espère bien, d'en regonfler une seconde fois mes poumons : mais le parfum, hélas ! ne sera plus tout à fait le même) – savais-je vraiment ce qu'enferme ce beau mot ? A la vérité, consciemment ou non, c'est toujours à nos expériences quotidiennes que, pour les nuancer, là où il se doit, de teintes nouvelles, nous empruntons en dernière analyse les éléments qui nous servent à reconstituer le passé : les noms mêmes dont nous usons afin de caractériser les états d'âme disparus, les formes sociales évanouies, quel sens auraient-ils pour nous si nous n'avions d'abord vu vivre des hommes ? A cette imprégnation instinctive, mieux vaut cent fois substituer une observation volontaire et contrôlée. Un grand mathématicien ne sera pas moins grand, je suppose, pour avoir traversé les yeux clos le monde où il vit. Mais l'érudit qui n'a le goût de regarder autour de lui ni les hommes, ni les choses, ni les événements, il méritera peut-être, comme disait Pirenne, le nom d'un utile antiquaire. Il fera sagement de renoncer à celui d'historien.

Marc Bloch, *ibid.*, pp. 13-14.

Les trois échelles de temps dans la nouvelle histoire

Fernand Braudel (né en 1902) est professeur au Collège de France depuis 1949. Sa thèse, La Méditerranée et le monde méditerranéen à l'époque de Philippe II, *est l'une des œuvres majeures de la nouvelle histoire, « totale » et « structurale ». Théoricien de la « longue durée », il replace l'événement politique dans une vaste entité économique et sociale.* Civilisation matérielle, économie et capitalisme, *une vaste fresque qui commence à paraître en 1967, approfondit les choix épistémologiques de Braudel : du XVe au XVIIIe siècle, les « structures du quotidien », les « jeux de l'échange », « le temps du monde » éclairent et justifient son aphorisme : « Il n'est de bonne histoire que mondiale. »*

BRAUDEL

Tout travail historique décompose le temps révolu, choisit entre ses réalités chronologiques, selon des préférences et exclusives plus ou moins conscientes. L'histoire traditionnelle attentive au temps bref, à l'individu, à l'événement, nous a depuis longtemps habitués à son récit précipité, dramatique, de souffle court.

La nouvelle histoire économique et sociale met au premier plan de sa recherche l'oscillation cyclique et elle mise sur sa durée : elle s'est prise au mirage, à la réalité aussi des montées et descentes cycliques des prix. Il y a ainsi, aujourd'hui, à côté du récit (ou du « récitatif » traditionnel), un récitatif de la conjoncture qui met en cause le passé par larges tranches : dizaines, vingtaines ou cinquantaines d'années.

Bien au-delà de ce second récitatif se situe une histoire de souffle plus soutenu encore, d'ampleur séculaire cette fois : l'histoire de longue, même de très longue durée. La formule, bonne ou mauvaise, m'est devenue familière pour désigner l'inverse de ce que François Simiand, l'un des premiers après Paul Lacombe, aura baptisé histoire événementielle. Peu importent ces formules ; en tout cas c'est de l'une à l'autre, d'un pôle à l'autre du temps, de l'instantané à la longue durée que se situera notre discussion.

Non que ces mots soient d'une sûreté absolue. Ainsi le mot *événement.* Pour ma part, je voudrais le cantonner, l'emprisonner dans la courte durée : l'événement est explosif, « nouvelle sonnante », comme l'on disait au XVIe siècle. De sa fumée abusive, il emplit la conscience des contemporains, mais il ne dure guère, à peine voit-on sa flamme.

F. Braudel, *Ecrits sur l'histoire*,
Flammarion, Champs, 1969, pp. 44-45.

La méfiance vis-à-vis de l'événementiel

BRAUDEL

Alors, disons plus clairement, au lieu d'événementiel : le temps court, à la mesure des individus, de la vie quotidienne, de nos illusions, de nos prises rapides de conscience – le temps par excellence du chroniqueur, du journaliste. Or, remarquons-le, chronique ou journal donnent, à côté des grands événements, dits historiques, les médiocres accidents de la vie ordinaire : un incendie, une catastrophe ferroviaire, le prix du blé, un crime, une représentation théâtrale, une inondation. Chacun comprendra qu'il y ait, ainsi, un temps court de toutes les formes de la vie, économique, social, littéraire, institutionnel, religieux, géographique même (un coup de vent, une tempête), aussi bien que politique.

A la première appréhension, le passé est cette masse de menus faits, les uns éclatants, les autres obscurs et indéfiniment répétés, ceux mêmes dont la micro sociologie ou la sociométrie, dans l'actualité, font leur butin quotidien (il y a aussi une microhistoire). Mais cette masse ne constitue pas toute l'épaisseur de l'histoire sur quoi peut travailler à l'aise la réflexion scientifique. La science sociale a presque horreur de l'événement. Non sans raison : le temps court est la plus capricieuse, la plus trompeuse des durées.

D'où chez certains d'entre nous, historiens, une méfiance vive à l'égard d'une histoire traditionnelle, dite événementielle.

Ibid., pp. 45-46.

L'altération du temps historique traditionnel

BRAUDEL

La rupture récente avec les formes traditionnelles de l'histoire du XIXe siècle n'a pas été une rupture totale avec le temps court. Elle a joué, on le sait, au bénéfice de l'histoire économique et sociale, au détriment de l'histoire politique. D'où un bouleversement et un indéniable renouveau ; d'où, inévitablement, des changements de méthode, des déplacements de centres d'intérêt avec l'entrée en scène d'une histoire quantitative qui, certainement, n'a pas dit son dernier mot.

Mais surtout, il y a eu altération du temps historique traditionnel. Une journée, une année pouvaient paraître de bonnes mesures à un historien politique, hier. Le temps était une somme de journées. Mais une courbe de prix, une progression démographique, le mouvement des salaires, les variations du taux d'intérêt, l'étude (plus rêvée que réalisée) de la production, une analyse serrée de la circulation réclament des mesures beaucoup plus larges.

Un mode nouveau de récit historique apparaît, disons le « récitatif » de la conjoncture, du cycle, voire de l' « intercycle », qui propose à notre choix une dizaine d'années, un quart de siècle et, à l'extrême limite, le demi-siècle du cycle classique de Kondratieff. Par exemple, compte non tenu des accidents brefs et de surface, les prix montent, en Europe, de 1791 à 1817 ; ils fléchissent de 1817 à 1852 : ce double et lent mouvement de montée et de recul représente un intercycle complet à l'heure de l'Europe et, à peu près, du monde entier.

Ibid., pp. 47-48.

Les nappes d'histoire lente

BRAUDEL

Entre les temps différents de l'histoire, la longue durée se présente ainsi comme un personnage encombrant, compliqué, souvent inédit. L'admettre au cœur de notre métier ne sera pas un simple jeu, l'habituel élargissement d'études et de curiosités. Il ne s'agira pas, non plus, d'un choix dont il serait le seul bénéficiaire. Pour l'historien, l'accepter c'est se prêter à un changement de style, d'attitude, à un renversement de pensée, à une nouvelle conception du social. C'est se familiariser avec un temps ralenti, parfois presque à la limite du mouvant. A cet étage, non pas à un autre – j'y reviendrai – il est licite de se déprendre du temps exigeant de l'histoire, en sortir, puis y revenir, mais avec d'autres yeux, chargés d'autres inquiétudes, d'autres questions. En tout cas, c'est par rapport à ces nappes d'histoire lente que la totalité de l'histoire peut se repenser, comme à partir d'une infrastructure. Tous les étages, tous les milliers d'étages, tous les milliers d'éclatements du temps de l'histoire se comprennent à partir de cette profondeur, de cette semi-immobilité ; tout gravite autour d'elle.

Ibid., p. 54.

Structure et histoire

BRAUDEL

Par *structure*, les observateurs du social entendent une organisation, une cohérence, des rapports assez fixes entre réalités et masses sociales. Pour nous, historiens, une structure est sans doute assemblage, architecture, mais plus encore une réalité que le temps use mal et véhicule très longuement. Certaines structures, à vivre longtemps, deviennent des éléments stables d'une infinité de générations : elles encombrent l'histoire, en gênent, donc en commandent, l'écoulement. D'autres sont plus promptes à s'effriter. Mais toutes sont à la fois soutiens et obstacles. Obstacles, elles se marquent comme des limites (des *enveloppes*, au sens mathématique) dont l'homme et ses expériences ne peuvent guère s'affranchir. Songez à la difficulté de briser certains cadres géographiques, certaines réalités biologiques, certaines limites de la productivité, voire telles ou telles contraintes spirituelles : les cadres mentaux aussi sont prisons de longue durée.

L'exemple le plus accessible semble encore celui de la contrainte géographique. L'homme est prisonnier, des siècles durant, de climats, de végétations, de populations animales, de cultures, d'un équilibre lentement construit, dont il ne peut s'écarter sans risquer de remettre tout en cause. Voyez la place de la transhumance dans la vie montagnarde, la permanence de certains secteurs de vie maritime, enracinés en tels points privilégiés des articulations littorales, voyez la durable implantation des villes, la persistance des routes et des trafics, la fixité surprenante du cadre géographique des civilisations.

Ibid., pp. 50-51.

Moyen Age et longue durée

Jacques Le Goff (né en 1924) enseigne à l'Ecole des hautes études en sciences sociales, dont il est directeur de 1972 à 1977, et codirige les Annales. *Son œuvre, depuis* Marchands et banquiers au Moyen Age *(1956) et* Intellectuels au Moyen Age *jusqu'à* Pour un autre Moyen Age *(1977) a profondément renouvelé notre connaissance de cette époque. Le Goff a su définir les méthodes diverses et précises qu'appelait l'étude des longues durées médiévales et qui faisaient défaut jusqu'à lui.*

LE GOFF

Ailleurs le folklore, quoique trop coupé de l'histoire, offre à l'historien des sociétés européennes qui veut recourir à l'anthropologie, un trésor de documents, de méthodes et de travaux qu'il ferait bien d'interroger avant de se tourner vers l'ethnologie extra-européenne. Folklore trop méprisé, ethnologie du pauvre, qui est pourtant une source essentielle pour l'anthropologie historique de nos sociétés dites « historiques ». Or la longue durée pertinente de notre histoire – pour nous en tant qu'hommes de métier et hommes vivant dans le flux de l'histoire – me paraît ce long Moyen Age qui a duré depuis le IIe ou IIIe siècle de notre ère pour mourir lentement sous les coups de la révolution industrielle – des révolutions industrielles – entre le XIXe siècle et nos jours. Ce long Moyen Age c'est l'histoire de la société préindustrielle. En amont c'est une autre histoire, en aval c'est une histoire – la contemporaine – à faire, ou mieux à inventer, quant aux méthodes. Ce long Moyen Age est pour moi le contraire du hiatus qu'ont vu les humanistes de la Renaissance et, sauf rares exceptions, les hommes des lumières. C'est le moment de la création de la société moderne, d'une civilisation moribonde ou morte sous ses formes paysannes traditionnelles, mais vivante par ce qu'elle a créé d'essentiel dans nos structures sociales et mentales. Elle a créé la ville, la nation, l'Etat, l'université, le moulin et la machine, l'heure et la montre, le livre, la fourchette, le linge, la personne, la conscience et finalement la révolution. Entre le néolithique et les révolutions industrielles et politiques des deux derniers siècles elle est – au moins pour les sociétés occidentales – non un creux ni un pont mais une grande poussée créatrice – coupée de crises, nuancée de décalages selon les régions, les catégories sociales, les secteurs d'activité, diversifiée dans ses processus.

Ne nous attardons pas aux jeux dérisoires d'une légende dorée du Moyen Age à substituer à la légende noire des siècles passés. Ce n'est pas cela un autre Moyen Age. Un autre Moyen Age c'est – dans l'effort de l'historien – un Moyen Age total qui s'élabore aussi bien à partir des sources littéraires, archéologiques, artistiques, juridiques qu'avec les seuls documents naguère concédés aux médiévistes « purs ». C'est un Moyen Age long, je le répète, dont tous les aspects se structurent en un système qui, pour l'essentiel, fonctionne du Bas-Empire romain à la révolution industrielle des XVIIIe-XIXe siècles. C'est un Moyen Age profond que le recours aux méthodes ethnologiques permet d'atteindre dans ses habitudes journalières, ses croyances, ses comportements, ses mentalités. C'est la période qui nous permet le mieux de nous saisir dans nos racines et nos ruptures, dans notre modernité effarée, dans notre besoin de comprendre le changement, la transformation qui est le fonds de l'histoire en tant que science et en tant qu'expérience vécue. C'est la distance de la mémoire constituante : le temps des grands-parents. Je crois que la maîtrise du passé que seul réalise l'historien de métier est aussi essentielle à nos contemporains que la maîtrise de la matière que leur offre le physicien ou la maîtrise de la vie que leur propose le biologiste.

J. Le Goff, *Pour un autre Moyen Age*, Gallimard, 1977, pp. 10-11.

Le droit à l'imagination pour l'historien

LE GOFF

L'histoire d'aucune époque ne se limite à la documentation sur laquelle elle se fonde. Et c'est un progrès depuis Hérodote et encore depuis Michelet, que la documentation s'enrichisse, que sa critique se raffine, que son utilisation scrupuleuse soit de plus en plus impérieuse. Mais il faut se résigner à ne pas tout savoir, à ne jamais tout savoir du Moyen Age. Il serait dangereux de vouloir remplir les vides, de faire parler sans méthode les lacunes. Mais, entre une Antiquité où les silences de l'histoire laissent peut-être la part trop belle aux hypothèses et des Temps modernes accablés sous le fardeau des documents, le Moyen Age peut être le temps de l'heureux équilibre, de la fructueuse collaboration d'une documentation bien utilisée et d'une imagination bien fondée. Le droit à l'imagination pour l'historien, et singulièrement pour le médiéviste, c'est toujours Michelet qui nous l'enseigne le mieux. Et comment expliquer, faire revivre une époque qui sut, par l'imagination, ériger sur ses manques et ses faiblesses une si grande civilisation du rêve, sans recourir aux vertus de l'imagination ? Les croisades s'ébranlent à l'appel d'une Jérusalem imaginaire. Comment les rendre compréhensibles sans les imaginer à partir, mais aussi au-delà des textes et des monuments ? L'homme du Moyen Age, les hommes du Moyen Age furent, même ceux qui n'avaient rien de mystique, des pèlerins, des marcheurs, *homo viator*. Comment les bureaucrates de l'érudition, les ronds-de-cuir de la « médiévistique » pourraient-ils rejoindre ceux qui ont toujours été sur la route ?

Ibid., p. 43.

Histoire et informatique

Emmanuel Le Roy Ladurie (né en 1929) est professeur au Collège de France depuis 1973. Spécialiste de l'histoire rurale, il est l'auteur de nombreux ouvrages, parmi lesquels le best-seller de la nouvelle histoire : Montaillou, village occitan, de 1294 à 1324 *(1975). C'est un partisan des méthodes quantitatives.*

LE ROY LADURIE

En Europe, spécialement en Angleterre et surtout en France, où l'histoire quantitative a marqué tant de points depuis trente ans, l'ordinateur se place progressivement au centre d'une des disciplines les plus fécondes de la nouvelle école : la démographie historique. La tâche la plus difficile et surtout la plus épuisante dans ce domaine consistait à reconstituer les familles qui ont vécu, par exemple, aux XVIIe et XVIIIe siècles.

Les chercheurs qui s'y attelèrent étaient contraints, jusqu'ici, de mettre en fiches, pour un village donné qu'ils étudiaient, tous les mariages, baptêmes et enterrements enregistrés en deux cents ans par les registres paroissiaux que tenaient à jour les curés successifs. Il fallait ensuite regrouper ces dizaines de milliers de données sur des fiches de famille. Celles-ci reconstituaient, pour chaque couple, la naissance, le mariage et la mort des parents et des enfants. Ce travail de fiches était titanesque et déprimant ; il pouvait prendre des mois, voire bien davantage, sans que pointât à l'horizon la moindre lueur de découverte intellectuelle. C'est seulement au terme, quand les familles enfin avaient été reconstituées, que des calculs éclairants sur la fécondité, sur la limitation des naissances, sur la mortalité, etc., devenaient possibles. Aussi divers chercheurs, à Cambridge et à Paris, travaillent-ils à créer des programmes pour que l'ordinateur prenne en charge toute la phase préparatoire la plus ingrate, à partir des feuilles de dépouillement initiales, jusqu'à la reconstitution et à l'exploitation statistique des dossiers de famille. L'historien n'aurait plus ensuite, ou peu s'en faut, qu'à penser : ce qui devrait constituer, en effet, sa vocation propre.

Autre type de recherche : tout récemment, un groupe de chercheurs de l'Ecole des Hautes Etudes vient d'achever une enquête sur les loyers parisiens du XVe au XVIIe siècle. Là aussi, l'ordinateur était la clef du succès. Les données de base, sur ces loyers, dormaient depuis longtemps dans des registres de notaires ou dans des comptabilités d'hôpitaux ou de couvents. Grâce à cette enquête, considérablement accélérée par les machines, on a pu tirer ces données poussiéreuses de leur long sommeil et leur poser les questions de base, qui préoccupent l'histoire quantitative, et par exemple : quand se situe à Paris la vraie renaissance économique ? Y a-t-il réellement eu, dans cette ville, un « essor du XVIe siècle », ou bien une « crise du XVIIe siècle », ou une dépression de la fin du Moyen Age ? L'ordinateur a permis de traiter ces problèmes avec une marge de sécurité beaucoup plus grande que par les procédés classiques du calcul manuel. On a obtenu, en effet, dans des délais assez brefs, non pas un seul graphique moyen des loyers parisiens, mais plus d'une centaine de courbes qui se corroborent les unes les autres et qui, en outre, éclairent toutes sortes d'aspects divers : courbes des loyers selon les professions des locataires, selon les quartiers, selon les types d'immeuble ou de propriétaire, etc.

E. Le Roy Ladurie, *Le Territoire de l'historien*,
Gallimard, Tel, 1973, pp. 12-13.

Histoire quantitative et histoire sérielle

François Furet (né en 1921) est directeur d'étude à l'Ecole des hautes études en sciences sociales. Il a notamment publié La Révolution française *(avec D. Richet, 1965-1966), et dirigé l'enquête* Livre et Société dans la France du XVIIIe siècle *(1965-1970).*

FURET

On ne peut échapper, même si l'on ajoute le qualificatif de « quantitatif » à l'histoire, à ce qui constitue l'objet spécifique de la recherche historique : l'étude du temps, de la dimension diachronique des phénomènes. Or, sous ce rapport, l'ambition à la fois la plus générale et la plus élémentaire de l'histoire quantitative est de constituer le fait historique en séries temporelles d'unités homogènes et comparables, et d'en pouvoir ainsi mesurer l'évolution par intervalles de temps donnés, généralement annuels. Cette opération logique fondamentale définit l'histoire *sérielle,* selon le mot proposé par Pierre Chaunu : condition nécessaire, mais non pas suffisante de l'histoire strictement quantitative telle qu'elle a été définie plus haut. Car l'histoire sérielle présente l'avantage décisif, du point de vue scientifique, de substituer à l'insaisissable « événement » de l'histoire positiviste la répétition régulière de données sélectionnées et construites en fonction de leur caractère comparable. Mais elle n'implique ni prétention à l'exhaustivité de l'ensemble documentaire décrit, ni système d'interprétation global, ni formulation mathématique, puisque au contraire le découpage de la réalité historique en séries laisse l'historien devant un matériau décomposé en niveaux, en sous-systèmes, dont il est libre ensuite de proposer, ou non, les articulations internes.

Ainsi définies, histoire quantitative et histoire sérielle apparaissent comme à la fois liées et différentes. Mais elles ont en commun quelque chose d'élémentaire qui les fonde toutes les deux : la substitution de la série à l'événement, c'est-à-dire la construction de la donnée historique en fonction d'une analyse probabiliste. (...) L'histoire sérielle, parce qu'elle privilégie le long terme et l'équilibre d'un système, me paraît donner une sorte de prime à la conservation : c'est un bon correctif à l'identification de l'histoire et du changement, telle que nous l'a léguée le XIXe siècle, et c'est dans cette mesure une étape capitale dans la constitution de l'histoire comme savoir ; reste qu'il faut en percevoir aussi les présupposés et les limites.

F. Furet, « Le quantitatif en histoire »,
in *Faire de l'histoire,* tome I, Gallimard, 1974, pp. 44-45.

Méthodologie de l'histoire sérielle

FURET

Le maniement de sources sérielles oblige donc l'historien à réfléchir soigneusement à l'incidence que peuvent avoir les conditions d'organisation de ces sources sur leur utilisation quantitative. De ce point de vue, il me semble qu'on peut distinguer, par ordre de complexité croissante dans l'établissement des séries :

1. Les sources structurellement numériques, réunies comme telles, et utilisées par l'historien pour répondre à des questions directement liées à leur champ originel d'investigation. Par exemple, les registres de paroisses français pour l'historien démographe, les enquêtes préfectorales de statistique industrielle ou agricole du XIXe siècle français pour l'historien économiste, ou les données des élections présidentielles américaines pour le spécialiste d'histoire socio-politique. Ces sources ont parfois besoin d'être standardisées (quand il y a variation de l'unité locale, ou modification du critère de classement) ; on peut aussi, quand il y a des lacunes dans la chaîne documentaire, en extrapoler certains éléments. Mais les deux opérations sont alors faites avec le minimum d'incertitude.

2. Les sources structurellement numériques, mais utilisées par l'historien de façon substitutive, pour trouver réponse à des questions complètement

étrangères à leur champ originel d'investigation. Par exemple : l'analyse des comportements sexuels d'après les registres de paroisses, l'étude de la croissance économique à partir de séries de prix, l'évolution socio-professionnelle d'une population à partir d'une série fiscale. Le travail de l'historien est ici doublement plus difficile : il lui faut préciser d'autant plus méticuleusement ses questions que le matériel documentaire n'a pas été réuni en fonction d'elles, et que, par conséquent, le problème de sa « pertinence » par rapport à elles se trouvera sans cesse posé. Et il doit le plus souvent réorganiser complètement ce matériel pour le rendre utilisable : mais ce faisant, il le rend plus arbitraire et donc plus discutable.

3. Les sources non structurellement numériques, mais que l'historien cherche à utiliser de façon quantitative, par une procédure doublement substitutive : il faut qu'il en détermine une signification univoque, par rapport à la question qu'il pose ; mais aussi qu'il puisse les réorganiser en séries, c'est-à-dire en unités chronologiques comparables, au prix d'un travail de standardisation évidemment plus complexe encore que dans le cas précédent. Les données de ce type – de plus en plus majoritaires au fur et à mesure qu'on remonte dans le passé – peuvent être elles-mêmes subdivisées en deux catégories : les sources non numériques, mais cependant sérielles et donc aisément quantifiables, comme, par exemple, les contrats de mariage notariaux de l'Europe moderne, qui peuvent être, au choix de l'historien, des indicateurs de l'endogamie, de la mobilité sociale, des revenus, du degré d'alphabétisation, etc. Et les sources strictement qualitatives, donc non sérielles, ou tout au moins particulièrement délicates à organiser en séries et à standardiser – comme par exemple les sources administratives ou judiciaires dont on a parlé ci-dessus, ou encore de vestiges iconographiques témoins de fidélités disparues.

Il reste que, dans tous ces cas, l'historien d'aujourd'hui se trouve obligé de renoncer à la naïveté méthodologique et de réfléchir aux conditions d'établissement de son savoir. L'ordinateur lui en donne le loisir, en le libérant de ce qui occupait jusqu'ici l'essentiel de son temps, la collecte des données sur ses fiches. Mais il le contraint, en revanche, à un travail préalable sur l'organisation des séries de données et sur leur signification par rapport à ce qu'il cherche. Comme toutes les sciences sociales, mais peut-être avec un peu de retard, l'histoire d'aujourd'hui passe de l'implicite à l'explicite. Le codage des données suppose leur définition ; leur définition implique un certain nombre de choix et d'hypothèses d'autant plus conscientes qu'il faut les penser en fonction de la logique d'un programme. Ainsi tombe définitivement le masque d'une objectivité historique qui se trouverait cachée dans les « faits » et découverte en même temps qu'eux ; l'historien ne peut plus échapper à la conscience qu'il a construit ses « faits », et que l'objectivité de sa recherche tient non seulement à l'emploi de procédures correctes dans l'élaboration et le traitement de ces « faits », mais à leur pertinence par rapport aux hypothèses de sa recherche.

L'histoire sérielle n'est donc pas seulement, ni surtout, une transformation du matériau historique. C'est une révolution de la conscience historiographique.

Ibid., pp. 51-53.

Histoire et fiction

Michel de Certeau (né en 1925) est un spécialiste d'histoire et d'anthropologie religieuses. Professeur à l'Université Paris VII, membre de l'Ecole freudienne de Paris, il est l'auteur d'ouvrages nombreux et variés, dont La Prise de parole *(1968),* La Possession de Loudun *(1970),* L'Absent de l'histoire, La Culture au pluriel *(1974),* L'Ecriture de l'histoire *(en collab., 1975).*

DE CERTEAU

Michel de Certeau. – Dans *Comment on écrit l'histoire,* Veyne avait posé le problème du texte historique comme un rapport entre la construction d'une « intrigue » et le plaisir de l'auteur. En fait, il faut prendre aussi en considération la machinerie sociale et technique de l'industrie historiographie, c'est-à-dire un ensemble d'institutions productrices analogues ; une usine qui serait distribuée en mausolées d'archives, en centres de recherche, en structures d'enseignement, en maisons d'édition, etc. Au terme de ce travail usinier, sort la « fiction » historique, à la manière dont la NASA sortait naguère des scénarios ou fictions de débarquement sur la lune. Le premier rapport au réel, c'est celui du produit au complexe producteur.

Mais la NASA fait marcher des fusées ; l'histoire, elle, à partir d'archives, fabrique seulement des scénarios du passé. Elle ne fait rien marcher d'autre, sinon (ce qui est capital) la croyance ou la crédulité du public. Par des fictions, elle fait croire. Sur ces fictions, je ne ferai que deux remarques relatives l'une à leur scientificité, qui concerne leur production, et, l'autre, à leur relation avec les corps sociaux dont elles traitent. Elles suggéreront pourquoi je parle de science-fiction à propos de l'histoire.

D'abord, il est bien vrai que des règles, des modèles, des contrôles interviennent dans ce travail et lui donnent une armature scientifique. Cette scientificité pose en somme les portes à l'intérieur desquelles peut se tracer le slalom du récit. Elle précise ce qu'il n'est pas ou plus permis d'affirmer à partir d'un certain nombre d'hypothèses et de données. Elle a valeur négative. Reste à construire le récit, tel l'une des cent trajectoires possibles dans cet espace autorisé. C'est une œuvre de fiction. Là se jouent, comme sur une scène, le « style » et les fantasmes de l'acteur, son art d'accréditer son discours, son habileté à faire oublier aux lecteurs ce dont il ne parle pas, à leur faire prendre la partie pour le tout d'une époque, à faire croire, par toutes les ruses du récit, qu'un scénario raconte ce qui s'est passé. L'illusion narrative et théâtrale consiste dans le tour de passe-passe qui mue en discours sur le réel la fabrication d'un texte à partir de restes documentaires. Par là s'insinue l'autorité que l'historien peut mettre au service d'une didactique, d'une normativité sociale, d'un pouvoir ou d'une idéologie, en faisant croire que la loi d'aujourd'hui, c'est le réel ou c'est la raison.

Ensuite, cet art de la mise en scène séduit : le plaisir de comprendre, de renouer avec les disparus, ou de lire des nouvelles d'un autre monde. Mais les simulacres qui charment le plaisir d'entendre de l'autre – musique propre à toutes les histoires du monde – font oublier ce qui a rendu possibles les reliques dont ils sont faits : le murmure d'un corps social, l'immense rumeur des pratiques anciennes, tout ce qui s'est tu et que l'histoire remplace par ses fictions. Le simulacre se substitue à des corps individuels et collectifs marqués dans la douleur par la loi du travail. Cette douleur est le réel que le discours historique postule mais qui n'y entre pas. Elle fait parler ce qui la fait oublier.

Si je m'en tiens à ces deux aspects, la fiction se rend croyable à cause de cela même qui s'y trouve postulé mais tu. Toujours est-il que le véritable historien ne saurait, lui, oublier cette douleur nécessaire mais inaccessible à son discours. Il ne peut tenir pour équivalentes la perte d'un réel passé et l'autorité ou le succès qu'elle vaut à ses fictions.

Paul Veyne. – C'est le problème qu'ont les physiciens qui sont exaspérés parce que le grand public croit qu'ils parlent de la réalité alors qu'ils ne parlent que du constatable, ce qui est l'équivalent pour nous du manuscrit.

Emmanuel Le Roy Ladurie. – Je me demande si l'Histoire ne reste pas un mixte entre les sciences humaines d'une part, et la littérature, le roman, les belles-lettres, le cinéma, le théâtre, l'opéra, d'autre part. C'est cette ambiguïté qui fait notre faiblesse parce que nous n'arriverons jamais à édifier une science pure. Mais c'est aussi notre force, toute relative, bien sûr, parce que cela nous permet peut-être de nous imposer à un certain public qui serait rebuté, par exemple, par la linguistique pure.

Michel de Certeau. – L'histoire n'est pas scientifique si par scientifique on entend le texte qui explicite les règles de sa production. C'est un mixte, science-fiction, dont le récit n'a que l'apparence du raisonnement mais n'en est pas moins circonscrit par des contrôles et des possibilités de falsifications. Aussi la citation, les notes, la chronologie, toutes les ruses de l'appel au vraisemblable ou à des autorités, fournissent-elles de quoi combler par une narrativité ce qui manque à la rigueur. Ce mélange, en effet, lie en un même texte la science et la fable, ces deux moitiés symboliques et abstraitement distinguées de nos sociétés. A ce titre, il représente et articule la modernité. Il y a figure de mythe.

« L'histoire, une passion nouvelle ».
Table ronde in *Magazine Littéraire* n° 123, avril 1977, pp. 19-20.

Refus de l'histoire-belote-de-la-culture

Pierre Chaunu enseigne l'histoire moderne à l'Université de Paris IV et dirige le Centre de recherches d'histoire quantitative de Caen. Sa bibliographie compte plus de 25 livres et 120 articles. A côté d'études strictement historiques, telles que Séville et l'Atlantique, 1504-1650 *(1955-1960) ou* La Civilisation du siècle des Lumières *(1970), il a publié des ouvrages d'ordre méthodologique :* De l'histoire à la prospective *(1975), où il soutient que « la méditation du futur, c'est la connaissance du présent »,* Histoire quantitative et sérielle, *qui prend la mesure de l'apport des mathématiques aux sciences historiques.*

CHAUNU

Cette histoire qui colle à l'événement traditionnellement privilégié suivant un code immuable, cette histoire qui fut pourtant scientifique il y a un siècle, mais qui est aujourd'hui ravalée de la fonction vitale de geste fondatrice de nos grands Etats nationaux à l'anecdote attendue de la vie des princes-acteurs d'une tragicomédie immobile, cette histoire est une histoire scientifique, elle est l'histoire critique d'hier, totalement usée, il est vrai, profondément dégradée, livrée par les *mass media* à la consommation culturelle de masse. Elle est l'histoire-amusette, l'histoire-anecdote, l'histoire qui fait monter les tirages, qui gonfle les comptes en banque et qui distrait honnêtement les foules, elle est histoire-rêve, elle contribue, tant bien que mal, à une forme de distraction, vraisemblablement, à l'heure actuelle, une des formes les plus acceptables, une des rares formes équilibrantes au sein d'un univers de rupture dangereusement dissociatif des équilibres mentaux. Chaque pays, chaque société a sa pépinière privilégiée de l'histoire-évasion, de l'histoire-distraction. En France, depuis près d'un siècle, la Révolution et l'Empire, indéracinablement, constituent le plan chronologique privilégié de ce qu'il faut bien appeler l'histoire bête (et non l'histoire-bataille qui peut être intelligente), en dépit de l'art de divertir de ceux qui récitent, inlassablement, et non sans talent, au gré d'un vaste public fidèle et comblé, l'histoire attendue, l'histoire sans surprise, de Marie-Antoinette, de Marat dans sa baignoire, de Robespierre, de Napoléon au pont d'Arcole, à Sainte-Hélène, une histoire qui fut combattante, édifiante, prédicatrice, mais qui est, aujourd'hui, aussi insignifiante qu'une partie de belote.

Cette histoire-belote-de-la-culture, cette histoire-distraction dont on pourrait, d'ailleurs, tirer beaucoup, Georges Duby l'a montré récemment dans sa magnifique *Histoire de France,* qui sait faire passer, presque sans que le lecteur s'en rende compte, un très fort message dans le cadre traditionnel, volontairement, pédagogiquement traditionnel de l'histoire de France, cette histoire que je désire, pour ma part, conserver – parce que rien ne sert de détruire et que mieux vaut utiliser ce que l'on a et tâcher de l'améliorer – cette histoire, toutefois, nous joue, par l'empire mystérieux des mots, de bien mauvais tours. Depuis plus d'un siècle, ceux qui s'intéressent à l'histoire, et ils sont nombreux, se sont battus avec le mot. Ils ont essayé d'en spécialiser l'usage, voire d'en changer. En France, en quelques années, Henri Sée, H. Corbin, E. Dardel, E. Gouhier, Henri Irénée Marrou, E. Callot, R. Jolivet, P. Thevenaz, P. Ricœur ... et, sans doute, beaucoup d'autres ont proposé des solutions qui cantonnent, spécialisent, avec ou sans recours à des néologismes, qui coupent les dangereuses extensions d'un mot que l'âge a dilaté à la dimension d'un univers en expansion. Les mots n'obéissent à personne, ils sont la chose de tous. Il faut les prendre comme ils poussent et s'en accommoder. Pour maîtriser le vocabulaire, il nous reste la grammaire.

Vivons donc avec l'histoire telle que le présent qui se mue à chaque instant, en passé, ne cesse de l'édifier. Mais comprenons que le poids de l'histoire-culture de masse, que le poids de l'histoire-distraction, que le poids même de l'histoire scientifique d'hier, constitue un lourd handicap pour l'histoire scientifique d'aujourd'hui, cette histoire médiatrice, fédératrice intelligente de toutes les sciences humaines, qui leur donne la dimension, dans le temps, sans laquelle ces sciences du présent ne sont que maîtresses d'illusions.

L'histoire-distraction pèse dans le subconscient des élites. Elle contribue à dévaloriser, au niveau de la décision, l'apport de la nouvelle histoire qui est quantificatrice, réflexive, projective. En France, comme dans tous les pays industriels, la nouvelle histoire mal détachée du poids des histoires scientifiques du passé n'a pas réussi à pénétrer la culture des milieux de la décision technocratique.

P. Chaunu, *De l'histoire à la prospective,*
Laffont, 1975, pp. 57-59.

Les origines de la chevalerie : étude du vocabulaire

*Georges Duby (né en 1919) est professeur au Collège de France depuis 1970. Médiéviste fécond (*Société aux XIe et XIIe siècles dans la région mâconnaise, *2e éd. 1973,* Le Temps des cathédrales, *1976,* Saint Bernard, l'art cistercien, *1976, etc.), c'est un des créateurs de l'histoire des mentalités.*

DUBY

Au XIIIe siècle, la chevalerie forme, dans l'ensemble de l'Occident, un corps fort bien délimité et qui s'établit véritablement au centre de l'édifice social. Il s'est approprié la supériorité et l'excellence qui s'attachaient naguère à la notion de noblesse. En lui s'incarnent les valeurs maîtresses d'une culture. Comment se sont forgés les modèles, les images, les représentations mentales qui donnèrent à ce corps son armature et qui l'installèrent dans cette position éminente ? Comment parvint-il à une telle cohérence, comment trouva-t-il ses limites ? Comment l'idée de noblesse vint-elle finalement se conjoindre à l'idée de chevalerie ? (...)

Après avoir recensé les occurrences du mot latin miles *dans les documents d'époque, G. Duby pose trois questions :*

Tel est l'enseignement d'un certain vocabulaire. Reste à l'interpréter, c'est-à-dire à poser trois questions : pourquoi, en France, à la fin du Xe siècle le mot *miles* commença-t-il à être préféré par les scribes à d'autres termes pour définir une supériorité sociale ? Pourquoi les valeurs que renfermait ce vocable devinrent-elles le ciment de ce qu'il est permis d'appeler une conscience de classe ? Pourquoi enfin ce mouvement fut-il propre au royaume de France (faute d'études appropriées, on voit encore très mal ce qui se passe en Italie, en Angleterre et dans les royaumes chrétiens d'Espagne) et pourquoi les pays d'Empire, qui accueillirent la notion de chevalerie, ne la confondirent-ils point aussitôt avec la notion de noblesse ?

Voici comment l'auteur se propose de répondre à la première question :

Le moyen le plus sûr est encore de revenir au mot, mais en passant cette fois du dénombrement à la sémantique, en cherchant quelle était sa signification à l'époque où il fut adopté par les rédacteurs de chartes et, dans les pays français, préféré à d'autres termes, comme *fidelis,* comme *nobilis* surtout, qu'il finit par éclipser. De quel poids, de quelles valeurs sentimentales était-il chargé par ses usages antérieurs ? Il convient à ce propos d'interroger non seulement les diplômes et les notices, mais un autre langage que j'ai jusqu'ici, pour la France, volontairement mis à part, celui des œuvres littéraires.

a) A la fin du Xe siècle, le mot *miles* (qui n'a pas de féminin, si bien que, lorsqu'il supplante dans les chartes le terme *nobilis,* l'usage de cet adjectif se maintient fermement pour qualifier les épouses et les filles de chevaliers) apparaît incontestablement porteur d'une signification militaire. On l'utilisait pour désigner des combattants, ou plus exactement une certaine catégorie de combattants, les cavaliers. (...) Le seul guerrier digne de ce nom était, aux yeux des hommes de ce temps, celui qui utilisait un cheval. Le succès du mot *miles* (...) traduit en vérité la prise de conscience de trois faits complémentaires : un fait technique, la supériorité du cavalier dans le combat ; un fait social, la liaison entre le genre de vie réputé noble et l'usage du cheval, liaison encore très mal étudiée, mais certainement très profonde et très ancienne (il conviendrait de pousser l'enquête jusqu'aux tombes de chevaux voisines de celles des chefs dans la préhistoire germanique et, dans l'Antiquité classique, jusqu'à la signification sociale de l'équitation) ; un fait institutionnel enfin, la limitation du service d'armes à une élite restreinte. Toutefois, ces trois faits étaient tous, à l'approche de l'an mil, fort anciens ; le plus récent sans doute, le troisième, peut être discerné déjà dans des textes du IXe siècle (...). Aussi faut-il chercher à l'irruption du vocable chevaleresque dans les chartes de l'an mil d'autres raisons que des changements ayant récemment affecté les méthodes de combat et la condition des guerriers.

b) En vérité, on s'aperçoit assez vite que le sens proprement militaire n'était sans doute pas en l'an mil le sens le plus profond du mot *miles* (...) Les textes cités par Guilhiermoz incitent à penser que, par sa plus lointaine histoire et par les usages que le Moyen Age avait hérité de la Basse Antiquité, le mot *miles* signifiait, avant tout, servir. Le langage officiel du Bas Empire avait en effet utilisé ce terme, ses dérivés et toutes les expressions métaphoriques qui en découlent (...) pour désigner le service public dans la maison de l'Empereur. (...) La valeur sémantique appliquée à ces vocables explique (...) qu'à l'époque carolingienne (...) alors que, dans le cadre de la vassalité, l'action militaire prenait peu à peu l'allure d'un service spécialisé, honorable et privé, celui d'un cavalier gagé par un bénéfice, le terme *miles* ait été souvent préféré à ceux qui, comme *vassus,* sortaient des parlers vulgaires, pour qualifier des hommes servant par les armes dans la suite d'un patron ou bien – c'est le cas dans le *De ordine palatii* – les jeunes gens de l'aristocratie nourris dans la maison du roi pour y faire leur apprentissage. Incontestablement, pour tous les écrivains de l'an mil, l'expression *militare alicui* ne pouvait signifier autre chose que servir en vasselage.

c) Mais cette valeur même de subordination qu'emportait avec lui le vocable chevaleresque empêchait ces écrivains, Flodoard, Abbon, Richer, Gerbert ou Dudon de Saint-Quentin, contemporains des premiers scribes du Mâconnais qui usèrent du mot *miles* comme d'un qualificatif social, d'appliquer le vocabulaire de la *militia* à tous les membres de l'aristocratie laïque. Aucun d'entre eux ne manque d'établir une nette distinction entre les *principes,* les *proceres,* les *optimates,* c'est-à-dire les nobles, et d'autre part, la masse des chevaliers. Tous proposaient l'image d'un édifice social à deux niveaux, plaçant les « princes », responsables de la paix publique, soit par une délégation de pouvoirs royaux, soit du fait d'un charisme attribué par Dieu à certaines races, bien au-dessus des auxiliaires qui les aident à remplir cette mission, hommes d'armes comme eux et associés étroitement à leur fonction, mais subalternes, dépendants, nourris et récompensés par leurs dons. (...)

Georges G. Duby, *Hommes et structures du Moyen Age,*
Mouton, 1973, pp. 325-332, *passim.*

7. De quoi y a-t-il histoire ?

7.1. L'HISTOIRE DES SCIENCES

Nécessité scientifique de l'histoire des sciences

La thèse qu'expose Auguste Comte (1798-1857) dans ce texte est directement liée à la conception positiviste de la formation *du savoir scientifique et à la théorie du développement de l'esprit humain selon la fameuse « loi des trois états » (cf. § 3.1).*

COMTE

Il est aisé de voir qu'il n'y a qu'une relation apparente entre étudier une science en suivant le mode dit *historique,* et connaître véritablement l'histoire effective de cette science. En effet, non seulement les diverses parties de chaque science, qu'on est conduit à séparer dans l'ordre *dogmatique,* se sont, en réalité, développées simultanément et sous l'influence les unes des autres, ce qui tendrait à faire préférer l'ordre *historique* mais en considérant, dans son ensemble, le développement effectif de l'esprit humain, on voit de plus que les différentes sciences ont été, dans le fait, perfectionnées en même temps et mutuellement; on voit même que les progrès des sciences et ceux des arts ont dépendu les uns des autres, par d'innombrables influences réciproques, et enfin que tous ont été étroitement liés au développement général de la société humaine. Ce vaste enchaînement est tellement réel que souvent, pour concevoir la génération effective d'une théorie scientifique, l'esprit est conduit à considérer le perfectionnement de quelque art qui n'a avec elle aucune liaison rationnelle, ou même quelque progrès particulier dans l'organisation sociale, sans lequel cette découverte n'eût pu avoir lieu. (...) Il résulte donc de là que l'on ne peut connaître la véritable histoire de chaque science, c'est-à-dire la formation réelle des découvertes dont elle se compose, qu'en étudiant, d'une manière générale et directe, l'histoire de l'humanité. C'est pourquoi tous les documents recueillis jusqu'ici sur l'histoire des mathématiques, de l'astronomie, de la médecine, etc., quelque précieux qu'ils soient, ne peuvent être regardés que comme des matériaux.

Le prétendu ordre *historique* d'exposition, même quand il pourrait être suivi rigoureusement pour les détails de chaque science en particulier, serait déjà purement hypothétique et abstrait sous le rapport le plus important, en ce qu'il considérerait le développement de cette science comme isolé. Bien loin de mettre en évidence la véritable histoire de la science, il tendrait à en faire concevoir une opinion très fausse.

Ainsi, nous sommes certainement convaincus que la connaissance de l'histoire des sciences est de la plus haute importance. Je pense même qu'on ne connaît pas complètement une science tant qu'on n'en sait pas l'histoire. Mais cette étude doit être conçue comme entièrement séparée de l'étude propre et dogmatique de la science, sans laquelle même cette histoire ne serait pas intelligible.

A. Comte, *Cours de Philosophie positive*
Schleicher, 1830, t. I, 2e leçon, pp. 44-45.

Y a-t-il une histoire des sciences ?

SERRES

Tout le monde parle d'histoire des sciences. Comme si elle existait. Or, je n'en connais pas. Je connais des monographies ou des associations de monographies à intersection vide. Il y a des histoires des sciences, distributivement. De la géométrie, de l'algèbre, à peine des mathématiques, de l'optique, de la thermodynamique, de l'histoire naturelle, et ainsi de suite. Que la monographie d'une discipline ou d'une région se soit, aujourd'hui, substituée à celle d'un auteur, génial ou secondaire, comme on disait, cela ne change pas grand-chose à l'affaire. Au lieu de découper un groupe en individus, on découpe une carte en régions. Alors, la géométrie ou l'optique s'engendrent de soi-même, par soi-même, comme si elles existaient indépendamment et se développaient en système clos. Tout se passe comme s'il était interdit de s'interroger sur la classification des sciences en secteurs. Or, cette partition, en tant qu'elle décide quelque chose sur les objets du savoir, sur ses méthodes et sur ses résultats, *avant* même le procès historique où cet ensemble va se développer, est idéologique par essence. Ainsi toute monographie ou toute association de monographies, postérieure à ou victime d'une classification, transporte, invariantes, ses faiblesses, ses lacunes, ses décisions. Peut-être faudrait-il commencer par faire l'histoire critique des classifications. Mais l'histoire même est dans une classe.

Michel Serres, « Les Sciences », in *Faire de l'histoire,* t. II, Gallimard, 1974, p. 204.

L'histoire des sciences aujourd'hui : la mort ?

Dans « La thanatocratie », article paru dans Critique *(n° 289, mars 1972), Michel Serres affirme que les sciences n'ont plus, aujourd'hui, d'histoire. Elles ont perdu l'indétermination. L'histoire des sciences parle le langage de la mort, de la domination, du pouvoir. « Plus on code un message, moins nombreux sont ses propriétaires, et selon la teneur du message plus puissants sont-ils. » (p. 212) Etablissant des coupures, des discontinuités radicales, cette histoire est obstacle à la circulation des multiples informations. Il faudrait, au contraire, au lieu de la dichotomie et du partage, rétablir l'interférence des différentes régions de la connaissance et, là où règne la mort, rétablir la vie. L'histoire nouvelle des sciences ne peut l'être qu'à la condition d'être fécondée par la non-science et la distribution, en tous points, des différents champs d'un savoir – qu'il soit propre aux « Anciens » ou aux « Modernes ». A ce prix et à ce prix seulement est possible une « Nouvelle Alliance ».*

A.B.

SERRES

Nos sciences ont perdu leur composante historique. Parce qu'elles ont perdu l'indétermination, aussi faible qu'on la pouvait imaginer, des champs qui se proposaient aux travailleurs de l'invention. Cela montre en retour que, sans indétermination, l'histoire disparaît, s'efface et s'évanouit. Remplacée par des programmes qui gèlent pour un temps l'aval du temps. La planification nous ramène au verger où, d'une certaine manière, on travaille toujours à rebours du temps. Tout le monde cherche sur programme, et cherche donc la même chose. Alors tout programme surdétermine le programme à venir. Et celui qui cherche vraiment, c'est le compositeur du plan, non les exécutants. Or, le compositeur, dans presque tous les cas, aujourd'hui, est celui qui règne au ministère de la Mort. Ainsi, ladite histoire des sciences a une direction, une orientation, une détermination unique. Nécessaire, tranquille, prévisible, elle va vers la Mort. Démontrablement. Il n'y a plus vraiment d'histoire des sciences parce qu'elles sont désormais surdéterminées dans leur avancée. La science est sortie de l'histoire. Elle est entrée dans une ère post-historique. Elle est, de part en part, envahie par l'instinct de mort.

M. Serres, « La thanatocratie » in *Hermès III*,
Ed. de Minuit, 1974, pp. 76-77.

Accumulation, sélection, formation

Dans un article de 1966, Michel Serres évoque « le désintérêt marqué par le savant envers l'histoire des sciences en tant que catalogue de résultats successifs ou en tant qu'évolutions des idées. (...) Il y a autant d'histoires des sciences (toutes différentes) qu'il y a d'inventions scientifiques globalisantes. » (Hermès I, *pp. 85-86). Serres discerne en fait au moins trois types d'histoire : la première, globalisante, cumulative; la seconde, filtrante, sélective; la troisième serait la science elle-même, définie comme histoire – donc comme vie –, histoire spécifique dont l'essence est l'ouverture, « la formation indéfinie d'un système ».*

En fin de compte, il existerait trois types d'histoire :

SERRES

1. L'histoire des sciences conçue comme totalisation accumulative de la tradition, comme rassemblement de la totalité des documents, dont l'idéal serait l'absence de perte, et dans la réunion et dans la communication le long de la diachronie ordinaire. Ce serait l'histoire connexe des professeurs, *une et totalisante.*
2. L'histoire récurrente, adossée à la dernière en date des vérités, c'est-à-dire à la vérité. De ces uchronies par sélection on ne sélectionnerait que la plus récente. C'est l'histoire que traîne derrière elle toute invention restructurante du système. Il y en a une *pluralité,* et leur attribut principal est d'être *filtrantes.* Tout considéré, l'ensemble de ces histoires se présente comme *une succession de filtres posés les uns sur les autres.* Comme l'histoire, le système est ici différent de la totalisation. Il est plus sélectif qu'accumulatif.
3. L'histoire qu'est la science elle-même comme mouvement original, comme formation indéfinie d'un système.

Bien entendu, la diversité de ces types d'histoire correspond à des conceptions diverses de la temporalité. D'où la profondeur de la solution leibnizienne : réduire le temps à un ordre et considérer les indéterminations précédentes comme la possibilité d'un éventail de solutions. L'espace systématique restitue toutes les lignes chroniques possibles.

M. Serres, *Hermès I,* Ed. de Minuit, 1968, p. 87.

L'historien des sciences et l'épistémologue

Gaston Bachelard (1884-1962), philosophe et historien des sciences, prône, en constance, la dialectisation nécessaire de la pensée. Le Nouvel esprit scientifique *(1934) montre en effet les incidences d'une géométrie* non *euclidienne, ou d'une mécanique* non *newtonienne. Philosophe du Non, Bachelard, ouvre la voie à une épistémologie non cartésienne : « Alors que la science d'inspiration cartésienne faisait très logiquement du complexe avec du simple, la pensée scientifique contemporaine essaie de lire le complexe réel sous l'apparence simple... » (*Nouvel esprit scientifique, *PUF, p. 139) Il se défie des pseudo-évidences, des intuitions immédiates, de la connaissance générale, substantialiste, animiste ou utilitaire, en bref des obstacles épistémologiques.* La Formation de l'esprit scientifique *(1938) privilégie cet aspect et contribue à une psychanalyse de la connaissance objective.*

Au colloque de Cerisy consacré à Bachelard, R. Poirier déclarait : « Les obstacles épistémologiques sont quelque chose d'intermédiaire entre les complexes freudiens et les tentations de saint Antoine. Ils pèsent sur l'invention scientifique, ils l'entravent parce qu'ils forment un réseau de séductions intuitives, d'espérances naïves, d'habitudes de pensée qui ont eu parfois une valeur historique mais qui ne sont plus que de fausses facilités, des explications illusoires et parfois dérisoires, des images qui tiennent lieu de raisons. La Formation de l'esprit scientifique *constitue un extraordinaire musée de toutes les fausses analogies, de toutes les fausses idoles, de tous les faux idéaux d'explication et de rationalisation, de toutes les fausses sciences. C'est une tératologie épistémologique ».*

L'histoire de l'esprit scientifique est donc bien, pour Bachelard, celle des coupures, des discontinuités; elle est placée sous l'égide de la crise, du refus, et de l'obstacle à surmonter, à dépasser, voire à nier.

A.B.

L'obstacle épistémologique

BACHELARD

La notion d'*obstacle épistémologique* peut être étudiée dans le développement historique de la pensée scientifique et dans la pratique de l'éducation. Dans l'un et l'autre cas, cette étude n'est pas commode. L'histoire, dans son principe, est en effet hostile à tout jugement normatif. Et cependant, il faut bien se placer à un point de vue normatif, si l'on veut juger de l'efficacité d'une pensée. Tout ce qu'on rencontre dans l'histoire de la pensée scientifique est bien loin de servir effectivement à l'évolution de cette pensée. Certaines connaissances même justes arrêtent trop tôt des recherches utiles. L'épistémologue doit donc trier les documents recueillis par l'historien. Il doit les juger du point de vue de la raison et même du point de vue de la raison évoluée, car c'est seulement de nos jours, que nous pouvons pleinement juger les erreurs du passé spirituel. D'ailleurs, même dans les sciences expérimentales, c'est toujours l'interprétation rationnelle qui fixe les faits à leur juste place. C'est sur l'axe expérience-raison et dans le sens de la rationalisation que se trouvent à la fois le risque et le succès. Il n'y a que la raison qui dynamise la recherche, car c'est elle seule qui suggère au-delà de l'expérience commune (immédiate et spécieuse) l'expérience scientifique (indirecte et féconde). C'est donc l'effort de rationalité et de construction qui doit retenir l'attention de l'épistémologue. On peut voir ici ce qui distingue le métier de l'épistémologue de celui de l'historien des sciences. L'historien des sciences doit prendre les idées comme des faits. L'épistémologue doit prendre les faits comme des idées, en les insérant dans un système de pensées. Un fait mal interprété par une époque reste un *fait* pour l'historien. C'est, au gré de l'épistémologue, un *obstacle*, c'est une contre-pensée.

C'est surtout en approfondissant la notion d'obstacle épistémologique qu'on donnera sa pleine valeur spirituelle à l'histoire de la pensée scientifique. Trop souvent le souci d'objectivité qui amène l'historien des sciences à répertorier tous les textes ne va pas jusqu'à mesurer les variations psychologiques dans l'interprétation d'un même texte. A une même époque, sous un même mot, il y a des concepts si différents ! Ce qui nous trompe, c'est que le même mot à la fois désigne et explique. La désignation est la même; l'explication est différente. Par exemple, au téléphone correspondent des concepts qui diffèrent totalement pour l'abonné, pour la téléphoniste, pour l'ingénieur, pour le mathématicien préoccupé des équations différentielles du courant téléphonique. L'épistémologue doit donc s'efforcer de saisir les concepts scientifiques dans des synthèses psychologiques effectives, c'est-à-dire dans des synthèses psychologiques progressives, en établissant, à propos de chaque notion, une échelle de concepts, en montrant comment un concept en a produit un autre, s'est lié avec un autre. Alors il aura quelque chance de mesurer une efficacité épistémologique. Aussitôt, la pensée scientifique apparaîtra comme une difficulté vaincue, comme un obstacle surmonté.

G. Bachelard, *La Formation de l'esprit scientifique*,
Vrin, 4e éd., 1965, pp. 17-18.

Bachelard face à l'histoire des sciences

CANGUILHEM

L'attention aux obstacles épistémologiques va permettre à l'histoire des sciences d'être authentiquement une histoire de la pensée. Elle gardera l'historien de la fausse objectivité qui consisterait à dresser l'inventaire de tous les textes dans lesquels à une époque donnée, ou à des époques différentes, apparaît le même mot, dans lesquels les projets de recherches semblables paraissent s'exprimer dans des termes substituables. Un même mot n'est pas un même concept. Il faut reconstituer la synthèse dans laquelle le concept se trouve inséré, c'est-à-dire à la fois le contexte conceptuel et l'intention directrice des expériences ou observations. Alors l'histoire est bien l'histoire de la science, l'histoire d'une évolution valorisée par ses exigences bien mieux que par ses résultats bruts.

Il faut bien saisir l'originalité de la position de Bachelard, face à l'histoire des sciences. En un sens, il n'en fait jamais. En un autre sens, il ne cesse d'en faire. Si l'histoire des sciences consiste à recenser des variantes dans les éditions successives d'un Traité, Bachelard n'est pas un historien des sciences. Si l'histoire des sciences consiste à rendre sensible – et intelligible à la fois – l'édification difficile, contrariée, reprise et rectifiée, du savoir, alors l'épistémologie de Bachelard est une histoire des sciences toujours en acte. D'où l'intérêt qu'il porte aux erreurs, aux horreurs, aux désordres, à tout ce qui représente la frange d'histoire historique non recouverte par l'épistémologie historique. (...)

En d'autres termes l'historien et l'épistémologue ont en commun (ou du moins devraient avoir en commun) la culture scientifique d'aujourd'hui. Mais la situant différemment dans leurs perspectives, ils lui confèrent une fonction historique différente. L'historien procède des origines vers le présent en sorte que la science d'aujourd'hui est toujours à quelque degré annoncée dans le passé. L'épistémologue procède de l'actuel vers ses commencements en sorte qu'une partie seulement de ce qui se donnait hier pour science se trouve à quelque degré fondée par le présent. Or, en même temps qu'elle fonde – jamais, bien entendu, pour toujours mais incessamment à nouveau – la science d'aujourd'hui détruit aussi, et pour toujours. De l'histoire sensualiste et substantialiste de l'électricité au XVIIIe siècle : « Il ne reste rien, absolument rien, dans la culture scientifique dûment surveillée par la cité électricienne. »

G. Canguilhem, *Etudes d'histoire et de philosophie des sciences*, Vrin, 1970, pp. 177-179.

L'objet de l'histoire des sciences et l'objet de la science

CANGUILHEM

L'objet en histoire des sciences n'a rien de commun avec l'objet de la science. L'objet scientifique, constitué par le discours méthodique, est second, bien que non dérivé, par rapport à l'objet naturel, initial, et qu'on dirait volontiers, en jouant sur le sens, pré-texte. L'histoire des sciences s'exerce sur ces objets seconds, non naturels, culturels, mais n'en dérive pas plus que ceux-ci ne dérivent des premiers. L'objet du discours historique est, en effet, l'historicité du discours scientifique, en tant que cette historicité représente l'effectuation d'un projet intérieurement normé, mais traversée d'accidents, retardée ou détournée par des obstacles, interrompue de crises, c'est-à-dire de moments de jugement et de vérité. On n'a peut-être pas assez remarqué que la naissance de l'histoire des sciences comme genre littéraire, au XVIIIe siècle, supposait des conditions historiques de possibilité, à savoir deux révolutions scientifiques et deux révolutions philosophiques, car il n'en fallait pas moins de deux. En mathématiques, la géométrie algébrique de Descartes, puis le calcul de l'infini de Leibniz-Newton; en mécanique et cosmologie, les *Principes* de Descartes et les *Principia* de Newton. En philosophie, et plus exactement en théorie de la connaissance, c'est-à-dire en théorie du fondement de la science, l'innéisme cartésien et le sensualisme de Locke. Sans Descartes, sans déchirure de la tradition, une histoire de la science ne peut pas commencer. Mais, selon Descartes, le savoir est sans histoire. Il faut Newton, et la réfutation de la cosmologie cartésienne, pour que l'histoire, ingratitude du commencement revendiqué contre des origines refusées, apparaisse comme une dimension de la science. L'histoire des sciences c'est la prise de conscience explicite, exposée comme théorie, du fait que les sciences sont des discours critiques et progressifs pour la détermination de ce qui, dans l'expérience, doit être tenu pour réel. L'objet de l'histoire des sciences est donc un objet non donné là, un objet à qui l'inachèvement est essentiel. En aucune façon l'histoire des sciences ne peut être histoire naturelle d'un objet culturel. Trop souvent elle est faite comme une histoire naturelle, parce qu'elle idendifie la science avec les savants, et les savants avec leur biographie civile et académique, ou bien parce qu'elle identifie la science avec ses résultats et les résultats avec leur énoncé pédagogique actuel.

G. Canguilhem *« L'objet de l'histoire des sciences »* (1966),
in *op. cit.*, pp. 17-18.

Récurrence et histoire des sciences

BACHELARD

Si l'historien d'une science doit être un juge des valeurs de vérité touchant cette science, où devra-t-il apprendre son métier ? La réponse n'est pas douteuse : l'historien des sciences, pour bien juger le passé, doit connaître le présent; il doit apprendre de son mieux la science dont il se propose d'écrire l'histoire. Et c'est en cela que l'histoire des sciences, qu'on le veuille ou non, a une forte attache avec l'actualité de la science.

Dans la proportion même où l'historien des sciences sera instruit dans la modernité de la science, il dégagera des nuances de plus en plus nombreuses, de plus en plus fines, dans l'historicité de la science. La conscience de modernité et la conscience d'historicité sont ici rigoureusement proportionnelles.

A partir des vérités que la science actuelle a rendues plus claires et mieux coordonnées, le passé de vérité apparaît plus clairement progressif en tant que passé même. Il semble que la claire histoire des sciences ne puisse être tout a fait contemporaine de son déroulement. Le drame des grandes découvertes, nous en suivons le déroulement dans l'histoire d'autant plus facilement que nous avons assisté au cinquième acte.

G. Bachelard, *L'Actualité de l'histoire des sciences*,
Ed. du Palais de la Découverte, 1951.

Historicité des mathématiques ?

L'œuvre de J. Cavaillès (1903-1944), philosophe et logicien français, fusillé par les Allemands pour ses activités dans la Résistance, procède d'une réflexion philosophique approfondie sur les mathématiques. Examinant avec perspicacité les enjeux théoriques des mathématiques et de la logique du début du siècle (cf. notamment son œuvre posthume Sur la logique et la théorie de la science, *1947), Cavaillès s'interroge sur l'historicité propre aux mathématiques. Bachelard écrit :*

Une même condamnation, dans la pensée de Cavaillès, liquidait le psychologisme et l'historicité. Il a écrit, dans une formule d'une merveilleuse densité : « Il n'y a rien de si peu historique que l'histoire des mathématiques. »

CAVAILLÈS

L'histoire mathématique semble, de toutes les histoires, la moins liée à ce dont elle est véhicule; s'il y a lien, c'est *a parte post*, servant uniquement pour la curiosité, non pour l'intelligence du résultat : l'après explique l'avant. Le mathématicien n'a pas besoin de connaître le passé, parce que c'est sa vocation de le refuser : dans la mesure où il ne se plie pas à ce qui semble aller de soi par le fait qu'il est, dans la mesure où il rejette autorité de tradition, dans cette mesure seule il est mathématicien, c'est-à-dire révélateur de nécessités. Cependant avec quels moyens opère-t-il ? L'œuvre négatrice d'histoire s'accomplit dans l'histoire. Double liaison : avec les problèmes posés et étudiés dans un temps – choix de la rébellion –, avec les méthodes déjà existantes, matières où forger le nouvel instrument. Dans les deux cas, l'arbitraire individuel ou le style d'un milieu ne suffisent pas à expliquer : même si l'on concevait les mathématiques comme système en soi, les sinuosités du processus de révélation seraient en relation avec la structure des parties révélées. *Autrement dit, il y a une objectivité, fondée mathématiquement, du devenir mathématique.*

J. Cavaillès, « Remarques sur la formation de la théorie abstraite des ensembles » (1938), in *Philosophie mathématique*, Hermann, 1962, pp. 27-28.

Genèse de l'instrument scientifique

Dans un article de 1948, « Du monde de l'à-peu-près à l'univers de la précision » (in Critique *n° 28), Alexandre Koyré, s'interroge sur la genèse de l'instrument scientifique, établit une distinction fondamentale entre l'instrument et l'outil. Cette étude amène Koyré à conclure à l'apparition, dans l'histoire des sciences à l'âge classique, d'une rupture épistémologique radicale entre l'empirie et la science. L'instrument d'observation (lunette) ou de mesure (chronomètre) prend peu à peu possession du monde. L'exact en arrive à se substituer à l'inexact, voire à l'anexact.*

KOYRÉ

Pour l'homme qui s'en servait, les lunettes n'étaient pas (...) un *instrument optique*. C'était également un outil.

Rien ne nous révèle mieux cette différence fondamentale que l'histoire de la construction du télescope par Galilée. Tandis que les Lippertshey et les Janssen, ayant par un heureux hasard découvert la combinaison de verres qui forme la longue-vue, se bornent à apporter les perfectionnements indispensables et en quelque sorte inévitables (tube, oculaire mobile) à leurs lunettes renforcées. Galilée, dès qu'il reçoit la nouvelle de la lunette d'approche hollandaise, en fait la théorie. Et c'est à partir de cette théorie, insuffisante, sans doute, mais *théorie* quand même que, poussant toujours plus loin la précision et la puissance de ses verres, il construit la série de ses *perspicilles* qui livrent à ses yeux l'immensité du ciel.

Les lunettiers hollandais n'ont fait rien de pareil, parce que, justement, ils n'avaient pas l'idée de l'*instrument* qui inspirait et guidait Galilée. Aussi le but recherché – et atteint – par lui et eux était-il entièrement différent. La lunette hollandaise est un appareil à sens pratique : il nous permet de voir, à une distance qui dépasse celle de la vision humaine, ce qui lui est accessible à une distance plus petite. Elle ne va pas, et ne veut pas aller au-delà – et ce n'est pas par hasard que ni les inventeurs, ni les usagers, de la lunette hollandaise ne s'en sont pas servis pour regarder le ciel. C'est au contraire pour des besoins purement théoriques, pour atteindre *ce qui ne tombe pas sous nos sens,* pour voir ce que personne n'a jamais vu, que Galilée construit ses instruments, le télescope, et puis le microscope. L'usage pratique des appareils qui émerveillent les bourgeois et les patriciens de Venise et de Rome n'en est pour lui qu'un sous-produit. Or, par contrecoup, la recherche de ce but purement théorique produit des résultats dont l'importance, pour la naissance de la technique moderne, technique de précision, est décisive. Car, pour faire les appareils optiques il faut non seulement améliorer la qualité des verres que l'on emploie et en déterminer – c'est-à-dire *mesurer* d'abord et *calculer* ensuite – les angles de réfraction, il faut encore améliorer leur taille, c'est-à-dire savoir leur donner une forme précise, une *forme* géométrique exactement définie; et pour ce faire, il faut construire des machines de plus en plus *précises,* des machines mathématiques qui, autant que les instruments eux-mêmes, présupposent la substitution, dans l'esprit de leurs inventeurs, de l'univers de la précision au monde de l'à-peu-près.

A. Koyré, *Etudes d'histoire de la pensée philosophique,*
Armand Colin, 1961, pp. 321-322.

La révolution astronomique du XVIIe siècle

L'analyse historique de l'astronomie permet à A. Koyré de mesurer toute l'importance de la mutation qui s'opère lentement aux XVIe et XVIIe siècles, au cours de laquelle la conception géocentrique du cosmos fait place à celle d'un univers héliocentrique. La révolution copernicienne arrache « la terre du centre du monde et [... *sape*] *les fondations mêmes de l'ordre cosmique traditionnel ».*

A Copernic (1473-1543), qui « a donné le mouvement à la terre et élargi le monde jusqu'à le rendre immensum *», mais ne l'a cependant pas pensé infini, Koyré oppose Giordano Bruno. Unissant les idées de Lucrèce (~ 98-55 av. J.-C.) et de Nicolas de Cues (1401-1464), Giordano Bruno a de l'univers infini une conception encore « vitaliste et magique », mais « si puissante et si prophétique, si raisonnable et si poétique qu'on ne peut que l'admirer ».*

Il revient à l'histoire des sciences d'avoir montré que, pour se constituer en une science toujours plus précise, l'astronomie a dû se détacher progressivement des conceptions métaphysiques et religieuses traditionnelles, et poser de manière nouvelle les questions de l'espace, du temps et de la transcendance divine.

KOYRÉ

J'ai essayé, dans mes *Etudes galiléennes,* de définir les schémas structurels de l'ancienne et de la nouvelle conception du monde et de décrire les changements produits par la révolution du XVIIe siècle. Ceux-ci me semblent pouvoir être ramenés à deux éléments principaux, d'ailleurs étroitement liés entre eux, à savoir la destruction du Cosmos (1), et la géométrisation de l'espace, c'est-à-dire *(a)*

1. La notion du Cosmos n'est liée qu'en fait, c'est-à-dire historiquement, à la conception géocentrique du monde. Elle peut en être entièrement séparée comme, par exemple, chez Kepler.

la destruction du monde conçu comme un tout fini et bien ordonné dans lequel la structure spatiale incarnait une hiérarchie de valeur et de perfection, monde dans lequel « au-dessus » de la Terre lourde et opaque, centre de la région sublunaire du changement et de la corruption, s'« élevaient » les sphères célestes des astres impondérables, incorruptibles et lumineux, et la substitution à celui-ci d'un Univers indéfini, et même infini, ne comportant plus aucune hiérarchie naturelle et uni seulement par l'identité des lois qui le régissent dans toutes ses parties, ainsi que par celle de ses composants ultimes placés, tous, au même niveau ontologique; et *(b)* le remplacement de la conception aristolélicienne de l'espace, ensemble différencié de lieux intramondains, par celle de l'espace de la géométrie euclidienne – extension homogène et nécessairement infinie – désormais considéré comme identique, en sa structure, avec l'espace réel de l'Univers. Ce qui, à son tour, impliqua le rejet par la pensée scientifique de toutes considérations basées sur les notions de valeur, de perfection, d'harmonie, de sens ou de fin, et finalement, la dévalorisation complète de l'Être, le divorce total entre le monde des valeurs et le monde des faits. (...)

On a souvent – très justement – souligné que la destruction du Cosmos et la perte par la Terre de sa situation centrale, et par là même unique (bien que nullement privilégiée), amenèrent inévitablement l'homme à perdre sa position unique et privilégiée dans le drame théo-cosmique de la création dans lequel il avait été jusque-là à la fois la figure centrale et la scène. A la fin de cette évolution nous trouvons le monde muet et terrifiant du « libertin » (2) de Pascal, le monde dépourvu de sens de la philosophie scientifique moderne. A la fin nous trouvons le nihilisme et le désespoir.

Pourtant, il n'en fut pas ainsi au début. Le déplacement de la Terre du centre du monde n'a pas été ressenti comme une dégradation. Bien au contraire : c'est avec satisfaction que Nicolas de Cues affirme sa *promotion* au rang des étoiles nobles et quant à Giordano Bruno, c'est avec un enthousiasme brûlant – pareil à celui d'un prisonnier qui voit crouler les murs de sa prison – qu'il annonce l'éclatement des sphères qui nous séparaient des vastes espaces ouverts et des trésors inépuisables de l'Univers éternel, infini et toujours changeant. Toujours changeant ? Une fois de plus, nous nous rappelons Nicolas de Cues et constatons, une fois de plus, la différence entre leurs conceptions fondamentales du monde – ou de la manière dont ils le sentaient. Nicolas de Cues enseigne que l'immobilité ne peut être trouvée nulle part dans l'Univers tout entier. Giordano Bruno va bien plus loin; il ne se borne pas à constater la mobilité et la mutabilité universelles. Pour lui, le mouvement et le changement sont signes de perfection et non pas d'absence de perfection. Un Univers immuable aurait été un Univers mort; un Univers vivant doit pouvoir se mouvoir et changer (3) :

Il n'y a pas de fins, termes, limites ou murailles qui entravent et arrêtent l'abondance infinie des choses. C'est par elle que la terre et la mer sont

2. La phrase célèbre : « Le silence éternel de ces espaces infinis m'effraye » n'exprime pas les sentiments propres de Pascal, comme le supposent d'habitude ses historiens, mais ceux du « libertin » athée.
3. *De l'infinito universo et mondi* (1584).

fécondes; c'est par elle que se perpétue l'éclat du soleil; c'est ainsi que, éternellement, le carburant est fourni aux feux voraces et les humeurs aux mers qui s'épuisent. Car une nouvelle abondance de matière est engendrée éternellement par l'infini. Aussi Démocrite et Epicure qui voulaient que tout soit rénové et restauré par l'infini comprenaient-ils ces choses mieux que ceux qui s'efforcent de sauver la substance éternelle de l'Univers, vu que le même nombre (de particules) succède toujours au même nombre (d'icelles) et les mêmes parties de la matière se convertissent toujours en de mêmes parties.

A. Koyré, *Du monde clos à l'univers infini*, PUF, 1962, pp. 2-3 et 46-48.

Fécondité de l'étude historique de la science

KOYRÉ

Il est (...) essentiel d'intégrer dans l'histoire d'une pensée scientifique la manière dont elle se comprenait elle-même et se situait par rapport à ce qui la précédait et l'accompagnait. On ne saurait sous-estimer l'intérêt des polémiques d'un Guldin ou d'un Tacquet contre Cavalieri et Torricelli; il y aurait danger à ne pas étudier de près la manière dont un Wallis, un Newton, un Leibniz envisageaient eux-mêmes l'histoire de leurs propres découvertes, ou à négliger les discussions philosophiques que celles-ci provoquèrent.

On doit (...) étudier les erreurs et les échecs avec autant de soin que les réussites. Les erreurs d'un Descartes et d'un Galilée, les échecs d'un Boyle et d'un Hooke ne sont pas seulement instructifs; ils sont révélateurs des difficultés qu'il a fallu vaincre, des obstacles qu'il a fallu surmonter.

Ayant nous-mêmes vécu deux ou trois crises profondes de notre manière de penser — la « crise des fondements » et l'« éclipse des absolus » mathématiques, la révolution relativiste, la révolution quantique — ayant subi la destruction de nos idées anciennes et fait l'effort d'adaptation aux idées nouvelles, nous sommes plus aptes que nos prédécesseurs à comprendre les crises et les polémiques de jadis.

Il n'est — heureusement — plus nécessaire aujourd'hui d'insister sur l'intérêt de l'étude historique de la science. Il n'est même plus nécessaire (...) d'insister sur l'intérêt et la fécondité *philosophiques* de cette étude. En effet, l'étude de l'évolution (et des révolutions) des idées scientifiques — seule histoire (avec celle, connexe, de la technique) qui donne un sens à la notion, tant glorifiée et tant décriée, de progrès — nous montre l'esprit humain aux prises avec la réalité; nous révèle ses défaites, ses victoires, nous montre quel effort surhumain lui a coûté chaque pas sur la voie de l'intellection du réel, effort qui aboutit, parfois, à une véritable « mutation » de l'intellect humain (1); transformation grâce à laquelle des notions, péniblement « inventées » par les plus grands génies, deviennent non seulement accessibles, mais encore faciles, évidentes pour les écoliers.

A. Koyré, *Etudes galiléennes*, I, Hermann, 1939, p. 6.

1. Nous empruntons à G. Bachelard (in *Nouvel Esprit scientifique*, Paris, 1934) la notion et le terme de mutation intellectuelle.

Histoire des sciences : histoire d'une Nouvelle Alliance ?

Le physicien Ilya Prigogine, prix Nobel en 1977, est l'auteur d'un livre écrit en collaboration avec Isabelle Stengers, membre de son équipe de Bruxelles, intitulé La Nouvelle Alliance *(Gallimard, 1979). Le sous-titre, « Métamorphose de la science », renvoie aux profondes mutations qu'ont connues les sciences depuis le XIXe siècle. La thermodynamique enseigne l'« ordre par fluctuation », le hasard et la nécessité. La mécanique quantique, la physique et la chimie de l'incertitude, bouleversent les concepts classiques d'ordre, de loi, de nature, de déterminisme. Les révolutions einsteiniennes donnent peut-être « à comprendre de la manière la plus dramatique le sens de la transformation subie par la physique au cours de ce siècle ». (p. 277) Physique et chimie dévoilent un monde irradié par le hasard, la circonstance, l'irréversibilité de temps multiples où la loi, l'universel, l'invariant s'avèrent des exceptions. L'histoire des sciences est-elle aujourd'hui l'histoire du « miracle » ?*

La Nouvelle Alliance, *écrite en réponse à Jacques Monod qui annonçait la rupture de l'ancienne union de la science et de la philosophie, s'impose comme un livre-défi mais aussi comme un livre-espérance.*

Ce livre n'indique-t-il pas également un retour à la grécité ? Les leçons de Thalès, Empédocle ou Démocrite, plus que jamais actuelles, rappellent la nécessité de la distribution, de l'échange, de l'interrégionalité en une histoire des sciences encore à parfaire.

A.B.

La multiplicité des temps

PRIGOGINE
STENGERS

La physique, aujourd'hui, ne nie plus le temps. Elle reconnaît le temps irréversible des évolutions vers l'équilibre, le temps rythmé des structures dont la pulsion se nourrit du monde qui les traverse, le temps bifurquant des évolutions par instabilité et amplification de fluctuations, et même ce temps microscopique (...) qui manifeste l'indétermination des évolutions physiques microscopiques. Chaque être complexe est constitué par une pluralité de temps, branchés les uns sur les autres selon des articulations subtiles et multiples. L'histoire, que ce soit celle d'un être vivant ou d'une société, ne pourra plus jamais être réduite à la simplicité monotone d'un temps unique, que ce temps monnaie une invariance, ou qu'il trace les chemins d'un progrès ou d'une dégradation. L'opposition entre Carnot et Darwin a fait place à une complémentarité qu'il nous reste à comprendre dans chacune de ses productions singulières.

La découverte de la multiplicité des temps n'est pas une « révélation » surgie soudain de la science; bien au contraire, les hommes de science ont cessé aujourd'hui de nier ce que, pour ainsi dire, *chacun savait*. C'est pourquoi l'histoire de la science négatrice du temps fut aussi une histoire de tensions sociales et culturelles.

I. Prigogine et I. Stengers, *La Nouvelle Alliance*, Gallimard, 1979, pp. 275-276.

Einstein : les impossibles en physique

PRIGOGINE
STENGERS

Ici encore, c'est peut-être l'histoire d'Einstein qui donne à comprendre de la manière la plus dramatique le sens de la transformation subie par la physique au cours de ce siècle. C'est Einstein, en effet, qui, le premier, découvrit la fécondité des *démonstrations d'impossibilité,* lorsqu'il fit de l'impossibilité de transmettre une information à une vitesse supérieure à celle de la lumière la base de l'exclusion de la notion de simultanéité absolue à distance, et construisit sur l'exclusion de cette « inobservable » la théorie de la relativité. Einstein lui-même voyait dans cette démarche l'équivalent de la démarche qui fonda la thermodynamique sur l'impossibilité d'un mouvement perpétuel. Mais certains de ses contemporains, comme Heisenberg, virent bien la portée de la différence entre les deux impossibilités; dans le cas thermodynamique, une certaine *situation* est définie comme absente de la nature; dans le cas de la relativité, c'est une *observation* qui est définie comme impossible, c'est-à-dire un type de communication entre la nature et celui qui la décrit. Et c'est en suivant, malgré Einstein, l'exemple d'Einstein qu'Heisenberg fonda le formalisme quantique sur l'exclusion des grandeurs définies par la physique comme inobservables.

Ibid., p. 277.

Indétermination essentielle de l'espace-temps

Werner Heisenberg (1901-1976), dont il est question dans le texte précédent, est l'un des grands physiciens du siècle. Prix Nobel en 1932, sa notoriété en dehors des milieux spécialisés est essentiellement due à la formulation qu'il donne en 1927 d'un « principe d'incertitude », selon lequel il est impossible de connaître avec précision simultanément la position et la vitesse d'une particule. Ce principe est susceptible d'une expression mathématique rigoureuse, mais aussi d'une vulgarisation intelligente... Quant à la portée philosophique des résultats de la mécanique quantique, elle n'a cessé d'être débattue depuis les années trente.

HEISENBERG

La théorie des quanta a montré que, quand on précise la position et qu'on délimite strictement l'espace, il en résulte une indétermination infinie de la vitesse ainsi que de l'impulsion et de l'énergie. Cela montre dans la pratique que, si l'on essaye de formuler mathématiquement l'action réciproque des particules, il apparaît toujours un nombre infini de valeurs d'énergie et d'impulsion qui empêchent une formulation mathématique satisfaisante. Au cours des années, ces difficultés ont été l'objet de nombreuses expériences qui n'ont pourtant abouti à aucun résultat concluant. Pour l'instant il faut se contenter de l'hypothèse que, dans des domaines infinitésimaux de l'ordre de grandeur des corpuscules, l'espace et le temps ont une imprécision particulière, ce qui veut dire que même les concepts d'avant et d'après deviennent indéfinissables pour des intervalles de temps aussi réduits. Naturellement rien ne changerait dans la structure espace-temps à grande échelle, mais il faudrait compter avec la possibilité que des expériences concernant des processus dans des domaines infinitésimaux de l'espace-temps montrent que certains d'entre eux se déroulent apparemment en sens inverse de l'ordre causal. Ici les plus récents développements de la physique de l'atome sont de nouveau liés à la question de la loi de la causalité.

W. Heisenberg, *La Nature dans la physique contemporaine* (1955). Trad. U. Korvelis et A. E. Leroy. Gallimard, Idées, 1962, pp. 56-57.

La mort de l'ancienne alliance

PRIGOGINE STENGERS

Là où la science nous avait montré une stabilité immuable et pacifiée, nous comprenons que nulle organisation, nulle stabilité n'est, en tant que telle, garantie ou légitime, aucune ne s'impose en droit, toutes sont produits des circonstances et à la merci des circonstances.

Dès lors, Jacques Monod avait raison, l'ancienne alliance animiste est bien morte, et avec elle toutes les autres qui nous présentaient comme sujets volontaires, conscients, doués de projets, clos dans une identité stable et des usages bien établis, citoyens au sein d'un monde fait pour nous. Il est bien mort, le monde finalisé, statique et harmonieux que la révolution copernicienne détruisit lorsqu'elle lança la Terre dans les espaces infinis. Mais notre monde n'est pas non plus celui de l'« alliance moderne ». Ce n'est pas le monde silencieux et monotone, déserté par les anciens enchantements, le monde horloge sur lequel nous avions reçu juridiction. La nature n'est pas faite pour nous, et elle n'est pas livrée à notre volonté. Le temps est venu, comme Jacques Monod nous l'annonçait, d'assumer les risques de l'aventure des hommes, mais si nous pouvons le faire, c'est parce que tel est le mode, désormais, de notre participation au devenir culturel et naturel, telle est la leçon qu'énonce la nature lorsque nous l'écoutons. Le savoir scientifique, tiré des songes d'une révélation inspirée, c'est-à-dire surnaturelle, peut se découvrir aujourd'hui en même temps « écoute poétique » de la nature et processus naturel dans la nature, processus ouvert de production et d'invention, dans un monde ouvert, productif et inventif. Le temps est venu de nouvelles alliances, depuis toujours nouées, longtemps méconnues, entre l'histoire des hommes, de leurs sociétés, de leurs savoirs et l'aventure exploratrice de la nature.

I. Prigogine et I. Stengers, *op. cit.*, pp. 295-296.

Les révolutions scientifiques

Le livre de Thomas Kuhn, professeur d'histoire des sciences à Princeton, La Structure des révolutions scientifiques, *paru en 1962, a connu un grand retentissement, surtout dans les pays de tradition empiriste et pragmatique. Kuhn propose une explication du développement scientifique fondée sur une analyse historique globale de la praxis scientifique telle qu'elle apparaît dans certaines situations précises, notamment dans les périodes de crise. Le processus d'accumulation ne saurait selon lui jouer un rôle décisif; il rejette, plus généralement, toute histoire restreinte à la seule considération des idées « pures ».*

Kuhn part de la notion de « science normale », dont le fonctionnement repose sur l'existence d'un « paradigme » exprimant le consensus d'une communauté scientifique, définie par son allégeance même au paradigme. A cet état normal s'oppose un état de « crise » favorisant la formation d'un nouveau paradigme, qui peut finir par évincer l'ancien. Kuhn montre en quoi ce processus peut être comparé à celui des révolutions politiques, justifiant ainsi le titre de son ouvrage.

D.A.

Science normale et paradigme

KUHN

Dans cet essai, le terme *science normale* désigne la recherche fermement accréditée par une ou plusieurs découvertes scientifiques passées, découvertes que tel groupe scientifique considère comme suffisantes pour fournir le point de départ d'autres travaux. De nos jours, les manuels scientifiques élémentaires ou supérieurs rendent compte de ces découvertes, mais rarement sous leur forme originale. Ils exposent l'ensemble de la théorie acceptée (...). Avant que de tels livres ne deviennent courants, au début du XIXe siècle (et plus récemment encore pour les sciences nouvellement arrivées à maturité) certains textes scientifiques classiques ont joué un rôle semblable. La *Physique* d'Aristote, l'*Almageste* de Ptolémée, les *Principia* et l'*Optique* de Newton, l'*Electricité* de Franklin, la *Chimie* de Lavoisier et la *Géologie* de Lyell – tous ces livres et bien d'autres ont longtemps servi à définir implicitement les problèmes et les méthodes légitimes d'un domaine de recherche pour des générations successives de chercheurs. S'ils pouvaient jouer ce rôle, c'est qu'ils avaient en commun deux caractéristiques essentielles : leurs découvertes étaient suffisamment remarquables pour soustraire un groupe cohérent d'adeptes à d'autres formes d'activité scientifique concurrentes; d'autre part, elles ouvraient des perspectives suffisamment vastes pour fournir à ce nouveau groupe de chercheurs toutes sortes de problèmes à résoudre.

Les découvertes qui ont en commun ces deux caractéristiques, je les appellerai désormais *paradigmes,* terme qui a des liens étroits avec celui de *science normale.* En le choisissant, je veux suggérer que certains exemples reconnus de travail scientifique réel, exemples qui englobent une loi, une théorie, une application et un dispositif expérimental – fournissent des modèles qui donnent naissance à des traditions particulières et cohérentes de recherche scientifique, celles par exemple que les historiens décrivent sous les rubriques d'« Astronomie de Ptolémée » (ou de Copernic), « Dynamique aristotélicienne » (ou newtonienne), « Optique corpusculaire » (ou optique ondulatoire), etc. C'est l'étude des paradigmes, dont beaucoup sont bien plus spécialisés que ceux que je viens d'énumérer, qui prépare principalement le chercheur à devenir membre d'un groupe scientifique particulier avec lequel il travaillera plus tard. Comme il se joint ici à des hommes qui ont puisé les bases de leurs connaissances dans les mêmes modèles concrets, son travail l'amènera rarement à s'opposer à eux sur des points fondamentaux. Les hommes dont les recherches sont fondées sur le même paradigme obéissent aux mêmes règles et aux mêmes normes dans la pratique scientifique. Cet engagement et l'accord apparent qu'il produit sont les préalables nécessaires de la science normale, c'est-à-dire de la genèse et de la continuation d'une tradition particulière de recherche.

T. S. Kuhn, *La Structure des révolutions scientifiques* (1962). Trad. anon. Flammarion, 1972, pp. 25-26.

La conscience de l'anomalie

KUHN

Si la conscience de l'anomalie joue un rôle dans l'émergence de nouveaux phénomènes, on ne trouvera pas surprenant que ce soit là encore, mais en plus profond, la condition préalable de tous les changements acceptables de théorie. Il me semble que sur ce point les preuves historiques ne laissent absolument aucun doute. L'astronomie de tradition ptolémaïque était dans un état scandaleux avant les travaux de Copernic. Les contributions de Galilée à l'étude du mouvement dépendent étroitement des difficultés découvertes dans la théorie d'Aristote par les critiques scolastiques. La nouvelle théorie de Newton pour la lumière et la couleur vient de ce qu'aucune des théories existant antérieurement ne parvenait à expliquer la longueur du spectre; et la théorie des ondes qui remplaça celle de Newton fut lancée dans une atmosphère de préoccupation croissante, les effets de diffraction et de polarisation révélant de plus en plus d'anomalies par rapport à la théorie de Newton. La thermodynamique est née du choc de deux théories physiques en présence au XIXe siècle, et la mécanique quantique d'un ensemble de difficultés concernant la radiation du corps noir, les chaleurs spécifiques et les effets photo-électriques. Dans tous ces cas, celui de Newton excepté, la conscience de l'anomalie durait depuis si longtemps et avait pénétré si profondément que l'on peut, sans exagération, parler d'un état de crise croissante. Justement parce qu'elle exige sur une grande échelle une négation du paradigme et des changements majeurs dans les problèmes et les techniques de la science normale, l'émergence de nouvelles théories est généralement précédée par une période de grande insécurité pour les scientifiques. (...) L'échec des règles existantes est le prélude de la recherche de nouvelles règles.

Ibid., pp. 88-89.

Un paradigme chasse l'autre

KUHN

Une fois qu'elle a rang de paradigme, une théorie scientifique ne sera déclarée sans valeur que si une théorie concurrente est prête à prendre sa place. L'étude historique du développement scientifique ne sera déclarée sans valeur que si une théorie concurrente est prête à prendre sa place. L'étude historique du développement scientifique ne révèle aucun processus ressemblant à la démarche méthodologique qui consiste à éprouver une conclusion comme fausse par comparaison directe avec la nature. Ce qui ne veut pas dire que les scientifiques ne rejettent pas les théories scientifiques, ou que l'expérience ne soit pas essentielle dans le processus qui les y invite. Mais ce point est capital — l'acte de jugement qui conduit les savants à rejeter une théorie antérieurement acceptée est toujours fondé sur quelque chose de plus qu'une comparaison de cette théorie avec l'univers ambiant. Décider de rejeter un paradigme est toujours simultanément décider d'en accepter un autre, et le jugement qui aboutit à cette décision implique une comparaison des deux paradigmes par rapport à la nature et aussi de l'un par rapport à l'autre.

Ibid., pp. 99-100.

Enigme et preuve contraire

KUHN

Qu'est-ce qui différencie la science normale de la science en état de crise ? Certainement pas le fait que la première ne rencontre pas de preuves contraires. Tout à l'opposé, ce que nous avons appelé plus haut les énigmes de la science normale n'existe que parce qu'aucun paradigme accepté comme base de la recherche scientifique ne résout jamais complètement tous ses problèmes. Les très rares paradigmes qui ont jamais semblé le faire (l'optique géométrique par exemple) ont très vite cessé de proposer un problème quelconque de recherche et sont devenus des outils techniques. A l'exception de ceux qui sont exclusivement instrumentaux, tout problème où la science normale voit une énigme peut être considéré, d'un autre point de vue, comme une preuve contraire, et devenir ainsi une source de crise. Copernic a vu des preuves contraires dans ce que la plupart des autres successeurs de Ptolémée avaient tenu pour des énigmes, dans l'appariement de l'observation à la théorie. Lavoisier a considéré comme preuve contraire ce que Priestley estimait une énigme résolue de manière satisfaisante dans l'expression de la théorie du phlogistique. Et Einstein a considéré comme des preuves contraires ce que Lorentz, Fitzgerald et d'autres avaient considéré comme des énigmes dans la mise au point des lois de Newton et de Maxwell. D'ailleurs, même l'existence d'une crise ne transforme pas automatiquement une énigme en preuve contraire. Il n'existe pas de frontière aussi tranchée. Par contre, en provoquant une prolifération des versions du paradigme, la crise rend moins rigoureuses les règles habituelles de résolution des énigmes, de sorte qu'un nouveau paradigme a finalement la possibilité d'apparaître.

Ibid., pp. 101-102.

Objection : la crise n'est pas l'unique source de changement

PRIGOGINE
STENGERS

L'histoire de la physique, depuis un siècle, nous montre certes quelques crises qui ressemblent aux descriptions de Kuhn, des crises que les scientifiques subissent sans les avoir recherchées, des crises auxquelles des préoccupations philosophiques ont certes pu servir de déclencheur, mais seulement dans une situation d'instabilité déterminée par la tentative infructueuse d'étendre un paradigme à certains phénomènes naturels. Mais elle nous montre aussi des lignées de problèmes engendrées de manière lucide et délibérée par des préoccupations philosophiques. Et elle établit la fécondité d'une telle démarche. Le scientifique n'est pas voué à se comporter comme un somnambule kuhnien; il peut, sans renoncer pour autant à être un scientifique, *prendre l'initiative,* chercher à intégrer dans les sciences des perspectives et des questions nouvelles.

I. Prigogine et I. Stengers, *op. cit.*, p. 289.

7.2. L'HISTOIRE ET LES HISTOIRES

De quoi n'y a-t-il pas histoire ?

SERRES

Nous écrivons des histoires du globe, du ciel, des choses, du vivant, des intervalles temporels et des localités de l'espace, tout aussi bien que de l'argent, des langues, du costume, des rites, des fêtes et du sexuel. Nul ne songerait plus à chanter l'Histoire universelle, drame unique de l'humanité, trame unitaire soumise à une loi ou à une raison. Mais tout le monde travaille à l'épuisement des champs et des objets locaux dont l'histoire est possible. C'est dire que l'universel a changé de sens, de portée, de figure. Il s'agissait de sa compréhension, il s'agit de son extension. Il s'agissait de l'unité globale d'un spectacle, il s'agit d'une multiplicité que nous essayons de couvrir. Bref, l'histoire est passée de Dieu à l'encyclopédie, quand les clercs sont passés des Églises aux Sciences. L'universel est toujours là, mais sous forme de distribution. Ou sous le signe du quantificateur.

Le quantificateur universel est toujours là. Tout se passe, en effet, comme si, à la question : de quoi y a-t-il histoire ? nous répondions : de tout, de tout ce qui se présente, de tout ce qui existe. Il faut, bien sûr, y ajouter : ce qu'on a oublié ce dont il n'y a pas eu, encore, d'histoire, ce que l'ancien travail a refoulé, a réduit au silence, ce qui a peu laissé de restes, de traces ou de marques. Or il n'existe pas de meilleure définition du global, puisqu'on réunit à un ensemble son propre complémentaire, défini par la propriété contraire : soit l'historique *plus* le non-historique à ce jour. Quand on aura fini (?) d'écrire des choses et des êtres délaissés par les prédécesseurs, on écrira de l'oubli comme tel et des conditions de la perte. De quoi, dès lors, n'y a-t-il pas histoire ? En principe, de rien. Je ne vois rien qui soit anhistorique, je ne dispose d'aucun critère qui permette d'en décider. Ledit complémentaire de l'ensemble n'est que temporaire ou momentané. Nous écrivons assurément l'histoire des idéalités abstraites, ainsi que des religions dont les dieux sont absents, et nous produisons aussi bien l'histoire de l'histoire. Et le critère est bien manquant. De quoi ne peut-il pas y avoir histoire ? De rien donc, à nouveau. On peut toujours faire histoire de tout.

M. Serres, in *L'Arc*, n° 72, « Duby », p. 62.

L'histoire des mentalités

Née au lendemain de la Première Guerre mondiale, l'histoire des mentalités est l'un des principaux centres d'intérêt de l'École des Annales (v. § 6.2). Mais parmi les travaux qui témoignent le plus éloquemment de la fécondité de cette spécialité, il en est peu de mieux connus dans le public et à l'étranger que ceux de Philippe Ariès, un chercheur indépendant qui n'a pas reculé devant des thèmes aussi vastes et nouveaux que l'enfance, la famille ou la mort dans l'histoire occidentale.

La société médiévale sans enfance

ARIÈS

Dans la société médiévale, que nous prenons pour point de départ, le sentiment de l'enfance n'existait pas; cela ne signifie pas que les enfants étaient négligés, abandonnés, ou méprisés. Le sentiment de l'enfance ne se confond pas avec l'affection des enfants : il correspond à une conscience de la particularité enfantine, cette particularité qui distingue essentiellement l'enfant de l'adulte même jeune. Cette conscience n'existait pas. C'est pourquoi, dès que l'enfant pouvait vivre sans la sollicitude constante de sa mère, de sa nourrice ou de sa remueuse, il appartenait à la société des adultes et ne s'en distinguait plus. Cette société d'adultes nous paraît aujourd'hui bien souvent puérile : question d'âge mental sans doute, mais aussi d'âge physique, parce qu'elle était en partie composée d'enfants et de très jeunes gens. La langue ne donnait pas au mot enfant le sens restreint que nous lui attribuons désormais : on disait enfant comme on dit maintenant « gars » dans la langue courante. Cette indétermination de l'âge s'étendait à toute l'activité sociale : aux jeux, aux métiers, aux armes. Il n'est pas de représentation collective où de petits et grands enfants n'aient leur place, blottis un ou deux dans la « trousse » pendue au col des femmes, ou pissant dans un coin, ou jouant leur rôle dans une fête traditionnelle, ou apprentis, à l'atelier, ou pages servant le chevalier, etc.

Le très petit enfant trop fragile encore pour se mêler à la vie des adultes, ne compte pas, c'est le mot de Molière qui témoigne de la persistance au XVIIe siècle d'une très ancienne mentalité. [Un personnage du *Malade imaginaire* demande :] « D'où vient, mon Frère, qu'ayant le bien que vous avez et n'ayant d'enfant qu'une fille, *car je ne compte pas la petite*, d'où vient, dis-je, que vous parlez de la mettre dans un couvent ? » La petite ne comptait pas parce qu'elle pouvait disparaître. « J'ai perdu deux ou trois enfans en nourrice, non sans regrets ni sans fascherie », reconnaît Montaigne. Dès que l'enfant avait franchi cette période de forte mortalité où sa survie était improbable, il se confondait avec les adultes.

Philippe Ariès, *L'Enfant et la vie familiale sous l'Ancien Régime*, Plon 1960. Rééd. Le Seuil, 1973; Points, 1975, pp. 177-178.

La mort apprivoisée des chevaliers

ARIÈS

Demandons-nous (...) comment mouraient les chevaliers de la chanson de geste ou des plus anciens romans médiévaux. D'abord, ils sont avertis. On ne meurt pas sans avoir eu le temps de savoir qu'on allait mourir. Ou alors c'était la mort terrible, comme la peste ou la mort subite, et il fallait bien la présenter comme exceptionnelle, n'en pas parler. Normalement donc, l'homme était averti.

« Sachez, dit Gauvain, que je ne vivrai pas deux jours. »

Le roi Ban a fait une mauvaise chute. Quand il revint à lui, il s'aperçut que le sang vermeil lui sortait de la bouche, du nez, des oreilles : « Il regarda le ciel et prononça comme il put... : "Ha sire Dieu, secourez-moi, car je vois et je sais que ma fin est arrivée." » *Je vois et je sais.*

A Roncevaux, Roland « sent que la mort le prend tout. De sa tête, elle descend vers le cœur ». Il « sent que son temps est fini ». Tristan « sentit que sa vie se perdait, il comprit qu'il allait mourir ». (...)

Sachant sa fin prochaine, le mourant prenait ses dispositions. Et tout va se faire, très simplement. (...) Dans un monde aussi imprégné de merveilleux que celui des *Romans de la Table ronde*, la mort était chose toute simple. Quand Lancelot, blessé, égaré, s'aperçoit, dans la forêt déserte, qu'il a « perdu jusqu'au pouvoir de son corps », il croit qu'il va mourir. Alors que fait-il ? Des gestes qui lui sont dictés par les anciennes coutumes, des gestes rituels qu'il faut faire quand on va mourir. Il ôte ses armes, se couche sagement sur le sol : il devrait être au lit (« gisant au lit malade », répéteront pendant plusieurs siècles les testaments). Il étend ses bras en croix – cela n'est pas habituel. Mais voici l'usage : il est étendu de telle sorte que sa tête soit tournée vers l'orient, vers Jérusalem.

Quand Iseult retrouve Tristan mort, elle sait qu'elle aussi va mourir. Alors elle se couche près de lui, elle se tourne vers l'orient.

A Ronceveaux l'archevêque Turpin attend la mort couché, « sur sa poitrine, bien au milieu, a croisé ses blanches mains si belles ». C'est l'attitude des statues de gisants à partir du XIIe siècle. Dans le christianisme primitif, le mort était représenté les bras étendus dans l'attitude de l'orant. On attend la mort couché, gisant. Cette attitude rituelle est prescrite par les liturgistes du XIIIe siècle. (...) Cette attitude n'est pas la même que celle des juifs, connue par des descriptions de l'Ancien Testament : les juifs se retournaient vers le mur pour mourir.

Ainsi disposé, le mourant peut accomplir les derniers actes du cérémonial traditionnel. (...)

Enfin, dernière conclusion, la plus importante : la simplicité avec laquelle les rites de la mort étaient acceptés et accomplis, d'une manière cérémonielle, certes, mais sans caractère dramatique, sans mouvement d'émotion excessif.

La meilleure analyse de cette attitude, nous la demanderons à Soljénitsyne, dans *Le Pavillon des cancéreux*. (...) « Il se remémorait la façon qu'ils avaient de mourir, ces vieux, dans leurs coins là-bas... aussi bien les Russes que les Tatars ou les Oudmourtes. Sans fanfaronnades, sans faire d'histoires, sans se vanter qu'ils ne mourraient pas; tous ils admettaient la mort *paisiblement*. Non seulement ils ne retardaient pas le moment des comptes, mais ils s'y préparaient tout doucement et à l'avance, désignaient à qui irait la jument, à qui le poulain... Et ils s'éteignaient avec une sorte de soulagement comme s'ils devaient simplement changer d'isba. »

On ne peut mieux dire. Ainsi est-on mort pendant des siècles ou des millénaires. Dans un monde soumis au changement, l'attitude traditionnelle devant la mort apparaît comme une masse d'inertie et de continuité. L'attitude ancienne où la mort est à la fois familière, proche et atténuée, indifférente, s'oppose trop à la nôtre où la mort fait peur au point que nous n'osons plus dire son nom. C'est pourquoi j'appellerai ici cette mort familière la *mort apprivoisée*. Je ne veux pas dire que la mort a été auparavant sauvage, puis qu'elle a cessé de l'être. Je veux dire au contraire qu'elle est devenue aujourd'hui sauvage.

Philippe Ariès, *Essais sur l'histoire de la mort en Occident*,
Le Seuil, 1975, pp. 18-24.

L'histoire du climat

L'histoire du climat dispose de deux techniques : la dendroclimatologie (étude des anneaux de croissance des arbres) et la phénologie (étude des dates annuelles de floraison et de fructification).

LE ROY LADURIE

La première, la mieux développée des méthodes biologiques, c'est la « dendroclimatologie »; l'idée de base en est bien connue : toute section, toute coupe transversale effectuée dans le tronc d'un arbre fait apparaître une série d'anneaux concentriques; chaque anneau représente la croissance annuelle de l'arbre et le décompte de tous les anneaux donne immédiatement l'âge de l'arbre.

Cependant, si l'ensemble des anneaux d'un arbre donné présente ainsi une évidente valeur chronologique, chaque anneau pris à part possède en lui-même sa valeur climatologique; il est le reflet d'une histoire, l'histoire des conditions météorologiques favorables ou défavorables qui ont présidé à sa croissance au cours de l'année qui l'a vu se former. Année favorable : anneau large, épais; année défavorable : liséré mince, étroit, à peine marqué parfois. L'anneau de croissance, le *tree ring,* intègre bel et bien les données météorologiques de l'année où il a grandi. Il donne en quelque sorte une note climatique à cette année-là. En portant sur un graphique, en abscisse la suite des années, en ordonnée l'épaisseur des anneaux, on obtient la « courbe de croissance » de l'arbre, courbe dont les fluctuations correctement interprétées sont révélatrices de fluctuations météorologiques, d'une année à l'autre. (...)

La méthode dendroclimatologique est parfaitement scientifique, mais lente, délicate, pénible, coûteuse, elle n'est guère à la portée du chercheur isolé. (...) Il faut [donc de préférence] organiser la recherche vers la connaissance des périodes végétatives et, dans une certaine mesure, des fluctuations agricoles par la phénologie; vers l'étude de la morte-saison, des fluctuations hivernales, par une statistique des témoignages; et, au total, vers une connaissance synthétique de l'histoire du climat par la mise en parallèle, ou, si l'on préfère, la mise en opposition des deux séries, hivernale et estivale, ainsi obtenues.

De telles séries sont parfaitement réalisables pour la période qui va de 1500 à 1800. Elles ont un intérêt intrinsèque. Elles sont également utiles, nécessaires même, à l'édification d'une histoire totale véritable : la mise en évidence des fluctuations météorologiques telles qu'elles ont réellement eu lieu exorcisera en effet une fois pour toutes ce déterminisme paresseux qui, à chaque grand fait économique ou démographique mal expliqué, ajuste gratuitement une explication climatique. Mais elle permettra aussi de donner au climat la part qui lui revient dans l'histoire des sociétés traditionnelles, part qui n'est ni la première, ni la dernière; elle permettra de déterminer dans quelles mesures le hasard et la contingence des saisons et des récoltes a servi, contrarié, dévié parfois les tendances profondes et la nécessité interne du développement historique.

Elle donnera, en somme, une coloration nouvelle, un aspect pleinement concret à l'histoire économique et sociale.

Le *but* de l'histoire climatique n'est pas d'expliquer l'histoire humaine, ni de rendre compte, en un style simpliste, de tel ou tel épisode grandiose (crise du XIVe ou du XVIIe siècle, essor du XVIIIe siècle...). Même quand cet épisode stimule, pour des raisons valables, la réflexion des férus d'histoire. Le « but », en première analyse, est tout autre : il consiste d'abord à dessiner les linéaments d'un devenir météorologique, dans l'esprit de ce que Paul Veyne appelle « une histoire cosmologique de la nature ». Certes, cette « cosmologie chronologique », modestement limitée à l'étude d'un climat de région, peut servir de discipline d'attente, pour un projet tout autre, et plus ambitieux, qui vise, lui, l'histoire humaine : les « retombées » de l'histoire du climat intéressent en effet la chronologie des famines, et peut-être aussi celle des épidémies; mais il ne s'agit là que de conséquences dérivées : si importantes et même passionnantes qu'elles soient, elles demeurent marginales.

E. Le Roy Ladurie, *Territoire de l'historien*, Gallimard, rééd. Tel, 1973, pp. 428-455, 513.

L'histoire de l'éducation : les Sophistes

MARROU

Saluons ces grands ancêtres [les Sophistes], les premiers professeurs d'enseignement supérieur, alors que la Grèce n'avait connu que des entraîneurs sportifs, des chefs d'atelier et, sur le plan scolaire, d'humbles maîtres d'école, En dépit des sarcasmes des Socratiques, imbus de préjugés conservateurs, je respecterai d'abord en eux ce caractère d'hommes de métier, pour qui l'enseignement est une profession, dont la réussite commerciale atteste la valeur intrinsèque et l'efficacité sociale. (...)

Ils n'ont pas ouvert d'écoles, au sens institutionnel du mot; leur méthode, encore assez proche de celle des origines, peut se définir : un préceptorat collectif. Ils groupent autour d'eux les jeunes gens qui leur sont confiés et dont ils assument la formation complète; celle-ci doit demander, conjecture-t-on, trois ou quatre ans. Ce service est assuré à forfait : Protagoras demandait la somme considérable de dix mille drachmes (la drachme, un franc-or environ, représentait le salaire journalier d'un ouvrier qualifié). Son exemple servira longtemps de modèle, mais les prix baisseront rapidement : au siècle suivant (entre 393 et 338), Isocrate ne demandera plus que mille drachmes et il déplorera que des concurrents déloyaux acceptent de traiter au rabais pour quatre ou même trois cents drachmes.

Protagoras fut le premier à proposer un enseignement de ce type contre finances : il n'existait pas avant lui d'institution pareille; les Sophistes, par suite, n'ont pas trouvé de clientèle toute faite : il leur a fallu la faire naître, persuader le public de recourir à leurs services, d'où toute une série de procédés publicitaires; le Sophiste va de ville en ville en quête d'élèves, traînant à sa suite ceux qu'il s'est déjà attachés. Pour se faire connaître, montrer l'excellence de leur enseignement, donner des échantillons de leur savoir-faire, les Sophistes donnent volontiers une exhibition (...) : ce peut être un discours soigneusement médité ou, au contraire, une improvisation brillante sur un sujet proposé, une discussion librement engagée *de omni re scibili,* au gré du public. Par là, ils inaugurent le genre littéraire de la conférence, promis dès l'Antiquité à une si étonnante fortune.

De ces conférences, les unes sont ouvertes : Hippias pérorant sur l'agora à côté de la table des changeurs nous fait penser aux orateurs populaires de Hyde Park; d'autres sont réservés à un public d'élite et déjà payantes : si du moins l'ironie socratique ne nous égare pas, il y en aurait eu plusieurs catégories, de prix différents : causeries de propagande, au prix-réclame d'une drachme; leçons techniques où le maître s'engageait à traiter à fond tel sujet scientifique, à cinquante drachmes la place.

Bien entendu, cette honnête publicité ne va pas sans quelque charlatanisme : nous sommes en Grèce et dans l'Antiquité : pour impressionner son auditoire, le Sophiste n'hésite pas à prétendre à l'omniscience et à l'infaillibilité. Il affecte un ton doctoral, une allure solennelle ou inspirée, rend ses arrêts du haut d'un trône élevé, revêtant même, semble-t-il, quelquefois le costume triomphal du rhapsode au grand manteau de pourpre.

Cette mise en scène était de bonne guerre : les critiques sarcastiques dont elle est l'objet de la part de Socrate, chez Platon, ne peuvent contre balancer le témoignage que porte la même source sur l'extraordinaire succès remporté par cette propagande, sur l'engouement dont les Sophistes ont été l'objet de la part de la jeunesse; qu'on se souvienne du début du *Protagoras,* du jeune Hippocratès se précipitant, dès avant l'aube, chez Socrate : Protagoras est arrivé la veille à Athènes, et sans attendre, il s'agit de se faire présenter au grand homme, de se faire agréer comme disciple éventuel. Cette faveur, dont nous retrouvons les traces dans l'influence profonde exercée par les grands Sophistes sur les meilleurs esprits de leur temps (Thucydide, Euripide, Eschine...), n'était pas due seulement à une mode aveuglée par leur mise en scène : c'est l'efficacité réelle de leur enseignement qui l'a justifiée.

H.I. Marrou, *Histoire de l'éducation dans l'Antiquité,*
Le Seuil, 1948. Rééd. 1971, pp. 91-93.

L'histoire de l'alimentation

J.P. ARON

L'histoire, depuis cinquante ans, allégée de ses poids morts : personnage, fait brut, contingence, évolution, n'a pas tout à fait levé deux hypothèques majeures. D'une part, le tabou des domaines impurs : le corps, le sexe, les appétits et les désirs – la topologie du bas et du haut, le ventre opposé à la tête comme l'indignité à la noblesse; fantasme plusieurs fois millénaire, articulé à la pensée de l'Occident, et encore vivace dans les représentations académiques. D'autre part, plus redoutable, parce que bardée des succès de la recherche récente, la dictature des antinomies opératoires : la quantité contre la qualité, le système contre l'événement, le signe contre le vécu. Comme si le vécu ne pouvait se traiter en signe, comme si l'événement n'était pas récupérable par le système, comme si le qualitatif n'était pas impliqué et parfois transparent dans les séries et les ensembles complexes de l'histoire quantitative !

Pour affronter ce double écueil, la cuisine vient, si l'on ose dire, à point. Parmi les composantes de l'existence matérielle, n'est-elle pas la seule, ou à peu près, à naître du besoin (la nourriture) pour accéder aux productions précieuses de la culture et de l'art (la gastronomie) ? De quoi assurément ménager les pudeurs : la table comme les nations et les Églises, n'a-t-elle pas connu ses fastes, ses âges d'or ? Mais surtout, elle invite à une profonde mutation méthodologique. De la cuisine, en effet, le document nous dit dans le même temps tout et rien. Rien, car aucun récit, aucun commentaire ne nous donne la mesure du génie de Carême. Tout, puisque Carême lui-même, et les cuisiniers, les maîtres d'hôtel, les amphitryons ont rédigé le repas, sa composition, son cérémonial comme un texte inséparable de son objet.

J.P. Aron, « La cuisine – Un menu du XIXe siècle », in *Faire de l'histoire*, Gallimard, 1974, t. III, p. 192-193.

L'histoire du corps

Michel Foucault entreprend ici de resituer les sytèmes punitifs dans une « économie politique » du corps.

FOUCAULT

L'histoire du corps, les historiens l'ont entamée depuis longtemps. Ils ont étudié le corps dans le champ d'une démographie ou d'une pathologie historiques; ils l'ont envisagé comme siège de besoins et d'appétits, comme lieu de processus physiologiques et de métabolismes, comme cibles d'attaques microbiennes ou virales : ils ont montré jusqu'à quel point les processus historiques étaient impliqués dans ce qui pouvait passer pour le socle purement biologique de l'existence; et quelle place il fallait accorder dans l'histoire des sociétés à des « événements » biologiques comme la circulation des bacilles ou l'allongement de la durée de la vie. Mais le corps est aussi directement plongé dans un champ politique; les rapports de pouvoir opèrent sur lui une prise immédiate; ils l'investissent, le marquent, le dressent, le supplicient, l'astreignent à des travaux, l'obligent à des cérémonies, exigent de lui des signes. Cet investissement politique du corps est lié, selon des relations complexes et réciproques, à son utilisation économique; c'est, pour une bonne part, comme force de production que le corps est investi de rapports de pouvoir et de domination; mais en retour sa constitution comme force de travail n'est possible que s'il est pris dans un système d'assujettissement (où le besoin est aussi un instrument politique soigneusement aménagé, calculé et utilisé); le corps ne devient force utile que s'il est à la fois corps productif et corps assujetti. Cet assujettissement n'est pas obtenu par les seuls instruments soit de la violence soit de l'idéologie; il peut très bien être direct, physique, jouer de la force contre la force, porter sur des éléments matériels, et pourtant ne pas être violent; il peut être calculé, organisé, techniquement réfléchi, il peut être subtil, ne faire usage ni des armes ni de la terreur, et pourtant rester de l'ordre physique. C'est-à-dire qu'il peut y avoir un « savoir » du corps qui n'est pas exactement la science de son fonctionnement, et une maîtrise de ses forces qui est plus que la capacité de les vaincre : ce savoir et cette maîtrise constituent ce qu'on pourrait appeler la technologie politique du corps. (...) Il s'agit en quelque sorte d'une microphysique du pouvoir que les appareils et les institutions mettent en jeu, mais dont le champ de validité se place en quelque sorte entre ces grands fonctionnements et les corps eux-mêmes avec leur matérialité et leurs forces.

M. Foucault, *Surveiller et punir*, Gallimard, 1975, pp. 30-31.

Histoire et vie quotidienne

Jérôme Carcopino (1881-1970), historien de renom, fut professeur à la Sorbonne, directeur de l'École française de Rome, puis de l'École normale supérieure, ministre de l'Éducation nationale enfin, en 1941. Spécialiste d'histoire romaine, il fut un pionnier d'un genre historique qu'on ne saurait mieux désigner que par le nom de la célèbre collection où il s'illustra : « La vie quotidienne ». Publiée en 1939, La Vie quotidienne à Rome à l'apogée de l'Empire *contribua à combler le fossé qui s'était creusé entre une certaine sous-littérature historique (histoire secrète, histoire romancée...) et la production érudite. Si l'on peut considérer, à l'âge de la « nouvelle histoire », que ce genre n'a plus de raison d'être en tant que tel, s'il est vrai également que la compétence du professeur ne saurait garantir la parfaite rigueur du vulgarisateur, on ne saurait dénier aux « Vies quotidiennes » le mérite d'avoir rapproché histoire vivante et recherche savante, répondant ainsi à un très profond besoin du public. La collection s'honore d'ailleurs de grandes réussites, parmi lesquelles La* Vie quotidienne chez les Aztèques, *de J. Soustelle.*

CARCOPINO

Féminisme et démoralisation. En face des héroïnes de l'aristocratie impériale, aux femmes irréprochables et aux mères excellentes qu'elle compte encore dans ses rangs, il serait facile, en effet, d'opposer les épouses « affranchies », ou plutôt « déchaînées », dont les conditions nouvelles du mariage romain ont propagé les différentes espèces : celles qui, pour ne rien perdre de l'aisance de leurs allures, éludent les devoirs de la maternité; celles qui prétendent ne le céder à leurs maris sur aucun terrain et rivalisent avec eux jusque dans les épreuves de force qui semblaient interdites à leur sexe; celles, enfin, qui, non contentes de vivre leur vie à côté d'eux, s'arrangent, au besoin, pour la vivre sans eux au prix de trahisons ou d'abandons dont elles ne se donnent même plus la peine de rougir.

Soit par une restriction volontaire des naissances, soit à cause d'un appauvrissement de la race, les unions romaines, à la fin du Ier et au début du IIe siècle de notre ère, sont très souvent frappées de stérilité. L'exemple, d'ailleurs, vient de haut. A Nerva, un empereur célibataire et peut-être choisi pour son célibat, ont succédé Trajan, puis Hadrien, qui, mariés l'un et l'autre, n'ont eu d'enfants légitimes ni l'un ni l'autre. De ses trois lits successifs, un consulaire comme Pline le Jeune n'a point recueilli d'héritiers, et sa fortune, après sa mort, a été partagée entre ses fondations pieuses et ses domestiques. La petite bourgeoisie n'était sans doute point plus prolifique. En tout cas, elle nous a laissé par milliers des épitaphes où le défunt est pleuré par ses affranchis, à l'exclusion d'une postérité. Martial propose sérieusement à l'admiration de ses lecteurs Claudia Rufina parce qu'elle a eu trois enfants. (...) Ainsi une fécondité qui, aujourd'hui, en France, ne mériterait ni mention, ni récompense particulières, passait, dans la Rome d'alors, pour extraordinaire et digne des plus éclatantes distinctions.

Si les Romaines répugnent maintenant à remplir leur fonction maternelle, en revanche, elles se livrent avec un entrain qui tient du défi à toutes sortes d'occupations qu'au temps de la République les hommes s'étaient jalousement réservées; et Juvénal a pu, dans sa sixième satire, brosser, pour l'amusement de ses lecteurs, une suite de portraits, à peine poussés à la caricature, où des femmes, délaissant la broderie, les lectures, le chant ou la lyre, s'évertuent, avec la même vivacité, à ressembler aux hommes, sinon à les surclasser dans tous les domaines. Il en est, parmi elles, qui se plongent avec volupté dans les dossiers des procès, ou qui se passionnent de politique, curieuses des nouvelles du monde entier, friandes des potins de la Ville et des intrigues de la Cour, averties de ce qui advient aux Thraces et aux Sères, supputant la gravité des menaces suspendues sur le roi d'Arménie ou sur les Parthes, assez impudentes pour exposer, en présence de leurs maris silencieux et avec une bruyante effronterie, leurs théories et leurs plans à des généraux revêtus du *paludamentum*. Il y en a qui préfèrent aux combinaisons des diplomates et aux exercices de la stratégie la conquête de la renommée littéraire : on les voit, intarissables et volubiles, affecter un purisme ridicule en grec et en latin, confondre, même à table, leurs interlocuteurs par l'exactitude de leurs réminiscences et la décision de leurs jugements (...) et, avec une présomption sans appel, fermer la bouche aux grammairiens les plus érudits comme aux rhéteurs les plus éloquents. Pline le Jeune, assurément, aurait subi le charme de leur érudition (...). Juvénal, au contraire, (...) ne peut souffrir ces « femmes savantes ». Il compare leur caquetage à un tintamarre de chaudrons et de clochettes, abhorre ces « précieuses » (...).

Voilà pour les intellectuelles : mais les « sportives » ont le don d'échauffer le satirique encore plus que les « bas-bleus ». De nos jours, il eût à peu près sûrement vitupéré « chauffeuses » et « aviatrices ». Il n'épargne ses sarcasmes, ni à celles de ses contemporaines qui se mêlent aux parties de chasse des hommes, et comme Mevia, épieu en main et sein découvert, « transpercent les sangliers d'Étrurie », ni à celles qui assistent en habits masculins aux courses de chars, ni surtout à celles qui se passionnent pour l'escrime et pour la lutte. C'est en ricanant qu'il évoque le *ceroma* dont elles s'enduisent, l'attirail qu'elles revêtent : endromides, brassards, cuissards, baudriers et aigrettes, les exercices violents où elles s'épuisent. « Regardez avec quelle ardeur elles assènent les coups qu'on leur enseigne ! Qui sait même si leur cœur n'est pas hanté d'une grande ambition, si elles ne se destinent pas à combattre pour de bon dans l'amphithéâtre ? » D'aucuns, peut-être, qui admirent aujourd'hui tant de valeureux « records » féminins, hausseront les épaules et taxeront Juvénal de pusillanimité et d'étroitesse d'esprit. Du moins devons-nous convenir que la chronique scandaleuse de son temps justifie les craintes qu'il avait émises en cette grave interrogation : « Quelle pudeur peut bien garder une femme casquée qui abdique son sexe ? » Le féminisme qui triomphe à l'époque impériale n'a point comporté qu'avantages et supériorité, et il était fatal qu'à copier les hommes de trop près la Romaine finît par en contracter les vices plus vite que la nature ne lui concédait d'en empaumer la force.

J. Carcopino, *La Vie quotidienne à Rome à l'apogée de l'Empire*, Hachette, 1939, 112-115.

8. Mémoire et politique

N'y aurait-il d'histoire que de l'inactuel ? Le passé est-il nécessairement révolu ? Un regard, même rapide, sur les quelques textes ici proposés permet d'emblée de répondre par la négative. De quelque côté qu'on se tourne, la volonté d'enraciner le présent et de l'ancrer dans une tradition est toujours présente. Certes, les enjeux d'une histoire officielle et « académique », par le biais de laquelle s'exerce et se transmet le pouvoir, ne sont pas identiques à la volonté de se réapproprier un passé dont on a été dépossédé : tel est le cas, pour ne citer que ceux-là, des minorités ethniques ou nationales, des colonisés, des femmes ... Du côté du pouvoir, le contrôle du passé fait usage de multiples procédures : apologétique du souvenir, ritualisation par les fêtes commémoratives, occultation, voire évacuation radicale d'une mémoire devenue trop encombrante, et même ethnocide. La mythologie des manuels d'enseignement primaire et secondaire, l'histoire coloniale telle qu'elle était pratiquée il y a peu de temps encore constituent à cet égard des sources éclairantes. Mais du côté de ceux qui ont été ou sont encore privés de leur histoire, la fonction du recours au passé n'est pas moins significative. Exil, déracinement, esclavage ou oppression n'engendrent pas l'oubli. Bien au contraire, en réactualisant son passé propre, on affirme son identité. Quels que soient donc les multiples usages de la notion de « tradition », une chose demeure : le rapport au passé est un rapport actif, vivant. Rien de moins académique, alors, que l'histoire.

M.R.A.

Comment un vaincu conçoit l'histoire

L. A. de Bonald était émigré à Constance lorsque fut publiée en 1796 (sous l'anonymat) la Théorie du Pouvoir politique et religieux, démontrée par le raisonnement et par l'Histoire. *De Bonald, ultra, royaliste, est considéré comme l'un des théoriciens majeurs de la contre-révolution. Les trois fondements sur lesquels repose sa doctrine (pouvoir unique, religion publique, distinctions sociales) l'opposent aux encyclopédistes et aux philosophes inspirateurs de la Révolution française (on remarquera dans le texte l'allusion à Rousseau). Les leçons de l'histoire manifestent qu'il y a toujours eu un pouvoir et des sujets : la légitimité politique se fonde donc sur la tradition et l'autorité.*

Ces réflexions sur l'histoire font partie de l'histoire : ce sont celles d'un perdant de l'histoire ; qu'elles soient elles-mêmes perdantes dans la lutte des idées n'est certes pas fortuit.

Une proposition erronée : « La souveraineté réside dans le peuple »

DE BONALD

Lorsque je fonde un système de politique sur des propositions générales ou abstraites, et que j'en fais l'application par l'histoire, il ne suffit pas, pour le combattre, d'opposer des propositions à des propositions, ni des raisonnements à des raisonnements, mais il faut encore opposer les faits aux faits, l'histoire à l'histoire. Donnons-en un exemple. Des hommes qu'on a honorés du titre de métaphysiciens politiques, et dont toute la métaphysique est l'obscurité d'un esprit faux, et toute la politique les désirs effrénés d'un cœur corrompu, ont avancé que *la souveraineté résidait dans le peuple.* C'est là une proposition générale ou *abstraite* ; mais lorsqu'on veut en faire l'application à l'histoire ou par l'histoire, il se trouve que le peuple n'a jamais été et qu'il ne peut jamais être *souverain* : car où seraient les *sujets* quand le peuple est souverain ? Si l'on veut que la *souveraineté réside dans le peuple,* dans ce sens qu'il ait le droit de faire des lois, il se trouve que nulle part le peuple n'a fait des lois, qu'il est même impossible qu'un peuple fasse des lois, et qu'il n'a jamais fait, et qu'il ne peut jamais faire autre chose qu'adopter des lois faites par un homme appelé par cette raison *législateur* : or, adopter des lois faites par un homme, c'est lui obéir ; et *obéir* n'est pas être *souverain,* mais sujet, et peut-être esclave. Enfin si l'on prétend que la *souveraineté réside dans le peuple,* dans ce sens que le peuple en délègue l'exercice en nommant ceux qui en remplissent les diverses fonctions, il se trouve que le peuple ne nomme personne, et ne peut même nommer qui que ce soit ; mais qu'un nombre *convenu* d'individus, qu'on est *convenu* d'appeler *peuple,* nomment individuellement qui bon leur semble, en observant certaines formes publiques ou secrètes dont on est également *convenu.* Or des conventions ne sont pas des vérités ; car les conventions humaines sont *contingentes,* c'est-à-dire qu'elles peuvent être ou n'être pas, ou être autres qu'elles ne sont ; au lieu que les vérités sont *nécessaires,* c'est-à-dire qu'elles doivent être et qu'elles ne peuvent être autres qu'elles ne sont sans cesser d'être des vérités. Donc cette proposition générale ou *abstraite* : *La souveraineté réside dans le peuple,* n'a jamais reçu et ne peut recevoir aucune application ; donc c'est une erreur.

L. A. de Bonald, *Théorie du pouvoir politique et religieux* (1796).
Rééd. partielle U.G.E., 10-18, 1966, pp. 24-25.

La religion chrétienne fonde la société civile

DE BONALD

La société civile n'a commencé, dans l'univers, qu'avec l'établissement du culte public de la religion chrétienne ; et la France est revenue à l'état sauvage, lorsqu'il y a été aboli. Ainsi pour montrer, sous un seul point de vue et dans les destinées d'une même société, la marche simultanée de la religion et du gouvernement, la constitution politique est altérée en France, depuis un siècle, par des volontés particulières mises trop souvent à la place de la volonté générale : la religion est attaquée, depuis le même temps, par l'orgueil et l'impiété ; le gouvernement et la religion vont s'affaiblissant de concert ; bientôt la division du *pouvoir* entraîne la division du culte, et l'abolition de tout culte public suit de près l'anéantissement de tout *pouvoir* général. Alors l'existence de Dieu même est hautement attaquée, et l'on voit l'athéisme le plus effronté naître de la démocratie la plus illimitée : mais les peuples ne peuvent exister sans divinité, ni les sociétés sans *pouvoir* : les sens se créent des dieux, l'ambition érige un *pouvoir*. Des courtisanes sont les divinités, des bourreaux sont le *pouvoir*, et l'idolâtrie la plus impure s'élève à côté du despotisme le plus féroce ; mais la religion reparaît, et elle tend la main à la monarchie qui se relève.

Le culte le plus compliqué, le polythéisme, a commencé dans l'univers avec le gouvernement le plus simple, le despotisme ; et, de nos jours, l'absence de tout culte, le théisme ou l'athéisme, commence en Europe, avec le gouvernement le plus compliqué, la division et l'équilibre des pouvoirs, ou le gouvernement *représentatif*.

Ainsi, (...) le principe de la monarchie est un principe d'unité, d'existence, de perfectionnement politique et religieux ; et le principe des sociétés non constituées (1) est un principe de division, de mort, de néant politique et religieux. Je ne dis pas que dans toutes les monarchies on ait connu l'unité de Dieu, encore moins que l'athéisme soit la religion de toutes les républiques : je dis seulement qu'à considérer en général, et comme l'on doit considérer les vérités sociales, tous les temps et toutes les sociétés, l'observateur peut apercevoir les rapports frappants et les progrès simultanés de certaines opinions politiques et de certaines opinions religieuses.

Ibid., pp. 53-54.

8. 1. VAINQUEURS, CONQUÉRANTS, EXTERMINATEURS

Quand Versailles écrit l'histoire de la Commune

Dans un manuel de troisième, A. Malet, père d'une collection d'enseignement d'histoire qui régnera dans les lycées français pendant plus d'un demi-siècle, analyse les causes de la Commune de Paris.

MALET

La population parisienne, surtout la population ouvrière des quartiers de l'Est, était sortie du siège dans un violent état d'exaltation physique et morale, les nerfs malades, l'âme hors d'elle-même. Alors qu'elle avait manqué de pain pendant près de deux mois, cette population avait eu sans cesse à pleins tonneaux le vin et l'alcool. D'autre part, ignorant ce qu'est réellement la guerre, n'imaginant pas que la victoire est au prix d'une longue préparation, de calculs patients, de la discipline pleinement acceptée, croyant que l'élan de la bravoure et le « coup de collier » y suffisent, pleine d'une vaniteuse confiance en elle-même, elle n'avait cessé de croire à son triomphe final. Quand il fallut capituler, elle n'admit pas qu'elle eût pu être vaincue, si ce n'est par la trahison. De là, dans cette population sincèrement patriote et passionnément républicaine,

1. De Bonald appelle « sociétés non constituées » les sociétés où les êtres sont entre eux dans des rapports non nécessaires (c'est-à-dire contraires à leur nature) et où les lois sont variables et défectueuses. Ces sociétés sont nécessairement imparfaites : elles n'atteignent qu'imparfaitement leur fin, qui est la conservation des êtres.

de violentes colères, encore augmentées par la présence à l'Assemblée Nationale d'une majorité monarchiste. En cet état d'esprit, le peuple de Paris était prêt à suivre quiconque l'appellerait aux armes, sous prétexte d'empêcher de nouvelles trahisons et de sauver la République. Or, il existait à Paris, depuis les dernières années de l'Empire, un groupe de socialistes et d'internationalistes qui exerçait une grande influence sur beaucoup d'ouvriers. Ceux-ci se trouvant encore militairement organisés dans les bataillons de la garde nationale, et ayant conservé leurs armes, l'occasion était unique pour les chefs socialistes d'essayer de conquérir le pouvoir et de réaliser leur programme. Au début de mars, il fut formé, dans les quartiers de l'Est, une « fédération républicaine de la garde nationale » qui élut un *Comité central* (4 mars). Ce Comité, vrai gouvernement occulte révolutionnaire, prépara tout pour la lutte. Déjà à la fin de février, quand on apprit que les Allemands en vertu des préliminaires de paix occuperaient les Champs-Elysées, les gardes nationaux avaient enlevé et traîné partie à Montmartre, partie à Belleville un parc de 234 canons. Le Comité central fit saisir des dépôts de munitions et 450 000 fusils. L'armée de la révolution était ainsi en état de combattre. (...)

Quand Thiers eut constitué une armée avec les troupes de l'armée de l'Est rentrant de Suisse, et les prisonniers ramenés d'Allemagne, environ 150 000 hommes, il entreprit, sous les yeux des Allemands, maîtres des forts du Nord en vertu de l'armistice, un second siège de Paris. Le siège dura cinq semaines. Des brèches étaient ouvertes au mur d'enceinte, quand, le dimanche 21 mai, vers quatre heures du soir, des fusiliers marins surprirent à Auteuil, au Point du Jour, près de la Seine, une porte abandonnée. L'armée entra dans Paris. Alors commença une bataille de rues, qui dura une semaine, *« la semaine sanglante »* (21-28 mai). La ville était couverte de barricades, beaucoup armées de canons, toutes défendues avec rage. Dans une crise de folie de destruction, les Fédérés, auxquels s'était mêlée toute la lie de la population, incendièrent au pétrole les Tuileries, le Louvre, le Palais-Royal, la Cour des Comptes, le Palais de Justice, la Préfecture, l'Hôtel de Ville, les Magasins généraux, la gare de Lyon, etc., un peu partout de très nombreuses maisons : la Seine coulait entre deux murs de feu. Les obus incendiaires lancés des hauteurs de l'Est pleuvaient sur le centre de la ville. Les otages étaient assassinés (24-26 mai). Exaspérés par ces horreurs, les troupes ne faisaient pas de quartier.

Albert Malet, *L'Epoque contemporaine,* classe de 3e,
Hachette, 11e éd., 1922, pp. 678-680.

Comment le colon fait l'histoire

Le colon fait l'histoire. Sa vie est une épopée, une odyssée. Il est le commencement absolu : « Cette terre, c'est nous qui l'avons faite. » Il est la cause continuée : « Si nous partons, tout est perdu, cette terre retournera au Moyen Age. » En face de lui, des êtres engourdis, travaillés de l'intérieur par les fièvres et les « coutumes ancestrales », constituent un cadre quasi minéral au dynamisme novateur du mercantilisme colonial.

Le colon fait l'histoire et sait qu'il la fait. Et parce qu'il se réfère constamment à l'histoire de sa métropole, il indique en clair qu'il est ici le prolongement de cette métropole. L'histoire qu'il écrit n'est donc pas l'histoire du pays qu'il dépouille mais l'histoire de sa nation en ce qu'elle écume, viole et affame. L'immobilité à laquelle est condamné le colonisé ne peut être remise en question que si le colonisé décide de mettre un terme à l'histoire de la colonisation, à l'histoire du pillage, pour faire exister l'histoire de la nation, l'histoire de la décolonisation.

Monde compartimenté, manichéiste, immobile, monde de statues : la statue du général qui a fait la conquête, la statue de l'ingénieur qui a construit le pont. Monde sûr de lui, écrasant de ses pierres les échines écorchées par le fouet. Voilà le monde colonial.

Frantz Fanon, *Les Damnés de la terre,*
Maspero, 1961.

Eloge d'Abd-el-Kader

Ernest Lavisse (1842-1922) fut peut-être le plus influent des professeurs d'histoire que la France ait connus. Son activité pédagogique s'étendait de l'enseignement primaire, pour lequel il publia de nombreux manuels exaltant les vertus patriotiques (v. § 8.3) à la Sorbonne, dont il occupe la chaire d'histoire moderne et inspire la réforme, en passant par l'Ecole normale supérieure, qu'il dirige pendant quinze ans.

LAVISSE

La chute d'Abd-el-Kader ne marquait ni la fin de la conquête, ni la fin de la guerre. Mais c'était la fin d'une politique, celle de l'occupation restreinte, et d'un essai, celui d'un royaume arabe. L'une et l'autre avaient un moment paru sensés à la France ; l'expérience avait démontré qu'ils étaient chimériques. Partager l'Algérie avec un chef arabe, c'était une conception trop distante de la réalité, c'est-à-dire des conditions de la vie politique arabe, et nullement appropriée au principal objet du conquérant, qui était évidemment sa sécurité. Abd-el-Kader, qui aurait peut-être réussi à fonder une dynastie avec notre appui, voulut en même temps, lui qui n'existait que par nous, nous jeter à la mer. Cette manœuvre contradictoire le perdit. Il poussa cependant la tentative aux extrêmes limites du possible, car il avait des capacités politiques rares dans son peuple. Il sut organiser un gouvernement, qui eut de l'argent et des soldats ; il eut des ruses d'homme d'Etat ; il fut le premier Arabe à demander la liberté à la France au nom des principes de la France. Il eut aussi des qualités d'homme qui ont orné sa carrière de grâce et de charme : instruit autant que pouvait l'être un musulman cultivé et pieux, conscient de la beauté, de la poésie puissante de la vie libre, ce merveilleux cavalier resta le type accompli de l'Arabe des grandes solitudes : il y a deux belles choses dans le monde, disait-il, « les belles tentes et les beaux vers ».

E. Lavisse, *Histoire contemporaine de la France,*
t. V, 1921, p. 275.

La colonisation française en Algérie : un bilan totalement positif ...

HANOTAUX
MARTINEAU

Plus de 5 millions d'indigènes musulmans, Berbères ou Arabo-Berbères, vivent sur ce sol de l'Algérie à côté des 850 000 Européens ; leur nombre a plus que doublé sous notre domination. Nous avons soumis, non sans peine, ces populations farouches et indomptables ; nous avons prouvé que nous étions forts, et les musulmans ont le respect, le culte de la force. Nous n'en avons pas moins pratiqué à leur égard une politique de rapprochement, d'association, d'émancipation progressive ; nous nous sommes efforcés de gagner leurs cœurs et nous y avons en somme assez bien réussi. Les indigènes pourront s'associer sans arrière-pensée à la commémoration d'une conquête qui leur a été bienfaisante. Loin d'avoir détruit en Algérie une nation qui n'y a jamais existé, nous l'avons fait naître ; nous avons délivré les Algériens du joug brutal des Turcs et de leur propre anarchie ; nous avons mis fin aux guerres entre tribus, aux épidémies, aux famines qui les décimaient. Nous nous sommes efforcés d'améliorer leur condition physique, intellectuelle, économique.

Longtemps immobiles, du moins en apparence, les indigènes ont évolué et évoluent de plus en plus rapidement au contact de la population européenne. Peu à peu, une société essentiellement guerrière, religieuse, patriarcale, se transforme en une société déshabituée des luttes à main armée, préoccupée plus qu'autrefois de ses besoins matériels, où des groupements d'intérêts se substituent aux anciens groupements de tribus et de familles. Si nulle propagande du dehors ne vient entraver notre œuvre séculaire et nous en retirer le bénéfice, les indigènes, on peut en être assuré, se rapprocheront de nous graduellement.

La politique indigène à pratiquer vis-à-vis des musulmans de l'Algérie est un problème délicat et complexe ; elle est toute de tact et de nuances ; elle ne peut être maniée que par des hommes prudents et avisés ; elle ne s'improvise pas. On oppose parfois l'une à l'autre la méthode du protectorat et la méthode de l'assimilation, la première fondée sur le respect des institutions des indigènes, la seconde s'efforçant au contraire de leur donner nos institutions et nos lois. Chacune de ces deux méthodes a ses avantages et ses inconvénients ; chacune part d'une idée juste, c'est sa généralisation qui est fausse et dangereuse. Il ne faut toucher à la société indigène qu'avec prudence, avec lenteur, avec méthode, mais enfin elle évolue, que nous le voulions ou non ; il faut la faire évoluer dans un sens qui tende à la rapprocher de nous et non à l'en éloigner. Il faut respecter les institutions des indigènes dans la mesure où elles sont respectables, les modifier dans la mesure où elles sont modifiables. (...)

Certes, notre victoire a bouleversé l'Algérie « comme une herse aux dents aiguës » ; c'est un troupeau sans bergers et, comme l'a dit M. Jules Cambon, une poussière d'hommes. Mais cette société, qui a perdu ses cadres, se prépare à entrer dans les nôtres. Il est remarquable que les musulmans algériens ne réclament pas l'indépendance comme les Egyptiens, ni une charte constitutionnelle comme les Tunisiens. N'ayant pas, n'ayant jamais eu de souverain national, déclarés Français par le sénatus-consulte de 1865, pourvus de droits électoraux par la loi de 1919, ils aspirent à se confondre avec nous ; ils réclament des écoles françaises, même pour les filles, un enseignement français ; ils demandent à prendre à nos côtés une place de plus en plus grande dans nos assemblées délibérantes, à s'associer à nous dans la gestion politique et la mise en valeur économique de l'Algérie. Ils demandent à avoir les mêmes droits que nous, à devenir citoyens français comme nous, en un mot à faire partie de la famille française.

Nous ne sommes pas venus en Algérie simplement pour remettre un peu d'ordre dans l'administration indigène, donner au pays son outillage, après quoi, notre œuvre étant terminée, ce pays se détacherait de nous et nous n'aurions plus à compter que sur sa reconnaissance assez problématique pour les services rendus. Notre but final, conforme à notre idéal d'autrefois et de toujours, à l'idéal de Richelieu et de Louis XIV aussi bien que de la Révolution française, c'est la fondation d'une France d'outre-mer, où revivront notre langue et notre civilisation, par la collaboration de plus en plus étroite des indigènes avec les Français, en un mot par leur francisation. Les Africains sont amenés fatalement à parler notre langue, à adopter quelques-unes de nos méthodes et de nos idées, à se confondre peu à peu avec nous. Personne ne peut mettre en doute que cela soit désirable ; on a seulement contesté parfois que cela soit possible ... Mais il faut laisser faire le temps, sans lequel ne se crée aucune œuvre durable. Qu'est-ce qu'un siècle dans l'histoire de l'humanité ? Il faut vingt ans pour faire l'éducation d'un homme : il faut vingt siècles pour faire l'éducation d'une race.

Gabriel Hanotaux et Alfred Martineau, *Histoire des colonies françaises et de l'expansion de la France dans le monde*, t. II : *L'Algérie* (par Augustin Bernard), Paris, Plon, 1930, pp. 533-535.

L'ingratitude de ceux qui nous doivent tout ...

HANOTAUX
MARTINEAU

Une autre cause de difficulté, peut-être encore plus grave, réside dans l'attitude adoptée à notre égard par les diverses fractions de la population. La jeunesse instruite, qui a acquis dans nos Grandes écoles et nos facultés une culture à forme européenne, a parfois affiché des sentiments d'hostilité envers la France. La bourgeoisie annamite aisée et les fonctionnaires indigènes qui nous doivent tout comprennent mieux la signification de notre œuvre indochinoise ; ils sont d'ailleurs trop renseignés sur la force française pour obéir aveuglément aux conseils de violence. Mais ils nous apportent rarement une franche collaboration et prennent volontiers à notre égard une attitude réservée et distante.

Quant à la masse paysanne, traditionnellement dressée à l'obéissance, bien qu'elle sente confusément que la tutelle française est pour elle un gage de paix et de bien-être et qu'elle apprécie les avantages matériels que nous lui apportons, elle est aujourd'hui, comme elle a toujours été, infiniment crédule et impressionnable. Les hommes qui la connaissent bien redoutent toujours cette instabilité dont elle a donné tant d'exemples au cours de l'histoire. Bien avant les tragiques événements de Yen-Bay (1), M. Pasquier avait dit : La masse rurale « rêve d'un régime meilleur, oublie les services reçus, se laisse bercer par les mots et les chimères ... Pour une heure d'ivresse, le peuple est prêt à suivre tous ceux qui parleront à sa chimère, quitte à payer ces heures d'égarement par de longues années d'oppression et de souffrance ». Des paysans se sont levés hier à l'appel des communistes, comme ils avaient obéi naguère à Phan-boi-châu et comme leurs ancêtres avaient aveuglément suivi en Cochinchine les Tay-son, au Tonkin les partisans du prétendant Lê. Dans

(1) Tentative de soulèvement menée par les partisans du Viêt-Nam (1930). Elle échoua, mais fut suivie de troubles violents au Tonkin.

tous ces cas de « psychose collective », l'élan initial, violent et fanatique, a été suivi par un dur retour à la réalité : une répression sévère (moins cruelle aujourd'hui que sous les souverains annamites) et le sentiment d'avoir été trompé par des meneurs sans scrupule.

Devant toutes ces difficultés, on ne peut s'empêcher de penser au mot prophétique de Paul Leroy-Beaulieu : « Le dix-neuvième siècle aura été l'âge héroïque de la nouvelle colonisation européenne, il se pourrait que le vingtième siècle en fût l'âge critique. »

Gabriel Hanotaux et Alfred Martineau, *Histoire des colonies françaises et de l'expansion de la France dans le monde*, t. V : *L'Inde, l'Indochine* (par E. Chassigneux), Plon, 1930, pp. 570-571.

L'opposition au sein du parti bolchevik, jugée par l'histoire stalinienne

Voici un extrait de l'histoire du parti communiste / bolchevik / de l'U.R.S.S. Il s'agit d'un précis rédigé par une commission du Comité central du P.C. (b) de l'U.R.S.S. et approuvé par le Comité central en 1938.

P.C.U.S.

Les boukhariniens dégénèrent en politiciens à double face. Les trotskistes à double face dégénèrent en une bande de gardes blancs, assassins et espions. Lâche assassinat de S. Kirov. Le parti prend des mesures pour renforcer la vigilance bolchevique. – Les succès du socialisme dans notre pays ne réjouissaient pas seulement le Parti, les ouvriers et les kolkhoziens. Ils réjouissaient aussi tous nos intellectuels soviétiques, tous les citoyens honnêtes de l'U.R.S.S.

Mais ils ne réjouissaient pas les résidus des classes exploiteuses défaites ; ils les exaspéraient de plus en plus.

Ils excitaient la fureur des sous-ordres des classes battues, des débris piteux des boukhariniens et des trotskistes.

Ces messieurs n'appréciaient pas les réalisations des ouvriers et des kolkhoziens du point de vue des intérêts du peuple, qui se félicitait de chacune de ces réalisations, mais du point de vue des intérêts de leur lamentable fraction, détachée de la vie et gangrenée jusqu'à la moelle. Comme les succès du socialisme dans notre pays signifiaient la victoire de la politique du Parti et l'effondrement définitif de leur politique, ces messieurs, au lieu de reconnaître l'évidence des faits et de s'associer à l'œuvre commune, se vengèrent de leurs échecs, de leur faillite sur le Parti et sur le peuple ; ils se mirent à faire tout le mal et tout le tort possibles à l'œuvre des ouvriers et des kolkhoziens, à faire sauter les mines, à incendier les usines, à se livrer au sabotage dans les kolkhoz et les sovkhoz, pour réduire à néant les réalisations des ouvriers et des kolkhoziens et provoquer le mécontentement du peuple à l'égard du pouvoir des Soviets. Cependant, pour empêcher leur lamentable groupe d'être démasqué et écrasé, ils se camouflaient en hommes dévoués au Parti, devant lequel ils faisaient de plus en plus de courbettes ; ils exaltaient le Parti, rampaient devant lui, tout en continuant en fait à pousser leur sape sournoise contre les ouvriers et les paysans. (...)

Au XVIIe congrès, les trotskistes Zinoviev et Kamenev prirent également la parole pour flageller sans mesure leurs erreurs, et glorifier, – sans plus de mesure, – les réalisations du Parti. Mais le congrès ne pouvait pas ne pas s'apercevoir que cette autoflagellation écœurante ainsi que la meilleure glorification du Parti n'étaient que l'envers de la conscience trouble et inquiète de ces messieurs. Toutefois, le Parti ne savait pas encore, ne se doutait pas encore qu'au moment même où ils prononçaient au congrès des discours sucrés, ces messieurs préparaient le lâche assassinat de S. Kirov. (...)

L'instruction établit qu'en 1933-1934 s'était constitué, à Léningrad, un groupe terroriste contre-révolutionnaire clandestin, formé des anciens membres de l'opposition zinoviéviste, avec en tête ce qu'on appelait le « centre de Léningrad ». Ce groupe se donnait pour but d'assassiner les dirigeants du Parti communiste. S. Kirov avait été désigné pour première victime. Les dépositions faites par les membres de ce groupe contre-révolutionnaire montrèrent qu'ils étaient liés avec les représentants d'Etats capitalistes étrangers, qui les subventionnaient.

Les membres démasqués de cette organisation furent condamnés par le Collège militaire du Tribunal suprême de l'U.R.S.S. à la peine capitale, à être fusillés. (...)

Un an plus tard, on établit que les authentiques et véritables organisateurs directs de l'assassinat de Kirov et les organisateurs des préparatifs d'assassinats contre d'autres membres du Comité central étaient Trotski, Zinoviev, Kamenev et leurs complices. On déféra devant le tribunal Zinoviev, Kamenev, Bakaev, Evdokimov, Pikel, I. Smirnov, Mratchkovski, Ter-Vaganian, Reingold et autres. Pris en flagrant délit, les criminels durent avouer publiquement, devant le tribunal, qu'ils avaient non seulement organisé l'assassinat de Kirov, mais qu'ils préparaient également celui de tous les autres dirigeants du Parti et du gouvernement. L'instruction établit ensuite que les scélérats s'étaient engagés dans la voie des actes de diversion, dans l'espionnage. La déchéance morale et politique la plus monstrueuse, la lâcheté et la traîtrise la plus vile, masquées sous des protestations hypocrites de fidélité au Parti, voilà ce que le procès de Moscou en 1936 révéla chez ces hommes.

L'inspirateur et organisateur principal de toute cette bande d'assassins et d'espions était le judas Trotski. Il avait pour auxiliaires et pour exécuteurs de ses directives contre-révolutionnaires Zinoviev, Kamenev et leurs suppôts trotskistes. Ces gens préparaient la défaite de l'U.R.S.S. au cas où les impérialistes l'attaqueraient ; ils étaient devenus des défaitistes à l'égard de l'Etat ouvrier et paysan ; ils étaient devenus les serviteurs et les agents méprisables des fascistes germano-japonais.

Histoire du parti communiste/bolchevik/ de l'U.R.S.S.,
Ed. en langues étrangères, Moscou, 1949. *Fac similé*,
éd. Norman Béthune, 1971, pp. 359-361.

Guerre et impérialisme

La guerre nécessaire ...

NAPOLÉON

Pour le présent, il n'y a rien qui puisse résonner aussi haut que des succès militaires : voilà ma pensée ; c'est un malheur de position. Un gouvernement nouveau-né, comme le nôtre, je le répète, a besoin, pour se consolider, d'éblouir et d'étonner. (...) Il faudra qu'il soit le premier de tous ou qu'il succombe. (...) Pour espérer plus de solidité et de bonne foi dans les traités de paix, il faut ou que la forme des gouvernements qui nous environnent se rapproche de la nôtre, ou que nos institutions politiques soient un peu plus en harmonie avec les leurs. Il y a toujours un esprit de guerre entre de vieilles monarchies et une république toute nouvelle. Voilà la racine des discordes européennes. (...) Dans notre position, je regarde toutes les paix comme de courtes trêves, et ma décennalité comme destinée à guerroyer presque sans interruption. Mes successeurs feront comme ils pourront. Du reste, gardez-vous de croire que je veuille rompre la paix ; non, je ne jouerai point le rôle d'agresseur. J'ai trop d'intérêt à laisser l'initiative aux étrangers. Je les connais bien ; ils seront les premiers à reprendre les armes ou à me fournir de justes motifs pour les reprendre. (...) Mon principe est que la guerre vaut mieux qu'une paix éphémère.

Napoléon, Adresse au Conseil d'Etat (1800), in *Pensées politiques et sociales de Napoléon*, par A. Dansette, Flammarion, 1969, p. 312.

... et l'Empire européen ...

NAPOLEON

Il n'y a dans le monde que deux nations. L'une habite l'Orient, l'autre occupe l'Occident. Les Anglais, les Français, les Allemands, les Italiens, etc ..., sont soumis au même code civil, ayant les mêmes mœurs, les mêmes habitudes et presque tous la même religion, sont tous membres de la même famille, et les hommes qui veulent rallumer la guerre parmi eux veulent la guerre civile. *(a)*

(...) Il n'y aura de repos en Europe que sous un seul chef, sous un empereur qui aurait pour officiers des rois, qui distribuerait des royaumes à ses lieutenants, qui ferait l'un roi d'Italie, l'autre de Bavière, celui-ci landaman de Suisse, celui-là stathouder de Hollande, tous ayant des charges dans la maison impériale avec les titres de grand échanson, grand panetier, grand écuyer, grand veneur, etc., etc. On dira que ce plan n'est qu'une imitation de celui sur lequel l'Empire d'Allemagne a été rétabli, et que ces idées ne sont pas neuves : mais il n'y a rien d'absolument nouveau ; les institutions politiques ne font que rouler dans un cercle, et souvent il faut revenir à ce qui a été fait. *(b)*

Napoléon, Lettres *(a)* à Fox (1802), *(b)* à Miot de Melito (1803), in *Pensées politiques et sociales de Napoléon*, par A. Dansette, Flammarion, 1969, pp. 361-362.

... ou Napoléon revu par Mussolini

MUSSOLINI

Il y a une demi-douzaine de sortes d'impérialismes. (...) Il n'y a vraiment pas besoin pour cela d'un régime impérial ; c'est même dangereux. Plus l'impérialisme s'étend, plus il perd en force organique. Toutefois, la tendance à l'impérialisme constitue une des forces élémentaires de la nature humaine, justement comme volonté de puissance. Actuellement, nous avons l'impérialisme du dollar, une autre fois, ce sera un impérialisme religieux, ou un impérialisme artistique. En tout cas, ce sont des signes de la vitalité humaine. Tant qu'on vit, on est impérialiste. Quand on est mort, on ne l'est plus. (...)

Bien entendu, tout empire a son zénith. Comme c'est toujours une création d'hommes exceptionnels, les raisons de la décadence y sont déjà encloses. Comme toutes les exceptions, un empire a quelque chose d'éphémère en lui. Ça peut durer un siècle, ou deux, ou dix ans. Volonté de puissance.

E. Ludwig. – Et le seul moyen de le maintenir, ce sont les guerres ?

Mussolini. – Pas du tout le seul. (...) Les trônes ont besoin de guerres pour se maintenir ; les dictatures, pas toujours, tant s'en faut. Il y en a qui peuvent s'en passer. La puissance d'une nation est la résultante d'une foule d'éléments, et non pas seulement de l'élément militaire. Je dois cependant ajouter que, jusqu'à présent, aux yeux de l'opinion générale, la situation d'un pays a été déterminée par son potentiel de guerre. On considère, jusqu'à ce jour, la force militaire comme la synthèse de toutes les forces nationales.

E. Ludwig. – Jusqu'à hier. Et demain ?

Mussolini. – Demain ? Ce n'est plus un critérium sûr, c'est vrai. Aussi a-t-on besoin pour demain d'une instance internationale. De l'union d'un continent pour le moins. Après l'union des Etats, il faudra tendre à l'union des parties du monde ; mais, en Europe, c'est diablement difficile, chaque peuple ayant son visage particulier, sa langue, ses mœurs, ses types. Un certain pourcentage – appelons-le *x* – reste totalement original dans chaque peuple et s'oppose en premier lieu à la fusion. En Amérique, certes, il est plus facile de maintenir unis quarante-huit Etats qui ont la même langue, sans de longs siècles d'histoire derrière eux.

E. Ludwig, *Entretiens avec Mussolini*,
Albin Michel, 1932, pp. 71-73.

8. 2. VAINCUS, EXCLUS, EXTERMINÉS

Si je t'oublie, Jérusalem ...

Ce psaume, qui n'a cessé de hanter la mémoire du peuple juif, rappelle le souvenir de la chute de Jérusalem en 587 et de l'exil à Babylone.

Ballade de l'exilé

Au bord des fleuves de Babylone
nous étions assis et pleurions,
nous souvenant de Sion
aux peupliers d'alentour
nous avions pendu nos harpes.

Et c'est là qu'ils nous demandèrent,
nos geôliers, des cantiques,
nos ravisseurs, de la joie :
« Chantez-nous, disaient-ils,
un cantique de Sion. »

Comment chanterions-nous
un cantique de Yahvé
sur une terre étrangère ?
Si je t'oublie, Jérusalem,
que ma droite se dessèche !

Que ma langue s'attache à mon palais
si je perds ton souvenir,
si je ne mets Jérusalem
au plus haut de ma joie !

Souviens-toi, Yahvé,
contre les fils d'Edom,
du jour de Jérusalem,
quand ils disaient : A bas !
Rasez jusqu'aux assises !

Fille de Babel, ô dévastatrice
heureux qui te revaudra
les maux que tu nous valus,
heureux qui saisira et brisera
tes petits contre le roc !

Psaume 137,
Bible de Jérusalem, Le Cerf, 1956.

Indiens du Pérou : la vision des vaincus

Comment arracher l'histoire de la « Conquête » espagnole à la vision ethnocentrique de l'Occident ?

WACHTEL

L'historiographie occidentale a longtemps instauré l'Europe comme le centre de référence par rapport auquel s'ordonnait l'histoire de l'humanité. Selon une représentation simple et unilinéaire du devenir, toutes les sociétés étaient censées passer par les mêmes étapes sur la voie du progrès et de la civilisation, dont l'Europe incarnait le modèle le plus achevé ; dans ce cheminement les sociétés non européennes se situaient en arrière, illustrant des Etats de moindre civilisation : il s'agissait d'une idéologie justificatrice de l'expansion de l'Occident dans le monde, et de son hégémonie. Est-ce un hasard si l'historiographie relative à l'Amérique latine porte surtout sur la colonisation espagnole, alors que l'histoire du monde indigène depuis la Conquête jusqu'à nos jours demeure pour ainsi dire inconnue ? Il faut attendre les temps contemporains, la fin de l'hégémonie européenne et les mouvements de décolonisation, pour que l'Occident prenne conscience que les autres sociétés existent aussi, c'est-à-dire qu'elles ont leur histoire particulière, qui ne suit pas nécessairement les traces du modèle européen. Avec le développement des sciences anthropologiques, sociologiques, historiques, le monde dit « sous-développé » (par rapport à l'Occident) surgit dans son originalité et sa complexité : le champ des sciences humaines est bouleversé par le renversement de l'européo-centrisme.

Pourquoi la vision des vaincus, et pourquoi les Indiens ? Les civilisations précolombiennes exercent une sorte de fascination : pendant des millénaires elles vécurent isolées du reste du monde, tandis que les autres sociétés, en Afrique, en Asie, en Europe, connaissaient malgré les distances le jeu des diffusions culturelles et des influences réciproques. Lorsque les Espagnols découvrirent en Amérique une humanité autre, leur stupéfaction fut plus grande que ne le serait la nôtre, sans doute, si nous rencontrions des êtres pensants en de lointaines planètes. Or ce heurt, au XVIe siècle, de deux mondes radicalement étrangers coïncide avec les débuts de l'expansion européenne sur le globe. Le projet de renverser la perspective européo-centriste se situe donc ici à l'origine même de l'hégémonie occidentale et s'applique à des sociétés dont l'évolution historique suivit des voies totalement indépendantes de celles de l'Ancien Monde. Nous sommes en présence d'un phénomène, peut-être unique, qui constitue une véritable expérimentation dans le domaine des sciences humaines : des sociétés jusqu'alors fermées sur elles-mêmes subissent, avec l'irruption des hommes blancs, le choc d'un événement d'origine rigoureusement externe. Comment réagissent-elles ? Quelle est ensuite leur évolution ? L'historiographie occidentale étudie généralement la « Conquête », comme l'indique ce mot, du seul point de vue des vainqueurs. Mais il existe une autre face de l'événement : pour les Indiens, non moins stupéfaits, l'arrivée des Espagnols signifie la ruine de leurs civilisations. Comment ont-ils vécu la défaite ? Comment l'ont-ils interprétée ? Et comment son souvenir s'est-il perpétué dans leur mémoire collective ?

Il s'agit en quelque sorte de passer de l'autre côté de la scène et de scruter l'histoire *à l'envers,* puisque aussi bien nous sommes accoutumés à considérer le point de vue européen comme *l'endroit :* dans le miroir indigène se reflète l'autre visage de l'Occident. Certes, jamais nous ne pourrons revivre de l'intérieur les sentiments et les pensées de Moctezuma ou d'Atahuallpa. Mais nous pouvons au moins tenter de nous déprendre de nos habitudes mentales, déplacer notre point d'observation et transférer au centre de notre intérêt la vision tragique des vaincus. Non par quelque effusion affective, mais à travers la critique des documents qui permettent de connaître les sociétés indigènes d'Amérique au XVIe siècle.

Nathan Wachtel, *La Vision des vaincus,* Gallimard, 1971, pp. 21-22.

Les Apaches sans territoire

GERONIMO

Nous sommes en train de disparaître de cette terre et pourtant, je ne peux croire que nous sommes inutiles, sinon Usen (1) ne nous aurait pas créés. Il a créé toutes les tribus des hommes et Il avait certainement un but en créant chacune d'elles.

A chaque tribu qu'Il créait, Usen donnait aussi un territoire. Dans ce territoire, créé pour chaque tribu, Il mettait aussi tout ce qu'il fallait pour faire vivre cette tribu.

Lorsque Usen créa les Apaches, Il créa aussi leurs territoires dans l'Ouest. Il leur donna des graines, des fruits et du gibier car ils avaient besoin de se nourrir. Pour leur rendre la santé lorsque la maladie les terrassait, il fit pousser différentes herbes. Il leur apprit où trouver ces herbes et comment les préparer pour en faire des médecines. Il leur fit don d'un climat agréable et tout ce dont ils avaient besoin pour se vêtir et s'abriter était à portée de leurs mains.

Ainsi était-ce au commencement : les Apaches et leur territoire, chacun créé l'un pour l'autre par Usen lui-même. Quand on les arrache de leur territoire, ils s'affaiblissent et meurent. Combien de temps faudra-t-il pour qu'il n'y ait plus d'Apaches ?

Mémoires de Geronimo, Maspero, 1977, p. 54.

Le Noir esclave des archétypes blancs

FANON

Parler petit-nègre, c'est exprimer cette idée : « Toi, reste où tu es. »

Je rencontre un Allemand ou un Russe parlant mal le français. Par gestes, j'essaie de lui donner le renseignement qu'il réclame, mais ce faisant je n'ai garde d'oublier qu'il a une langue propre, un pays, et

1. *Usen* : mot apache pour désigner Dieu.

qu'il est peut-être avocat ou ingénieur dans sa culture. En tout cas, il est étranger à mon groupe, et ses normes doivent être différentes.

Dans le cas du Noir, rien de pareil. Il n'a pas de culture, pas de civilisation, pas ce « long passé d'histoire ».

On retrouve peut-être là l'origine des efforts des Noirs contemporains : coûte que coûte prouver au monde blanc l'existence d'une civilisation nègre.

Le nègre doit, qu'il le veuille ou non, endosser la livrée que lui a faite le Blanc. Regardez les illustrés pour enfants, les nègres ont tous à la bouche le « oui Missié » rituel. Au cinéma, l'histoire est plus extraordianire. La plupart des films américains synchronisés en France reproduisent des nègres type : « Y a bon banania. » Dans un de ces films récents, *Requins d'acier,* on voyait un nègre, naviguant dans un sous-marin, parler le jargon le plus classique qui soit. D'ailleurs, il était bien nègre, marchant derrière, tremblant au moindre mouvement de colère du quartier-maître, et finalement tué dans l'aventure. Je suis pourtant persuadé que la version originale ne comportait pas cette modalité d'expression. Et quand bien même elle aurait existé, je ne vois pas pourquoi en France démocratique, où soixante millions de citoyens sont de couleur, l'on synchroniserait jusqu'aux imbécillités d'outre-Atlantique. C'est que le nègre doit se présenter d'une certaine manière, et depuis le Noir de *Sans Pitié* – « Moi bon ouvrier, jamais mentir, jamais voler » jusqu'à la servante de *Duel au soleil,* on retrouve cette stéréotypie.

Oui, au Noir on demande d'être bon négro ; ceci posé, le reste vient tout seul. Le faire parler petit-nègre, c'est l'attacher à son image, l'engluer, l'emprisonner, victime éternelle d'une essence, d'un *apparaître* dont il n'est pas le responsable. Et naturellement, de même qu'un Juif qui dépense de l'argent sans compter est suspect, le Noir qui cite Montesquieu doit être surveillé. Qu'on nous comprenne : surveillé, dans la mesure où avec lui commence quelque chose. Et, certes, je ne prétends pas que l'étudiant noir soit suspect à ses camarades ou à ses professeurs. Mais en dehors des milieux universitaires subsiste une armée d'imbéciles : il importe non pas de les éduquer, mais d'amener le Noir à ne pas être l'esclave de leurs archétypes.

Frantz Fanon, *Peau noire, Masques blancs,* Seuil, 1952.
Rééd. coll. Points, 1975, pp. 26-27.

Pour liquider un peuple, lui ôter la mémoire : les historiens tchèques chassés de leur chaire

Milan Kundera, écrivain tchèque, s'est exilé en France en 1975.

KUNDERA

Si Franz Kafka est le prophète d'un monde sans mémoire, Gustav Husak en est le bâtisseur. (...) C'est le septième président de mon pays, le *Président* dit *de l'oubli.*

Les Russes l'ont installé au pouvoir en 1969. Depuis 1621, l'histoire du peuple tchèque n'a pas connu pareil massacre de la culture et de la pensée.

On s'imagine partout que Husak ne fait que persécuter ses adversaires politiques. Mais la lutte contre l'opposition politique n'a été plutôt pour les Russes que l'occasion rêvée d'entreprendre, par l'intermédiaire de leur lieutenant, quelque chose de beaucoup plus fondamental.

J'estime qu'il est très significatif, de ce point de vue, que Husak ait fait chasser des universités et des instituts scientifiques cent quarante-cinq historiens tchèques. (On dit que pour chaque historien, un nouveau monument de Lénine a poussé quelque part en Bohême, mystérieusement comme dans un conte de fées.) En 1791, l'un de ces historiens, Milan Hübl, avec ses lunettes aux verres extraordinairement épais, était dans mon studio de la rue Bartolomejska. Nous regardions par la fenêtre pointer les tours du Hradchine et nous étions tristes.

« Pour liquider les peuples, disait Hübl, on commence par leur enlever la mémoire. On détruit leurs livres, leur culture, leur histoire. Et quelqu'un d'autre leur écrit d'autres livres, leur donne une autre culture et leur invente une autre histoire. Ensuite, le peuple commence lentement à oublier ce qu'il est et ce qu'il était. Le monde autour de lui l'oublie encore plus vite.

– Et la langue ?

– Pourquoi nous l'enlèverait-on ? Ce ne sera plus qu'un folklore qui mourra tôt ou tard de mort naturelle. »

Etait-ce une hyperbole dictée par une trop grande tristesse ?

Ou bien, est-il vrai que le peuple ne pourra franchir vivant le désert de l'oubli organisé ?

Milan Kundera, *Le Livre du rire et de l'oubli.*
Trad. F. Kérel. Gallimard, 1979, pp. 185-186.

Pour liquider une époque, en perdre le souvenir : à la recherche de la Collaboration

Les réactions provoquées par le film de Marcel Ophüls Le Chagrin et la pitié *montrent combien les années d'occupation et le pétainisme véhiculent encore passions, rancœurs et ressentiment. L'ouvrage de Paxton, jeune historien américain, s'ordonne autour de deux thèses essentielles :*

1. *Il n'y a eu ni double jeu, ni passivité, ni demi-résistance de la part du gouvernement de Vichy. Au contraire, ce dernier a réitéré auprès des vainqueurs des offres constantes de collaboration.*
2. *Le régime pétainiste était fondé sur la hantise de l'ordre, voulant justifier sa position par la nécessité d'éviter une « polonisation » de la France. Si la France ne fait pas trop mauvaise figure dans la « comptabilité » des horreurs de la guerre, ce n'est pas grâce à Vichy mais souvent malgré Vichy.*

PAXTON

La collaboration, ce ne fut pas une exigence allemande à laquelle certains Français ont répondu, par sympathie ou par ruse. Ce fut une proposition de la France, qu'Hitler repoussa en dernière analyse. Aussi brutalement exprimé, ce jugement appelle certes des réserves. Hitler ne restait pas passif, bien sûr. Il voulait une France docile qui lui assurât une solide base de départ contre l'Angleterre, et les ressources les plus riches de l'Europe occidentale occupée. C'est pourtant le régime de Pétain qui fit d'innombrables ouvertures en vue d'un travail en commun : large règlement franco-allemand, neutralité volontaire permettant de soutenir les efforts que faisait Hitler pour interdire l'Europe et l'empire aux Alliés et, en définitive, association à part entière dans le nouvel ordre européen. Hitler fut tenté d'accepter en octobre-décembre 1940, puis à nouveau en mai 1941, quand une France libre de ses actes, associée de son plein gré, semblait utile aux visées allemandes en Méditerranée. Des conseillers militaires, tels l'amiral Raeder et le général Walther Warlimont, et des hauts fonctionnaires des Affaires étrangères, comme l'ambassadeur Ritter (mais jamais Ribbentrop) accueillirent l'idée avec enthousiasme. En fin de compte, Hitler repoussa la main tendue. En fin de compte, la *Kollaboration,* ce fut la botte, un moyen d'obtenir à bon marché que les Français se tiennent tranquilles ; c'était aussi la paix de revanche à venir.

Des deux côtés, on supposait que l'armistice serait un arrangement provisoire permettant de faire sortir la France de la guerre et d'y maintenir l'ordre pendant la dernière bataille qui assurerait la défaite de l'Angleterre. Les signatures étaient à peine sèches que la situation évolua d'une manière imprévisible. La guerre ne fut pas terminée. Churchill ne demanda pas la paix dans le sillage de Pétain. Or, l'Allemagne n'était pas capable d'envahir la Grande-Bretagne avant d'avoir la maîtrise de l'air, ce qui reportait la traversée de la Manche à l'automne. Le nord de la France resta zone de guerre. L'armistice, d'instrument assurant dans le calme le contrôle du désarmement français, devint le moyen de poursuivre la lutte contre l'Angleterre, à partir du sol de France. Berlin commença à se soucier moins de la lettre de l'armistice que de l'esprit de son préambule, une déclaration du général Keitel qui ne faisait pas partie du document même : la France devait tout faire pour que l'Allemagne puisse poursuivre la guerre contre la Grande-Bretagne.

Robert O. Paxton, *La France de Vichy (1940-1944),* 1972.
Trad. par C. Bertrand. Seuil, Points Histoire, 1973, pp. 59-60.

La politique du mâle : une histoire faite par et pour les hommes

Le deuxième sexe *de Simone de Beauvoir a ouvert la voie à la revendication féministe de l'identité. La femme a toujours été définie comme altérité inessentielle, constituée par l'homme comme l'Autre. Il lui appartient donc de se revendiquer comme sujet.*

DE BEAUVOIR

Partout, en tout temps, les mâles ont étalé la satisfaction qu'ils éprouvent à se sentir les rois de la création. « Béni soit Dieu notre Seigneur et le Seigneur de tous les mondes qu'il ne m'ait pas fait femme », disent les Juifs dans leurs prières matinales ; cependant que leurs épouses murmurent avec résignation : « Béni soit le Seigneur qu'Il m'ait créée selon sa volonté. » Parmi les bienfaits dont Platon remerciait les dieux, le premier était qu'ils l'aient créé libre et non esclave, le second homme et non femme. Mais les mâles n'auraient pu jouir pleinement de ce privilège s'ils ne l'avaient considéré comme fondé dans l'absolu et dans l'éternité : du fait de leur suprématie ils ont cherché à faire un droit. « Ceux qui ont fait et compilé les lois étant des hommes ont favorisé leur sexe, et les jurisconsultes ont tourné les lois en principes », dit encore Poulain de la Barre. Législateurs, prêtres, philosophes, écrivains, savants se sont acharnés à démontrer que la condition subordonnée de la femme était voulue dans le ciel et profitable à la terre. Les religions forgées par les hommes reflètent cette volonté de domination : dans les légendes d'Ève, de Pandore, ils ont puisé des armes. Ils ont mis la philosophie, la théologie à leur service comme on a vu par les phrases d'Aristote, de saint Thomas que nous avons citées. Depuis l'antiquité, satiristes et moralistes se sont complu à faire le tableau des faiblesses féminines. On sait quels violents réquisitoires ont été dressés contre elles à travers toute la littérature française : Montherlant reprend avec moins de verve la tradition de Jean de Meung. Cette hostilité paraît quelquefois fondée, souvent gratuite ; en vérité elle recouvre une volonté d'auto-justification plus ou moins adroitement masquée. « Il est plus facile d'accuser un sexe que d'excuser l'autre », dit Montaigne. En certains cas le processus est évident. Il est frappant par exemple que le code romain pour limiter les droits de la femme invoque « l'imbécillité, la fragilité du sexe » au moment où par l'affaiblissement de la famille elle devient un danger pour les héritiers mâles. Il est frappant qu'au XVIe siècle, pour tenir la femme mariée en tutelle, on fasse appel à l'autorité de saint Augustin, déclarant que « la femme est une beste qui n'est ni ferme ni estable » alors que la célibataire est reconnue capable de gérer ses biens. Montaigne a fort bien compris l'arbitraire et l'injustice du sort assigné à la femme : « Les femmes n'ont pas du tout tort quand elles refusent les règles qui sont introduites au monde, d'autant que ce sont les hommes qui les ont faites sans elles. Il y a naturellement brigue et riotte entre elles et nous » ; mais il ne va pas jusqu'à se faire leur champion. C'est seulement au XVIIIe que des hommes profondément démocrates envisagent la question avec objectivité. Diderot entre autres s'attache à démontrer que la femme est comme l'homme un être humain. Un peu plus tard Stuart Mill la défend avec ardeur. Mais ces philosophes sont d'une exceptionnelle impartialité. Au XIXe siècle la querelle du féminisme devient à nouveau une querelle de partisans ; une des conséquences de la révolution industrielle, c'est la participation de la femme au travail producteur : à ce moment les revendications féministes sortent du domaine théorique, elles trouvent des bases économiques ; leurs adversaires deviennent d'autant plus agressifs ; quoique la propriété foncière soit en partie détrônée, la bourgeoisie s'accroche à la vieille morale qui voit dans la solidité de la famille le garant de la propriété privée : elle réclame la femme au foyer d'autant plus âprement que son émancipation devient une véritable menace ; à l'intérieur même de la classe ouvrière, les hommes ont essayé de freiner cette libération parce que les femmes leur apparaissaient comme de dangereuses concurrentes et d'autant plus qu'elles étaient habituées à travailler à de bas salaires. Pour prouver l'infériorité de la femme, les antiféministes ont alors mis à contribution non seulement comme naguère la religion, la philosophie, la théologie mais aussi la science : biologie, psychologie expérimentale, etc. Tout au plus consentait-on à accorder à *l'autre* sexe « l'égalité dans la différence ». Cette formule qui a fait fortune est très significative : c'est exactement celle qu'utilisent à propos des Noirs d'Amérique les lois Jim Crow ; or, cette ségrégation soi-disant égalitaire n'a servi qu'à introduire les plus extrêmes discriminations. Cette rencontre n'a rien d'un hasard : qu'il s'agisse d'une race, d'une caste, d'une classe, d'un sexe réduits à une condition inférieure, les processus de justification sont les mêmes. « L'éternel féminin » c'est l'homologue de « l'âme noire » et du « caractère juif ».

Simone de Beauvoir, *Le deuxième sexe*, t. 1,
Les faits et les mythes, Gallimard, 1949, pp. 22-24.

8. 3. PEUPLE, ÉCOLE, ÉTAT

Le peuple révolutionnaire

TAINE

L'événement [la prise de la Bastille] était bien plus grave encore. Le pouvoir avait glissé des mains du roi, mais il n'était point tombé dans celles de l'Assemblée. Il était par terre, aux mains du peuple lâché, de la foule violente et surexcitée, des attroupements qui le ramassaient comme une arme abandonnée dans la rue. En fait, il n'y a déjà plus de gouvernement ; l'édifice artificiel de la société humaine s'effondrait tout entier ; on rentrait dans l'état de nature. Ce n'était point une révolution mais une *dissolution.* (...)

Par cette ouverture, l'espérance rentre comme une lumière et descend jusque dans les bas-fonds. Depuis un siècle, elle monte, et ses rayons, qui ont d'abord éclairé la haute classe dans ses beaux appartements du premier étage, puis la bourgeoisie dans son entre-sol et son rez-de-chaussée, pénètrent depuis deux ans dans les caves où le peuple travaille, et jusque dans la profonde sentine, dans les recoins obscurs où les gens sans aveu, les vagabonds, les malfaiteurs, toute une tourbe immonde et pullulante se dérobe aux poursuites de la loi. (...)

Contrebandiers, faux-sauniers, braconniers, mendiants, vagabonds, repris de justice, on a vu combien ils sont nombreux et ce qu'une seule année de disette ajoute à leur nombre. Ce sont autant de recrues pour les attroupements, et, dans l'émeute, à côté de l'émeute, chacun emplit son sac. (...) On les reconnaît à leurs actes, au besoin de détruire pour détruire, à leur accent étranger, à leurs figures sauvages, à leurs guenilles. Il en vient de Paris à Rouen, et, pendant quatre jours, la ville est à leur discrétion ; les magasins sont forcés, les voitures de grains déchargées, le blé gaspillé, les couvents et les séminaires rançonnés ; ils envahissent les maisons, celle du procureur général qui a requis contre eux et veulent le mettre en pièces, ils brisent ses glaces, ses meubles, sortent chargés de butin, vont dans la ville et la banlieue piller les manufactures, casser ou brûler toutes les machines. Ce sont là désormais les nouveaux chefs : car, en tout attroupement, c'est le plus audacieux, le moins embarrassé de scrupules, qui marche en tête et qui donne l'exemple du dégât. L'exemple est contagieux : on était parti pour avoir du pain, on finit par des meurtres et des incendies, et la sauvagerie qui se déchaîne ajoute ses violences illimitées à la révolte limitée du besoin. (...)

Tout à coup [la foule] fait mouvement et l'échafaudage superposé chancelle. C'est un mouvement de brute exaspérée par le besoin et affolée par le soupçon. A-t-elle été piquée en dessous par des mains soudoyées qui se cachent ? Les contemporains en sont persuadés, et la chose est probable. Mais le bruit qu'on fait autour de la bête souffrante suffirait pour la rendre ombrageuse et pour expliquer son sursaut. (...)

En attendant, par-delà le roi inerte et désarmé, par-delà l'Assemblée désobéie ou obéissante, on aperçoit le monarque véritable, le peuple, cette bête vautrée sur un tapis de pourpre, *l'attroupement,* cent, mille, dix mille individus rassemblés au hasard, sur une motion, sur une alarme, sur un faux bruit ; et, tout de suite, irrésistiblement, législateurs, juges et bourreaux. Puissance formidable, destructrice et vague, sur laquelle nulle main n'a de prise et qui, avec sa mère, la Liberté aboyante et monstrueuse, siège au seuil de la Révolution, comme les deux spectres de Milton aux portes de l'Enfer.

Hippolyte Taine, *Les origines de la France contemporaine : La Révolution*, t. 1, *L'anarchie*, 1885.

MICHELET

Une autre chose que cette histoire mettra en grande lumière, et qui est vraie de tout parti, c'est que le peuple valut généralement beaucoup mieux que ses meneurs. Plus j'ai creusé, plus j'ai trouvé que le meilleur était dessous, dans les profondeurs obscures. J'ai vu aussi que ces parleurs brillants, puissants, qui ont exprimé la pensée des masses, passent à tort pour les seuls acteurs. Ils ont reçu l'impulsion bien plus qu'ils ne l'ont donnée. L'acteur principal est le peuple. Pour le retrouver, celui-ci, le replacer dans son rôle, j'ai dû ramener à leurs proportions les ambitieuses marionnettes dont il a tiré les fils, et dans lesquelles, jusqu'ici, on croyait voir, on cherchait le jeu secret de l'histoire.

Ce spectacle, je dois l'avouer, m'a frappé moi-même d'étonnement. A mesure que je suis entré profondément dans cette étude, j'ai vu que les chefs de parti, les héros de l'histoire convenue, n'ont ni prévu, ni préparé, qu'ils n'ont eu l'initiative d'aucune des grandes choses, d'aucune spécialement de celles qui furent l'œuvre unanime du peuple au début de la Révolution. Laissé à lui-même, dans ces moments décisifs, par ses prétendus meneurs, il a trouvé ce qu'il fallait faire et l'a accompli.

Grandes et surprenantes choses ! Mais le cœur qui les fit fut bien plus grand ! ... Les actes ne sont rien auprès. Cette richesse de cœur fut telle alors, que l'avenir, sans crainte de trouver le fond, peut y puiser à jamais. Tout homme qui en approchera, s'en ira plus homme. Tout âme abattue, brisée, tout cœur d'homme ou de nation n'a, pour se relever, qu'à regarder là ; c'est un miroir où chaque fois que l'humanité se voit, elle se retrouve héroïque, magnanime, désintéressée ; une pureté singulière, qui craint l'or comme la boue, est alors la gloire de tous.

Jules Michelet, *Histoire de la Révolution française*, I, Préface de 1847, Gallimard, Pléiade, 1952, pp. 7-8.

L'enseignement de l'histoire, de l'engagement à l'obligation de réserve

Recommandations aux professeurs d'histoire dans les écoles normales d'instituteurs, à l'intention des élèves-maîtres (futurs instituteurs), par le « ponte » de l'histoire, E. Lavisse (v. § 8.1).

BUISSON

Le vrai patriotisme est à la fois un sentiment et la notion d'un devoir. Or, tous les sentiments sont susceptibles d'une culture, et toute notion, d'un enseignement. L'histoire doit cultiver le sentiment et préciser la notion. C'est pourquoi le maître rejettera les conseils de ceux qui prétendent réduire l'enseignement historique à l'étude du dix-huitième siècle et de l' âge contemporain. Il y a dans le passé le plus lointain une poésie qu'il faut verser dans les jeunes âmes pour y fortifier le sentiment patriotique. Faisons-leur aimer nos ancêtres gaulois et les forêts des druides, Charles Martel à Poitiers, Roland à Ronceveaux, Godefroi de Bouillon à Jérusalem, Jeanne d'Arc, Bayard, tous nos héros du passé, même enveloppés de légendes ; car c'est un malheur que nos légendes s'oublient, que nous n'ayons plus de contes du foyer, et que, sur tous les points de la France, on entende, pour toute poésie, chanter des refrains orduriers et bêtes, venus de Paris. Un pays comme la France ne peut vivre sans poésie. Et puisque nos poètes, même quand ils sont démocrates, n'écrivent point pour le peuple ; puisque la religion ne sait plus avoir prise sur les âmes ; puisque le paysan n'est plus guère occupé que de la matière et passionné que pour des intérêts, cherchons dans l'âme des enfants l'étincelle divine ; animons cette étincelle de notre souffle, et qu'elle échauffe ces âmes réservées à de grands devoirs.

Les devoirs, il sera d'autant plus aisé de les faire comprendre que l'imagination des élèves, charmée par des peintures et par des récits, rendra leur raison enfantine plus attentive et plus docile. Tout l'enseignement du devoir patriotique se réduit à ceci : expliquer que les hommes qui, depuis des siècles, vivent sur la terre de France, ont fait, par l'action et par la pensée, une certaine œuvre, à laquelle chaque génération a travaillé ; qu'un lien nous rattache à ceux qui ont vécu, à ceux qui vivront sur cette terre ; que nos ancêtres, c'est nous dans le passé ; que nos descendants, ce sera nous dans l'avenir. Il y a donc une œuvre française, continue et collective : chaque génération y a sa part, et, dans cette génération, tout individu a la sienne.

Enseignement moral et patriotique : là doit aboutir l'enseignement de l'histoire à l'école primaire. S'il ne doit laisser dans la mémoire que des noms, c'est-à-dire des mots, et des dates, c'est-à-dire des chiffres, autant vaut donner plus de temps à la grammaire et à l'arithmétique, et ne pas dire un mot d'histoire. Rompons avec les habitudes acquises et transmises ; n'enseignons point l'histoire avec le calme qui sied à l'enseignement de la règle des participes. Il s'agit ici de la chair de notre chair et du sang de notre sang. Pour tout dire, si l'écolier n'emporte pas avec lui le vivant souvenir de nos gloires nationales ; s'il ne sait pas que ses ancêtres ont combattu sur mille champs de bataille pour de nobles causes ; s'il n'a pas appris ce qu'il a coûté de sang et d'efforts pour faire l'unité de notre patrie, et dégager ensuite du chaos de nos institutions vieillies les lois sacrées qui nous ont faits libres ; s'il ne devient pas un citoyen pénétré de ses devoirs et un soldat qui aime son drapeau, l'instituteur aura perdu son temps. Voilà ce qu'il faut que dise aux élèves-maîtres le professeur d'histoire à l'école normale comme la conclusion de son enseignement.

E. Lavisse, article « Histoire » in
Ferdinand Buisson, *Dictionnaire de pédagogie,* 1885.

Rectificatif : réserve et prudence

La seconde édition du dictionnaire de Buisson paraît en 1911. Entretemps (en 1905), les programmes d'histoire des écoles normales ont été refondus. L'article « Histoire » également ...

BUISSON

De copieuses controverses se sont récemment engagées sur les meilleurs moyens d'assurer à l'enseignement historique toute sa valeur éducative. De très vieilles querelles se sont réveillées, les opinions les plus extrêmes se sont fait jour, et l'on a même vu reparaître la théorie de Volney qui éliminait de l'enseignement primaire l'étude de l'histoire sous prétexte que les enfants n'étaient pas assez mûrs pour la recevoir et ne pouvaient, faute d'expérience et de moyens de contrôle, qu'accepter sur parole tout ce que disaient leurs maîtres.

Enfin, il était inévitable qu'un enseignement qui touche de si près à la vie des peuples subît le contre-coup des grands mouvements d'opinion qui ont troublé ces dernières années. Les agitations de la politique courante ont plus d'une fois franchi le seuil de l'école, et il serait aisé d'en retrouver les traces en parcourant les nombreux manuels destinés depuis une quinzaine d'années à être mis entre les mains des enfants.

Tout naturellement, c'est la période contemporaine qui se prête le mieux à ces déformations de l'enseignement historique. Et c'est ce qui justifie la réserve recommandée par les instructions ministérielles à ceux qui sont chargés de cet enseignement dans les écoles normales :

« En ce qui concerne l'histoire immédiatement contemporaine, la tâche du professeur est particulièrement nécessaire et difficile : les passions politiques sont trop voisines des événements, et les institutions n'ont pas encore ce recul qui permet de les bien juger. Pour rester dans la vérité qui convient à tout enseignement comme à toute science, le professeur se rappellera les transformations qu'ont subies dans tous les siècles les jugements portés par les contemporains sur les hommes ou sur les institutions. »

L'enseignement historique souffre donc du malaise général dont souffre l'école elle-même, l'invasion de la politique, le choc en retour des mouvements et des bruits de la place publique. Mais s'il est vrai que, pour bien comprendre le présent, la connaissance du passé est nécessaire, ce serait singulièrement renverser les rôles que de juger le passé avec les idées du présent. L'histoire ne doit être, sous aucun prétexte, aux gages ou à la remorque des partis. Elle les domine, au contraire, et les explique. Elle n'a pas de leçons à en recevoir ; elle ne peut que leur en donner.

A. Balz, article « Histoire » in Ferdinand Buisson, *Dictionnaire de pédagogie*, 2e éd., 1911.

Mythologie de l'enseignement primaire

Nos invincibles rois

BILLARD
GUIBBERT

Ultime recours de l'Occident civilisé face à l'Orient barbare, Charles Martel s'est placé bien en avant du front des troupes à nouveau disciplinées. La mêlée est magnifique, le héros à la barbe rousse lance rageusement sa francisque en direction d'un guerrier sarrazin qui zèbre l'air de son redoutable cimeterre. Une nouvelle fois le chef doit payer de sa personne, prendre un risque mortel pour mériter le pouvoir. Si le danger a été écarté, la France est passée bien près de l'anéantissement. Le choix est clair désormais : il faudra se résigner à dépérir ou édifier durablement un pouvoir mieux structuré, institué indépendamment de la valeur des hommes qui l'assument.

Sur les traces de Charles Martel, Charlemagne, dans un sursaut héroïque et brutal, achèvera d'effacer l'impression fâcheuse laissée par les rois fainéants.

C'est donc, dans un premier temps, en faisant étalage de sa force qu'il reprendra la situation en main, mettant à la raison les plus turbulents de ses vassaux, exigeant du vaincu la reconnaissance de son autorité. A cet égard, le détail des péripéties des combats que mène le futur empereur importe peu, et l'imagier n'en a guère conservé de traces : ce qui importe, c'est de fixer pour la postérité l'instant de la reddition, le moment où le rebelle rentre dans la légalité. Ainsi peut-on voir Charlemagne, à la tête d'une troupe de cavaliers bien armés de javelots, déboucher inopinément de la forêt profonde au beau milieu d'une clairière. Pour recevoir la soumission d'un petit groupe de Saxons, il a pris soin de se munir des atours symboliques de la royauté : la couronne franque surmontée de la croix chrétienne. Drapé dans son ample manteau qui lui confère un surcroît de majesté, raide sur son cheval, le poing serré sur la hanche, le souverain chrétien porte son regard froid sur les récalcitrants qui avancent peureusement, les mains liées derrière le dos, courbant la tête devant la bannière royale. Afin que ces farouches guerriers reconnaissent leur subordination, il a fallu d'abord incendier le village : au fond de la clairière, les huttes continuent à brûler en dégageant une lourde fumée noire qui s'appesantit sur un paysage sombre, désolé et pourtant pacifié.

C. Billard et P. Guibbert, *Histoire mythologique des Français*, Galilée, 1976, pp. 44-45.

Homo Gallicus

BILLARD
GUIBBERT

De fait, tout se passe comme si la mise en série de deux mille ans d'images de France avait pour fonction première de constituer le portrait-robot de l'*Homo Gallicus*. A la fois positivement, par superposition et retouches successives, et négativement, par rapport à l'image que les Autres donnent d'eux-mêmes. (...) On sent que l'Histoire de France mise en vignettes à l'usage des jeunes écoliers prend le tour d'une entreprise de caractérologie nationale. Au fil des chapitres se forme le Français idéal, une silhouette suffisamment flatteuse pour que chacun ait le goût de s'y reconnaître et le désir de s'y conformer, un profil suffisamment flou et complexe pour que tous s'y retrouvent, quelles que soient leurs particularités et les circonstances locales de leur histoire.

Car cette médaille n'a pas de revers. Autrement dit, les qualités fondamentales reconnues au Français National Brut n'ont pas pour rançon des défauts subsidiaires mais d'autres qualités, complémentaires des premières. Dans ces conditions, le soldat français n'est pas courageux *et* téméraire, généreux *et* brouillon, mais, au terme du récit, il s'avère tout ensemble héroïque et pondéré, capable de panache et susceptible d'abnégation. Ainsi, l'humble efficacité des poilus de Verdun ne corrige pas l'insolence magnifique des cuirassiers de Reichshoffen : elle en est le corollaire authentique. Ainsi les traits distinctifs qu'incarnent les grands hommes et que mettent en situation les grands événements se distribuent symétriquement sur les deux versants du cœur et de la raison, sous les espèces de l'individuel et du collectif.

Côté cœur dominent le courage et la passion. La générosité naturelle, le sens inné de la fraternité et de l'enthousiasme s'expriment collectivement dans les grandes épreuves nationales – à Jemmapes comme au long du siège de Paris – alors que l'héroïsme spontané, le souci de la gloire et une certaine volonté farouche de n'abdiquer jamais se révèlent périodiquement en la personne de nos guerriers les plus illustres, de Bertrand Du Guesclin jusqu'au général Leclerc. De même, la ferveur et l'esprit de révolte qui animent soudain l'ensemble de la nation, irrésistible, au moment de la prise de la Bastille ou de la Libération de Paris, correspond au niveau individuel au paroxysme de la foi contestataire et de l'esprit critique, à l'éclat brusque d'une sainte colère, à l'horreur instinctive des compromissions qui habitent les grandes figures françaises, de Jeanne d'Arc à de Gaulle.

Côté raison domine la tradition cartésienne, dont Voltaire est le représentant le plus achevé, associée à la fertilité créatrice. Et, dans ce domaine aussi, esprit de méthode et génie inventif ne sont pas l'apanage de quelques héros singuliers. Si la France a offert au monde de grands découvreurs romantiques, auréolés tragiquement de solitude et d'ingratitude, le concours Lépine et le système D attestent que l'imagination féconde est, en France, la qualité la plus démocratiquement partagée.

Ibid., pp. 170-171.

L'histoire populaire et républicaine

Un instituteur, nommé en 1899 dans une commune du Loir-et-Cher, organise pendant dix ans un cycle de conférences populaires. Il en a tenu le journal sous la forme de cahiers de préparation, où il note le plan des conférences et l'assiduité (60 à 90 personnes sur les 167 habitants du village, dont il faudrait soustraire les enfants).

LES MAITRES D'ÉCOLE...

Je viens vous proposer de revoir avec vous en plusieurs causeries, dans le courant de cet hiver, l'histoire de notre pays, je ne veux pas dire l'histoire des rois, des empereurs, des généraux, des guerres et des traités de paix, mais bien l'histoire du peuple de France, de ce pauvre peuple, de nos ancêtres qui pendant des siècles entiers ont travaillé, sué, souffert, lutté.

Leurs souffrances ont duré bien longtemps, trop longtemps, mais un jour est arrivé où ils ont vaincu leurs oppresseurs, où ils ont obtenu cette liberté qu'ils nous ont transmise. Je suppose que ce résultat obtenu par eux vaut bien la peine qu'on étudie leur misérable existence ...

Dans notre dernière conférence, nous avons examiné la situation de la société française au Moyen-Age. Nous avons vu combien le sort de nos pères était misérable.

Je ne pense pas aller trop loin en disant que, dans notre for intérieur, s'est produit un sentiment de colère à l'égard de tous les oppresseurs de nos ancêtres. Je ne veux pas dire que nous avons haï tous ces privilégiés, car ils sont morts et nous n'avons qu'à respecter leurs cendres, mais nous nous sommes fait une mauvaise opinion de ces prêtres, de ces nobles qui seuls profitaient du travail du pauvre paysan.

Au début ils ont rendu des services. L'Eglise a consolé le peuple, la noblesse l'a protégé ; mais, une fois leur domination solidement établie, noblesse et clergé sont devenus non seulement inutiles, mais malfaisants.

Nous allons examiner maintenant ce qu'a fait le roi, pour empêcher tous les abus ; nous allons étudier quelle a été l'œuvre de la royauté jusqu'à la Révolution libératrice.

Après avoir, comme nous l'avons vu, réprimé les brigandages des seigneurs, le roi est devenu tout-puissant, il peut tout, excepté vouloir. Il laisse faire ses ministres. Impuissant pour le bien, il n'est resté tout-puissant que pour le mal. [...]

Je pense ne surprendre personne ici en déclarant que moi, enfant du peuple comme vous tous, je suis un admirateur de cette Révolution qui a tout fait pour la classe à laquelle nous appartenons.

Partisan résolu des principes ineffaçables contenus dans la Déclaration des Droits de l'Homme et du Citoyen, je ferai tout mon possible pour arriver à les faire connaître, ces principes devant former le catéchisme de tout républicain.

Il est de toute nécessité aujourd'hui que le gros de l'armée, c'est-à-dire le peuple, la nation, s'éclaire afin de ne pas se laisser endormir, de ne pas piétiner sur place, car, comme dit le proverbe : « Qui n'avance pas recule ».

Nous les maîtres d'école - Autobiographies d'instituteurs de la Belle Époque, présentées par Jacques Ozouf. Gallimard-Julliard, Archives, 1967, 1973, pp. 208-211.

La mémoire populaire aujourd'hui : gadget culturel ou ancrage des luttes ?

La « mémoire populaire » est aujourd'hui un article à la mode. Elle « marche très fort ». Innombrables collections de souvenirs vécus et de tranches de vie, chez les éditeurs grands et petits ... Innombrables émissions de télévision, et plus encore de radio. (...) Avec le déferlement de références publicitaires au « passé bien de chez nous », à la mémoire sécurisante des gens simples, dans la foulée de la « Mère Denis », ces manipulations commerciales de la mémoire populaire s'étalent au grand jour pour ce qu'elles sont, sans même un alibi culturel. Même chose pour tous ces mini-musées et éco-musées alignés le long des routes de France pour donner un petit frisson passéiste aux vacanciers, pour les changer du pastis, de la caravane, de la pétanque. (...) Tout cela aboutit à lancer un nouvel article culturel de grande consommation, à élargir la zone de production et de consommation de l'histoire-marchandise. (...)

Derrière cette vogue culturelle, il y a une démarche politique très cohérente : mettre les « petits » en situation d'*assistés.* Faute de maîtriser leur présent et leur avenir, ils ne peuvent espérer qu'une chose : être aidés à sauver leurs souvenirs, résister à l'oubli et à l'indifférence, gagner le droit à faire parler d'eux (au passé ...). Le seul rapport politique entre présent et passé est celui de la nostalgie : le présent, on est impuissant devant lui (...).

L'éditorial consacré par *Peuple français* à la mémoire populaire, dans son n° 23, lui assigne comme fonction essentielle d'élargir le champ de collectage de l'historien proprement dit (spécialisé ou non, amateur ou professionnel ...). Il s'intitule : « Une fructueuse chasse au trésor ». Le vécu des petites gens, dit-il, s'inscrit dans la longue durée – hommage inattendu aux formules braudéliennes ... C'est ce vécu qui serait le champ privilégié de la mémoire populaire proprement dite. Il s'opposerait au témoignage ponctuel, qui est nécessairement incomplet et qu'il faut donc « vérifier ». La relation d'enquêteur à témoin est donc à sens unique : c'est le premier qui fait appel au second, non l'inverse. L'historien reste le maître d'œuvre, puisque « le peuple n'est pas en état d'écrire son histoire » ... Toute la question est pourtant de savoir si, dès aujourd'hui et dans l'état actuel de la division du travail intellectuel, il n'est pas en état de s'interroger sur son passé à partir des problèmes de son présent, sans pour cela être son « historien », au sens professionnel du terme. (...)

Au-delà de la vieille mémoire populaire qui recule, ou de la mémoire populaire gadgétisée ou instrumentalisée, se dessine une *réactivation politique* de la mémoire populaire, à travers les sommations du présent et les luttes populaires menées en vue de le transformer. (...)

Les enquêteurs se veulent « au service » des enquêtés. Malgré toutes les ambiguïtés de cette situation, qui ramène aux problèmes de l'élitisme « militant » : « faire parler le peuple », mais en gardant le contrôle des analyses et des perspectives ...

Aller au-delà, c'est envisager la possibilité d'une recherche collective *partie d'en bas* pour qu'un groupe social donné accède à la maîtrise de son passé, en vue de mieux mener ses luttes communes. Les paysans chinois, pendant la grande vague de luttes agraires de 1947-1948, organisaient des « exposés d'amertume », s'encourageaient à raconter leur passé de souffrance et d'humiliation, pour une meilleure mobilisation contre les féodaux tant haïs, mais tant redoutés : « oser parler », oser dire le passé (...)

Dans tous ces exemples, qui ne sont pas si nombreux, il s'agit d'une repossession du passé commun, d'une mémoire populaire qui est collective dans sa démarche, mobilisée de l'intérieur, mise au service d'un projet politique.

Cahiers du Forum-Histoire, n° 10, nov. 1978,
Maspero, pp. 3-8.

La télévision, historien d'Etat

L'histoire envahit les médias : elle est devenue un grand « show télévisé » qui façonne la vision collective du passé bien davantage désormais que l'école et le livre. L'histoire à l'école est, avec la réforme Haby, purement et simplement liquidée, dissoute en une vague rubrique de « sciences sociales et naturelles ». Simultanément, la télévision multiplie les émissions historiques et les jeux fondés sur l'érudition historique. Pourtant, ce transfert ne se réduit pas au simple relais d'un appareil vieilli par un appareil moderne et populaire. L'histoire produite et diffusée par la télévision n'est pas la stricte équivalence de celle de l'école. La bourgeoisie en pleine ascension politique et historique proposait une vision idéologiquement cohérente du passé qui débouchait sur son propre pouvoir ; aujourd'hui, ce système cesse de fonctionner. L'histoire enseignée, à la fois livresque et rassurante, semble de plus en plus inadéquate et vieillie, dans sa forme par rapport aux techniques d'information, dans son fond par rapport aux problèmes inquiétants du monde moderne.

Au contraire, l'histoire occupe une place de plus en plus importante dans les médias, mais c'est encore pour s'intégrer à la société de consommation, devenir consommation et spectacle. De l'histoire comme analyse et compréhension, on passe à l'histoire comme illustration ou distraction. C'est l'histoire en miettes, tranches de passé choisies dans différents siècles, différents milieux sociaux, selon le hasard ou selon des motivations que l'on n'arrive que très difficilement à déterminer.

La télévision vulgarisatrice d'histoire, de *Decaux raconte* ... aux *Grandes Batailles,* sans oublier les grands thèmes de l'histoire sociale (« l'an mil », etc.), devient aussi productrice d'histoire : depuis bientôt trente ans, elle emmagasine dans ses archives le regard qu'elle a porté sur le monde contemporain. Journaux télévisés, magazines d'information, autre manière pour la télévision et le pouvoir d'écrire l'histoire au jour le jour. La télévision historien d'Etat ne se prive pas de récrire l'histoire à partir de ses propres documents, qui se parent des oripeaux de l'objectivité que semblent lui conférer les vertus de l'image.

Cahiers du Forum-Histoire, n°9, mai 1978, Maspero, pp. 3-4.

L'histoire au siècle des camps

GLUCKSMANN

Enfant du siècle, qui ne prétend l'être ? Mais qu'est-ce que ce siècle déjà passé aux trois quarts ? La Révolution, la Bombe atomique ont nourri les interrogations des enfants d'Octobre et d'Hiroshima. Et les camps de concentration ? L'horreur des charniers nazis apparut exceptionnelle. Elle s'était pourtant déjà manifestée dans la Russie de Staline (qui en inaugura l'usage systématique), elle se perpétue dans la Russie d'aujourd'hui, au Chili ... Toute énumération paraîtra incomplète, les camps surgissent souvent et menacent partout. Enfant du siècle, tu seras enfant de Buchenwald et de la Kolyma, même si nous ne parvenons pas encore à déchiffrer cet état civil.

Les camps nazis étaient nazis. Le cancer semblait localisable, nous n'étions pas complices. Mais les camps russes : sont-ils russes, sont-ils marxistes ? Force est d'abord de constater qu'il ne s'agit pas d'une particularité russe ou allemande, ni d'une folie absolument originale. A échelles différentes, au gré des circonstances historiques et des coutumes locales, notre siècle produit et reproduit cette invention qui lui est propre : le camp de concentration. Toutes les réalités tangibles, toutes les idées définitives dont il veut s'enorgueillir par ailleurs (est-ce bien absolument « ailleurs » ?) : progrès, révolution, expansion, tout, sur fond de cette nuit, revêt un air douteux. (...)

XXe siècle, siècle des camps de concentration. Les camps font leur apparition lors des guerres coloniales. Les Anglais « concentrent » les Boers. Ils s'esquissent dans les réquisitions massives de travailleurs étrangers pour l'économie de guerre en 14-18. Ils s'étendent très tôt à l'horizon de la révolution russe, fournissant bientôt une main-d'œuvre considérable et nécessaire à ce qui s'intitule « édification du socialisme ». L'ordre nazi en cultive la menace et en brandit la réalité dès sa prise de pouvoir. Colonie, Travail, Ordre : c'est signé, voilà bien notre siècle.

André Glucksmann, *La cuisinière et le mangeur d'hommes,* Le Seuil, 1975, pp. 15-16.

L'anhistorique

*« Pour tous, sous une forme ou sous une autre, l'histoire touche à sa fin (« au dénouement près »). (...) Oui, à y bien réfléchir, nous vivons tous plus ou moins dans la perspective de l'histoire terminée, déjà assis au bord du fleuve, mourant et renaissant, contents d'un contentement qui devrait être celui de l'Univers, Dieu donc par la béatitude et par le savoir ». Ainsi s'exprime M. Blanchot (*L'Entretien infini*, Gallimard, pp. 303-304), commentant G. Bataille pour qui, après la fin de l'histoire, la négativité humaine ne disparaît pas mais devient seulement « sans emploi ». La certitude d'être entré dans un temps posthistorique ou d'assister à la fin imminente de l'histoire travaille la conscience contemporaine : après Kojève qui affirmait que la fin de l'histoire équivalait à la mort de l'homme, certains penseurs se font l'écho de la leçon de Nietzsche, annonçant la « mort de Dieu » et « l'errance du dernier homme ». Cette vie après la mort qui est le lot de l'homme dans la posthistoire offrirait la trame d'un récit qui, sous différentes formes, répète et développe la grande utopie moderne d'un « terme de l'histoire ». Sommes-nous sortis de l'histoire pour nous installer dans une actualité dont aucune rationalité historique ne peut plus rendre compte, vivons-nous ce moment où le sens achevé et recueilli est définitivement perdu, notre pensée doit-elle désormais devenir* anhistorique ?

Bien des discours semblent récuser cette évidence, ne serait-ce que ceux des historiens qui plus que jamais explorent le passé et scrutent les formes les plus fines de l'existence historique des hommes. Et le présent aussi semble comme à plaisir offrir à notre savoir et à notre réflexion l'infinie richesse d'un temps historique sans cesse plus rapide et complexe. Et pourtant l'évidence est tenace : notre temps est celui du Non-sens, ou du moins celui de la perte du sens. Le contentement divin dont parle Blanchot fait place à l'insatisfaction – l'insatisfaction qui ne procède pas de ce qu'on a mal compris, mais de ce qu'on a trop bien compris.

S'il est vrai que la pensée de l'historicité est hantée aujourd'hui par la conscience qu'il n'y a plus d'histoire, ce qui nous advient n'est-il pas l'achèvement du nihilisme *dont Nietzsche souhaitait l'avènement dès la fin du XIXe siècle ? La dimension anhistorique de l'existence et de la temporalité a souvent été qualifiée de* métaphysique *par des penseurs qui, à l'instar de Marx, voyaient dans la* praxis *le lieu par excellence de l'historicité. L'anhistorique est-il une forme récurrente de la vieille métaphysique ?*

Nous suggérons qu'une pensée moderne de l'anhistorique ne serait pas simplement le retour du logos antéhistorique, chargé de dire l'ordre immuable du monde et la fixité éternelle de l'humanité. Deux figures de l'anhistorique qui retrouvent sans doute les intuitions très anciennes de la pensée préchrétienne, se dessinent dans la pensée contemporaine : l'événement « pur » et aléatoire, la forme cyclique de la répétition. Chez Nietzsche, par exemple, l'affirmation du hasard et celle de l'Éternel Retour sont solidaires : si elles sont d'une certaine manière foncièrement inactuelles, *c'est qu'en elles se dit paradoxalement ce qu'il advient lorsque l'Histoire – ou le nihilisme – se sont achevés; c'est par elles aussi qu'ils sont achevés.*

Pendant longtemps la notion d'événement est apparue comme la matière même de l'histoire, sa réalité première à laquelle l'ordre donnait sa forme : ordre d'abord chronologique, puis ordre logique ou rationnel. L'événement est donc historique quand sa place dans une série ordonnée lui donne son sens. Mais si l'événement est conçu, dans sa structure même, comme purement aléatoire; si le hasard sous sa forme événementielle n'est que la manifestation d'un hasard originel, antérieur à tout événement localisé, alors au-delà de toute nécessité et même de toute contingence, le hasard s'affirme comme impensable selon les catégories de l'historicité. L'événement pur est anhistorique non pas tant parce qu'il contredit les lois de l'histoire, ou déroge à son déterminisme propre, mais parce qu'il précède toute série et s'affirme dans sa singularité irréductible à toute histoire (et même à toute nature). La relation entre l'événement pur et le hasard ne serait donc pas concevable dans une quelconque théorie de l'histoire, mais relèverait plutôt d'un modèle appartenant à la physique théorique. La notion de clinamen *dans le* De Natura rerum *de Lucrèce a suscité chez certains philosophes contemporains (M. Serres, G. Deleuze) un intérêt renouvelé. Il ne s'agit pas de substituer la physique à l'histoire, mais de concevoir la structure abstraite de l'événement pur, un événement qui ne fait pas intrusion dans l'histoire, mais à partir duquel une série d'événements peut être produite. Rien ne permet non plus d'assimiler cet événement à une cause première, selon les modèles classiques de la causalité physique ou métaphysique. La théorie des catastrophes, formulée par le mathématicien R. Thom, pourrait ici nous aider à mettre en forme une conception de l'événement pur.*

Dans cette perspective, on pourrait s'interroger sur les raisons et les enjeux de la conception rousseauiste de l'origine de l'histoire : c'est par un événement aléatoire que l'homme quitte l'état de nature et que l'histoire devient à la fois possible et nécessaire :

> Après avoir montré que la *perfectibilité*, les vertus sociales, et les autres facultés que l'homme naturel avait reçues en puissance, ne pouvaient jamais se développer d'elles-mêmes, qu'elles avaient besoin pour cela du concours fortuit de plusieurs causes étrangères, qui pouvaient ne jamais naître et sans lesquelles il fût demeuré éternellement dans sa condition primitive, il me reste à considérer et à rapprocher les différents hasards qui ont pu perfectionner la raison humaine en détériorant l'espèce, rendre un être méchant en le rendant sociable, et d'un terme si éloigné amener enfin l'homme et le monde au point où nous les voyons.

écrit Rousseau dans le Discours sur l'origine de l'inégalité (*Éd. sociales, p. 105*).

En évoquant d'autre part la conception cyclique de la répétition, nous soulevons la question difficile d'une pensée qui est traditionnellement interprétée comme négatrice de l'histoire. Le temps cyclique est d'abord temps cosmique et temps mythique. Le devenir humain se situe alors dans un ordre qui n'est plus produit par la liberté active des hommes. Une telle conception n'est-elle que le refuge de notre impuissance contemporaine à penser le progrès et le cours d'une histoire dont la maîtrise nous échapperait ?

Événement pur et aléatoire, temps cyclique et répétitif sont-ils les formes actuelles d'une dénégation de l'histoire ? Ou bien ces pensées prennent-elles acte de cette fin de l'histoire *que nous évoquions plus haut : événement peut-être plus métaphysique qu'historique qui soulagerait l'homme d'aujourd'hui du fardeau de l'histoire qu'il a supporté pendant des siècles et lui ferait retrouver cette légèreté ludique dont Nietzsche se voulait l'annonciateur ? L'anhistorique est-il enfin « l'innocence du devenir » ?*

F.R.

Événement historique et événement aléatoire

Dans sa leçon inaugurale au Collège de France (2 décembre 1970), publiée sous le titre L'Ordre du discours, *M. Foucault remarque que la conception classique de l'événement historique ne permet pas de rendre compte des « discours comme séries régulières et distinctes d'événements ». Les événements de la pensée nous forcent à reconsidérer ce que peut être un événement historique; nous sommes contraints « d'introduire à la racine même de la pensée le* hasard, *le* discontinu *et la* matérialité », *car les catégories traditionnelles de l'historicité (le sujet, le temps, l'instant, etc.) demeurent tributaires de philosophies de l'histoire incapables de produire un concept pur et original d'événement aléatoire.*

FOUCAULT

On met souvent au crédit de l'histoire contemporaine d'avoir levé les privilèges accordés jadis à l'événement singulier et d'avoir fait apparaître les structures de la longue durée. Certes. Je ne suis pas sûr pourtant que le travail des historiens se soit fait précisément dans cette direction. Ou plutôt je ne pense pas qu'il y ait comme une raison inverse entre le repérage de l'événement et l'analyse de la longue durée. Il semble, au contraire, que ce soit en resserrant à l'extrême le grain de l'événement, en poussant le pouvoir de résolution de l'analyse historique jusqu'aux mercuriales, aux actes notariés, aux registres de paroisse, aux archives portuaires suivis année par année, semaine par semaine, qu'on a vu se dessiner au-delà des batailles, des décrets, des dynasties ou des assemblées, des phénomènes massifs à portée séculaire ou pluriséculaire. L'histoire, telle qu'elle est pratiquée aujourd'hui, ne se détourne pas des événements; elle en élargit au contraire sans cesse le champ; elle en découvre sans cesse des couches nouvelles, plus superficielles ou plus profondes; elle en isole sans cesse de nouveaux ensembles où il sont parfois nombreux, denses et interchangeables, parfois rares et décisifs : des variations quasi quotidiennes de prix on va aux inflations séculaires. Mais l'important, c'est que l'histoire ne considère pas un événement sans définir la série dont il fait partie, sans spécifier le mode d'analyse dont celle-ci relève, sans chercher à connaître la régularité des phénomènes et les limites de probabilité de leur émergence, sans s'interroger sur les variations, les inflexions et l'allure de la courbe, sans vouloir déterminer les conditions dont elles dépendent. Bien sûr, l'histoire depuis longtemps ne cherche plus à comprendre les événements par un jeu de causes et d'effets dans l'unité informe d'un grand devenir, vaguement homogène ou durement hiérarchisé; mais ce n'est pas pour retrouver des structures antérieures, étrangères, hostiles à l'événement. C'est pour établir les séries diverses, entrecroisées, divergentes souvent mais non autonomes, qui permettent de circonscrire le « lieu » de l'événement, les marges de son aléa, les conditions de son apparition.

Les notions fondamentales qui s'imposent maintenant ne sont plus celles de la conscience et de la continuité (avec les problèmes qui leur sont corrélatifs de la liberté et de la causalité), ce ne sont pas celles non plus du signe et de la structure. Ce sont celles de l'événement et de la série, avec le jeu des notions qui leur sont liées; régularité, aléa, discontinuité, dépendance, transformation; c'est par un tel ensemble que cette analyse des discours à laquelle je songe s'articule non point certes sur la thématique traditionnelle que les philosophes d'hier prennent encore pour l'histoire « vivante » mais sur le travail effectif des historiens.

Mais c'est par là aussi que cette analyse pose des problèmes philosophiques, ou théoriques, vraisemblablement redoutables. Si les discours doivent être traités d'abord comme des ensembles d'événements discursifs, quel statut faut-il donner à cette notion d'événement qui fut si rarement prise en considération par les philosophes ? Bien sûr l'événement n'est ni substance ni accident, ni qualité ni processus; l'événement n'est pas de l'ordre des corps. Et pourtant il n'est point immatériel; c'est toujours au niveau de la matérialité qu'il prend effet, qu'il est effet; il a son lieu et il consiste dans la relation, la coexistence, la dispersion, le recoupement, l'accumulation, la sélection d'éléments matériels; il n'est point l'acte ni la propriété d'un corps; il se produit comme effet de et dans une dispersion matérielle. Disons que la philosophie de l'événement devrait s'avancer dans la direction paradoxale au premier regard d'un matérialisme de l'incorporel.

Michel Foucault, *L'Ordre du discours*,
Gallimard, 1971, pp.56-61.

Le temps incertain de l'aléa

La physique d'Épicure élaborait la conception du clinamen *défini comme la déviation spontanée grâce à laquelles les atomes tombant dans le vide s'écartent de la ligne droite et peuvent ainsi se rencontrer et « s'accrocher » pour former les divers corps. La dimension de l'aléa, et la nécessité physique et morale de la déclinaison se retrouvent dans la conception lucrétienne, selon laquelle, en effet, le clinamen est aussi principe du libre arbitre (*De Natura, *II 289).*

SERRES

Lucrèce (...) avait accompli cette révolution que les sciences d'aujourd'hui pratiquent et que la philosophie continue d'ignorer. Si la chute est universelle, si sa loi, sous les deux espèces, ne peut jamais souffrir nulle exception, alors toute construction devient impossible : il n'y a pas de monde, il ne peut y avoir de physique. Corrélativement, il n'y a ni discours ni sens. Et c'est vrai tout au moins des systèmes à clôture. Or il se trouve, et nul n'y peut rien, qu'il y a au moins quelque chose, et pendant quelque temps. Ce caillou, quoiqu'il roule le long du talweg, cette maison érigée de mes mains, le corps lisse de cette femme, et le monde sous le soleil. Notre science disait, sans le savoir vraiment, il ne faut pas que cela soit. Cela est impossible. Raison livrée à l'instinct de mort et penchant au chaos. Et tout discours est impossible. Or voilà que tu parles et que je comprends. Donc il y a des systèmes ouverts. Donc il y a des exceptions à la règle. Donc il y a une nature. J'entends par là que, dans les nappes de la cataracte, des turbulences disséminées aléatoirement, lieux incertains, temps improbables, des singularités sont en train de naître. Au voisinage de la naissance, dans la mort généralisée. En ce sens, à la fois rigoureux et statistique, sans la nature il ne saurait y avoir de physique. Sans la nature, c'est-à-dire, la naissance, l'ouvert, l'exception, le miracle, l'écart. La science n'est plus dans l'ordre, l'ordre c'est l'équilibre, la mort, et le chaos. Elle est tout entière dans l'extraordinaire. La science est, de part en part, l'organon du miracle, et le discours miraculeux. La science n'est pas du général, mais du rarissime. Le discours n'est pas ordinaire, sens et signe sont exceptionnels. Et la condition minimale de ce déplacement, dont j'ai dit autrefois que la révolution copernicienne, auprès de lui, n'était qu'un jeu d'enfants, vous la nommerez la déclinaison. Le principe de raison définit deux raisons. La raison close, équilibre et chaos, cataracte, dit bien qu'il n'y a rien. Et le montre. S'il y a quelque chose, c'est une nature. La formation rare de poches, d'îles, de trombes et de germes. La naissance rarissime et aléatoire, par le petit écart d'un voisinage : ce qui est prêt à naître, ce qui va naître ou apparaître, dans la proximité ouverte de l'inchoatif différentiel. Dès lors, le terme de nature, dans sa formation grammaticale même, rend la déclinaison inévitable. Dans la cataracte de l'insensé, où les atomes-lettres se précipitent vers leur chute, voici la naissance du sens. Le discours est un écart à l'équilibre comme tel ou tel des états de choses. Aussi exceptionnel, aussi rare, aussi décliné. Lui aussi, rompt le cours, le cours des choses mêmes.

Michel Serres, *La Naissance de la physique dans le texte de Lucrèce*, Ed. de Minuit, 1977, pp. 98-99.

Nietzsche : fragments sur l'histoire et le hasard

NIETZSCHE

On ne peut en Histoire rechercher une nécessité comme moyen ou comme but. C'est l'Irrationnel du hasard qui est la règle. Dans chaque cas particulier ne règnent qu'aveuglement et stupidité. De même que dans un ruisseau une feuille suit le cours de l'eau malgré les divers obstacles (XVI, 341, posthume).

Elle (l'Histoire) repousse toute téléologie; elle ne veut plus « démontrer »; elle dédaigne le rôle de juge et se délecte de ce dédain – elle ne dit pas plus oui que non, elle constate, elle « décrit »... Tout cela est de l'ascèse à haute dose, mais en même temps, et à un plus haut degré encore, du *Nihilisme* : que l'on ne s'y trompe point. On voit un regard triste, dur, mais décidé – un œil qui regarde *au lointain* comme regarde au Pôle Nord un explorateur solitaire (peut-être pour ne pas regarder à l'intérieur des choses ? pour ne pas regarder en arrière ?). Tout est neige, la vie est silence, les derniers oiseaux que l'on entend se nomment « A quoi bon ? », « En vain ! », « *Nada !* » – Ici plus rien ne pousse ni ne s'épanouit (XVI, 442, *Généalogie de la morale*).

Apprendre à l'homme que l'avenir de l'homme est sa *volonté*, qu'il dépend d'une volonté humaine, préparer de grands risques et de vastes essais pour en finir avec cet effroyable règne du Non-sens et du Hasard qui a jusqu'ici porté le nom d'Histoire. (XVI, 132, *Par-delà le Bien et le Mal*).

Jusqu'ici, dans toute l'histoire de l'humanité, aucun but, aucune direction raisonnable et secrète, aucun instinct, mais au contraire hasards, hasards, hasards — d'ailleurs souvent favorables. Il faut les mettre en lumière. Nous n'avons pas le droit de nourrir une fausse confiance et moins encore de nous en remettre au hasard. Dans la plupart des cas il est un destructeur dépourvu de sens. (XI, 105, posthume).

F. Nietzsche, in K. Schlechta, *Le Cas Nietzsche*. Trad. A. Cœuroy. Gallimard, 1960. Les numéros renvoient à l'éd. Schlechta des *Œuvres*, K. Hauser, Munich, 1954-1956.

L'oubli actif du passé

Le célèbre aphorisme du Crépuscule des idoles *(1888) intitulé « Comment le monde vrai finit par devenir une fable », n'est certes pas un résumé* historique *de la pensée occidentale. Les propos quelque peu mystérieux de Nietzsche sont interprétés par Pierre Klossowski comme le récit de la fin de l'histoire qui permet à l'humanité d'entrer de nouveau dans le « temps du mythe ». Apologie de l'oubli actif du passé, retour du* logos *au* muthos, *passage de l'Histoire aux histoires.*

NIETZSCHE

1. Le monde vrai accessible au sage, aux hommes pieux, vertueux — ils vivent en lui, ils sont eux-mêmes ce monde vrai. (Forme la plus ancienne de l'idée... paraphrase de la thèse : moi, Platon, je suis la vérité.)
2. Le monde vrai, inaccessible maintenant, mais promis au sage, au pieux, au vertueux, au pécheur qui se repent. (Progrès de l'idée : elle s'affine, se fait plus ambiguë, insaisissable... elle devient chrétienne...)
3. Le monde vrai, inaccessible, indémontrable, impromettable, mais déjà conçu en tant que consolation, obligation, en tant qu'un impératif. (Le vieux soleil brille encore dans le fond, mais au travers de la brume et du scepticisme : l'idée s'est sublimée, a pâli, s'est faite nordique, koenigsbergienne.)
4. Le monde vrai — toujours inaccessible ? En tout cas, on n'y a pas encore accédé. Et pour autant qu'on n'y accède point, le monde vrai reste inconnu. Aussi n'est-il ni consolant ni rédempteur, ni n'engage-t-il à aucune obligation : à quoi pourrait bien nous lier quelque chose d'inconnu... (Matin maussade. Premier bâillement de la raison. Chant du coq du positivisme.)
5. Le monde vrai — une idée qui ne sert plus de rien, dépourvue même d'obligation — une idée superflue, par conséquent une idée réfutée : supprimons-la ! (Claire journée : ... retour au bon sens et à la gaieté : Platon rougit de honte; tollé diabolique de tous les esprits libres.)
6. *Nous avons supprimé le monde vrai; quel monde subsiste alors ? Le monde des apparences ? Nullement : avec le monde vrai nous avons du même coup supprimé le monde des apparences !* (Midi : instant de l'ombre la plus courte; fin de la plus longue erreur : *Incipit Zarathoustra*.)

KLOSSOWSKI

Avec le monde vrai, nous avons supprimé le monde apparent; le monde vrai (platonicien, chrétien, spiritualiste, idéaliste, transcendant) servant de référence au monde apparent, ayant disparu, l'apparence à son tour disparaît; ce n'est pas que le monde puisse, d'apparent qu'il était, devenir le monde réel du positivisme scientiste; le monde devient fable, le monde tel quel n'est que fable : fable signifie quelque chose qui se raconte et qui n'existe que dans le récit; le monde est quelque chose qui se raconte, un événement raconté et donc une interprétation : la religion, l'art, la science, l'histoire, autant d'interprétations diverses du monde, ou plutôt de variantes de la fable.

Est-ce à dire que nous avons affaire ici à un illusionnisme universel ? En aucun cas. La fable, disais-je, est un événement qui se raconte, il se passe ou bien il a dû se passer quelque chose : et, en effet, une action se déroule et elle se raconte d'elle-même, mais si on ne se contente pas d'écouter et de suivre et que l'on cherche à reprendre pour discerner si *derrière le récit* il n'y aurait pas *tel ou tel moment* qui diffère de ce qu'on entend raconter, alors tout vient à s'interrompre et de nouveau il y aurait un monde vrai et un monde apparent. Nous avons vu comment le monde vrai et le monde apparent sont devenus fable; or, ce n'est pas pour la première fois. C'est là ce qu'indique la mention : *midi*, heure de l'ombre la plus courte. A partir de midi, tout recommence et donc aussi le monde antique, c'est-à-dire les interprétations passées : l'heure de midi dans l'Antiquité était une heure à la fois faste et néfaste, heure non seulement de la suspension de toute activité sous l'éclat aveuglant du soleil, mais aussi heure des visions interdites suivies de délire. A partir de midi, le jour décline jusqu'aux ténèbres; mais, à travers ces ténèbres, nous guidera jusqu'au minuit profond le maître de la fable, Zarathoustra.

Fable, *fabula* procède du verbe latin *fari*, à la fois prédire et divaguer, prédire le destin et divaguer, car *fatum* le destin est également le participe passé de *fari*.

Ainsi quand on dit que le monde est devenu fable, on dit également qu'il est le *fatum*, on divague, mais en divaguant, on vaticine, et l'on prédit le destin; toutes choses que nous retenons ici en raison du rôle de la fatalité, de la notion de *fatum* capitale chez Nietzsche. La refabulisation du monde signifie également que le monde sort du temps historique pour rentrer dans le temps du mythe, c'est-à-dire dans l'éternité : ou plutôt que la vision du monde est alors une appréhension de l'éternité. Les conditions mentales d'une pareille « sortie » Nietzsche les a vues dans l'*oubli* (de la situation historique) préalable à l'acte de créer : dans l'*oubli*, le passé *sous-vient* à l'homme, en tant que son *avenir* qui prend la *figure du passé*. C'est alors que le *passé* lui *advient* dans ce qu'il crée : car ce qu'il croit créer de la sorte ne lui vient pas du présent, mais n'est que prononciation d'un possible antérieur dans l'oubli momentané du présent (historiquement déterminé).

La mission de Zarathoustra est de donner un sens nouveau et une volonté nouvelle aux hommes dans le monde qu'il va nécessairement recréer. Car comme tout monde créé risque à chaque fois de perdre son sens pour redevenir fabuleux et divin et qu'il pourrait, en somme, se passer d'en avoir, mais que les hommes ne le supportent pas, maintenant qu'ils en sont venus à vouloir qu'il n'y ait *rien* plutôt que quelque chose, Zarathoustra leur révèle la vraie voie : qui n'est pas un droit chemin, mais une voie tortueuse : « Car voici mon invention et mon propos : réinventer en une seule chose ce qui n'est que fragment, qu'énigme et horrifiant hasard. »

Tout ceci est gros de conséquences, car si la pensée d'avoir supprimé le monde apparent avec le monde vrai n'est pas simple boutade, elle rend compte de ce qui s'est produit dans Nietzsche même : il a donné congé au monde dans lequel il porte tout de même le nom de Nietzsche, et s'il continue à écrire sous ce nom c'est *pour sauver les apparences* : tout est changé et rien n'est changé; il convient de laisser croire à ceux qui agissent qu'ils changent quelque chose : Nietzsche ne dit-il pas que ce sont, non pas les hommes d'action, mais les contemplatifs qui donnent du prix aux choses et que les hommes d'action n'agissent qu'en vertu de cette appréciation des contemplatifs ?

P. Klossowski, *Un si funeste désir*, Gallimard, 1963, pp. 192-195.

Chaque génération recommence...

Pour Kierkegaard (1813-1855), le stade religieux représente – après les stades esthétique et éthique – l'ultime étape de l'existence. Il caractérise l'individu soucieux de vivre l'éternité dans le temps, de se rendre contemporain du Christ – du paradoxe d'un Dieu qui, dans l'histoire humaine, s'est fait homme. Ce chemin de l'homme de foi, nul ne peut le faire pour un autre. Chacun recommence, nul ne profite d'un quelconque héritage.

KIERKEGAARD

Une génération peut apprendre beaucoup d'une autre génération, mais, ce qui est proprement humain, aucun ne l'apprend de celle qui l'a précédée. A ce point de vue-là, chaque génération recommence comme si elle était la première, aucune n'a de tâche nouvelle au-delà de celle de la génération précédente et ne parvient plus loin qu'elle, si toutefois cette génération n'a pas trahi sa tâche, si elle ne s'est pas dupée elle-même. Ce que j'appelle proprement humain, c'est la passion, dans laquelle chaque génération comprend entièrement l'autre et se comprend elle-même. Ainsi, pour ce qui est d'aimer, aucune génération n'a appris d'une autre à aimer, aucune génération ne commence à un autre point qu'au commencement, aucune génération ultérieure n'a une tâche plus brève que la génération précédente et, si l'on ne veut pas, comme les générations précédentes, s'en tenir à aimer, mais bien aller plus loin, ce ne sont que vaines et mauvaises paroles.

Mais la passion la plus haute en l'homme est la foi, et nulle génération ne commence ici en un autre point que la génération précédente, chaque génération recommence à nouveau, la génération suivante ne va pas plus loin que celle qui l'a précédée, si celle-ci a été fidèle à sa tâche et ne l'a pas abandonnée. Qu'un pareil recommencement soit fatigant, aucune génération n'a le droit de le dire, car elle a sa tâche à elle et n'a pas à s'occuper du fait que la génération précédente avait la même tâche, à moins qu'une génération ou les individus qui la composent ne prétendent audacieusement prendre la place qui appartient au seul Esprit qui gouverne le monde et qui est assez patient pour ne pas éprouver de fatigue.

Søren Kierkegaard, *Crainte et Tremblement* (1843). Trad. P.H. Tisseau. Aubier-Montaigne, 1935, pp.204-205.

Nietzsche et la pensée de l'abîme : l'Éternel Retour

Pensée du zénith et de l'abîme, l'affirmation du Retour Éternel de toute chose est chez Nietzsche figure de l'anhistorique ou à tout le moins dépassement de la pure successivité des événements. L'auteur de Zarathoustra *« entend (...), ne cherche pas, (...) prend et ne se demande pas qui donne. Tel un éclair, la pensée jaillit soudain avec une nécessité absolue. » (*Ecce Homo*)*

Au livre I de Zarathoustra, *dans « Les trois métamorphoses », Nietzsche énonce sous forme parabolique la transformation du chameau en lion puis en enfant. Le chameau, porteur du poids de la tradition et de l'histoire des valeurs, demande à en être chargé plus encore. Le lion, en révolte contre tout l'héritage passé ou actuel, ne veut plus ni porter ni supporter. L'enfant, enfin, au-delà du « oui » de la soumission et du « non » de la rébellion, symbolise le « oui sacré », le Retour, la Création et l'Affirmation sacrés. L'enfant, « innocence et oubli » « recommencement » « jeu », « roue roulant d'elle-même », dépassement nécessaire de la lourdeur et de la négation trop vite stérile.*

Héritage héraclitéen de la troisième métamorphose ? « Le temps de notre vie est un enfant qui joue et pousse des pions, c'est la royauté d'un enfant » (fragm. 59, Héraclite, in Battistini, Trois présocratiques, *p.38). Interdépendance, à tout le moins, des figures du jeu, de l'éternité, du hasard, de la gratuité.*

Le livre III de Zarathoustra *chante plus que les autres l'Éternel Retour. « Tout s'en va, tout revient; éternellement roule la roue de l'être. Tout meurt, tout refleurit, éternellement se déroule l'année de l'être. Tout se brise, tout est assemblé de nouveau; éternellement se bâtit la même maison de l'être. Tout se sépare, tout se retrouve; éternellement l'anneau de l'être reste fidèle à lui-même. » (« Le convalescent », p. 312, éd. Livre de poche)*

Ce qui n'est qu'hypothèse dans Le Gai Savoir *(§ 341) est ici affirmé : le retour du devenir fait aussi advenir le toujours-différent. C'est sans doute dans « Les Sept Sceaux... » que s'exprime le plus pleinement l'adhésion de Nietzsche à ce qui est. L'*amor fati *se mue en un amour du plus « nuptial anneau des anneaux – l'anneau du retour. (...) Toute vérité est courbée, le temps lui-même est un cercle. » « Ne nous faut-il pas revenir éternellement ? » (« De la vision et de l'énigme »)*

L'Éternel Retour ou la vision vertigineuse de l'énigme ? Victoire nécessaire sur l'esprit de lourdeur, de pesanteur qui tendrait à nous fixer, à nous figer sur un fragment d'un temps évanescent, sur la poussière de l'événement.

L'Éternel Retour, parole prophétique autant qu'énonciatrice de l'être... intuition, sans doute, du plus solitaire, épiphanie du surhumain : la Pensée de l'abîme.

La troisième métamorphose de l'esprit

NIETZSCHE

« Mais dites, mes frères, de quoi l'enfant est donc capable dont ne le fut pas le lion ? Pourquoi faut-il donc que le lion féroce devienne un enfant ?

L'enfant est innocence et oubli, un recommencement, un jeu, une roue roulant d'elle-même, un premier mouvement, un « oui » sacré.

Oui, pour le jeu de la création, mes frères, il est besoin d'un « oui » sacré : c'est *sa* volonté que l'esprit veut à présent, c'est *son* propre monde que veut remporter celui qui est perdu au monde.

Je vous ai dit trois métamorphoses de l'esprit : comment l'esprit devient chameau, le chameau lion, et le lion enfin enfant. »

Ainsi parlait Zarathoustra. Et en ce temps il séjournait dans une ville appelée : « la Vache multicolore ».

Nietzsche, *Ainsi parlait Zarathoustra*, I (1883).
Trad. G.A. Goldschmidt. Livre de poche, 1972, pp. 31-32.

Le désir et l'amour de l'éternité

« Si j'ai jamais tendu au-dessus de moi des ciels silencieux et si de mes propres ailes je me suis envolé dans mes propres cieux :

Si j'ai nagé en me jouant dans des lointains lumineux et si l'oiseau-sagesse de ma liberté est venu : – car ainsi parle l'oiseau-sagesse : « Vois, il n'y a pas d'en haut, pas d'en bas ! Retourne-toi, jette-toi au-dehors, reviens, toi qui es léger ! Chante, ne parle plus ! – tous les mots ne sont-ils pas faits pour ceux qui sont lourds ? Tous les mots ne mentent-ils pas pour tous ceux qui sont légers !

Chante, ne parle plus ! »

Oh comment ne brûlerai-je pas du désir de l'éternité et du nuptial anneau des anneaux – l'anneau du retour ?

Jamais encore je n'a trouvé la femme dont j'eusse aimé avoir des enfants, si ce n'est cette femme que j'aime : car je t'aime, ô éternité !

Car je t'aime, ô éternité ! »

Ibid, p. 332.

« Cette vie, tu devras la vivre d'innombrables fois »

Que dirais-tu si un jour, si une nuit, un démon se glissait jusque dans ta solitude la plus reculée et te dise : « Cette vie telle que tu la vis maintenant et que tu l'as vécue, tu devras la vivre encore une fois et d'innombrables fois; et il n'y aura rien de nouveau en elle, si ce n'est que chaque douleur et chaque plaisir, chaque pensée et chaque gémissement et tout ce qu'il y a d'indiciblement petit et grand dans ta vie devront revenir pour toi, et le tout dans le même ordre et la même succession – cette araignée-là également, et ce clair de lune entre les arbres, et cet instant-ci et moi-même. L'éternel sablier de l'existence ne cesse d'être renversé à nouveau – et toi avec lui, ô grain de poussière de la poussière ! » – Ne te jetterais-tu pas sur le sol, grinçant des dents et maudissant le démon qui te parlerait de la sorte ? Ou bien te serait-il arrivé de vivre un instant formidable où tu aurais pu lui répondre : « Tu es un dieu, et jamais je n'entendis choses plus divines ! » Si cette pensée exerçait sur toi son empire, elle te transformerait, faisant de toi, tel que tu es, un autre, te broyant peut-être : la question posée à propos de tout, et de chaque chose : « voudrais-tu ceci encore une fois et d'innombrables fois ? » pèserait comme le poids le plus lourd sur ton agir ! Ou combien ne te faudrait-il pas témoigner de bienveillance envers toi-même et la vie, pour ne désirer plus rien que cette dernière, éternelle confirmation, cette dernière, éternelle sanction !

Nietzsche, *Le Gai Savoir* (1881-1887).
Trad. P. Klossowski ©Club français du livre, 1957.
Rééd. 10.18, 1973, pp. 330-331.

La conquête du Nirvâna

ELIADE

La spéculation indienne, cependant, amplifie et orchestre les rythmes qui commandent la périodicité des créations et des destructions cosmiques. L'unité de mesure du cycle le plus petit est le *yuga*, l'« âge ». Un *yuga* est précédé et suivi d'une « aurore » et d'un « crépuscule » qui relient les « âges » entre eux. Un cycle complet ou *mahâyuga* se compose de quatre « âges » d'inégale durée, le plus long apparaissant au début du cycle et le plus court à sa conclusion. C'est ainsi que le premier « âge », le *krita-yuga,* dure 4 000 ans, plus 400 ans d'« aurore » et autant de « crépuscule »; viennent ensuite *tretât-yuga*, de 3 000 ans, *dvâpara-yuga* de 2 000 ans et *kâlî-yuga* de 1 000 ans (plus les « aurores » et « crépuscules » correspondants, bien entendu). Par suite un *mahâyuga* dure 12 000 ans. Aux diminutions progressives de la durée de chaque nouveau *yuga* correspond sur le plan humain une diminution de la durée de la vie, accompagnée d'un relâchement des mœurs et d'un déclin de l'intelligence. Cette décadence continue sur tous les plans – biologique, intellectuel, éthique, social, etc. – prend plus particulièrement du relief dans les textes puraniques. Le passage d'un *yuga* à l'autre a lieu, comme nous l'avons vu, au cours d'un « crépuscule » qui marque un decrescendo même à l'intérieur de chaque *yuga*, chacun d'eux se terminant par une étape de ténèbres. A mesure que l'on s'approche de la fin du cycle, c'est-à-dire du quatrième et dernier *yuga*, les « ténèbres » s'épaississent. Le dernier *yuga*, celui dans lequel nous nous trouvons actuellement, se nomme d'ailleurs l'« âge des ténèbres » (*kâlî-yuga*). Le cycle complet se termine par une « dissolution », un *pralaya*, qui se répète d'une manière plus radicale (*mahâpralaya*, la « grande dissolution ») à la fin du millième cycle. (...)

En plus de la dépréciation métaphysique de l'*histoire* – qui, à proportion et par le seul fait de sa durée, provoque une *érosion* de toutes les *formes*, en épuisant leur substance ontologique – et en plus du mythe de la *perfection des commencements*, que nous retrouvons ici aussi (mythe du paradis qui est graduellement perdu, par le simple fait qu'il se *réalise*, qu'il *prend forme* et qu'il *dure*), ce qui mérite de retenir notre attention dans cette orgie de chiffres est l'*éternelle répétition* du rythme fondamental du Cosmos : sa destruction et sa re-création périodiques. De ce cycle sans commencement ni fin, l'homme ne peut s'arracher que par un acte de liberté spirituelle. (...)

La seule possibilité de sortir du temps, de briser le cercle de fer des existences, est l'abolition de la condition humaine et la conquête du Nirvâna. (1) (...) Le *temps*, par le simple fait qu'il est *durée, aggrave continuellement la condition cosmique et implicitement la condition humaine*. Du simple fait que nous vivons actuellement dans le *kâli-yuga*, donc dans un « âge de ténèbres », qui progresse sous le signe de la désagrégation et doit finir par une catastrophe, notre destin est de souffrir davantage que les hommes des « âges » précédents. *Maintenant*, dans *notre* moment historique, nous ne pouvons nous attendre à autre chose.

Mircea Eliade, *Le Mythe de l'éternel retour*, 1949, Gallimard, pp.169-176.

1. Dans *Le Bouddhisme Zen* (Payot, 1975), A. Watts précise : « Atteindre le *nirvâna*, c'est donc atteindre la bouddhéité, l'Éveil. Mais ce n'est pas un but auquel on parvient dans le sens ordinaire des termes, car aucune acquisition, aucune motivation n'entrent en ligne de compte. Il est impossible de désirer le *nirvâna* ou de tenter d'y parvenir, car tout ce qui est désirable, ou concevable en tant qu'objet d'une action, est, par définition, non *nirvâna*. Le *nirvâna* ne peut être atteint que spontanément, non-intentionnellement, lorsque l'impossibilité de se saisir soi-même a été pleinement perçue. »

INDEX GÉNÉRAL DES AUTEURS ET DES OEUVRES (Vol. 1 et 2)

Le premier chiffre indique le volume, les suivants la page où commence la citation

Aubin Imprimeur, 86240 Ligugé. — D.L. septembre 1997. — Edit. 0829-03. — Impr. L 54640